Verwaltungsressourcen und Verwaltungsstrukturen

herausgegeben von:

Prof. Dr. Hermann Hill, Universität Speyer,
Prof. Dr. Dieter Engels,
Präsident des Bundesrechnungshofs Bonn a.D., und
Prof. Dr. Utz Schliesky,
Direktor des Schleswig-Holsteinischen Landtages

Band 31

Prof. Dr. Hermann Hill/Prof. Dr. Utz Schliesky (Hrsg.)

# Management von Unsicherheit und Nichtwissen

Nomos

**Die Deutsche Nationalbibliothek** verzeichnet diese Publikation in der Deutschen Nationalbibliografie; detaillierte bibliografische Daten sind im Internet über http://dnb.d-nb.de abrufbar.

ISBN 978-3-8487-3626-3 (Print)

ISBN 978-3-8452-7961-9 (ePDF)

1. Auflage 2016

# Vorwort

Der Begriff der »VUCA-World« (Volatility, Uncertainty, Complexity, Ambiguity) hat sich zu einem geflügelten Wort entwickelt. Überall trifft man auf komplexe und veränderliche Verhältnisse, die das Handeln und Entscheiden erschweren. Dennoch gehört es zur Verantwortung von Führungskräften, nicht passiv das Geschehen zu erdulden, sondern Mittel und Wege zu finden, Zukunft zu gestalten.

Am 4./5. Februar 2016 trafen sich Wissenschaftlerinnen und Wissenschaftler mit rechtswissenschaftlichem Hintergrund an der Deutschen Universität für Verwaltungswissenschaften Speyer, um unter unserer Leitung über das »Management von Unsicherheit und Nichtwissen« zu diskutieren. Der Band fußt im Wesentlichen auf den teilweise überarbeiteten Vorträgen bei diesem Symposium. Eine Fortsetzung der Veranstaltungen zu diesem Thema ist geplant.

Wir danken Herrn Ass. iur. Fouad Yahia, Mag. rer. publ., wissenschaftlicher Mitarbeiter am Lehrstuhl von Prof. Dr. Hermann Hill in Speyer für die Unterstützung beim Symposium und die redaktionelle Bearbeitung des Bandes.

Speyer, im September 2016

*Hermann Hill* *Utz Schliesky*

Meadl, VerwArch 17, 439 (Prognosen), Steinbach, DV 17, 507, Ohler, DVBl 11, 1061 (1066 ff.), Schulze-Fielitz, DÖV 11, 795, Ladeur, DÖV 12, 369 (371), Augsberg, DV 18, 351, [illegible], DV 18, 367, Kingreen, NWZ 13, 846 (849 (Pflegeprüfbericht)). Augsberg, VerwArch 20, 36, Kingreen/Kühling, JZ 15, 213 (216, 218 – Gesundheitsdatenschutz: Vielfalt und Komplexität der Regelungen – [illegible] Experten schwer fällt, im konkreten Fall anwendbare Normen zu identifizieren, Vollzugsschwierigkeiten der Redep, Marsch/Rademacher, DV 21, 1 (12 m. FN 95)

Inhaltsverzeichnis

# Staatliches Innovationsmanagement - Ein instrumenteller Ansatz zum Umgang mit Unsicherheit und Nichtwissen -

*Utz Schliesky*

## I. Einführung

Staats- und Verwaltungsmodernisierung findet in Zyklen statt, obwohl es sich um eine Daueraufgabe handelt[1]. Momentan befinden wir uns in der Talsohle derartiger Zyklen - noch dazu überlagert die Flüchtlingkrise derzeit alles und hindert den nüchternen Blick auf durchaus bestehende Reformennotwendigkeiten. Dabei wäre es angesichts der relativ entspannten Lage öffentlicher Haushalte jetzt an der Zeit, in die Zukunft zu investieren. Erfolgreiche Wirtschaftsunternehmen nutzen gerade gute Zeiten, um sich mit Innovationen für die nächste Krise zu wappnen. »Unternehmen betrachten Innovation heute als laufende Verpflichtung.«[2]. Für Staat und Verwaltung gilt dies regelmäßig nicht, obwohl das gesellschaftliche Umfeld und die Herausforderungen durchaus vergleichbar sind. Reformen in Staat und Verwaltung werden meist nur dann angegangen, wenn die Politik Reformen als Modethema entdeckt hat[3] oder die Zustände in Teilen der öffentlichen Verwaltung so desaströs sind, dass die ordnungsgemäße Aufgabenerfüllung nicht mehr sichergestellt ist[4]. Reformen sind allerdings in der Regel weder beim Publikum noch in der Staats- und Verwaltungsrechtslehre beliebt, sondern werden meist erst einmal reflexartig abgelehnt. Dies gilt umso mehr, je größer und gewichtiger die Zahl der »gut eingerichteten« Institutionen und Verbände in dem jeweiligen Bereich ist, die angenehm in und von bestehenden Strukturen lebt. Das Gesundheitswesen ist hier ein besonders anschauliches, aber auch abschreckendes Beispiel[5]. Hinzukommt, dass die Neigung der Politik zur Durchführung von Reformen schon deshalb gering ist, weil Medien in der Regel nur über gescheiterte Modernisierungsvorhaben berichten, bei denen Rechnungshöfe zudem relativ einfach die Verschwendung von Steuergeldern nachweisen können und dementsprechend besonders gerne prüfen.

Kennzeichen von neuen Wegen, die Staat und Verwaltung beschreiten wollen, sind regelmäßig Unsicherheit und Nichtwissen. Nachfolgend soll

---

1 *Schliesky*, VerwArch 98 (2008), 313 (318f.).

2 *Hauschildt/Salomo*, Innovationsmanagement, 4. Aufl. 2007, Vorwort, S. V.

3 Prototypisch ist das Thema „E-Government" im ersten Jahrzehnt des 21. Jahrhunderts.

4 Für diese Kategorie mag der Zustand des Bundesamtes für Ausländer, Immigration und Flüchtlinge (BAMF) im Jahre 2015 als Beispiel dienen.

5 Dazu im Kontext der Einführung der elektronischen Gesundheitskarte *Classen*, in: Schliesky (Hrsg.), Staatliches Innovationsmanamgent, Schriften zur Modernisierung von Staat und Verwaltung, Band 8, 2010, S. 369 ff.

daher ein instrumenteller Ansatz skizziert werden, wie Staat und Verwaltung über punktuelle Maßnahmen hinaus mit Unsicherheit und Nichtwissen umgehen können: Mit der Etablierung eines staatlichen Innovationsmanagements.

## *II. Vermessung des Verfassungsgegenstandes: Staatliche Innovation*

### 1. Begriff der Innovation

Soll einem Recht der staatlichen Innovationen nachgespürt werden, so bedarf es zunächst der Vergewisserung über den Begriff »Innovation«[6]. Dieser glänzt in den Verwaltungswissenschaften als auch erst recht in der Betriebswirtschaftslehre vor allem durch Unschärfe. In der Innovationsforschung der Betriebswirtschaftslehre findet sich eine große Vielfalt der Definitionen[7], und auch die Rechtswissenschaft legt ein sehr weites und abstraktes Begriffsverständnis zugrunde, wenn Innovationen als (signifikante) Neuerungen, die zur Bewältigung eines bekannten oder eines neuen Problems beitragen, verstanden werden[8]. In der Betriebswirtschaftslehre lautet eine gängige Definition, dass Innovationen alle diejenigen Produkte oder Verfahren sind, die innerhalb einer Unternehmung erstmalig eingeführt werden[9]. Bei einem industrieökonomischen Verständnis sind Innovationen dann alle diejenigen Produkte oder Verfahren, die innerhalb einer Unternehmung und zugleich innerhalb einer Branche erstmalig eingeführt werden[10]. Eine Übertragung dieser Definition auf den staatlichen Sektor bringt noch nicht viel Gewinn, da die Definitionsmerkmale »Unternehmung« oder »Branche« kaum rechtswissenschaftlichen Erkenntnisgewinn versprechen. Vielmehr können staatliche Innovationen alle Staatsgewalten betreffen, werden insbesondere in der Exekutive anzutreffen sein, sind für Gesetzgebung und Rechtsprechung aber ebenfalls nicht ausgeschlossen. Der Versuch der Übertragung öffnet den Blick aber auf eine erste Zwischenerkenntnis:

---

6 Dazu ausführlich auch *Schliesky/Schulz/Tallich*, in: Schliesky (Hrsg.), Staatliches Innovationsmanagement, Schriften zur Modernisierung von Staat und Verwaltung, Bd. 8, 2010, S. 19 (24 ff.).

7 Auswahl bei *Hauschildt/Salomo* (Fn. 2), S. 3 ff.

8 *Hoffmann-Riem*, AöR 131 (2006), 255 (255).

9 *Hauschildt/Salomo* (Fn. 2), S. 7.

10 *Hauschildt/Salomo* (Fn. 2), S. 25.

Das Recht der staatlichen Innovationen muss differenzieren zwischen *gesellschaftlichen* und *staatlichen* Innovationen. Geht es um gesellschaftliche Innovationen, so kann die rechtswissenschaftliche Innovationsforschung – zumindest bis zur Verknüpfung mit Rechtsfolgen – ohne eigenständigen Innovationsbegriff auskommen und das Innovationsverständnis der Betriebswirtschaftslehre zugrunde legen[11]. Auszugehen ist insoweit von dem eher landläufigen Verständnis von »Innovation« als wesentliche Neuerung bei Produkten oder Abläufen. Einigkeit besteht allerdings dahin gehend, dass Innovation mehr ist als Invention bzw. Erfindung und sich prozesshaft darstellen lässt[12]. »Innovationen sind das Ergebnis von komplexen Prozessen, bei denen die Unternehmenskultur und die Einbindung verschiedener Unternehmensbereiche eine entscheidende Rolle spielen.«[13] Der idealtypische Prozess, der zu einer Innovation führt, beginnt mit der Idee oder Initiative, der darauf folgenden Entdeckung oder Beobachtung und vertiefender Forschung, die wiederum zu einer Erfindung führen kann. Dem Unternehmen folgt zwingend die Entwicklung, bevor in einer sechsten Phase der Verwertungsanlauf gestartet werden kann, der schließlich im Idealfall zur laufenden und erfolgreichen Verwertung der Innovation führt.

## 2. Spezifika der Staatlichen Innovation

Eine *staatliche Innovation* bezeichnet hingegen etwas anderes; hier geht es um eine neue Handlungs- oder Verhaltensweise des Staates, die mit einer Änderung staatlicher Organisation, des Verfahrens und/oder des zugrunde liegenden Rechts einhergeht. Es handelt sich also eben nicht um eine gesellschaftliche Innovation, sondern um eine Innovation im staatlichen Sektor, seiner Organisation oder seiner Ablaufprozesse, unter Umständen auch eine Innovation im staatlichen Recht. Auch hier ist insoweit aber eine Betrachtung des Prozesses maßgeblich, der zu dem Ergebnis einer staatlichen Innovation führt[14]. Nur dies erlaubt eine Strukturierung des Prozesses

---

11 Zutreffend *Hoffmann-Riem*, AöR 131 (2006), 255 (257).

12 *Hauschildt/Salomo* (Fn. 2), S. 7; *Hoffmann-Riem*, AöR 131 (2006), 255 (257).

13 *Ernst*, zitiert nach Handelsblatt Nr. 153 v. 12.08.2009, S. 7.

14 Dieser Prozess kann grob unterteilt werden in Innovationsbewusstsein, Defizitanalyse, strategische Modernisierungsplanung, Pilotphase, operative Umsetzung und Steuerung des konkreten Veränderungsprozesses einschließlich eines „Change Managements" sowie Ergebniskontrolle und Evaluation bis zur evtl. erforderlichen Nachsteuerung und Revision.

zwecks Ermöglichung einer effektiven Steuerung der Innovation sowie ferner die Betrachtung, inwieweit – gegebenenfalls auch rechtlich vorgegebene – Ablaufprozesse bzw. Verfahren angepasst und geändert werden müssen. Der mit dem staatlichen Innovationsmanagement verfolgte strategische Ansatz setzt ebenfalls zwingend eine Prozessbetrachtung voraus.

Sowohl die staatliche Innovation als auch die gesellschaftliche Innovation, sofern an sie Rechtsfolgen geknüpft werden sollen, verlangen einen normativen Innovationsbegriff[15], der über den empirisch-deskriptiven Begriff der Betriebswirtschaftslehre hinausgeht. Die vorgeschlagene Definition der staatlichen Innovation genügt diesen Anforderungen.

### 3. Abgrenzung von der Verwaltungsmodernisierung

Abzugrenzen vom Innovationsbegriff ist der Begriff der Verwaltungsreform bzw. Verwaltungsmodernisierung. Diese lassen sich allerdings weder voneinander noch von der staatlichen Innovation bzw. des Prozesses, der zu einer solchen führt und durch ein staatliches Innovationsmanagement Begleitung erfahren muss, trennscharf abgrenzen. Das Abstellen darauf, dass bei einem Modernisierungsprozess im Gegensatz zur Reform der Endzustand oder das abschließende Ziel nicht bekannt sei[16], kann weder theoretisch noch in der Praxis gelingen[17]. Beide weisen zwangsläufig Unsicherheiten hinsichtlich des Endzustandes auf – eine Vergewisserung über die zu erreichenden Zielvorgaben (sei es ausgehend von einer staatspolitischen oder ökonomischen Rationalität[18]) ist in beiden Fällen dennoch anzumahnen. Beide Begriffe sind – wie auch derjenige der Innovation – wertneutral[19], vor allem auch weil die Beurteilung des Ergebnisses immer auch abhängig von subjektiven Präferenzen und in der Regel ambivalent ist. Reform und-

---

15 S. auch *Hoffmann-Riem*, AöR 131 (2006), 255 (267).

16 So *Thom*, in: Eichhorn u. a. (Hrsg.), Verwaltungslexikon, 3. Aufl. 2003, Art. Verwaltungskultur, S. 1143.

17 *Brenski*, in: ders. (Hrsg.), Aktivitäten auf dem Gebiet der Staats- und Verwaltungsmodernisierung in den Ländern und beim Bund 2003/2004, 2004, S. 1 (1 f.); *Forsthoff*, Lehrbuch des Verwaltungsrechts, 1. Bd., 8. Aufl. 1961, S. 407 f.; *Stober*, in: Wolff/Bachof/Stober/Kluth (Hrsg.), Verwaltungsrecht I, 12. Aufl. 2007, § 2 Rn. 16.

18 Dazu *Schliesky/Schulz*, in: Schliesky (Hrsg.) (Fn. 6), S. 77 (120 f.).

19 *Kahl*, ZRph 2004, 1 (2).

Modernisierung können als materiell bestimmter, systemimmanenter Veränderungsvorgang im Sinne eines allmählichen Übergangs zu einer qualitativ neuen - nicht zwangsläufig »besseren« - Situation verstanden werden[20].

Bei Verwaltungsreform und -modernisierung handelt es sich um eine Dauer- und Querschnittsaufgabe, bei der es inhaltlich um die laufende Ausrichtung des staatlich-administrativen Systems an veränderten sowie neuartigen Umweltbedingungen geht[21]. Zweifelsohne bestehen vielfältige Ähnlichkeiten und Schnittmengen zwischen beiden Begriffen, doch ist die Innovation keine Aufgabe, sondern die staatliche Innovation ist das Ergebnis eines erfolgreich verlaufenden Veränderungsprozesses[22]. Maßgeblich für den Innovationsbegriff ist die Neuheit, die veränderte Handlungs- oder Verhaltensweise mit dauerhaft verfestigter Rechts-, Organisations- und/oder Verfahrensänderung. Dementsprechend kann auch nicht jedes neue Gesetz dann als staatliche Innovation begriffen werden.

## *III. Gegenstände staatlicher Innovationen*

Abstrakt gefasst kann Gegenstand staatlicher Innovation zunächst die **Organisation** sein, bei der wiederum zwischen Aufbau- und Ablauforganisation zu differenzieren ist[23]. Eine neue Behörde wie bspw. seinerzeit (auf europäischer Ebene) die Regulierungsagenturen[24] oder die Arbeitsgemeinschaften im Sozialrecht gem. § 44b SGB II[25], die in Bayern »erfundenen«

---

20 *Eichhorn*, in: ders. (Fn. 16), S. 889.

21 *Schliesky*, VerwArch 98 (2008), 313 (318 f.); *Schuppert*, Verwaltungswissenschaft, 2000, S. 917; s. auch *Burgi*, in: Erichsen/Ehlers (Hrsg.), Allgemeines Verwaltungsrecht, 13. Aufl. 2006, § 9 Rn. 2.

22 Dabei bezieht sich das Adjektiv „erfolgreich“ auf den Veränderungsprozess, d. h. der Prozess war erfolgreich, nicht zwingend die – ohnehin in der Regel uneinheitliche – Bewertung des Ergebnisses.

23 Dazu *Schliesky*, DVBl 2007, 1453 ff.; *ders.*, in: ders./Ernst (Hrsg.), Recht und Politik, 2006, S. 35 ff.

24 Statt vieler *Ohler*, EuZW 2006, 372 ff.; *Sydow*, VerwArch 96 (2006), 1 ff.; *Shirvani*, DÖV 2008, 1 ff.

25 Dazu jüngst BVerfGE 119, 331 ff.; dazu *Peters*, NDV 2008, 53 f.; *Meyer*, NVwZ 2008, 275 ff.; *Waldhoff*, ZSE 6 (2008), 57 ff.; *Trapp*, DÖV 2008, 277 ff.; *Schnapp*, Jura 2008, 241 ff.; *Burgi*, ZSE 6 (2008), 281 ff.

Kommunalunternehmen[26], die ihren Siegeszug in verschiedenen Bundesländern längst angetreten haben[27] oder Dienstleistungszentren wie das Bundesverwaltungsamt[28] (im Sinne eines Shared Services Center[29]) können hier als Beispiele dienen. Gerade die Ablauforganisation stellt noch ein weitgehend unbeackertes Feld staatlicher Innovationen dar, weil das Prozessdenken im öffentlichen Recht erst allmählich Einzug hält. Die Prozesssicht löst dann auch – und dies ist die erste staatliche Innovation – die bislang eher starren Grenzen zwischen Organisation und Verfahren auf[30].

Aber auch im »klassischen« **Verwaltungsverfahrensrecht** waren jüngst zwei – allerdings gemeinschaftsrechtlich veranlasste[31] – staatliche Innovationen zu beobachten: zum einen die Einführung des neuen Verfahrenstypus »Verfahren über eine einheitliche Stelle« gem. §§ 71 a ff. VwVfG[32], zum anderen die Einführung der Vorschriften über die europäische Verwaltungszusammenarbeit gem. §§ 8 a ff. VwVfG[33].

---

26 Statt vieler *Kirchgäßner/Knemeyer/Schulz*, Das Kommunalunternehmen: neue Rechtsform zwischen Eigenbetrieb und GmbH, 1997; *Riedmayer/Schraml*, Das Kommunalunternehmen: Anstalt des öffentlichen Rechts, 2000; *Lübbecke*, Das Kommunalunternehmen: neue Organisationsform im kommunalen Wirtschaftsrecht von Nordrhein-Westfalen, 2004.

27 Für Schleswig-Holstein etwa *Arndt/Schliesky/Ziertmann*, Das Kommunalunternehmen, 2003.

28 Aus Praxissicht *Behrendt/Koch*, innovative Verwaltung 3/2010, 22 ff.

29 Dazu *Tallich*, in: Schliesky (Hrsg.) (Fn. 6), S. 185 m.w.N.

30 Zur Notwendigkeit einer Relativierung dieses strikten Trennungsdenkens *Schliesky*, in: Hill/Schliesky (Hrsg.), Herausforderung e-Government, 2009, S. 11 ff.

31 Dazu, dass der gemeinschaftsrechtliche Zwang der Annahme einer Innovation nicht entgegensteht, am Beispiel des Versuchs, ein allgemeines Umweltgesetzbuch zu kodifizieren, *Brüning*, in: Hill/Schliesky, Innovationen im und durch Recht, 2010, S. 85 (89 f.).

32 BGBl I 2008, 2418; dazu *Schmitz/Prell*, NVwZ 2009, 1 ff.; *Prell*, apf 2009, 65 ff.; *Schulz*, NdsVBl 2009, 97 ff.; *Windoffer*, DÖV 2008, 797 ff.; s. auch *Ernst*, DVBl 2009, 953 ff.; zum schleswig-holsteinischen Landesrecht *Schulz*, Die Gemeinde SH 2010, 98 ff.

33 BGBl I 2009, 2091; dazu *Stenger/Gerner*, KommP spezial 2009, 130 ff.; *Schönleiter*, GewArch 2009, 384 ff.; *Mann*, GewArch 2010, 93 ff.; zu den Auswirkungen des Gesetzes auf die §§ 8a ff. VwVfG ausführlich *Schliesky/Schulz*, DVBl 2010, 601 ff.; *Schliesky*, in: Knack/Henneke (Hrsg.), VwVfG, 9. Aufl. 2010, § 8a Rn. 4 ff.; *Schmitz/Prell*, NVwZ 2009, 1121 ff.; *Lenders*, NWVBl 2010, 87 ff.; s. auch *Riedel*, in: Bader/Ronellenfitsch (Hrsg.), VwVfG, 2010, § 8a Rn. 1 ff.

Ferner können staatliche »**Produkte**« Gegenstand staatlicher Innovationen sein[34]; zu denken ist hier an die Konstruktion eines »Genehmigungspaketes« im Sinne der EU-Dienstleistungsrichtlinie oder auch der umweltrechtlichen integrierten Vorhabengenehmigung[35]; ein weiteres Beispiel ist die – allerdings wiederum gemeinschaftsrechtlich veranlasste – Regelung der Weiterverwendung staatlicher Informationen[36]. Staatliches Wissensmanagement ist in diesem Sinne sowohl selbst eine staatliche Innovation[37] als auch Motor gesellschaftlicher Innovationen[38].

**Dienstleistungen** wie bspw. das Bürgertelefon 115[39] zählen ebenso zum Gegenstand tauglicher staatlicher Innovationen wie das **Recht** selbst. Letzteres kann auch eine Fortentwicklung bestehender Rechtsnormen[40], Rechtsinstitute[41] oder dogmatischer Strukturen[42] bedeuten. Eine Reaktion des Rechts in diesem Sinne auf tatsächliche Entwicklungen ist immer dann erforderlich, wenn sich der gegebene Rahmen einerseits als ungeeignet zur Bewältigung neuartiger Entwicklungen erweist, andererseits allerdings eine hinreichende Flexibilität zur Bewältigung ohne explizite gesetzliche Anpassungen auszumachen ist. Wenn auch nicht jedes neue Gesetz eine staatliche Innovation darstellt, so erfüllt doch beispielsweise das schleswig-holsteinische E-Government-Gesetz[43] die oben genannten Kriterien einer staatlichen Innovation.

---

34 *Hill*, in: ders./Schliesky (Fn. 31), S. 285 (287) nennt den elektronischen Personalausweis sowie den elektronischen Entgeltnachweis ELENA als staatliche Produktinnovationen.

35 Ausführlich *Martini*, VerwArch 99 (2009), 40 ff.; *Scheidler*, WiVerw 2008, 3 ff.; s. auch *Erbguth/Schubert*, NuR 2008, 474 ff.; *Calliess*, ZUR 2008, 343 ff.

36 Gesetz über die Weiterverwendung von Informationen öffentlicher Stellen (BGBl I 2006, 2913); dazu *Maisch*, K&R 2007, 9 ff.; *Kellerhoff/Schulz*, DVP 2007, 419 ff.; *Hopf*, RiA 2007, 53 ff., 109 ff.

37 *Thom/Ritz*, Public Management, 4. Aufl. 2008, S. 158.

38 Dazu *Schulz*, in: Hill/Schliesky (Fn. 31), S. 249 (274 ff.); *Hornung*, in: Towfigh u. a. (Hrsg.), Recht und Markt, 2009, S. 75 ff.

39 Dazu *Luch/Schulz*, in: Lemke/Westerfeld (Hrsg.), Strategie 115, 2008, S. 92 ff.

40 Am Beispiel des allgemeinen Persönlichkeitsrechts *Schliesky/Schulz/Tallich*, in: Schliesky (Fn. 5), S. 19 (45 ff.).

41 Am Beispiel der Daseinsvorsorge *Schliesky/Schulz/Tallich* in: Schliesky (Fn. 5), S. 19 (48 ff.); zur Fortentwicklung s. auch *Luch/Schulz*, MMR 2009, 19 ff.; *dies.*, in: Hill/Schliesky (Fn. 30), S. 305 ff.

42 Am Beispiel der Handlungsformenlehre *Schliesky/Schulz/Tallich*, in: Schliesky (Fn. 5), S. 19 (50 ff.); Instruktiv dazu auch *Shirvani*, BayVBl. 2012, 197 ff.

43 GVOBl SH 2009, 398; dazu *Schulz*, Die Gemeinde SH 2008, 282 ff.; *ders.*, DÖV 2010, 225 ff.; *ders.*, eGovernment Review 1/2010, 22 f.

Schließlich finden sich staatliche Innovationen auch bei den Produktionsfaktoren **Arbeit**, wenn etwa neue Formen der Arbeitsteilung auch in der Verwaltung Einzug halten[44], oder hinsichtlich des **Raums**, der bei den heutigen Möglichkeiten der IT und dem damit verbundenen Erschließen neuer virtueller Welten zwangsläufig auch Gegenstand staatlicher Innovationen ist[45].

Im Übergang zu der Informationsgesellschaft, zu der wir uns entwickelt haben und in der noch viel Unsicherheit gerade mit Blick auf tradierte Strukturen und Verfahren festzustellen ist, und erst recht auf dem weiteren Weg zur prognostizierten und hoffentlich erreichbaren Wissensgesellschaft ist angesichts neuer gesellschaftlicher Entwicklungen, die vor allen mit der Digitalisierung verbunden sind, zunächst einmal ein erheblich vermehrtes (staatliches) Nichtwissen zu konstatieren. Dieses Nichtwissen ist ein notwendiger Befassungsgegenstand eines Staatlichen Innovationsmanagements. Informations- und - noch wichtiger - Wissensmanagement[46] sind Gegenstände staatlicher Innovationen, denen sich die staatlichen Organe dringend widmen müssen, wollen sie ihre Steuerungsfähigkeit und letztendlich auch demokratische Macht nicht verlieren.

## *IV. Recht der staatlichen Innovationen*

Das Recht der staatlichen Innovationen ist demnach die Summe der Rechtsvorschriften, die gesellschaftliche Innovationen[47] und insbesondere staatliche Innovationen ermöglichen. Es handelt sich dabei um ein neues Rechtsgebiet, das sich der Planung, Ermöglichung, Durchführung gesellschaftlicher wie staatlicher Innovationen widmet. Es liegt allerdings in der Natur der Sache, dass eine klassische Kodifizierung einer an einer grundgesetzli-

---

44 Dazu *Schliesky*, ZSE 6 (2008), 304ff.; *ders.*, in: Hill/Schliesky (Fn. 30), S. 11 ff.

45 Zur Entgrenzung und Enträumlichung *Schliesky*, in: Schimanke (Hrsg.), Verwaltung und Raum, 2010, S. 49 ff.; s. auch *Boehme-Neßler*, Unscharfes Recht, 2009, S. 112 ff.

46 Dazu eingehend *Schulz*, in: Hill/Schliesky (Fn. 31), 2010, S. 49 ff.; s. auch *Scherzberg/Meyer*, in: Hill/Schliesky (Fn. 30), S. 253 (267 ff.).

47 *Hoffmann-Riem*, AöR 131 (2006), 255 (271), spricht insoweit von „innovationstauglichem Recht"; Grundlegend erneut *ders.*, Innovation und Recht - Recht und Innovation, 2016.

chen Gesetzgebungskompetenz orientierten Sachaufgabe für das Innovationsrecht ausscheidet. Vielmehr handelt es sich um eine Querschnittsmaterie, die vergleichbaren Charakter hat wie das Informationsrecht[48] im Allgemeinen oder das Informationsverwaltungsrecht[49] im Speziellen. Mehr noch als bei anderen Querschnittsrechtsmaterien wird beim Recht der staatlichen Innovationen allerdings deutlich, dass die normative Erfassung des Gegenstandes im Recht einen Perspektivenwechsel erfordert. Die klassische inputzentrierte Kompetenzperspektive hilft beim Recht staatlicher Innovationen nicht weiter, da das Recht staatlicher Innovationen der erfolgreichen Modernisierung des Staates, seiner Organisation und Verfahren dienen soll, mithin eine Ergebnisorientierung zwingend ist. Im Einzelnen geht es um die jeweiligen fachlichen bzw. fachrechtlichen Anforderungen, die Verfahrens- und Organisationsrecht, Wettbewerbs-und Kartellrecht, Vergaberecht, öffentliches Wirtschaftsrecht, aber auch Haushalts- und Arbeits- sowie Dienstrecht ebenso betreffen können wie ökonomische und verwaltungswissenschaftliche Fragestellungen, die einer normativen Klärung bedürfen – und auf die in den nachfolgenden Beiträgen näher eingegangen wird.

Über die rechtlichen Themen hinaus gehören unter dem Aspekt »Staatliches Innovationsmanagement« auch Marketing, Kommunikation und strategische Steuerung zu den zentralen Fragen dieses Rechtsgebiets. Gerade Innovationsprojekte, die auf die Akzeptanz der Kunden angewiesen sind, kommen ohne derartige Konzepte nicht aus[50]. So müssen bspw. die Vorteile eines One-Stop-Government-Konzeptes und der elektronischen Verfahrensabwicklung den Nutzern nahe gebracht und durch geeignete »Werbemaßnahmen« unterstützt und begleitet werden. Ansonsten besteht angesichts der mangelnden Akzeptanz die Gefahr, dass mit enormem Einsatz personeller und finanzieller Ressourcen Strukturen etabliert werden, die kaum genutzt werden. Insoweit muss sich die öffentliche Verwaltung den Vergleich mit der privaten Wirtschaft, die Produktinnovationen auch nur durch gezielte Marketing-Maßnahmen auf dem Markt platzieren kann, gefallen lassen. Diesbezüglich ist aber auch ein Umdenken erkennbar – so wurde

48 Grundlegend dazu *Kloepfer*, Informationsrecht, 2002.

49 *Gröschner*, VVDStRL 63 (2004), 344 (360); *Masing*, VVDStRL 63 (2004), 377 (432 f.); *Gurlit*, DVBl 2003, 1119 ff.; *Pitschas*, Die Verwaltung 33 (2000), 111 ff.; *Voßkuhle*, in: Hoffmann-Riem/Schmidt-Aßmann (Hrsg.), Verwaltungsrecht in der Informationsgesellschaft, 2000, S. 333 (355 ff.); *Vesting*, in: Hoffmann-Riem/Schmidt-Aßmann/Voßkuhle (Hrsg.), Grundlagen des Verwaltungsrechts Bd. II, 2. Aufl. 2012, § 20 Rn. 47 ff.

50 S. zur Kundenorientierung auch *Schulz*, in: Schliesky (Fn. 5), S. 135 ff.

das Bürgertelefon 115 medienwirksam von der Bundeskanzlerin Merkel angekündigt und auch die weiteren Projektschritte (Aufnahme des Pilotbetriebs o.ä.) wurden medial begleitet. Ähnlich – positiv – sind die Bestrebungen des BMI zu bewerten, die Einführung des neuen E-Personalausweises mit sog. »Starter-Kits«, die die zum Einsatz erforderliche Hard- und Software enthalten, zu begleiten.

## *V. Staatliches Innovationsmanagement*

### 1. Begriff und Bestandteile

Die erfolgreiche Implementierung von Innovationen – gesellschaftlichen wie staatlichen Charakters – ist ein komplexer Modernisierungsprozess, der einer gekonnten und umsichtigen strategischen Steuerung bedarf, um ein Scheitern von Innovationsprojekten zu verhindern[51]. Dies haben Wirtschaftswissenschaften und zunehmend auch Verwaltungspraxis erkannt. Dies gilt insbesondere für Innovationsvorhaben in der öffentlichen Verwaltung. Auch wenn die – insbesondere rechtlichen – Rahmenbedingungen andere sind, bedarf auch die Bewältigung der Aufgabe Verwaltungsreform eines staatlichen Innovationsmanagements. Zusätzlich zu den fachlichen Anforderungen eines Projekts treten haushaltsrechtliche, arbeits- und dienstrechtliche, ökonomische und verwaltungswissenschaftliche Fragestellungen, die miteinander verzahnt behandelt werden müssen. Kennzeichnend sind Unsicherheit und Nichtwissen, gerade auch mit Blick auf die Folgeabschätzungen des Innovationsprozesses. Und schließlich gehören auch Marketing und Kommunikation zu den Anforderungen eines erfolgreichen Innovationsmanagements. Dabei ist zum einen der konkrete Veränderungsprozess zu steuern, also ein sog. Change Management für die operative Umsetzung zu organisieren[52]. Zum anderen bedarf es einer strategischen, vo-

51 Zutreffend insoweit Der Spiegel 14/2008, S. 24: „Allzu oft (…) sind die Projekte einfach schlecht gemanagt. (…) So müsse der Staat in Auftrag gegebene Industrievorhaben künftig genauer kontrollieren und neue Managementstrukturen schaffen."

52 Allgemein zum Change-Management *Kraus/Becker-Kolle/Fischer*, Handbuch Change-Management, 2. Aufl. 2006, S. 21 ff.; *Schäfer*, Change Management für

rausschauenden Modernisierungsplanung unter Einbeziehung einer Defizitanalyse, einer vergleichenden Reformbetrachtung und politisch-administrativer Konzeptionen sowie vor allem einer Koordinierung der Reformanstrengungen verschiedener Einheiten. Informations- und Wissensmanagement gehören ebenso zur erfolgreichen Verwaltungsreform[53] wie die Moderation der verschiedenen Beteiligten. All dies bedarf eines staatlichen Innovationsmanagements, das als strategische Bündelungsfunktion so bislang nicht erkannt worden ist. Es liegt auf der Hand, dass Innovationsmanagement insoweit Chefsache ist[54]. Schon an dieser Verortung fehlt es bei dem Umgang mit staatlichen Innovationen regelmäßig; hier liegt ein grundlegender Unterschied zu großen Unternehmen, die die Innovationsverantwortung regelmäßig auf Vorstandsebene verankert haben. Aufgabe des Innovationsmanagements ist es, kritische Erfolgsfaktoren zu erkennen, (gemeinsam mit der Politik) Ziele zu definieren, sie zu kennen und ihre Erreichung während des Reformprozesses zu überwachen[55]. Dabei sind fachübergreifende Zusammenhänge – von IT über betriebswirtschaftliche Fragestellungen bis hin zu juristischen Problemen – zusammenzubinden. Die Innovation ist im Betrieb ebenso wenig wie in der Verwaltung Selbstzweck; Ziele, Leitbilder und Erfolgsfaktoren sind vorab möglichst präzise festzulegen[56].

---

den Öffentlichen Dienst, 2005; *Vahs*, Organisation, 5. Aufl. 2005, S. 248 ff.; *Felsch*, Organisationsdynamik, 2009, vgl. auch *Heller/Richter*, DVBl 2010, 345 (346); jüngst hat die Bundesregierung eine „Anwendungshilfe Change Management" veröffentlicht; vgl. dazu *Eckart*, move 4/2010, 16 f.

53 Ausführlich *Schulz*, in: Schliesky (Hrsg.) (Fn. 6), S. 223 ff.

54 *Hauschildt/Salomo* (Fn. 2), S. 146: „Das Management von radikalen Innovationen, die möglicherweise die Gesamtunternehmung erschüttern, ist eine nicht delegierbare Aufgabe des gesetzlich zuständigen Leitungsgremiums"; nach *Rossen-Stadtfeld*, in: Hill/Schliesky (Fn. 31), S. 229 (234 f. mit Fn. 18) bedarf es im Kontext von Verwaltungsinnovationen „offener und belastbarer Persönlichkeiten im Verwaltungspersonal". Erforderlich sei eine „Innovation durch Musterbruch"; dazu *Wüthrich*, in: Sackmann (Hrsg.), Mensch und Ökonomie – Wie sich Unternehmen das Innovationspotenzial eines Wertespagats erschließen, 2007, S. 222 ff.

55 Bspw. auch in Form von Wissens- und Informationsmanagement-Systemen, die Feedback- und Rückkopplungsprozesse institutionalisieren können.

56 In die Überlegungen ist dabei vor allem auch einzustellen, dass staatsrechtliche Prinzipien (Legalitäts-, Gleichheits- und Gewaltenteilungsprinzip) und Effektivitäts- sowie Effizienzorientierung keinen Gegensatz bilden, sondern vielmehr unterschiedliche Entscheidungsmaximen der Verwaltung sind. Mit der Integration ökonomischer Rationalität in den Entscheidungsprozess muss jedoch eine Zielkonkretisierung auf politischer Ebene einhergehen, wie auch die staatsrechtlichen

»Innovationsmanagement ist etwas substanziell anderes als das Management von wiederholten Routineentscheidungen.«[57]

Die Erforschung der richtigen strategischen Herangehensweise, mit der eine staatliche Innovation erfolgreich etabliert werden kann und mit der ein Veränderungsprozess erfolgreich bis zur Einführung der Innovation vorangebracht werden kann, ist ein normatives Problem. Die Bezüge zur Steuerungs- und Governance-Diskussion[58] liegen auf der Hand, gleiches gilt für die Fruchtbarmachung der Risikovorsorge-Diskussion. Die staatliche Steuerungsverantwortung für Innovationen erscheint als »Public Governance«: Zum einen sind die mit Innovationen verbundenen Änderungen der Wirklichkeit zu bewältigen und situativ zu gestalten; zum anderen sind Verfahren und rechtliche Maßstäbe für die rechtsstaatliche und kooperative Bewertung in Staat und Gesellschaft bereitzustellen, welche der vielfältigen innovatorischen Entwicklungen staatlich oder gesellschaftlich umgesetzt, angenommen und verwendet werden sollen[59].

Weiterführend ist in diesem Kontext auch eine systemtheoretische Betrachtung, die Unsicherheit und Nichtwissen mit dem Machtaspekt zusammenbringt. Das Staatliche Innovationsmanagement erscheint auf diese Weise als strategisches Machtinstrument (auch) des demokratischen Rechtsstaates. »Macht bietet (. . .) eine Möglichkeit der Beobachtung von Ungewissheit.«[60]. Je größer also die politische Macht ist, desto mehr Zeit hat deren Inhaber zum Voranbringen von Innovationen, um damit wieder seine Macht zu sichern. Diesem Gedanken liegt die Erkenntnis zu Grunde, dass Unsicherheit als Machtquelle in der Organisationsforschung anerkannt ist[61]: »Wer über die Möglichkeit verfügt, die Unsicherheit anderer zu beheben oder auch auszunutzen, ‚verdient' sozusagen Macht«.

---

Prinzipien für ihre konkrete Anwendung von Gesetzgebung und Regierung ausgestaltet werden; vgl. *Thom/Ritz* (Fn. 37), S. 30.

57 *Hauschildt/Salomo* (Fn. 2), S. 29.

58 Zur Governance-Forschung statt vieler Schuppert (Hrsg.), Governance-Forschung, 2. Aufl. 2006; s. auch *Benz*, in: ders. (Hrsg.), Governance – Regieren in komplexen Regelsystemen, 2004, S. 11 (19 ff.); *Mayntz*, ebd., S. 65 (69 f.); *Bogumil/Jann*, Verwaltung und Verwaltungswissenschaft in Deutschland, 2. Aufl. 2009, S. 54; *Schuppert*, in: Hoffmann-Riem/Schmidt-Aßmann/Voßkuhle (Fn. 49), § 16 Rn. 134 ff.; jüngst *Holtkamp*, Die Verwaltung 43 (2010), 167 ff.

59 *Pitschas*, in: Hoffmann-Riem/Schmidt-Aßmann/Voßkuhle (Fn. 49), § 42 Rn. 233.

60 *Luhmann*, Die Politik der Gesellschaft, 2002, S. 19.

61 *Luhmann*, Fn. 60, S. 19.

Unsicherheit bezeichnet in der Systemtheorie die strukturelle Unbestimmtheit von Operationen; sie wird durch die Ausdifferenzierung eines operativ geschlossenen Systems erzeugt[62]. In Systemen entsteht durch operative Schließung rekursiver Operationen ein Überschuss an Möglichkeiten und damit eine strukturelle Unbestimmtheit. Diese Unbestimmtheit führt zu Ungewissheit über die Entscheidungen des Inhabers der Macht, also zu Unsicherheit, die sowohl die Herrschaftsunterworfenen als auch viele Amtswalter der staatlichen Organe erfassen kann. In der Demokratie garantiert die Institutionalisierung der politischen Wahl nach Auffassung der Systemtheorie dem System eine im System selbsterzeugte Ungewissheit[63]. Denn die periodischen Wahlen erzeugen regelmäßig eine relativ kurzfristige Ungewissheit; das System »garantiert sich selbst das Unbekanntsein seiner Zukunft und damit die Voraussetzung dafür, dass politische Operationen nicht errechnet werden können, sondern als Entscheidungen getroffen werden müssen.«[64]. Letztlich rechtfertigt diese Ungewissenheit das System und die Notwendigkeit von Entscheidungen. Diese müssen allerdings auch getroffen werden - und erst staatliche Innovationen schaffen einen Erkenntnisfortschritt, der die Ungewissheit und Unsicherheit sowie das Nichtwissen partiell beendet, um durch die damit verbundene Ausdifferenzierung des Systems allerdings zugleich neue Ungewissheit zu erzeugen. Unsicherheit und Nichtwissen sind also mitnichten besondere Kennzeichnen der »Risikogesellschaft«[65] oder der zunehmend komplexen, globalisierten Welt. Sie sind vielmehr Funktionsbedingung (gerade) demokratischer Systeme, die - anders als statische, allein aus Legitimitätsglauben genährte Systeme - sich durch Verfahren und stetige Prozesse der Bekämpfung von Unsicherheit, Schaffung von kurzfristiger Erkenntnis und damit von Sicherheit und Wissen sowie der dadurch ausgelösten Schaffung von neuer Unsicherheit legitimieren.

Der Prozess der Ausdifferenzierung von Systemen schreitet ja mindestens seit Gründung des modernen Staates und der Säkularisierung[66] zumindest im Westen unaufhörlich voran. Das Staatliche Innovationsmanagement

62 *Luhmann*; Fn. 60, S. 19.

63 *Luhmann*, Fn. 60, S. 104.

64 *Luhmann*, Fn. 60, S. 105. - Diese Erkenntnis ist ein schwer zu widerlegender Einwand gegen alle Hoffnungen, Verwaltungshandeln zu automatisieren und von Algorithmen steuern zu lassen.

65 Dazu grundlegend *Beck*, Risikogesellschaft, 1986, 22. Aufl. 2015.

66 Dazu jüngst *Siep*, Der Staat als irdischer Gott, 2015, S. 1 ff.

ist in dieser Perspektive dann der zentrale Ansatz, um ein demokratisches System in der zunehmenden Ausdifferenzierung der Systeme und der durch viele Faktoren begründeten »Konfusion«[67] herausforderungsadäquat weiterzuentwickeln. »Es geht darum, die Demokratie zu einem Regime von *smart governance* weiterzuentwickeln, d. h. zu einem Steuerungsregime, welches in der Lage ist, die internen und externen Herausforderungen durch Globalisierung und Wissensgesellschaft mit intelligenten Strategien zu beantworten.«[68]. Nichtwissen ist in der Wissensgesellschaft dann genauso wie die Unsicherheit im Herrschaftssystem die Voraussetzung für eine staatliche und gesellschaftliche Weiterentwicklung. Diesem hat sich das Staatliche Innovationsmanamgenet dann zuvörderst zuzuwenden.

## 2. Ansatzpunkte und Erfolgsfaktoren

Das Staatliche Innovationsmanagement bedeutet - wie gezeigt - ein ganzheitliches Herangehen an erkannte Defizite und einen strategischen Umgang mit dem zunächst vorhandenen Nichtwissen bzw. der Unsicherheit weiterer Entwicklungen. Ein erfolgreiches staatliches Innovationsmanagement wird dabei bestimmte Risiko- sowie Erfolgsfaktoren in den Blick nehmen, die typischerweise bei derartigen Innovationsprozessen auftauchen. Einige solcher Risiko- bzw. Erfolgsfaktoren seien - ohne Anspruch auf Vollständigkeit - nachfolgend benannt:

Zunächst einmal werden die Größe und Komplexität von Innovationsprozessen bzw. Modernisierungsvorhaben häufig unterschätzt. Zuständigkeiten und entsprechendes Denken führen oft dazu, dass die vielfältigen Einwirkungen einer Innovation auf verschiedenste Sach- und Lebensbereiche anfangs nicht erkannt werden. Der Umsetzungsprozess der EU-Dienstleistungsrichtlinie bietet hier ein grandioses Lehrstück[69].

---

67 Dazu *Wilke*, Demokratie in Zeiten der Konfusion, 2014, S. 12 ff.

68 *Wilke*, Fn. 67, S. 144.

69 Dazu *Schliesky*, in: ders. (Fn. 5), Teil III, S. 1 ff.; *ders.*, DVP 2010, 266 ff.; *Schulz, in: Schliesky (Hrsg.) (Fn. 6), S. 321 ff.*; s. auch *Schliesky/Schulz*, innovative Verwaltung 1-2/2010, 26 ff.

Sog. »Mega-Projekte«[70] sind mit spezifischen Problemlagen konfrontiert. Hierzu zählen bspw. das Erfordernis, zahlreiche Akteure mit unterschiedlichen Interessen einzubinden[71], der erhebliche Ressourcenaufwand, die Notwendigkeit, parallel verschiedene »Baustellen« bearbeiten zu müssen, mit der Folge, dass Teilprojekte nur mit Annahmen arbeiten können, sowie der grundlegende Wandel der Verwaltungskultur. Die Tendenz, die größte, weitreichendste, innovativste oder eine allumfassende Lösung zu finden, fordert daher grundlegend Kritik heraus. Bereits in der Konzeptionsphase sind die Realisierungschancen und der Zeithorizont kritisch zu hinterfragen[72]. Hinzu kommt, dass Verwaltungen, aber auch Unternehmensberatungen zu starr an Projekte nach der Vorgabe eines »Projekthandbuchs« herangehen[73], woraus eine fehlende Flexibilität für die Besonderheit von Innovationsprozessen resultiert.

Zugleich fehlt regelmäßig der Überblick über ähnliche bereits durchgeführte oder gar parallel laufende und damit zwingend zu koordinierende Projekte, deren Zusammenführung Synergieeffekte erschließen kann. Im Kontext der EU-Dienstleistungsrichtlinie gilt dies bspw. für das Bürgertelefon 115 – und dies nicht nur hinsichtlich eines (durchaus gemeinsam nutzbaren, aber dennoch kaum kohärent realisierten) Wissensmanagement-Systems[74]. Vor allem bei IT-Projekten der öffentlichen Verwaltung, sei es für den Außenkontakt (De-Mail) oder für die interne Behördenkommunikation (Standardisierungen), ist ein verbandsebenenübergreifender Abgleich mit anderen Projekten unumgänglich, soll nicht mit enormen Ressourcenaufwand eine kleinteilige, kaum kompatible Struktur aufgebaut oder verfestigt werden. Die Besonderheiten der Nichtwissen begünstigenden föderalen Strukturen müssen hier berücksichtigt werden.

Die Qualifikation der Bearbeiter eines Innovationsprojekts in der öffentlichen Verwaltung genügt nicht immer den tatsächlichen Anforderungen, zumal Vorgesetzte ihre besten Leute ungern in Projekte abordnen, die sich

70 So auch *Lenk*, VM 2009, 241 (241, 246).

71 Darstellung der vom Projekt „Kfz Online" betroffenen Akteure *Heller/Richter*, DVBl 2010, 345 (348 f.).

72 Als Beispiele können hier die Einführung einer Autobahnmaut mithilfe der Fa. Toll Collect, der elektronischen Gesundheitskarte oder des elektronischen Zulassungsverfahrens dienen; vgl. dazu die Ausführungen von *Richter*, *Classen* und *Tallich*, in: Schliesky (Hrsg.) (Fn. 6), S. 291 ff.; 369 ff.; 383 ff.

73 Derartige Vorgaben mögen für einfache Projekte wie etwa die Zusammenlegung von Druckereien verschiedener Ressorts geeignet sein.

74 Dazu *Schulz*, in: Schliesky (Hrsg.) (Fn. 6), S. 321 (352).

ihrer unmittelbaren Kontrolle entziehen. Aber auch die übrigen Mitarbeiterinnen und Mitarbeiter sind zentrale Akteure für Modernisierungsvorhaben[75]. Werden sie nicht »mitgenommen«, ist ein Reformprojekt regelmäßig zum Scheitern verurteilt[76]. Damit erweist sich die Akzeptanz der Mitarbeiter oftmals als Gradmesser für die Ausgereiftheit und Stringenz eines Innovationsvorhabens. Aber auch der angeblich »externe Sachverstand« in Form von Unternehmensberatungen erfüllt längst nicht immer die Erwartungen, die von den Honorarforderungen ausgelöst werden[77]. So interessant Anstöße aus der Privatwirtschaft auch sein mögen, den Beratern fehlt oft jegliche Kenntnis der (rechtlichen und administrativen) Besonderheiten öffentlicher Verwaltung. Dies führt nicht nur zu z.T. untauglichen Konzepten, sondern aufgrund der Unkenntnis von verwaltungsinternen Mechanismen auch zum Scheitern von (dennoch teuren) Projekten.

Schon *Max Weber* hat zutreffend erkannt: »Eine einmal voll durchgeführte Bürokratie gehört zu den am schwersten zu zertrümmernden sozialen Gebilden.«[78] Dementsprechend prallen Innovationen an den Beharrungskräften der Verwaltung, aber insbesondere auch von Interessenverbänden ab. Recht sichert zweifelsohne das Bestehende, und dieser Bestandsschutz und die entsprechende Rechtssicherheit können sich nicht nur auf eine Ableitung aus dem Rechtsstaatsprinzip stützen, sondern sind zugleich auch gemeinwohlmotiviert. Mit Recht hat *Hoffmann-Riem* aber darauf hingewiesen, dass es zur Gemeinwohlorientierung des Rechts auch gehört, den Modernisierungsbedarf zu respektieren und zu einem praktischen Ausgleich mit dem Bedarf an der Sicherung des Bestehenden zu bringen[79]. Eine Phase der Unsicherheit geht einer Innovation in der Regel voraus.

Das Ressortprinzip auf Regierungsebene sowie oftmals zu starr gehandhabte Zuständigkeits- und Verfahrensregelungen verhindern ganzheitliche Reformen[80]. Insbesondere die extensive Auslegung des verfassungsrecht-

---

75 Zur Rolle der Mitarbeiter auch *Schliesky/Schulz*, in: Schliesky (Hrsg.) (Fn. 6), S. 77 (131).

76 S. dazu *Bogumil u. a.*, Zehn Jahre Neues Steuerungsmodell, 2007, S. 94 f., 109 ff.

77 Zur Rolle der Unternehmensberatungen auch *Schliesky/Schulz*, in: Schliesky (Hrsg.) (Fn. 6), S. 77 (129 ff.).

78 *Weber*, Wirtschaft und Gesellschaft, 5. Aufl. 1972/2002, S. 569.

79 *Hoffmann-Riem*, AöR 131 (2006), 255 (267).

80 Zur Rolle des Ressortprinzips ausführlich *Brosius-Gersdorf*, in: Hill/Schliesky (Fn. 31), S. 23 ff.

lich abgesicherten Ressortprinzips führt in der politischen Praxis zur Segmentierung fachlich zusammengehöriger Reformschritte[81]. Der Umgang mit bzw. die Einführung der Innovation wird nicht als Querschnittsaufgabe begriffen[82], die nur bei einem über die Ressortgrenzen hinweg koordinierten Vorgehen gelingen kann[83]. Den Innovationsakteuren innerhalb der öffentlichen Verwaltung fehlt es damit an dem erforderlichen institutionellen Rückhalt im regierungsinternen Machtgeflecht. Dabei gilt als Erfolgsfaktor des betriebswirtschaftlichen Innovationsmanagements: »Wo es der Innovation an formaler, instanzieller Macht fehlt, ist sie strukturell gegenüber der Routine benachteiligt.«[84] Eher verwaltungssoziologisch, aber als Hinderungsgrund nicht zu vernachlässigen ist die Tatsache, dass Zuständigkeiten, Personalbestand und Budget gerade in der Ministerialverwaltung als »Insignien der Macht« angesehen werden.

Auch die Verwaltungskultur bzw. ihr Wandel[85] ist eine nicht zu vernachlässigende Einflussgröße bei der Etablierung von Innovationen. Vorhaben, die zu radikal mit der praktizierten und gelebten Verwaltungskultur[86] brechen, werden regelmäßig zum Scheitern verurteilt sein. So darf der momentan zu beobachtende Übergang zur Netzwerkverwaltung[87] auch verwal-

---

81 Dazu näher *Schliesky*, VerwArch 98 (2008), 313 (328 f.) m. w. N.

82 Zum Begriff der „Querschnittsaufgabe" *Schliesky/Schulz/Tallich*, in: Schliesky (Hrsg.) (Fn. 6), S. 19 (21 ff.).

83 Zur Verwaltungsreform als Aufgabe eingehend *Schliesky*, VerwArch 98 (2008), 313 (316 ff.).

84 *Hauschildt/Salomo* (Fn. 2), S. 146.

85 Dazu Kluth (Hrsg.), Verwaltungskultur, 2000; *Endruweit*, Organisationssoziologie, 2. Aufl. 2004, S. 137 ff.

86 Verstanden als deskriptive Erfassung relativ konstanter Muster von Handlungsweisen, Orientierungen und Werten in Verwaltungen, s. dazu *Jann*, in: Eichhorn u. a. (Fn. 16), S. 1135.

87 Zur Verrechtlichung des Netzwerkgedankens *Schliesky*, in: ders. (Fn. 5), Teil I, S. 203 (228 ff.); *ders.*, in: Leible (Hrsg.), Die Umsetzung der EU-Dienstleistungsrichtlinie, 2008, S. 43 (71 f.); vgl. auch *Peters*, Elemente einer Theorie der Verfassung Europas, 2001, S. 215 ff.; *Schuppert*, in: Hoffmann-Riem/Schmidt-Aßmann/Voßkuhle (Hrsg.), Grundlagen des Verwaltungsrechts, Bd. I, 2006, § 16 Rn. 134 ff.; *Ruffert*, Die Verwaltung 36 (2003), 293 (312); *Sydow*, Verwaltungskooperation in der Europäischen Union, 2004, S. 78 ff.; *Wettner*, Die Amtshilfe im Europäischen Verwaltungsrecht, 2005, S. 289 ff.; *Möllers*, in: Oebbecke (Hrsg.), Nicht-normative Steuerung in dezentralen Systemen, 2005, S. 285 (296); *Boehme-Neßler*, NVwZ 2007, 650 ff. Allgemein zum Netzwerkgedanken *Jansen*, Einfüh-

tungskulturell in einer von dem Hierarchieprinzip und strikten Zuständigkeitskategorien geprägten Verwaltung nicht unterschätzt werden. Dabei sind zwei Faktoren zu berücksichtigen. Einerseits ist ein erhöhtes Maß an Veränderungsfähigkeit bei den Mitarbeitern – und damit ein wesentlich gezielteres Innovationsmanagement – erforderlich, je weniger Ähnlichkeiten die Innovation mit bisherigen Merkmalen des überkommenen Verfahrens oder der überkommenen Organisation besitzt. Andererseits ist eine Destabilisierung und Infragestellung bisheriger Werte und dadurch auch der Auflösung der traditionellen Mitarbeiterloyalität ohne die Bildung adäquater neuer, für die Zukunft wichtigerer und handlungsanleitender Loyalitätsmuster zu vermeiden[88].

Die Entscheidungsstrukturen in Politik und Verwaltung sind für das Voranbringen von Innovationsprojekten weitestgehend ungeeignet. So hat bereits »Der Spiegel« im Jahr 2008 zutreffend festgestellt: »Die komplizierten Entscheidungsstrukturen der deutschen Konsensdemokratie sorgten in den vergangenen Jahren immer wieder dafür, zahlreiche Großprojekte, vor allem in der Informationstechnologie, aufzuhalten.«[89] Diese Frage nach zeitgemäßen Entscheidungsstrukturen hat weitere Facetten, etwa im Hinblick auf europäische Politikgestaltung und – im Gegenzug – zeitgerechte und effektive Umsetzung europäischen Gemeinschaftsrechts. Zu dem Problemkreis gehört auch die Zahl der Verwaltungsebenen in der Bundesrepublik Deutschland sowie die derzeit praktizierte Ausgestaltung des föderalen Systems[90]. Um Missverständnissen vorzubeugen: M. E. ist nicht der Föderalis-

---

rung in die Netzwerkanalyse, 3. Aufl. 2006; unter verschiedenen juristischen Perspektiven die Beiträge in: Boysen u. a. (Hrsg.), Netzwerke, 2008; eine rechts- und verwaltungswissenschaftliche Weiterentwicklung des Netzwerkgedankens am Beispiel der Dienstleistungsrichtlinie findet sich bei *Schliesky*, in: ders. (Fn. 5), Teil II, S. 91 ff.; aus historischer und grundlegender Perspektive *ders.*, Von der organischen Verwaltung Lorenz von Steins zur Netzwerkverwaltung im Europäischen Verwaltungsbund, 2009; *ders.*, DÖV 2009, 641 ff. Eher negativ die Beschreibung des gesellschaftlichen Trends hin zu Netzwerken von *Baumann*, Flüchtige Zeiten, 2010, S. 9: „Die Gesellschaft wird immer häufiger als Netzwerk und nicht mehr als festgefügte Struktur (und schon gar nicht als festgefügtes Ganzes) gesehen: Sie wird als Matrix wahrgenommen und behandelt, die aus zufälligen Verbindungen und Trennungen sowie aus einer im Prinzip unendlichen Fülle möglicher Permutationen besteht".

88 *Thom/Ritz* (Fn. 37), S. 85.

89 Der Spiegel 14/2008, S. 24.

90 Dazu bereits *Ellwein/Hesse*, Der überforderte Staat, 1997.

mus als solcher innovationshindernd, wie derzeit vielfach gerade im Kontext der Bildungspolitik behauptet wird, sondern die nicht zuletzt durch zwei Föderalismuskommissionen insgesamt eher schlechter gewordene konkrete Ausgestaltung des föderalen Systems[91]. Der Föderalismus ist bekanntlich durchaus für Wettbewerb und koordiniertes Vorgehen gleichermaßen geeignet[92]. Und diese Mischung ist durchaus für Innovationen geeignet, denn Innovationen entstehen zum einen durch Wettbewerb, wenn man »Wettbewerb als Entdeckungsverfahren«[93] versteht, und zum anderen durch politisch koordinierte Umsetzung. Beim näheren Hinsehen zeigt sich nämlich, dass es nicht die der Machtverteilung dienende föderale Struktur ist, die Innovationen behindert. Vielmehr bedeutet Machtverteilung auch Wissens- und Potenzialverteilung, die erheblich größere Innovationsmöglichkeiten eröffnet als ein Zentralstaat. Das Problem ist vielmehr das Fehlen einer ganzheitlichen Steuerung; Innovationsmanagement ist daher auch und vor allem ein Steuerungsthema. So schränkt bspw. die sog. Parallel- und Simultangesetzgebung im Verfahrensrecht[94] die Möglichkeiten der Länder ein, ihrerseits sachgerechtere Vorgaben, bspw. zur Aktivierung der verfahrensleitenden Rolle des Einheitlichen Ansprechpartners nach Art. 6 DLR, einzuführen. Dies erscheint einem Wettbewerb um eine gute Verwaltung als Standortfaktor abträglich. Demgegenüber ist die Uneinheitlichkeit der organisationsrechtlichen Verortungsentscheidungen positiv hervorzuheben – sie ist im Sinne eines Wettbewerbsföderalismus um die optimale Lösung

---

91 S. *Scharpf*, Föderalismusreform: kein Ausweg aus der Politikverflechtungsfalle, 2009.

92 Zum Aspekt des Wettbewerbsföderalismus etwa *Schmidt-Jortzig*, DÖV 1998, 746 ff.; zum koordinierten Föderalismus grundlegend *Hesse*, Der unitarische Bundesstaat, 1962; zum Innovationsföderalismus *Calliess*, ZSE 6 (2008), 227 ff.

93 *V. Hayek*, Wettbewerb als Entdeckungsverfahren, 1968.

94 Näher geschildert bei *Kopp/Ramsauer*, VwVfG, 10. Aufl. 2008, Einführung Rn. 25 ff.; kritisch: *Wahl*, NVwZ 2002, 1192 (1194); *Röhl*, in: Hoffmann-Riem/Schmidt-Aßmann/Voßkuhle (Hrsg.), Grundlagen des Verwaltungsrechts, Bd. II, 2008, § 30 Rn. 9; jüngst *Burgi*, JZ 2010, 105 (111).

als Bestandteil einer »guten Verwaltung«[95] zu begrüßen[96]. Ggf. wird es zu einer Revision der Entscheidungen kommen, zumal in zahlreichen Bundesländern Evaluationsklauseln vorgesehen sind[97].

Sollten diese tatsächlich ergebnisoffen angewendet werden und das sog. Benchmarking als »Quasi-Wettbewerb« der Verwaltungen ausgehend von Art. 91d GG vermehrt Einzug in die deutsche Verwaltung halten, ist dies begrüßenswert und könnte als Vorbild für andere Projekte dienen.

## *VI. Ausblick*

Nach allem ist das Staatliche Innovationsmanagement ein instrumenteller Ansatz zur Bewältigung von Unsicherheit und Nichtwissen im heutigen demokratischen System. Es ist die Voraussetzung, um auf gesellschaftliche Veränderungen angemessen reagieren zu können und die Distanz zwischen Staat und Verwaltung einerseits und Gesellschaft andererseits nicht zu groß werden zu lassen. Gegenwärtige und künftige Herausforderungen erlauben es dem demokratischen Rechtsstaat vermutlich nicht mehr, Reformen von Staat und Verwaltung immer wieder scheitern oder zumindest als unzureichend erscheinen zu lassen, wenn er sich mittel- und langfristig nicht selbst in seiner Existenz gefährden will. Dem kann nur mit einem strategischen Gesamtansatz wie dem hier beschriebenen Staatlichen Innovationsmanagement begegnet werden

95 Normiert bspw. in Art. 41 der Charta der Grundrechte der Europäischen Union (ABl EG 2000 C 364, 1); dazu *Jarass*, EU-Grundrechte, 2005, § 1 Rn. 18 ff., § 2 Rn. 1 ff. Zu den Inhalten und Maßstäben des Rechts auf eine gute Verwaltung eingehend *Bauer*, Das Recht auf eine gute Verwaltung im Europäischen Gemeinschaftsrecht, 2002, S. 115 ff.; *Pfeffer*, Das Recht auf eine gute Verwaltung, 2006, S. 87 ff.; *Schliesky*, Das Recht auf gute Verwaltung, 2006, S. 8 ff.; *Klappstein*, Das Recht auf eine gute Verwaltung, 2006.

96 S. auch *Lenk*, VM 2009, 241 (245).

97 Exemplarisch § 6 des Gesetzes über den Einheitlichen Ansprechpartner für das Land Berlin (GVOBl 2009, 674): „Drei Jahre nach Inkrafttreten des Gesetzes werden die Inanspruchnahme des Einheitlichen Ansprechpartner, die organisatorischen Rahmenbedingungen, die zugrunde liegenden rechtlichen Regelungen sowie die Auswirkungen auf die Verwaltungsverfahren überprüft".

# Strategien staatlicher Risikobewältigung

*Arno Scherzberg*

## I. Einleitung

»Als die ersten Menschen sich aufrichteten, um auf zwei Beinen zu gehen, eilte gleich ein Deutscher hinzu, um dringlich zu warten: das sei gefährlich, es drohe der Sturz, besonders bei Kindern und Alten, es sei unsolidarisch gegen die übrigen Vierbeiner und auch theologisch bedenklich, denn es wende das Menschengesicht ab von der Erde…« [1]

Den von Johannes Gross im obigen Zitat aufgespießten Alarmismus hat es wohl bei jeder größeren technischen und auch bei mancher sozialen Innovation gegeben; nicht zuletzt herrscht er heute im Hinblick auf die Auswirkungen der Flüchtlingsbewegung aus Afrika und dem Nahen Osten vor. Man sollte der zum Ausdruck gebrachten Besorgtheit allerdings nicht nur mit Ironie begegnen, sondern sie auch ernst nehmen als Ausdruck einer menschlichen Grundbefindlichkeit im Angesicht von Veränderungen. Im Zweifel wünschen sich die meisten Menschen die Beibehaltung des status quo und fürchten Neuerungen. Die prospect theory spricht insoweit von einem status-quo bias oder einer Verlustaversion:[2] der Erwartungswert eines Verlustes wiegt höher als der (nominell gleiche oder sogar höhere) Erwartungswert eines Gewinns.

Den Skeptikern gegenüber Veränderungen ist zuzugeben, dass es die vielfach vernetzten, meist nicht im Detail bekannten und oft nicht-linear interagierenden Ursache-Wirkungs-Ketten der sozialen, ökologischen und technologischen Wirklichkeit sehr häufig unmöglich machen, die mit Innovationen (neuen Stoffen, Produkten oder Verfahren) oder einem Wandel der ökologischen oder sozialen Rahmenbedingungen verbundenen Gefahrenpotentiale rechtzeitig zu erkennen und richtig zu bewerten. Die Unsicherheit kann also begründet sein. Auch der Staat kann unter diesen Umständen die traditionell an ihn gerichteten Erwartungen an die Bereitstellung von Sicherheit nicht mehr vollumfänglich erfüllen. Auch er kann der Existenz von Risiken nicht entgehen, sondern muss Strategien zum Umgang mit ihnen, also zum Rechtsgüterschutz unter Ungewissheit konzipieren.

1 *Johannes Gross*, zitiert nach: Ortwin Renn, Klimawandel als systemisches Risiko, http://wupperinst.org/uploads/tx_wupperinst/AF_Keynotes_Renn.pdf, S.1 (20.05. 2016)

2 *Kahnemann/Tversky*, The Framing of Decisions and the Psychology of Choice, Science 211 (1981), S. 453, 454.

Dem widmet sich der nachfolgende Beitrag. In ihm werden drei zentrale, teilweise aufeinander bezogene Strategien der Risikobewältigung[3] im Einzelnen entfaltet:

- 1. Risikowissen generieren und fortlaufend aktualisieren, um damit Ungewissheit punktuell zu vermindern;
- 2. Risikokommunikation betreiben, um damit Lerneffekte für den Umgang mit dem Risiko zu initiieren und Maßstäbe für die Bewertung von Risiken zu entwickeln;
- 3. Risiken selektieren, um soweit möglich nicht-sozialadäquate Risiken durch sozialadäquate Risiken zu ersetzen.[4]

## *II. Einige aktuelle Problemfelder*

### 1. Die grüne Gentechnik

Bei der grünen Gentechnik ist seit langem besonders die Freisetzung von gentechnisch veränderten Organismen (GVO) in die Umwelt umstritten. Dabei geht es gem. § 3 Nr. 3 GenTG um Organismen, deren genetisches Material in einer Weise verändert worden ist, wie dies unter natürlich Bedingungen nicht möglich wäre. Durch den Transfer von Genmaterial auch über Artgrenzen hinweg sollen u. a. die Produktivität in der Landwirtschaft gesteigert, Umweltbeeinträchtigungen vermindert und die Qualität und Haltbarkeit von Nahrungsmitteln verbessert werden. Als mögliche Risiken wird vor allem befürchtet, dass durch ungewolltes Auskreuzen schädliche Organismen entstehen oder nachteilige Folgen für den Genpool eintreten.

Ziel der vor dem Bundesverfassungsgericht (BVerfG) angegriffenen Änderung des GenTG aus den Jahren 2004 und 2008 war es, die Forschung und Anwendung der Gentechnik zu fördern, dem Vorsorgegrundsatz entsprechend Gesundheit und Umwelt vor nachteiligen Auswirkungen der

---

3 Die genannten drei Strategien sind nicht abschließend zu verstehen, jedoch lassen sich die derzeit vom Gesetzgeber genutzten Instrumente der Risikobewältigung durchweg auf eine der hier behandelten Grundformen zurückführen. Ausführlich zum Thema am Beispiel des Stoffrechts *Köck/Kern*, Rechtliche Strategien zur Bewältigung von Risiken im Stoffrecht, UTR Bd. 114 (2012), S. 21 ff.

4 Zu dieser für manchen Leser vielleicht überraschenden Form der Umschreibung von Vorsorgemaßnahmen näher unten V 3.

Gentechnik zu schützen und die Wahlfreiheit der Landwirte und Verbraucher zu gewährleisten. Nach Auffassung des BVerfG durfte der Gesetzgeber dabei die Nachkommen von gentechnisch veränderten Organismen und die durch zufällige Auskreuzung entstandenen gentechnisch veränderten Organismen »als mit einem allgemeinen Risiko behaftet ansehen«.[5] Angesichts der potentiell irreversiblen Folgen des Gentransfers halte sich die Annahme eines solchen »Basisrisikos« auch ohne einen »wissenschaftlich-empirischen Nachweis des realen Gefährdungspotentials« im Rahmen der Einschätzungsprärogative des Gesetzgebers.[6]

Allerdings hatten die Deutsche Forschungsgemeinschaft und die Zentrale Kommission für die Biologische Sicherheit nach § 4 GenTG bei ihren Stellungnahmen im Verfahren vor dem BVerfG deutlich gemacht, dass nach den Erfahrungen der vergangenen zwei Jahrzehnte bei einer Freisetzung nicht mit der Entstehung von Organismen mit unvorhersehbaren Eigenschaften zu rechnen ist; es gäbe keine Anhaltspunkte für signifikante Unterschiede in der Gefährlichkeit von GVO und konventionell erzeugten Pflanzen.[7] Im Gegenteil stellte die DFG zu dem besonders umstrittenen und intensiv erforschten Beispiel Mais MON810 fest: »Nach dem Stand der wissenschaftlichen Erkenntnis würden durch Bt-Gene geschützte Maissorten ideal in das Konzept eines integrierten und biologischen Pflanzenbaus passen. Denn anders als das Spritzen relativ breit wirksamer Insektizide zur Abwehr von Schädlingen wie Maiszünsler und Maiswurzelbohrer haben die untersuchten transgenen Maissorten keinen nachweisbaren negativen Einfluss auf die Lebensgemeinschaften im Maisfeld.«[8]

5 BVerfGE 128, 1, 39.

6 BVerfGE 128, 1, 39 f.

7 Deutsche Forschungsgemeinschaft, Grüne Gentechnik, 2011, S. 61 ff., http://www.dfg.de/download/pdf/dfg_magazin/forschungspolitik/gruene_gentechnik/broschuere_gruene_gentechnik.pdf (20.05.2016); ausführlich zu den Stellungnahmen *Kluth*, Das Gentechnik-Urteil, 2012, S. 44 ff.

8 DFG (Fn. 7), S. 64.

## 2. Glyphosat

Pflanzenschutzmittel, die den Wirkstoff Glyphosat enthalten, gehören zu den weltweit am häufigsten eingesetzten Herbiziden[9] und gelten als der »Treibstoff der modernen Landwirtschaft«.[10] In Deutschland wird Glyphosat seit dem Jahre 2002, seiner Erstzulassung in Europa, auf ca. 40 % aller Ackerflächen ausgebracht.[11] Seine Rückstände finden sich in zahlreichen Lebensmitteln, darunter, wie jüngst gemeldet, auch im Bier.[12] Glyphosat wurde außerdem in der Muttermilch gefunden und lässt sich in der Hälfte aller Urinprobleme von Menschen nachweisen.[13]

Unter den chemischen Unkrautbekämpfungsmitteln gibt es derzeit wohl keine gleichwertigen Alternativen – Experten zufolge sind andere Herbizide teurer, weniger wirkungsvoll und würden eher größere Nebenwirkungen zeitigen.[14] Pflügen ist demgegenüber giftfrei, aber auch zeit- und kostenintensiver, erhöht das Erosionsrisiko der Böden und verbraucht deutlich mehr Treibstoff. Langzeitstudien über die Nebenwirkungen von Glyphosat und seine Wechselwirkung mit anderen Kontaminationen indes fehlen. Die Europäische Behörde für Lebensmittelsicherheit (EFSA) und das deutsche Bundesinstitut für Risikoforschung (BfR) halten den Wirkstoff Glyophosat für weitgehend unbedenklich.[15] Es sei unwahrscheinlich, dass hiervon ein

9 *Dickeduisberg et al*, Erhebungen zum Einsatz von Glyphosat im deutschen Ackerbau, 2012, http://pub.jki.bund.de/index.php/JKA/article/viewFile/1766/2109, S. 1 (20.05.2016); Europäische Task Force Glyphosat, http://www.glyphosat.de/glyphosat-grundlagen (20.05.2016); Agrarkoordination e.V., Glyphosat-Infos, http://www.agrarkoordination.de/projekte/roundup-co/glyphosat-infos (20.05.16).

10 SZ v. 13.11.2015 S. 19: EU-Behörde: „Glyphosat ist ungefährlich“.

11 *Dickeduisberg et al* (Fn. 9), S. 2; Agrarkoordination e.V. (Fn. 9).

12 Spiegel Online v. 25.02.2016: Pestizid: Tester finden Glyphosat in beliebten Biermarken, http://www.spiegel.de/wirtschaft/service/glyphosat-in-bier-pestizid-in-deutschen-biermarken-nachgewiesen-a-1079169.html (20.05.2016)

13 n-tv Wissen, Unkrautvernichter in aller Munde. Glyphosat und die Fakten, www.n-tv.de/wissen/Glyphosat-die-Fakten-article17720996.html (20.05.2016)

14 So *Charisius*, Zurück in die Zukunft, in SZ v. 20.05.2016, S. 16; *Deter*, Wenn Glyphosat verboten wäre – was sind die Alternativen, www.topagrar.com/news/Acker-Agrarwetter-Ackernews-Wenn-Glyphosat-verboten-waere-Was-sind-die-Alternativen-2835359.html (20.05.2016)

15 Glyphosat: EFSA aktualisiert toxikologisches Profil, http://www.efsa.europa.eu/de/press/news/151112 (20.05.2016); BfR, Löst Glyphosat Krebs aus? Mitteilung 007/2015 vom 23.03.2015, http://www.bfr.bund.de/cm/343/loest-glyphosat-krebs–aus.pdf (20.05.2016)

Krebsrisiko für den Menschen ausgeht, auch eine Schädigung von DNA sei nicht zu befürchten. Der Grenzwerte für die tägliche regelmäßige Aufnahme könnte deshalb von 0,3 auf 0,5 mg pro Kilogramm Körpergewicht erhöht werden; zusätzlich wird allerdings die Einführung eines weiteren Grenzwertes in Form einer Höchstdosis für eine einzelne Mahlzeit vorgeschlagen.[16] Auch eine neue Studie von Experten der WHO und der Welternährungsorganisation FAO hält Glyphosat für unbedenklich.[17]

Die internationale Krebsforschungsagentur der WHO (IARC) kam indes zu einem gegenteiligen Ergebnis. Sie untersuchte neben dem Wirkstoff selbst allerdings auch Gemische, in denen der Wirkstoff Verwendung findet, und stufte diese vor kurzem als »wahrscheinlich krebserregend für den Menschen« ein.[18] Die in diesen Gemischen verwandten Zusatzstoffe wie Tallowamin werden teilweise als weitaus kritischer betrachtet als Glyphosat selbst.[19] Greenpeace wies darauf hin, dass die vom BfR ausgewerteten Studien zumeist von den Herstellern selbst stammen und Studien, die die Grundlage der Einstufung der IARC waren, als nicht relevant verworfen worden seien.[20] In Argentinien, wo tallowamin- und glyphosathaltige Produkte in großem Umfang verwendet werden, beklagen Ärzte Medienberichten zufolge einen erheblichen Anstieg von schweren Erkrankungen in den Dörfern aus der Nachbarschaft der besprühten Felder.[21]

---

16 BfR, Fragen und Antworten zur Bewertung des gesundheitlichen Risikos von Glyphosat, 2016, S. 7, http://www.bfr.bund.de/cm/343/fragen-und-antworten-zur-bewertung-des-gesundheitlichen-risikos-von-glyphosat.pdf (20.05.2016)

17 n-tv, Überraschende UN-Studie, Glyphosat doch nicht krebserregend?, http://www.n-tv.de/politik/Glyphosat-doch-nicht-krebserregend-article.7704591.html (16.05.2016).

18 IARC Monographs Volume 112: evaluation of five organophosphate insecticides and herbicides, 2015, https://www.iarc.fr/en/media-centre/iarcnews/pdf/MonographVolume112.pdf (18.5.2016).

19 *Dostert*, Glyphosat überall, SZ v. 20.05.2015, S. 10; Naturschutzbund Deutschland, Fragen und Fakten zu Glyphosat, https://www.nabu.de/imperia/md/content/nabude/gentechnik/hintergrund/faqglyphosat.pdf (20.05.2016)

20 Greenpeace magazin, Glyphosat-Bewertung: Warum das BfR zu einem völlig anderen Urteil kommt als die WHO, 2015, https://www.greenpeace-magazin.de/tickerarchiv/glyphosat-bewertung-warum-das-bfr-zu-einem-voellig-anderen-urteil-kommt-als-die-who (20.05.2016)

21 *Burghardt*, In der Erde, im Menschen, SZ v. 21./22.05.2016, S. 29; Eilis O´Neill, Argentinien protestiert gegen krankmachende Pestizide, Deutsche Welle, http://www.dw.com/de/argentinien-protestiert-gegen-krankmachende-pestizide/a-17213797 (20.05.2016)

## 3. Fracking

Bei Fracking handelt es sich um ein Verfahren zum Aufbrechen von Gesteinsschichten zur Gas- und Ölförderung unter Nutzung teilweise toxischer Additive. Durch Bohrungen wird ein Gemisch von Wasser, Sand und Chemikalien in die förderrelevante Gesteinsschicht gepresst. Die Flüssigkeit bricht das Gestein auf, der Sand befüllt die Hohlräume, die Chemikalien unterstützen die Freisetzung des gesuchten Rohstoffs, der an die Oberfläche entweicht.[22] Während Fracking in konventionellen Lagerstätten in Sand- und Karbonatgestein schon seit den 1960er Jahren betrieben wird und als beherrschbar gilt, gibt es in Deutschland noch keine Erfahrungen mit der Öl- und Gasgewinnung aus sog. unkonventionellen Schiefer- und Kohleflözlagerstätten größerer Tiefe. Diese ist derzeit im Streit.

Die durch das unkonventionelle Fracking mögliche zusätzliche Energiegewinnung könnte die Bundesrepublik unabhängiger von Energieimporten machen, den Energiepreis reduzieren und zusätzliche Einnahmen aus Förderabgaben generieren. Möglicherweise lässt sich auch der Einsatz von Kohlekraftwerken zurückfahren und das Maß der Treibhausgasemissionen reduzieren.[23] Die durch Fracking zu erschließenden Rohstoffreserven werden von Experten allerdings gemessen am Energiebedarf als unbedeutend eingeschätzt; wegen anderer geologischer Bedingungen lägen die Kosten vermutlich erheblich höher als in den USA.[24]

Fracking ist aber vor allem aus ökologischen Gründen umstritten.[25] So wird befürchtet, dass ungewollt Risse in Gesteinsschichten gesprengt werden könnten, durch die giftige oder salzige Flüssigkeiten oder Methangas ins Grundwasser gelangen. Auch könnten die Fracks Erdstöße auslösen, die an der Oberfläche zu Schäden führen. Schließlich könnten die eingesetzten

---

22 Überblick über die technische Durchführung bei *Ramsauer/Wendt*, Einsatz der Fracking-Technologie insbesondere aus der Sicht des Gewässerschutzes, NVwZ 2014, S. 1401, 1401 f.

23 Zu den Nutzenpotentialen zusammenfassend Bünnigmann, Vorsicht vor dem Fortschritt? Energiegewinnung durch Fracking, DVBl. 2015, S. 1418, 1418 f.; ferner Kümpel, Fracking – eine beherrschbare Technologie, ifo Schnelldienst 1/2015, S. 13 ff.

24 *Faulstich/Baron*, Fracking: Sollte die umstrittene Methode der Erdgasförderung erlaubt werden? ifo Schnelldienst 1/2015, S. 7 ff.; Nutzenberger, „Fracking" – eine Bestandsaufnahme, Stadt und Gemeinde, 2013, S. 527, 529 f.

25 S. etwa *Bünnigmann* (Fn. 23), S. 1419; *Faulstich/Baron* (Fn. 24), S. 7 ff.

Additive aus undichten Leitungen den Boden verseuchen, könnte unkontrolliert Methangas aus dem Boden strömen und zum Treibhauseffekt beitragen, und es bestünde die Gefahr, dass das giftige Fracking-Wasser nicht komplett aus der Bohrung zurückgeholt werden kann und im Boden verbleibt.[26]

Die US-Umweltbehörde EPA stellte dazu in ihrem 2014 veröffentlichten Bericht fest, es seien bislang nur wenige Fälle von schädlicher Einwirkung auf das Trinkwasser zu verzeichnen und es gebe kein Hinweis auf verbreitete, systemische Auswirkungen auf die Umwelt.[27] Allerdings müsse offen bleiben, ob dies an der Seltenheit der Einwirkungen liegt oder an der Lückenhaftigkeit der Daten. Unbestritten können sich Risiken aus den konkreten geologischen Gegebenheiten im Einzelfall ergeben; es kommt also für die Risikoeinschätzung auf die Eigenschaften des jeweiligen Bohrplatzes an.[28] Nach einer im Auftrag des Umweltbundesamtes (UBA) erstellten Studie sind derzeit »in keinem Geosystem eine ausreichende Datenbasis und entsprechende numerische Prognosemodelle vorhanden«, um die Langzeitwirkungen des Frackings abzuschätzen.[29] In einem zweiten für das UBA erstellten Gutachten wird deshalb empfohlen, »wissenschaftlich begleitete Erprobungsmaßnahmen durchzuführen, da ohne solche Erprobungsmaßnahmen weitere wissenschaftliche Erkenntnisse zu den Chancen und Risiken der Frackingtechnologie begrenzt sind.«[30]

---

26 Überblick bei Agenda 21 Treffpunkt, Stichwort Fracking, http://www.agenda21-treffpunkt.de/dossier/Fracking.htm (20.05.2016); keine nicht beherrschbaren Probleme sieht hingegen der Präsident der Bundesanstalt für Geowissenschaften und Rohstoffe Kümpel (Fn. 23), S. 13 ff.

27 EPA, Assessment of the Potential Impacts of Hydraulic Fracturing for Oil and Gas on Drinking Water Resources, Stand 2015, Executive Summary, S. 8 Rdn. 22 ff., https://www.epa.gov/sites/production/files/2015-07/documents/hf_es_erd_jun2015.pdf (20.05.2016)

28 Leschus/Schulze, Fracking – kein Grund zur Eile, in: ifo Schnelldienst 1/2015, S. 19, 20.

29 *Meiners/Denneborg/Müller*, Umweltauswirkungen von Fracking bei der Aufsuchung und Gewinnung von Erdgas aus unkonventionellen Lagerstätten, Kurzfassung, UBA Texte 61/2012, S. 7, http://www.umweltbundesamt.de/publikationen/umweltauswirkungen-von-fracking-bei-aufsuchung (20.05.2016)

30 *Dannwolf/Heckelsmüller*, Umweltauswirkungen von Fracking bei der Aufsuchung und Gewinnung von Erdgas insbesondere aus Schiefergaslagerstätten, UBA Texte 53/2014, Einleitende Kurzbeschreibung, http://www.umweltbundesamt.de/sites/default/files/medien/378/publikationen/texte_53_2014_umweltauswirkungen_von_fracking.pdf (20.05.2016)

## 4. Nanotechnologisch behandelte verbrauchernahe Produkte

Die besonderen Eigenschaften von Nanomaterialien eröffnen, wie an anderer Stelle ausführlich erörtert,[31] breite und teilweise erstaunliche Anwendungsmöglichkeiten und begründen zugleich ein vielfältiges, nur in Teilen bereits bekanntes Risikopotential. Von nanotechnologisch behandelten Kosmetika, Lebensmittel oder Textilien geht nach derzeitigem Kenntnisstand keine generelle, auf die Verwendung nanoskaliger Materialien rückführbare toxische Wirkung aus.[32] Allerdings sind Nanopartikel geeignet, verschiedene Schutzbarrieren im menschlichen Körper zu durchdringen (Haut, Blut/Hirn-Schranke, Darmwand). Risiken können deshalb aufgrund des jeweiligen Designs des Nanopartikels bestehen, sind also von dessen konkreter Struktur und der jeweiligen Exposition abhängig. Es bedarf daher einer Risikobestimmung im Einzelfall.[33] So kam es beispielsweise bei Kohlenstoffnanoröhrchen (carbon nanotubes) im Tierversuch zu Entzündungen, nach einigen Studien auch zur Tumorbildung.[34] Gleichzeitig werden genau diese Partikel in Tierversuchen aber auch erfolgreich als »drug delivery tools« eingesetzt. Für generelle Aussagen ist das Risikowissen derzeit zu gering. Aus Sicht der Versicherungswirtschaft ist das mit nanotechnologisch behandelten verbrauchernahen Produkten verbundene Risiko für die menschliche Gesundheit deshalb bislang »nicht quantifizierbar«.[35]

---

31 *Scherzberg*, Risikovorsorge durch Risikokommunikation, Die mangelnde Regelungsreife der Nanotechnologie und ihre Konsequenzen für das Recht, in: W. Hoffmann-Riem (Hrsg.), Innovation im Recht, 2016, S. 201, 209 ff, 214 ff.

32 Nachweise dazu bei *Scherzberg* (Fn. 31), S. 214 ff.

33 Zum Risikowissen auch die Stellungnahme des BfR und des UBA, Beurteilung eines möglichen Krebsrisikos von Nanomaterialien und von aus Produkten freigesetzten Nanopartikeln, 2011, http://www.bfr.bund.de/cm/343/beurteilung_eines_moeglichen_krebsrisikos_von_nanomaterialien_und_von_aus_produkten_freigesetzten_nanopartikeln.pdf (20.05.2016)

34 DaNA, Informationen zu Nanomaterialien und Nanosicherheitsforschung, Stichwort CaNTser, http://www.nanopartikel.info/projekte/laufende-projekte/cantser, (20.05.2016)

35 Zurich insider, The unknown risks of nanotechnology, http://insider.zurich.co.uk/Industry-talking-point/unknown-risks-nanotechnology/ (20.05.2016)

## *III. Abstufungen von Ungewissheitslagen*

Wie die Beispiele zeigen, können Wissensdefizite die Bestimmung des Risikos und damit auch die Auswahl angemessener Maßnahmen des Risikomanagements in verschiedener Weise behindern. Zur besseren Systematisierung der Risikotatbestände könnte es hilfreich sein, anhand der Verfügbarkeit von Wissen vier Fallgruppen zu unterscheiden:

### 1. Schlichtes Nichtwissen

Um schlichtes Nichtwissen handelt es sich, wenn nach derzeitigem Erkenntnisstand keine Anhaltspunkte für eine risikobehaftete Situation bestehen. Ein Risiko ist hier, in der Begrifflichkeit des Bundesverfassungsgerichts, nach »praktischer Vernunft« ausgeschlossen.[36] Zur »praktischen Vernunft« gehört allerdings auch die Feststellung, dass man sich bei der Risikobeurteilung immer auf dem Stand des letzten unvermeidlichen Irrtums befindet.[37] Nach praktischer Vernunft ausschließen kann man Risiken aufgrund nachhaltiger zivilisatorischer Einwirkungen auf den menschlichen Körper oder die Umwelt deshalb gerade nicht.

Richtiger dürfte deshalb die gleichfalls vom Bundesverfassungsgericht verwandte Formel von den »Grenzen des menschlichen Erkenntnisvermögens« sein, die einer zutreffenden Prognose des Risikos entgegensteht.[38] Realisiert sich ein danach unerkanntes Risiko, wird es als allgemeines Lebensrisiko betrachtet. Anschauliche Beispiele bilden die FCKWs, deren Gefährlichkeit in den Anfangsjahren nicht erkennbar war,[39] sowie die gentechnisch veränderten Organismen, falls sich hier entgegen der oben skizzierten Einschätzung der sachverständigen Organisationen doch in der Zukunft ein gentechnikspezifisches Risiko realisiert.

---

36 BVerfGE 49, 89, 142 f.; krit. dazu *Scherzberg*, Der Ausstieg aus dem Restrisiko – Fukushima und die Folgen für die deutsche Risikodogmatik, UTR Bd. 115 (2012), S. 7, 12 ff. m.w.N.

37 BVerfGE 49, 89, 143.

38 BVerfGE 49, 89, 90 (Leitsatz 6).

39 European Environmental Agency, Late lessons from early warnings, 2001, S. 76 ff.

## 2. Qualifiziertes Nichtwissen

Qualifiziertes Nichtwissen liegt vor, wenn sich bestimmte Risikohypothesen aufstellen lassen, also Ereignisketten benannt werden können, im Zuge derer es zu Schäden kommt, über deren tatsächliches Vorkommen und Eintrittswahrscheinlichkeit aber aufgrund von Wissensdefiziten keine belastbaren Aussagen möglich sind. Auch hier sind die »Grenzen des menschlichen Erkenntnisvermögens« erreicht. Gleichzeitig lässt sich aber ein konkreter Forschungsbedarf benennen. Ein Beispiel hierfür geben die Mehrzahl der Nanomaterialien, von denen man weiß, dass sie biologische Barrieren durchbrechen können, deren weitere Eigenschaften und Wirkungen, insbesondere das »Ob« und »Wie« ihrer Ausscheidung bzw. Speicherung im Körper und die Reaktion der Körperzellen auf sie, aber unbekannt sind. Um einen solchen Fall handelt es sich auch bei Glyphosat, über dessen Wirkungsweisen im menschlichen Körper bislang ganz offenbar eindeutige Studien fehlen.

## 3. Abstrakte Besorgnis

Eine abstrakte Besorgnis besteht, wenn potentiell gefährliche Kausalketten benannt werden können und deren Auftreten aufgrund einer vorläufigen wissenschaftlichen Risikobewertung auch theoretisch »möglich« erscheint. Der Sachverständigenrat für Umweltfragen spricht insoweit von einer »generellen oder potentiellen Schadenseignung von Vorgängen oder Stoffen«.[40] Es fehlt in diesen Fällen aber hinreichendes Wissen darüber, ob und unter welchen Voraussetzungen sich das theoretische Risiko im Einzelfall realisiert.[41] So liegt der Fall beim Fracking sowie, nach Auffassung des

40 Sachverständigenrat für Umweltfragen, Sondergutachten Vorsorgestrategien für Nanomaterialien, 2011 S. 49, http://www.umweltrat.de/SharedDocs/Downloads/DE/02_Sondergutacten/2011_09_SG_Vorsorgestrategien%20f%C3%BCr-%20Nanomaterialien.pdf?_blob=publicationFile (20.05.2016).

41 Zum Begriff und seiner Anwendung auf Nanoprodukte s. auch Nanokommission der Bundesregierung Themengruppe 3: Überprüfung der Regulierung von Nanomaterialien und Nanoprodukten, 2010, S. 10 http://www.bmub.bund.de/fileadmin/Daten_BMU/Download_PDF/Nanotechnologie/nanodialog_2_Tg3_berichtbf.pdf (20.05.2016).

BVerfG, auch bei der Freisetzung von GVO. Wie stark der Anfangsverdacht verfestigt sein muss, um Vorsorgemaßnahmen zu rechtfertigen, hängt nach der aus dem Gefahrenmodell stammenden »Je-Desto-Formel« u. a. von Art und Umfang des für möglich gehaltenen Schadensereignisses ab.[42]

#### 4. Konkrete Besorgnis

Eine konkrete Besorgnis besteht schließlich, wenn konkrete Anhaltspunkte für die Möglichkeit der Realisierung eines abstrakten Risikos im Einzelfall bestehen, wobei die Eintrittswahrscheinlichkeit bekannt oder unbekannt sein kann. Das ist nach dem Gesagten bei carbon nanotubes der Fall.

### *IV. Die rechtliche und tatsächliche Ausgangslage*

#### 1. Grundlegende normative Streitfragen

Aus dem aktuellen Risikodiskurs verdienen im vorliegenden Zusammenhang zwei grundlegende Streitfragen Erwähnung, deren Beantwortung für den Zuschnitt der Strategien der Risikobewältigung wegweisend sind.

##### a) Vorsorge oder scientific approach?

Das Vorsorgeprinzip, die in Europa vorherrschende Strategie des vorbeugenden Rechtsgüterschutzes, ist nach allgemeinem Verständnis anwendbar, wenn eine wissenschaftlich fundierte Sachstandserhebung die Besorgnis begründet, ein umwelt- oder gesundheitsrelevantes Geschehen könnte auf individuelle oder kollektive Güter rechtlich relevante nachteilige Wirkungen zeitigen.[43] Ist das der Fall, ist der Staat verpflichtet, eine Entscheidung

---

42 Sachverständigenrat (Fn. 40), S. 50.

43 Grundlegend EuG Rs. T-13/99, Slg. 2002 II-3305, Rdn. 139 ff – Pfizer Animal Health/Rat; EuG Rs. T-70/99, Slg. 2002 II-3495, Rdn. 152 – Alpharma/Rat; EuGH Rs. C-24/00, Slg. 2004 I-1277, Rdn. 65 – Kommission/Frankreich. S. ferner *Europäische Kommission*, Mitteilung der Europäischen Kommission über die Anwendbarkeit des Vorsorgeprinzips vom 02.02.2000, KOM (2000) 1 endg.; *Werner*, Das

darüber zu treffen, ob das Risiko vertretbar ist, und ggf. gegen den Risikoverursacher einzuschreiten. Voraussetzung hierfür ist, dass ein Risiko auf der Grundlage der verfügbaren wissenschaftlichen Untersuchungen möglich erscheint und die Anhaltspunkte hierfür hinreichend dokumentiert sind.[44] Ausgeschlossen ist ein staatliches Eingreifen, wenn es sich um ein lediglich hypothetisches Risiko handelt, das auf einer weder empirisch noch theoretisch gestützten Vermutung beruht.

Das Vorsorgeprinzip konkurriert im weltweiten Vergleich vor allem mit dem sog. scientific approach in Teilen des US-amerikanischen Rechts. Die US-Handelskammer nimmt auf ihrer Website die vielleicht klarste Definition dieses Ansatzes vor: »The U.S. Chamber of Commerce supports a science-based approach to risk management where risk is assessed based on scientifically sound and technically rigorous analysis. Under this approach, regulatory actions are justified where there are legitimate, scientifically ascertainable risks to human health, safety, or the environment. That is, the greater the risk, the greater the degree of regulatory scrutiny."[45]

- Vorsorge im Sinne des europäischen Rechts erscheint aus dieser Warte als Versuch der einseitigen Risikovermeidung.[46] Auch wenn diese Kritik des Vorsorgeprinzips auf einem Missverständnis beruht, weist sie doch auf wesentliche Unterschiede zwischen den beiden Maximen der Risikobewältigung hin:[47]
- Die Voraussetzungen für die Annahme einer wissenschaftlich begründeten Besorgnis als legitime Grundlage für Vorsorgemaßnahmen sind im amerikanischen Recht höher als im europäischen Recht.
- Während in Europa weitgehend anerkannt ist, dass die Risikoabschätzung ein stark qualitatives Element aufweist, unternimmt das amerika-

---

Vorsorgeprinzip - Grundlagen, Maßstäbe und Begrenzungen, UPR 2001, S. 335 ff.; Arndt, Das Vorsorgeprinzip im EU-Recht, 2009, S. 201.

44 EuGH Rs. C-24/00, Slg. 2004 I-1277, Rdn. 65 – Kommission/Frankreich.

45 U.S. Chamber of Commerce, Precautionary Principle, https://www.uschamber.com/precautionary-principle (20.05.2016).

46 Ausführlich und differenzierend zum Vorsorgeprinzip aus US-amerikanischer Sicht *Sunstein*, Gesetze der Angst, 2007, S. 34 ff.; krit. auch *Hanekamp/Kwakman/Pieterman/Ricci*, The Administrative Ordering of Nature and Society – Precaution and Food Safety at the Molecular and Global Levels, EJRR 2012, S. 313 ff.

47 Näher dazu *Scherzberg*, Risikoabschätzung unter Ungewissheit - Preliminary risk assessment im Kontext der Nanotechnologie, ZUR 2010, S. 303, 306 ff.

nische Recht den Versuch einer weitgehend quantitativen, an mathematischen Kalkulationen orientierten Risikocharakterisierung nach Maßgabe der »ökonomischen Analyse« des Rechts.

- Bei der Kosten-Nutzen-Analyse wird den Risiken der Risikosteuerung und den Nutzenpotentialen
- der fraglichen Innovation ein höheres Gewicht beigemessen als im Rahmen des Vorsorgeprinzips.

Im Ergebnis unterscheiden sich beide Systeme, anders als die US-Handelskammer meint, nicht vorrangig im Maß ihrer Risikofreundlichkeit.[48] Grundsätzlich unterschiedlich ist vielmehr die Rolle des Staates beim vorbeugenden Rechtsgüterschutz. Der scientific approach vertraut primär auf das Eigeninteresse des Risikoverursachers. Zu einem vorbeugenden Einschreiten des Staates kommt es erst bei einem wissenschaftlichen Nachweis des Risikos. Darüber hinaus werden dem Risikoverursacher aber im Falle der Risikorealisierung bei schweren Sorgfaltspflichtverletzungen hohe Strafzahlungen in Form von sog. »punitive damages« angedroht. Damit wird ein erheblicher Anreiz zur vorbeugenden Risikominimierung geschaffen.

Im europäischen System der Vorsorge ist dagegen staatliche Regulierung das primäre Instrument der Prävention. Im Zuge von Genehmigungsverfahren und Überwachungsmaßnahmen sorgen staatliche Behörden selbst für eine angemessene Minimierung des Risikos. Aus europäischer Sicht ist der negative Anreiz hoher Strafzahlungen allein nicht in der Lage, Leichtsinn und Rücksichtslosigkeit gegenüber dem Verbraucher mit hinreichender Gewissheit zu verhindern. Auch sind Geldzahlungen in der Regel keine angemessene Kompensation für erlittene körperliche Beeinträchtigungen oder gar den Tod. Der grundrechtlich begründeten Pflicht des Staates zum Schutz von Leben und Gesundheit wird mit der Normierung von Ersatzpflichten deshalb nicht hinreichend Rechnung getragen. Vielmehr erfordert sie weitergehende Maßnahmen zum Verbraucher-, Arbeits- und Umweltschutz.

Auch wenn diese Differenzen bestehen bleiben, wird der Konflikt zwischen beiden Regulierungssystemen doch erheblich relativiert, wenn bei der

48 *Mair/Mildner/Wodni*, Risikofreudiges Amerika, risikoaverses Europa?, SWP-Zeitschriftenschau 2, 2012, S. 1, 5 ff., http://www.ssoar.info/ssoar/bitstream/handle/document/36683/ssoar-2012-mair_et_al-Risikofreudiges_Amerika_risikoaverses_Europa_Aus.pdf?sequence=1 (20.05.2016).

Kosten-Nutzen-Analyse im Rahmen der Vorsorge, wie nachfolgend vorgeschlagen, neben den zu bewältigenden Risiken aufgrund des möglicherweise gefährlichen Produktes, Stoffes oder Verfahrens auch die Risiken einbezogen werden, die mit der Vorsorgemaßnahme selbst verbunden sind, die sog. Risiken zweiter Ordnung.[49]

### b) Hazard- oder riskbasierte Vorsorge?

Nach tradierter Auffassung ist eine Besorgnis nur dann rechtlich relevant, wenn sie beruht auf

- Anhaltspunkten für die Möglichkeit der Schädlichkeit eines Stoffes, Produkts oder Verfahrens und
- Anhaltspunkten für die Möglichkeit einer Einwirkung des Stoffes auf die menschliche Gesundheit oder andere vom Vorsorgeprinzip geschützte Güter.

Neuerdings gibt es allerdings Anzeichen dafür, dass die Rechtsprechung auch bei gänzlich fehlendem Wissen über die Möglichkeit einer Einwirkung des schädlichen Agens auf ein geschütztes Rechtsgut Vorsorgemaßnahmen befürwortet.[50] Zu sprechen ist dann in Anlehnung an den englischen Sprachgebrauch von einer hazardbasierten Vorsorge.

Auch wenn die europäischen Gerichte wiederholt betont haben, wissenschaftlich nicht verifizierte Vermutungen begründeten keine rechtlich relevante Besorgnis, ergab eine genauere Untersuchung[51] jüngst ein anderes Bild: In einer Entscheidung über ein Einfuhrverbot für Wildvögel stellte das EuG statt auf den Nachweis einer, wenn auch ungewissen, Eintrittswahrscheinlichkeit allein auf die Nichtaufklärbarkeit der Eintrittswahrscheinlichkeit des Schadens ab,[52] im Gentechnik-Urteil des BVerfG aus dem Jahre 2010 reichte sogar die Nichtausschließbarkeit schädlicher Folgen.[53] Das

---

49 Dazu sogleich 2 e), 3.

50 Ausführlich hierzu *S. Meyer*, »Gefühlsschutz« und hazardbasierte Vorsorge im Unionsrecht als Herausforderung des Rechtsstaatsprinzips, in: Möstl (Hrsg.), Lebensmittelanalytik und Recht, 2015, S. 65 ff.

51 *Meyer* (Fn. 50).

52 EuG, Urt. v. 16.09.2013, Rs. T-333/10 – Animal Trading Company/Kommission, Rdn. 89.

53 BVerfGE 128, 1, 39.

Vorsorgeprinzip mutiert hier zum Vorsichtsprinzip, das allein aufgrund des Zweifels eine eingriffsintensive Maßnahme rechtfertigt.[54]

Wie weit hazardbasierte Maßnahmen im Ergebnis zulässig sind, entscheidet sich nach hier vertretener Auffassung nicht am abstrakt-dogmatischen Zuschnitt des Vorsorgeprinzips, sondern am Grundsatz der Verhältnismäßigkeit, dem seine Anwendung bei Grundrechtseingriffen selbstverständlich unterliegt. Auch bei einem bloßen hazard, also einem potentiell gefährlichen Stoff mit unbekannten Einwirkungspfaden, muss der Staat seine jederzeitige Handlungsfähigkeit sicherstellen. Weist der Stoff ein nicht unerhebliches Schadenspotential auf, muss er sich dazu um zusätzliche Erkenntnisse über die Expositionsmöglichkeiten bemühen, sei es durch eigene Risikobegleitforschung, sei es durch eine entsprechende Verpflichtung des Anlagenbetreibers, und er muss auch die Befugnis besitzen, etwa durch containment oder ein Moratorium, Szenarien, aus denen sich die Exposition ergeben könnte, zeitweise zu unterbinden. Andererseits ist seine Einwirkung auch auf Maßnahmen mit dieser Zielsetzung beschränkt. Wie weit seine Eingriffsbefugnis im Einzelfall reicht, ist letztlich eine Frage der noch zu erörternden Abwägung im Rahmen der Risikoselektion.

## 2. Erkenntnisse der Risikodogmatik

Zur rechtlichen Ausgangslage im weiteren Sinne zählt nicht zuletzt der Stand der Risikodogmatik.[55] Diese hat in den vergangenen 20 Jahren eine Reihe von Erkenntnissen über die Rahmenbedingungen einer angemessenen Risikobewältigung herausgearbeitet, die im Folgenden zusammengefasst werden sollen.

### a) Risiko ist ein Konstrukt.

Ob wir die Welt aus der Perspektive von Risiken betrachten, ist abhängig vom religiös-weltanschaulichen Standpunkt: wer die Ereignisse des

---

54 Krit. dazu vor allem *Meyer* (Fn. 50), S. 94 ff. und *Kluth* (Fn. 7), S. 62 ff.; zum Begriff auch *Kahnemann*, Schnelles Denken, langsames Denken, 2012, S. 432.

55 Zum Verhältnis von Recht und Dogmatik am Beispiel des Allgemeinen Verwaltungsrechts vgl. *Scherzberg*, Das Allgemeine Verwaltungsrecht zwischen Praxis und Reflexion. Theoretische Grundlagen der modernen Verwaltungsrechtswissenschaft, in: Trute/Groß/Röhl/Möllers (Hrsg.), Allgemeines Verwaltungsrecht - zur Tragfähigkeit eines Konzepts, 2008, S. 837 ff.

menschlichen Lebens Gott zurechnet oder aus anderen Gründen für vorbestimmt hält, wird das Eintreten schädigender Ereignisse nicht unter der Perspektive von Wahrscheinlichkeiten oder Möglichkeiten sehen, die eintreten können und ggf. auch vermeidbar wären.

Eine weitere soziale Wertung enthält die Risikoperspektive auch im Hinblick auf die Bewertung eines Ereignisses als »nachteilig« oder »schädigend«: etwa kann man durchaus unterschiedlicher Auffassung darüber sein, ob die Unberührtheit der Natur ein Wert an sich darstellt, ein drohender zivilisatorischer Eingriff also als solcher schon ein Risiko darstellt.

b) Mit dem Konstrukt »Risiko« werden üblicherweise zwei strukturell verschiedene Sachverhalte zusammengefasst: Risiken im weiteren Sinne und Risiken im engeren Sinne.

Rechtlich relevante Risiken können sich zum einen aus Geschehensabläufen ergeben, die mit einer bekannten (berechenbaren) Eintrittswahrscheinlichkeit »unterhalb der Gefahrenschwelle« zu einem Schaden führen; dies soll hier als Risiko i.e.S. bezeichnet werden. Das Risiko stellt hier ein »minus« zur Gefahr dar. Bei derartigen Sachverhalten stehen die Parameter statistisch weitgehend fest. Etwa lässt sich einer umfangreichen Versuchsreihe entnehmen, in wie vielen Fällen ein Medikament bestimmte Nebenwirkungen auslöst, oder lässt sich aus der Unfallstatistik die Zahl der Verkehrsopfer im Straßenverkehr der Größenordnung nach vorhersagen und daraus (zusammen mit weiteren Daten) eine angemessene Versicherungsprämie berechnen. Um ein Risiko und nicht um eine Gefahr handelt es sich in diesen Fällen, wenn das sich daraus ergebende Ausmaß des Risikos unterhalb der Gefahrenschwelle liegt, also nicht die Unterbrechung eines Kausalverlaufs rechtfertigt, sondern nur dessen weitere Beobachtung und Maßnahmen zur Aufklärung oder Warnung.

Risiken werden aber auch aus Geschehensabläufen generiert, bei denen die Wahrscheinlichkeit des Eintritts eines Schadens unbekannt ist. Die Überschreitung der Gefahrenschwelle kann hier nicht festgestellt werden, weil mangels statistischen Wissens oder mangels Erfahrungswerten keine hinreichend sichere Prognose über die Entwicklung des Sachverhalts gestellt werden kann. In den Sozialwissenschaften ist nach der von Frank Knight begründeten Terminologie insoweit von »uncertainty« die Rede.[56] Im Folgenden wird von Risiken i.w.S. gesprochen. Sie sind der typische

56 *F. Knight*, Risk, Uncertainty and Profit, 2006 (1921).

Regelungsgegenstand des Risikoverwaltungsrechts: immer wenn der Umgang mit innovativen Produkten, Stoffen oder Verfahren geregelt werden soll, geht es um Risiken i.w.S..

c) Risiken i.w.S. sind ein aliud zur Gefahr.

Weil man bei Risiken i.w.S. im Bereich der Ungewissheit operiert, unterscheiden sich die beim Risikomanagement anzustellenden Überlegungen von denen bei der Gefahrenabwehr. Hier ist die Ungewissheit über Art und Ausmaß des Risikos zu verarbeiten und diese Ungewissheit auch rechtlich zu bewerten. Dabei ist mit Irrtumskosten zu rechnen. Weil nicht sicher feststellbar ist, wie hoch der mit einem Einschreiten abgewendete Erwartungsschaden ist, kann auch nicht sicher vorhergesagt werden, ob dieser die möglichen Risiken überwiegt, die mit dem Einschreiten selbst verbunden sein können.

d) Nur bei Risiken i.e.S. ist eine quantitative Risikoberechnung möglich. Zur normativen Bewertung des Risikos bedarf es indes auch hier einer qualitativen Risikobewertung.

Bei Risiken i.e.S. gelingt regelmäßig die quantitative Risikoberechnung anhand der versicherungsmathematischen Risikoformel (Risiko = erwartete Schadenshöhe x Eintrittswahrscheinlichkeit). Bei Risiken i.w.S. ist keine derartige Berechnung möglich; hier ist die Risikobestimmung notwendig qualitativ.

Allerdings lässt auch die versicherungsmathematische Risikoformel nur dann logisch zwingende Aussagen über Risiken i.e.S. zu, wenn es um eine Voraussage der Gesamtschadenssumme aus einer Risikosituation und z. B. um deren Vergleich mit den Auswirkungen anderer Risikoquellen geht. In jeder anderen Hinsicht beruht auch sie auf einer qualitativen Vorentscheidung: viele, eher wahrscheinliche Kleinschäden werden summiert und im Ergebnis einem eher unwahrscheinlichen Großschaden gleichgesetzt. Aus Sicht der rechtlichen Risikosteuerung ist die dabei unterstellte wechselseitige Substituierbarkeit von Schadenshöhe und Eintrittswahrscheinlichkeit keinesfalls zwingend: hier kann z. B. auch relevant werden, dass sich ein einzelner Großschaden leichter verhindern lässt als viele Kleinschäden oder aber das Risiko eines Großschadens in größerem Umfang Ängste, Vermeidungsreaktionen und sonstige nachteilige Nebenfolgen auslösen kann als das Risiko vieler Kleinschäden. Das zeigt: auch insoweit ist eine qualitative Betrachtung unvermeidlich.

e) Risikobewältigung gelingt unter Ungewissheitsbedingungen grundsätzlich nur als Risikosubstitution.

Unter Ungewissheitsbedingungen sind Maßnahmen des Risikomanagements meist selbst riskant. Sind Art oder Eintrittswahrscheinlichkeit eines Risikos nicht prognostizierbar und lassen sich die Folgen der in Betracht kommenden Maßnahmen zur Risikominimierung nicht sicher vorhersehen, tritt zu dem zu bewältigenden Risiko ein weiteres hinzu: das Risiko der Fehleinschätzung und Fehlsteuerung des Risikos. Eingriffe in als schädigend identifiziere Kausalketten können fehlschlagen und/oder neue in anderer Weise schädigende Folgen nach sich ziehen. Wer Vorkehrungen trifft, ein Risiko zu minimieren, eröffnet deshalb fast unweigerlich ein neues. Die vollständige Beseitigung von Risiken ist unter Ungewissheitsbedingungen nicht zu erwarten. Risikominderung ist vielmehr grundsätzlich Risikosubstitution.[57]

Gibt es etwa keine Erfahrungswerte für die Wirkungen und Nebenfolgen eines neu entwickelten Medikaments, kann die Dosis leicht zu niedrig oder zu hoch festgelegt werden und können dadurch Nebenwirkungen ausgelöst oder die Symptome sogar verstärkt werden. Das vorfindliche, vielleicht selbst ungewisse Krankheitsrisiko wird durch das mit dem Versuch seiner Behebung eröffnete Risiko eines Behandlungsfehlers ersetzt. Für die beiden Risikotypen wurden an anderer Stelle die Begriffe Risiko erster Ordnung und Risiko zweiter Ordnung vorgeschlagen.[58]

Das Vorsorgeprinzip muss auch mit Risiken zweiter Ordnung kalkulieren, soll es nicht paradox – d. h. seinerseits schadensbegründend oder nutzenmindernd – wirken. Das Ziel der Vorsorge kann deshalb regelmäßig nicht die Beseitigung oder Minimierung von Risiken sein, sondern muss in einer verantwortlichen und reflektierten Selektion von Risiken liegen.

---

57 *I. Augsberg*, Von der Gefahrenabwehr zu Risikomanagement und Opportunitätswahrnehmung – Neue Paradigmen im Verwaltungsrecht, in: Peter/Funcke (Hrsg.), Wissen an der Grenze. Zum Umgang mit Ungewissheit und Unsicherheit in der modernen Medizin, 2013, S. 209, 218.

58 *Scherzberg*, Risikosteuerung durch Verwaltungsrecht: Ermöglichung oder Begrenzung von Innovationen?, VVDStRL 63 (2004), S. 214, 219.

f) Die bei der Risikobewältigung erzeugten Risiken zweiter Ordnung sind häufig noch schwerer zu prognostizieren als die Risiken, die man substituiert.

Der US-amerikanische Verwaltungsrechtler Cass Sunstein formulierte schon im Jahre 1997:»Some cures are worse than the disease«.[59] Ein zentrales Problem des Risikorechts besteht darin, dass man dies vielfach zu spät erkennt. Während die Risiken erster Ordnung vor der Entscheidung über risikobegrenzende Maßnahmen in der Regel hinreichend aufgeklärt sind, fehlt regelmäßig das Wissen darüber, welche Risiken sich mit einem Eingriff zur Risikominimierung verbinden. Einer vollständigen Risikoerhebung stehen insoweit vor allem zeitliche und finanzielle Schranken entgegen. Kumulative und indirekte Effekte werden deshalb meist vernachlässigt und die systemischen Auswirkungen des Vorsorgeeingriffs und – bei sozialen Systemen – Risiken aufgrund von Ausweichreaktionen oft unterschätzt.[60] In komplexen Risikolagen gelingen deshalb, der Untersuchung von Dietrich Dörner zufolge, effektive und nachhaltige Verbesserungen nur sehr selten – es herrscht die »Logik des Misslingens«.[61]

g) Es gibt keine objektiven Kriterien für eine qualitative Gewichtung des Risikos und den risk-risk tradeoff.

US-amerikanische Ansätze zur Bemessung des Risikos anhand von Zahlungsbereitschaften und des »value of statistical life«[62] haben aus europäischer Sicht eine Reihe von Schwächen: vor allem gibt es keinen hinreichend eindeutigen »Preis« für die Vermeidung von Beeinträchtigungen von Leben, Gesundheit und Umwelt. Außerdem geht es bei der Risikoabwehr nicht primär um die monetäre Bewertung der betroffenen Rechtsgüter, sondern um die Verarbeitung der bei der Risikoprognose bestehenden Gewissheitsdefizite.[63] Deshalb werden Risiken von den Betroffenen meist nach wenig objektivierbaren Faktoren wie Zufälligkeit des Eintritts, Freiwilligkeit und persönliche Kontrollierbarkeit klassifiziert und bewertet. Für das Gewicht

---

59 *Sunstein*, Foreword, in: Graham/Wiener (Hrsg.), Risk versus Risk, 1997, S. VII, VIII.
60 *Sunstein* (Fn. 46), S. 71 ff.
61 *Dörner*, Die Logik des Misslingens, 2003.
62 Kritisch dazu *Sunstein* (Fn. 46), S. 194 ff.
63 *Sunstein* (Fn. 46), S. 204 f.

des Risikos kommt es demnach auf seine soziale Einbettung an. Dabei spielen sozio-kulturelle Sensibilitäten eine große Rolle; man denke etwa an die unterschiedliche Bereitschaft zum Verzehr gentechnisch veränderter Lebensmittel und die unterschiedliche Einstellung zum Tragen von Schusswaffen in Europa und den USA. Deshalb ist im Rahmen der Risikosteuerung letztlich eine Entscheidung über die Sozialadäquanz eines Risikos, nicht über einen äquivalenten Geldwert zu treffen.

### h) Beim risk-risk tradeoff sind auch die Interessen der durch das riskante Produkt oder Verfahren begünstigten Dritten zu berücksichtigen

Besteht eine fragliche Vorsorgemaßnahme z. B. im Verbot einer medizintechnischen Applikation, eines gesundheitsförderlichen Lebensmittelzusatzes oder einer umweltschützenden Technologie, stellt sich die Frage, welche Rolle die Belange der potentiellen Nutzer oder Begünstigten der betreffenden risikobehafteten Verwendung bzw. die dadurch begünstigte Umwelt bei der Risikoselektion spielen. Es geht um die Berücksichtigung der möglichen unerwünschten Nebenfolgen der Vorsorge.

Unterbricht die Vorsorgemaßnahme mit hinreichender Sicherheit einen nutzbringenden Kausalverlauf, ist dies nach allgemeinen Regeln dem staatlichen Handeln zuzurechnen. Gleiches muss gelten, wenn nur eine abstrakte Besorgnis der Beeinträchtigung von verfassungsrechtlich geschützten Gütern oder Interessen besteht. Können Schadenspotentiale auch bei unbekannter Eintrittswahrscheinlichkeit vorsorgebegründend wirken und Maßnahmen der Risikoregulierung auslösen, ist es angemessen, auch Schutzgutsbeeinträchtigungen mit unbekannter Eintrittswahrscheinlichkeit durch eben dieses Risikorecht als grundrechtsrelevant zu erachten. Die Hürde für die Bejahung einer Grundrechtsgefährdung durch Vorsorgemaßnahmen darf nicht höher liegen als die zur Aktivierung der staatlichen Schutzpflichten durch Dritte.[64]

---

64 *S. Meyer*, Risikovorsorge als Eingriff in das Recht auf körperliche Unversehrtheit, AöR Bd. 136 (2011), S. 428, 467 f.; Scherzberg (Fn. 36), S. 22.

i) Die Akzeptanzschwelle für Risiken und die Risikopräferenz lassen sich weder mathematisch errechnen noch normativ ableiten: sie sind politisch zu bestimmen.

Weder die Naturwissenschaften noch das Recht verfügen über Kriterien, um zu bestimmen, ob und wann eine Materie trotz unzureichenden Risikowissens regelungsreif und regelungsbedürftig erscheint, d. h. welche Forschungen hierfür mit welcher Aussagesicherheit abgeschlossen sein müssen. Umso weniger können diese Disziplinen die Risikobewertung selbst vornehmen und den risk-risk tradeoff definieren, der die vorzugswürdige Risikoentscheidung indiziert. Sowohl die Auswahl der zu untersuchenden Risikofaktoren und der in Betracht zu ziehenden Schadensfolgen, das sog. »framing« des Risikos,[65] als auch deren Gewichtung und die Abwägung ist eine rechtlich nur unzulänglich angeleitete politische Entscheidung.[66]

## 3. Fehlerquellen bei der Risikowahrnehmung

Bei der Bestimmung der Akzeptanzschwelle für Risiken dürfte es nützlich sein, sich die Erkenntnisse der psychologischen Risikoforschung zu vergegenwärtigen. Diese hat die Vorgänge der menschlichen Risikowahrnehmung zum Gegenstand.

### a) Psychologische Grundlagen

Die Risikowahrnehmung des Menschen erfolgt hiernach mittels zweier kognitiver Systeme: des analytischen Systems, welches Theorien, Faktenwissen und logische Ableitungen erfasst, und des erfahrungsbasierten Sys-

65 Zum Begriff s. International Risk Governance Council (IRGC), White Paper on Risk Governance, 2005, https://www.irgc.org/IMG/pdf/IRGC_WP_No_1_Risk_Governance__reprinted_version_.pdf, S. 13 (20.05.2016).

66 *Renn*, Das Risikoparadox, 2014, S. 77.

tems, das uns ein Verständnis der Wirklichkeit mittels Überzeugungen, Affekten und Intuitionen vermittelt.[67] Die Ergebnisse der Gehirnforscher legen insoweit nahe, dass

- Entscheidungen nur unter Nutzung des limbischen Systems getroffen werden können, das für die Erzeugung von Gefühlen zuständig ist,[68]
- es zu einem ständigen Wechselspiel zwischen analytischem und erfahrungsbasiertem System kommt[69] und
- bei Differenzen das affektorientierte limbische System gegenüber dem rationalen corticalen System die entscheidende Rolle spielt.[70]

Die menschliche Risikowahrnehmung hängt also nicht von der Wahrscheinlichkeit des Risikoeintritts und dem Grad der Exposition ab, sondern von psychologischen und sozio-kulturellen Deutungsfaktoren, wozu neben persönlichen Erfahrungen, sozial und medial vermittelten Überzeugungen und Traditionen auch Hoffnungen, Ängste und andere Emotionen gehören, die mit der Ungewissheit über den Risikoeintritt verbunden werden. Im Ergebnis weicht die individuelle Risikowahrnehmung zumeist erheblich von wissenschaftlichen Prognosen und statistischen Erhebungen ab. In den Worten des Risikoforschers Ortwin Renn: »Wir fürchten uns häufig vor Risiken, die uns nur wenig bedrohen, und sind häufig achtlos gegenüber den Risiken, die nicht nur einen großen Tribut von unserer Gesundheit fordern, sondern die … durch unsere eigenen Handlungen … in ihrer Wirksamkeit beeinflussbar wären.«[71]

Bei genauerer Betrachtung lassen sich einige Muster der qualitativen Risikobewertung beschreiben, wobei sich Laien und Experten signifikant unterscheiden:

---

67 *Slovic/Finucane/Peters/MacGregor*, Risk as Analysis and Risk as Feelings: Some Thoughts about Affect, Reason, Risk, and Rationality, Risk Analysis 24 (2004), S. 311, 313; Kahnemann (Fn. 54), S. 31 ff.

68 *Damasio*, Descartes´ Irrtum, 1994, S. 256 ff., 327; dazu auch *Goleman*, Emotionale Intelligenz, 1999, S. 48 f., 74 ff.

69 *Slovic/Finucane/Peters/MacGregor* (Fn. 67) S. 314: „We now recognize that the experiential mode of thinking and the analytic mode of thinking are continually active, interacting in what we have characterized as „the dance of affect and reason; Kahnemann (Fn. 54), S. 55 ff.

70 *Roth*, Aus Sicht des Gehirns, 2003, S. 162: „Das limbische System hat gegenüber dem rationalen corticalen System das erste und das letzte Wort".

71 *Renn* (Fn. 66), S. 143.

### b) Die Risikowahrnehmung von Laien

Bei ihrer intuitiven Risikowahrnehmung stützen sich Laien regelmäßig auf bestimmte kognitive und affektive Heuristiken, die sich in der menschlichen Evolution als taugliche Hilfen zur vorläufigen Orientierung bei ungewisser Tatsachenbasis bewährt haben. Die psychologische Risikoforschung benennt insoweit vor allem die Verfügbarkeitsheuristik, die Affekt-Heuristik und die Repräsentationsheuristik.[72] Danach werden z. B. Informationen als wichtig bewertet bzw. Aussagen als wahrscheinlicher eingestuft, wenn sie eigene Erfahrungen bestätigen, einem bereits eingenommenen Standpunkt entsprechen oder eine emotionale Anknüpfung verstärken. Risikoquellen, die stigmatisiert oder anderweitig emotional negativ besetzt sind, werden als gefährlicher eingestuft als solche, die emotional positiv besetzt sind. Gleichfalls bestimmen die Freiwilligkeit der Risikoübernahme, der Eindruck der persönlichen Kontrollierbarkeit des Risikos, der natürliche oder künstliche Charakter der Risikoquelle und die Verteilung des Risikos in der Zeit die Risikowahrnehmung:[73] kontinuierliche, schleichende Risiken werden tendenziell unter-, einmalige, aber katastrophale Risiken eher überschätzt.[74]

Derartige Muster der Risikoerkennung sind in der Regel nicht bewusst gewählt. Sie knüpfen in unterschiedlicher Weise an die scheinbare Sinnhaftigkeit des Geschehens, seine bildliche Vorstellbarkeit oder den Wunsch nach Selbstbestätigung und Vermeidung kognitiver Dissonanz an.[75] Das Urteil über ein Risiko wird damit durch Deutungsmuster beeinflusst, die mit der Risikosituation unmittelbar nichts zu tun haben. Die das versicherungsmathematische Verständnis des Risikos prägenden Faktoren Eintrittswahrscheinlichkeit und Ausmaß des Schadenspotentials werden in der Laiensphäre mithin tendenziell vernachlässigt.[76]

---

72 Einen Überblick über die Ergebnisse der psychologischen Forschung zur Risikowahrnehmung geben IRGC (Fn. 65), S. 31 ff.; *Renn* (Fn. 66), S. 171 ff.; *Kahnemann* (Fn. 54), S. 139 ff.; *Sunstein* (Fn. 46), S. 56 ff.

73 Ausführlich *Renn* (Fn. 66), S.246 ff.

74 *Renn* (Fn. 66), S. 255, 335 ff.

75 Zu letzterem *Renn* (Fn. 66), S. 213 ff.

76 *Renn* (Fn. 66), S. 186, 253 f.; *Sunstein* (Fn. 46), S. 62, 100 ff.

### c) Die Risikowahrnehmung von Experten

Die Informationsgrundlage von Expertenurteilen ist begrenzt auf das, was systematischer Beobachtung in methodengerechter Weise zugänglich ist. Die nicht auf diese Weise einschätzbaren Risiken werden deshalb oftmals vernachlässigt. Risikoforscher Renn spricht insoweit von der »Hybrisfalle«.[77] Diese basiert vornehmlich auf dem Glauben an die unbedingte Zuverlässigkeit der wissenschaftlichen Erkenntnis und die Zukunftsfähigkeit von Lösungen, die in der Vergangenheit erfolgreich waren. In der Folge werden die Voraussetzungen für die Gültigkeit von Modellrechnungen ungeprüft unterstellt, Abschätzungsunsicherheiten aufgrund nicht-linearer Zusammenhänge zu niedrig geschätzt und unwahrscheinliche Entwicklungen (»schwarze Schwäne«) ausgeblendet, obwohl sie sich ständig ereignen.[78] Der Focus gilt allein der verfügbaren Information – und nicht ihrer Lückenhaftigkeit.[79]

Wegen ihrer hohen Routinisierung laufen Experten Gefahr, solche Informationen stärker zu bewerten, die die Angemessenheit der Routine belegen, und solche zu ignorieren, die die Angemessenheit der Routine in Frage stellen.[80] »Erscheint die Situation vertraut, wenden sich Akteure eher solchen Informationen zu, die für die Anwendbarkeit der Routine sprechen (*confirmation bias*)«.[81] Deshalb werden die zur Einschätzung bekannter Sachverhalte entwickelten Routinen auf neue Sachverhalte übertragen, obwohl unklar ist, ob sie darauf passen. Vor allem exponentielle und schleichende Entwicklungen und die mit ihnen verbundenen sog. systemischen Risiken geraten auf diese Weise aus dem Blick.[82]

Experten orientieren sich also zwar an den Faktoren Eintrittswahrscheinlichkeit und Schadenspotential, überschätzen aber leicht die Aussagesicherheit des eigenen Urteils. Überdies fehlt ihnen ein Maßstab für die normative Gewichtung des errechneten Risikos.

---

77 *Renn* (Fn. 66), S. 414 ff.

78 *Renn* (Fn. 66), S. 417 f.

79 *Kahnemann* (Fn. 54), S. 262 f., 269 ff.

80 *Betsch*, Klugheit im Umweltbezug, in: Scherzberg et al (Hrsg.), Klugheit, 2008, S. 153, 164 ff.

81 *Betsch* (Fn. 80), S. 168.

82 Zu systemischen Risiken *Renn* (Fn. 66), S. 472 ff.

Im Ergebnis liefern »diejenigen, die mehr wissen, (nur) … geringfügig bessere Vorhersagen als diejenigen, die weniger wissen.«[83] Gemessen an ihrem Anspruch unterliegen Experten einer »Kompetenzillusion«.[84]

## 4. Das Postulat klugen Entscheidens

Um angesichts der Unsicherheit und Wertungsabhängigkeit der Risikobewertung Willkür zu vermeiden und Sachangemessenheit herzustellen, fordert der Rechtsstaat nach tradiertem Verständnis eine in prozeduraler und materieller Hinsicht »rationale« Risikoentscheidung.

Unter den Bedingungen von Ungewissheit sind traditierte Rationalitätserwartungen, die an die Webersche Formel vom »Beherrschen durch Berechnen« anknüpfen, allerdings nicht erfüllbar.[85] Um die Besonderheit der Anforderungen an Entscheidungen unter Ungewissheit zu markieren, wird hier vorgeschlagen, das tradierte Rationalitätsparadigma durch das Postulat klugen Entscheidens zu ersetzen.[86]

Als kluge Strategien der Risikobewältigung kommen, wie bereits eingangs aufgezeigt, vor allem in Betracht:

- die fortlaufende Wissensgenerierung zur Reduktion der Ungewissheit,
- die Risikokommunikation zur Initiierung von Lernprozessen für den individuellen Umgang mit der Ungewissheit und zur Entwicklung von Maßstäben für die Risikobewertung und
- die Risikoselektion mit dem Ziel eines wissenschaftlich begründeten und politisch verantwortlichen Umgangs mit der Ungewissheit.

Betrachtet man zunächst die materielle Seite der Risikobewältigung, geht es insoweit um die Bildung von Risikopräferenzen und um die Entscheidung, die als nicht-sozialadäquat betrachteten Risiken durch sozialadäquatere Risiken zu ersetzen. Vorsorgemaßnahmen sind demnach unter Berücksichtigung der Relativität des jeweiligen Wissensstandes anhand eines Risiko-Chancen-Kalküls zu wählen. Gem. Art. 60 Abs. 2, 4 REACH-VO ist paradigmatisch danach zu fragen, ob »das Risiko angemessen beherrscht« werden kann oder jedenfalls »der Nutzen überwiegt«.

83 *Kahnemann* (Fn. 54), S. 271; Klammerzusatz vom Verf.

84 *Kahnemann* (Fn. 54), S. 269 ff., 281; so den Bedingungen gelungener Expertenurteile ebenda S. 296 ff.

85 *M. Weber*, Wirtschaft und Gesellschaft, 4. Aufl. 1956, S. 124 ff., 129.

86 Dazu näher *Scherzberg*, Klugheit und Rationalität, in: ders. et al (Hrsg.), Klugheit, 2008, S. 25 ff.

Die insoweit zu treffende Abwägung setzt offenbar empirisches Faktenwissen und eine politische Bewertung dieser Fakten und der dabei zu Tage getretenen Risiko- und Chancenverteilung voraus. Das lässt Rückschlüsse auf die prozedurale Seite der Risikobewältigung zu. Das der Risikoentscheidung vorausgehende Verwaltungsverfahren muss sowohl die Erhebung wie auch die Bewertung des Risikos angemessen vorbereiten. Seit der grundlegenden Veröffentlichung des US-National Risk Council aus dem Jahre 1996[87] wird nicht mehr in Frage gestellt, dass das Verfahren deshalb analytische und deliberative Elemente umfassen sollte und als ein beide integrierender Prozess auszugestalten ist.[88] Er besteht also aus Vorgängen der Wissensgenerierung und der Risikokommunikation und schließt die Beteiligung von Sachverständigen und Risikobetroffenen und damit regelmäßig auch der Öffentlichkeit ein.

## *V. Strategien der Risikobewältigung*

### 1. Die Wissensgenerierung

Während das VwVfG mit dem Grundsatz der Amtsermittlung davon ausgeht, das entscheidungserhebliche Wissen sei quasi abrufbar vorhanden, muss in Risikosituationen damit gerechnet werden, dass das erforderliche Entscheidungswissen nicht vorfindlich besteht, sondern situations- und problembezogen generiert werden muss und dies vor dem Hintergrund der Grenzen von Erfahrungs- und Expertenwissen mit innovativen Stoffen, Verfahren und Produkten auch nicht vollständig gelingt.

Die Wissensgenerierung ist deshalb kein vorübergehender, zum Ende des Verfahrens abgeschlossener Vorgang, sondern ein fortdauernder, regelmäßig über den Erlass der Entscheidung hinausreichender Prozess. Entscheidungen über Risikosituationen sind deshalb in der Regel unter unvollständiger Wissensgrundlage und möglichst als revisible Entscheidungen zu treffen. Wie auch in anderen Fällen des »non liquet« ist hier auch über die »Risikolast« zu entscheiden, also darüber, zu wessen Lasten die verbleibende Ungewissheit geht.

87 *Stern/Fineberg* (Hrsg.), Understanding Risk. Informing Decisions in a Democratic Society, 1996, http://www.precaution.org/lib/nas_understanding_risk.19960601.pdf (20.05.2016)

88 *Stern/Fineberg* (Fn. 87), S. 3.

Die Wissensgenerierung umfasst naturgemäß fachliche und außerfachliche Perspektiven. Letztere werden vor allem durch Betroffene und Vertreter der Öffentlichkeit in Anhörungen bzw. Einwendungsverfahren eingebracht. Zu ersteren trägt zunächst die Informationsbeibringung und Risikobewertung von Seiten der Betreiber und Produzenten bei, wie sie in vielen Fachgesetzen vorgeschrieben ist.[89] Ferner sind behördeneigene und ggf. externe Experten zu hören und Stellungnahmen von Kommissionen wie der ZKBS nach § 4 f. GenTG und ggf. von Spezialbehörden wie EMA, EFSA oder ECHA einzuholen, sofern das Verfahren nicht ohnehin bei diesen geführt wird.

Fachwissen ist allerdings auch gesellschaftlich verfügbar, insbesondere bei den zur Verfolgung bestimmter ökonomischer, ökologischer oder sozialer Interessen dienenden zivilgesellschaftlichen Organisationen (NGOs). Einige moderne Regelwerke nehmen hierauf ausdrücklich Bezug. So wird in Art. 64 Abs. 2 REACH-VO im Verfahren über die Zulassung bestimmter Chemikalien »interessierten Kreisen« die Gelegenheit zur Beibringung von Informationen über Alternativstoffe und -technologien eingeräumt. Auch Art. 12 Abs. 1 UAbs. 3 und Abs. 2 Pflanzenschutz-VO 1107/2009[90] und Art. 16 Abs. 6 UAbs. 2 der Health-Claims-Verordnung 1924/2006 eröffnen ausdrücklich die Möglichkeit der Einbringung gesellschaftlicher Expertise.

Die Grenzen zwischen Fachwissen und sozialem Wissen verschwimmen, wenn es bei den zu ermittelnden Tatbestandsmerkmalen um die sozio-kulturelle Bewertung des Risikos geht. Eine solche ist, wie oben gezeigt, implizit bei jeder Risikoentscheidung zu treffen. Davon wird nachstehend unter 2. und 3. nochmals die Rede sein. Ausdrücklich weist Erwägungsgrund

89 S. etwa Art. 7 ReachVO, § 4 ff. 9. BImSchV, § 10 Abs. 2 GenTG. Dass es sich hierbei um eine hoheitliche Inanspruchnahme des Antragstellers handelt, betont zu Recht *Spiecker gen. Döhmann*, Die informationelle Inanspruchnahme des Bürgers im Verwaltungsverfahren, in: dies/Collin, Generierung und Transfer staatlichen Wissens im System des Verwaltungsrechts, 2008 S. 196 ff.; zu den hierzu in einigen Rechtsgebieten wie dem Atom- und Arzneimittelrecht enthaltenen Vorgaben für die Betriebsorganisation jüngst *Reiling*, Der Hybride, 2016.

90 Verordnung (EG) Nr. 1107/2009 des Europäischen Parlaments und des Rates vom 21. Oktober 2009 über das Inverkehrbringen von Pflanzenschutzmitteln und zur Aufhebung der Richtlinien 79/117/EWG und 91/414/EWG des Rates, ABl. L 309/1.

15 der aktuellen Gentechnik-Richtlinie 2015/412[91] auf den sozio-kulturellen Charakter der Risikobewertung hin, wonach es »den Mitgliedstaaten … möglich sein (sollte), ihre Maßnahmen auf andere Gründe … oder … legitime Faktoren, auch in Bezug auf kulturelle Traditionen, zu stützen.«[92]

## 2. Die Risikokommunikation

Risikokommunikation gilt heute als das Herzstück aller Verfahren zur Risikobewältigung[93]: sei es der Verfahren zur gesetzlichen Regulierung risikobehafteten Verhaltens, sei es von Verwaltungsverfahren zur Zulassung gefährlicher Stoffe oder Genehmigung riskanter Arbeiten oder Anlagen. Sie findet ferner in Form konkreter öffentlicher Warnungen oder Empfehlungen zum Umgang mit konkreten Risikolagen statt.[94]

Wenn Risiken allgegenwärtig sind, die Ressourcen für staatliches Handeln und die Chancen zu effektiver Risikominimierung aber begrenzt, und zugleich die Wahrnehmung von Risiken und der mit ihnen verbundenen Belastung von individuellen, sozialen und kulturellen Erfahrungen und Einschätzungen abhängig, hat Risikokommunikation zwei zentrale Aufgaben:

- der Politik die Risikopräferenzen der Gesellschaft zu vermitteln und damit Kriterien für die Auswahl der zu regulierenden Risiken und die Abwägung unter ihnen; und
- den Bürger zu eigenverantwortlichem Umgang mit dem – auch nach der Regulierung verbleibenden – Risiken zu ermächtigen und damit seine »Risikomündigkeit« zu erhöhen.[95]

---

91 Richtlinie (EU) 2015/412 des Europäischen Parlaments und des Rates vom 11. März 2015 zur Änderung der Richtlinie 2001/18/EG zu der den Mitgliedstaaten eingeräumten Möglichkeit, den Anbau von gentechnisch veränderten Organismen (GVO) in ihrem Hoheitsgebiet zu beschränken oder zu untersagen, ABl. L 68/1.

92 Näher zur Richtlinie *Winter*, Cultivation Restrictions for Genetically Modified Plants, EJRR 2016, S. 120 ff., dort S. 138 ff. auch zu ihrer Vereinbarkeit mit Art. 5 SPS Agreement.

93 Ausführlich hierzu *Scherzberg*, Risk Communication – Information about and Participation in Legal Decision Making regarding Nuclear and other High-Risk Technologies, Osaka University Law Review No. 62 (2/2015), S. 85 ff.; Auszüge abrufbar unter https://www.uni-erfurt.de/fileadmin/user-docs/Oeffentliches_Recht/Internetpubli/RiskCommunication_neu.pdf.

94 Vgl. IRGC, Risk Governance Framework, 2012, https://www.irgc.org/risk-governance/irgc-risk-governance-framework/ (20.05.2016)

95 Zum Begriff *Renn* (Fn. 66), S. 28.

Gegenstand der Risikokommunikation sind zum einen Stand und Grenzen des derzeitigen Risikowissens, insbesondere das verfügbare Expertenwissen, Bereiche unsicheren und umstrittenen Wissens sowie die Lücken im aktuellen Wissensbestand. Beispielhaft für eine solche umfassende Risikokommunikation ist die DaNA, die Wissensplattform Nanomaterialien und NanoSicherheitsforschung, die in einer laienverständlichen Weise den Wissensstand zu aktuellen Fragen der Nanotechnologie skizziert. Gegenstand der Risikokommunikation sind zum anderen die typischen Fehler der individuellen und sozial kommunizierten Risikowahrnehmung. Gleichermaßen geht es aber auch um die Unterschiede zwischen individueller und sozialer Risikoperspektive: auch ein nur geringes individuelles Risiko kann aufgrund seiner Summierung in der Gesamtbevölkerung staatliches Eingreifen erfordern.

Letztlich zielt Risikokommunikation auf die Förderung der Gemeinwohlrichtigkeit der Risikoentscheidung und die Verbesserung der Fähigkeit des Bürgers, die Risiken seines Alltags angemessen zu verarbeiten. Sie vermittelt Experten- und Laienperspektive und speist sich aus Fachwissen und sozialem Wissen, etwa über lokale Rahmenbedingungen und Risikolagen. Sie vermittelt Interpretationshinweise für die Definition und Abwägung der einschlägigen verfassungsrechtlichen Güter und ermächtigt zum selbstverantwortlichen Freiheitsgebrauch. Wenn sie gelingt, kann Risikokommunikation einen entscheidenden Beitrag dazu leisten »how well society is prepared to cope with risk and react to crisis and disaster.«[96]

## 3. Die Risikoselektion

Unter Ungewissheitsbedingungen lassen sich Risiken, wie gezeigt, nicht minimieren, sondern nur substituieren. Dabei sind nicht einfach nur Kosten und Nutzen verschiedener Maßnahmen zu vergleichen. Es geht ja nicht darum, ob wegen der Schädlichkeit eines Stoffes oder Produkts auf dessen Nutzen verzichtet werden soll, sondern darum zu verarbeiten, dass beides unter Ungewissheitsbedingungen nicht hinreichend bekannt ist. Deshalb ist im Rahmen der Risikoselektion eine mehrdimensionale Betrachtung unter Einschluss der Irrtumskosten der Vorsorge bzw. ihrer Unterlassung angezeigt. Es ist also einzubeziehen, dass die Minderung des einen Risikos immer mit der Möglichkeit der Eröffnung eines anderen Risikos verbunden ist:

---

96 IRGC (Fn. 65), S. 15.

- wird das ursprüngliche Risiko unterschätzt, ist der Eingriff unzureichend und die Freiheitsbeschränkung ungeeignet;
- wird das ursprüngliche Risiko überschätzt, ist der Eingriff unverhältnismäßig;
- unabhängig davon können durch Fehleinschätzung der Rahmenbedingungen der Risikosteuerung durch Maßnahmen zur Risikominderung neue schädigende Kausalverläufe ausgelöst oder ein rechtsgutförderliches Geschehen unterbrochen werden.

Risiken können also »nicht einfach möglichst weitgehend vermieden werden .... Vielmehr müssen sie unter Umständen bewusst eingegangen und eventuelle sogar eigens gefördert werden.«[97] Risikosteuerung ist deshalb als fortlaufend reflektiertes und kontrolliertes Verfahren von Versuch und Irrtum zu betreiben, das die Selektion von Risiken zum Gegenstand hat und damit die Festlegung einer – vorläufigen – Risikopräferenz. Risiken einzugehen wird damit zu einer »Basiskompetenz« im Umgang mit der Ungewissheit.[98]

Schließt man in das dabei anzustellende Kalkül die Risiken der Risikosteuerung selbst ein, entschärft dies den oben skizzierten Streit zwischen den Vertretern des Vorsorgeprinzips europäischer Prägung und dem scientific approach des US-amerikanischen Rechtsdenkens. Soweit der scientific approach eine cost-benefit-Analyse fordert, entspricht dies im Ansatz der hier vorgeschlagenen Gesamtbetrachtung der Risiken erster und zweiter Ordnung.

Allerdings verbleiben die gleichfalls bereits angesprochenen Bedenken gegen eine rein monetäre Qualifizierung des Risikos. Risiken betreffen fundamentale menschliche Werte und Güter. Bei der Risikoselektion geht es um die Bestimmung der Akzeptabilität der »Verunsicherung« individueller und kollektiver Interessen durch die rechtliche Öffnung und Schließung der in Betracht zu ziehenden Eintrittspfade. Dies erfordert einen qualitativen, keinen quantitativen Bewertungsprozess.

## 4. Konkretisierungen

Ist demnach eine Gewichtung und Abwägung unterschiedlicher Risiken erforderlich, kann dabei eine Abstufung anhand des Ausmaßes des Wissens

97 *Augsberg* (Fn. 57), S. 218.

98 *Willke*, Dystopia, Studien zur Krisis des Wissens in der modernen Gesellschaft, 2002, S. 45.

bzw. der Art der Wissensdefizite behilflich sein. Anknüpfen lässt sich dazu an die vier oben skizzieren Grundkonstellationen, innerhalb derer für jeden zu entscheidenden Fall gesondert nach Art der betroffenen Rechtsgüter, nach Art und Ausmaß des Schadenspotentials und anhand der Aussagesicherheit der Risikohypothese abzustufen ist.

### a) Nichtwissen

Gibt es nach dem derzeitigen Stand der Erkenntnis keine Erkenntnisse, die eine Besorgnis rechtfertigen, bedarf es keiner staatlichen Risikosteuerung. Solange keine Anhaltspunkte dafür bestehen, »aus welcher Richtung« Risiken drohen, sind weder Vorgaben für die Produktion noch Maßnahmen der Produktkennzeichnung sinnvoll. Einzig behilflich ist die Förderung der allgemeinen Grundlagenforschung, die die Grenzen des jeweiligen (Nicht)Wissens erweitert.

### b) Qualifiziertes Nichtwissen

Lassen sich Risikohypothesen aufstellen, fehlen aber Forschungen über die Eintrittspfade des Risikos, würde eine eingriffsintensive Steuerung am Übermaßverbot, genauer: am Überwiegen der Risiken zweiter Ordnung scheitern. Die Materie ist nicht regelungsreif.

In Betracht kommen nur nicht-invasive Instrumente zur Generierung von weiterem Risikowissen wie Pflichten zur Registrierung von Produkten, zum Monitoring und zu sonstigen Formen der Nachmarktkontrolle. Besonders geeignet hierzu sind feedback-Systeme wie das Gegenstromprinzip nach Art. 34 REACH-VO, das die Rückkopplung der Anwendererfahrungen an die vorgeschalteten Akteure der Lieferkette bis hin zum Hersteller gewährleistet. In der Praxis finden sich daneben verschiedene Formen von »soft governance«, wie gemeinsame Empfehlungen von Behörden und Industrie und »codes of conduct«.

Lassen sich bestimmte Risikohypothesen aufstellen und nach dem derzeitigen Kenntnisstand nicht »beantworten«, kann der Gesetzgeber dies auch zum Anlass nehmen, den Aufbau von Datenbanken zur Verbraucheraufklärung zu fördern oder eine Produktkennzeichnung anzuordnen. Bereits heute gelten für den Bereich der Nanostoffe Spezifikationen für die freiwillige Kennzeichnung nach ISO/TS 13830:2013.[99] Die ISO-Norm liefert Richtlinien zu Form und Inhalt von freiwilligen Labels für Konsumprodukte, welche Nanomaterialien enthalten. Unter anderem wird die Verwendung des Ausdrucks »nano« in der Produktbeschreibung empfohlen.[100]

#### c) Abstrakte Besorgnis

Lassen sich Verwendungen definieren, bei denen nach vorläufigem Erkenntnisstand Risiken entstehen können, ohne dass man die Voraussetzungen für ihren tatsächlichen Eintritt im konkreten Fall hinreichend genau kennt, muss das staatliche Handeln einerseits darauf gerichtet sein, weiteres Risikowissen zu erzeugen, und andererseits darauf, die Realisierung der bekannten Risikolagen nach Möglichkeit zu verhindern. Das gelingt zum einen durch die unter b) genannten Maßnahmen der Wissensgenerierung, zum anderen durch die Begründung und Dynamisierung von Vorsorgepflichten.

Betrifft die abstrakte Besorgnis eine Beeinträchtigung grundrechtlich geschützter Güter wie Leben und Gesundheit oder nachhaltige Folgen für die Umwelt, wird das Wissen um ein abstraktes Risiko den Gesetzgeber regelmäßig zur Einrichtung eines präventiven Verbots mit Erlaubnisvorbehalt veranlassen. Damit wird eine Prüfung der Risikolage im konkreten Genehmigungsfall möglich. In der Regel wird dabei durch unbestimmte Rechtsbegriffe und/oder Ermessensnormen die Risikosteuerung auf die Verwaltung verlagert. Diese erhält, wie in § 16 Abs. 1. Nr. 3 GenTG, den Auftrag, in einer fall- oder falltypenbezogenen Risikoerhebung und Abwägung über die Vertretbarkeit des Risikos unter Einbezug aller Umstände des Einzelfalls zu entscheiden. Dabei sind die Risiken erster und zweiter Ordnung einzubeziehen.

#### d) Konkrete Besorgnis

Wenn die Umstände bekannt sind, unter denen ein Risiko für grundrechtlich relevante Rechtsgüter begründet wird, ist die Abwägung zwischen Kosten

---

99 “Nanotechnologies - Guidance on voluntary labelling for consumer products containing manufactured nano-objects”.

100 Zur Unzulänglichkeit dieser Kennzeichnung aber *Scherzberg* (Fn. 31).

und Nutzen der Verwendung nach dem sog. Wesentlichkeitsvorbehalt vom Gesetzgeber selbst zu treffen.

Das Verhältnismäßigkeitsprinzip wird dabei eine Abwägung nach dem Muster der einstweiligen Anordnung im verfassungs- und verwaltungsgerichtlichen Verfahren bei unsicherer Hauptsachenentscheidung indizieren: danach sind die Irrtumskosten bei Anordnung einer (im Ergebnis) überflüssigen Vorsorgemaßnahme mit den Irrtumskosten bei Unterlassen einer (im Ergebnis) gebotenen Vorsorgemaßnahme zu vergleichen. Je höher der Erwartungswert des Risikos erster Ordnung, desto eher ist das Risiko danach zu vermeiden; je höher der Erwartungswert des Risikos zweiter Ordnung, desto eher ist das Risiko erster Ordnung hinzunehmen.

Im Zweifel ist danach die Alternative mit dem höheren Optionenwert zu wählen, um die künftige Handlungsfähigkeit zu erhalten. Worst case Szenarien allein rechtfertigen ein Eingreifen allerdings nicht, lassen sich solche Szenarien doch auch im Rahmen des Risikos zweiter Ordnung aufstellen. Vielmehr ist zu unterscheiden:

- irreversible Folgen sind kein hinreichendes Argument, wenn die betreffenden Schäden voraussichtlich von geringer Auswirkung sind.
- Irreversible Folgen sind dagegen zu vermeiden, wenn die eintretenden Schäden voraussichtlich ein katastrophales Ausmaß haben, wie dies etwa bei der Erderwärmung der Fall ist.[101]
- Im Zweifel sind überdies Technologien bei hohem Nutzenpotential zuzulassen (Bedarfsprüfung) und Technologien bei Substitutionsmöglichkeit zugunsten risikoärmerer Verfahren zu beschränken.
- Auch nur hypothetische Risiken sind zu minimieren, wenn dies zu geringen Kosten möglich ist, z. B. durch Sicherheitsmargen. So rechtfertigt sich etwa das Abstandsgebot bei der Freisetzung von GVO.

Fraglich ist, ob die Risikovorsorge danach auch dann zulässig oder gar geboten ist, wenn sich nach dem Stand der Erkenntnis der Nutzen des Eingriffs und der mit ihm verbundene Schaden in etwa entsprechen. Folgt man dem eingangs skizzierten status-quo bias, wäre das zu bejahen. Selbst wenn der Erwartungswert eines Schadens niedriger ist als der Erwartungswert des Nutzens, besteht nach dem individuellen Risikokalkül in der Regel keine Bereitschaft zum Eingehen des Risikos, es überwiegt die Verlustaversion.

Eine Präferenz für die Erhaltung des status quo wird man dem Grundgesetz insoweit aber nicht entnehmen können.

---

101 Zur dieser und anderen systemischen Bedrohungen *Renn* (Fn. 66), S. 356 ff.; zum Umgang mit irreversiblen Folgen auch *Sunstein* (Fn. 46), S. 170 ff.

Bei der Abwägung der Interessen des Risikoverursachers, des Risikobelasteten und des möglicherweise risikobegünstigten Dritten steht dem Gesetzgeber vielmehr ein Entscheidungsspielraum zu.

### e) Non liquet

Wie auch im übrigen Recht, erfolgt die Verteilung der Beweislast auch im Risikorecht nach Verantwortungssphären. Deren genaue Beschreibung ist umstritten. Auszugehen ist von der Notwendigkeit einer abstrakten Besorgnis, nur dann können Vorsorgemaßnahmen verhältnismäßig sein. Deshalb gilt: Die Behörde hat eine konkrete Risikohypothese aufzustellen, aus der sich die abstrakte Besorgnis ergibt, und diese soweit möglich wissenschaftlich zu untermauern. Der Antragsteller hat diese konkrete Risikohypothese dann zu widerlegen. Der Beweis des sicheren Nichtbestehens eines Risikos (insbesondere auch bei worst-case Szenarien) kann von ihm schon wissenschaftstheoretisch nicht erbracht, also auch in der praktischen Anwendung nicht verlangt werden.

In den Worten des Sachverständigenrates für Umweltfragen: »... muss es für die Begründung von vorsorgeorientierten Maßnahmen ausreichend sein, dass Tatsachen ermittelt und angeführt werden, aus denen sich begründete Anzeichen für Risiken und Gefährdungslagen ergeben .... Ist auf diese Weise ein Besorgnisanlass begründet worden, oder besteht eine Situation des non liquet, so ist es Sache des Risikoverursachers, die angestellte Hypothese bzw. die Vermutung über bestimmte Ursache-Wirkung-Beziehungen zu widerlegen und den daraus hergeleiteten Besorgnisanlass zu erschüttern. Dabei muss aber auch er nicht etwa den Beweis der Schadensunmöglichkeit erbringen, sondern es genügt, wenn Tatsachen ermittelt und vorgebracht werden, aus denen sich – im Verhältnis zum potenziellen Schaden – eine begründete Wahrscheinlichkeit für den Nichteintritt eines Schadens ergibt.«[102]

102 Sachverständigenrat (Fn. 40), S. 56.

## *VI. Ergebnisse*

Das Gesagte erlaubt die Konkretisierung von fünf Klugheitsregeln beim Einsatz der Strategien Wissensgenerierung, Risikokommunikation und Risikoselektion. Gesetzgeber und Verwaltung sollten ihm Rahmen ihrer jeweiligen Kompetenzen:

- mit der prinzipiellen Vorläufigkeit des vorhandenen Wissens rechnen,
- im Rahmen des Vertretbaren Wissenszugewinn und Lernerfahrungen ermöglichen,
- Risikobewältigung als analytisch-deliberativen Prozess ausgestalten,
- Vorsorge als Selektion von Risiken verstehen und
- die Risikoselektion so treffen, dass Handlungsoptionen soweit möglich gewahrt oder sogar erweitert werden.

Das erlaubt eine abschließende Bewertung der eingangs skizzierten Problemfelder:

### 1. Grüne Gentechnik

Ist, wie im Falle der grünen Gentechnik, weder theoretisch noch empirisch ein hazard nachgewiesen, darf der Gesetzgeber nicht einfach ein »Basisrisiko« unterstellen und eingriffsintensive Maßnahmen ergreifen.[103] Die Annahme eines solchen Basisrisikos nach über 20 Jahren gefahrloser Freisetzung von GVO ist willkürlich. Jedenfalls eingriffsintensive Maßnahmen wie die Veröffentlichung von Standorten sind damit unverhältnismäßig. Sie hätten im Übrigen auch zur Folge, dass die in Situationen qualifizierten Nichtwissens zu initiierende Risikoforschung unterbliebe und keine Lernerfahrungen generiert werden könnten.

### 2. Glyphosat

Bei Glyphosat dürfte derzeit von einem non liquet über den hazard und damit über das Vorliegen einer abstrakten Besorgnis zu sprechen sein, bei hoher Exposition und derzeit (noch) niedriger Dosis. Indizien sprechen im-

103 Krit. auch *Kluth* (Fn. 7), S. 70 ff.; *Dederer*, GVO-Spuren im Saatgut, NuR 2011, S. 489, 492 f.; *Bickenbach*, Die Freiheit, Wissen zu schaffen zur Minderung der Last des Nichtwissens auf dem Gebiet der Gentechnik, ZJS 1/2011, S. 1, 10.

merhin dafür, dass die Kombination von Glyphosat mit weiteren Wirkstoffen wie Tallowamin das Risiko von Nebenwirkungen begründet oder erhöht. Unklar ist, ob die aus Argentinien berichteten, besonders besorgniserregenden Befunde auf eine unsachgemäße Verwendung des Herbizids zurückzuführen sind.

Zunächst ist deshalb weiteres Risikowissen, auch über Alternativstoffe und ihre Nebenwirkungen und Risiken zu generieren. Darüber hinaus wären vorläufige Verwendungsbeschränkungen angemessen, wenn die Irrtumskosten bei unterlassener Vorsorge gravierend erscheinen und die Irrtumskosten bei fälscherweise angeordneten Beschränkungen überwiegen. Das dürfte derzeit, angesichts der geringen Schadstoffbelastung in den menschlichen Proben in Europa, noch nicht der Fall sein. Die Stärke und Dauerhaftigkeit der Exposition und die fehlende Rückholbarkeit der Gifte aus der Nahrungskette dürfte aber ein Aussetzen der Zulassung oder eine deutliche Verkürzung der Zulassungsperiode von bislang zehn Jahren rechtfertigen.

### 3. Fracking

Beim unkonventionellen Fracking besteht eine abstrakte Besorgnis der Erzeugung von Umweltrisiken. Vorsorge ist deshalb geboten. In jedem Fall ist dazu eine umfangreiche geologische Prüfung der Bedingungen »vor Ort« im Rahmen einer Umweltverträglichkeitsprüfung durchzuführen.[104] Damit ist automatisch eine umfassende Beteiligung der Öffentlichkeit mit entsprechender Risikokommunikation verbunden. Angesichts der Wissensdefizite über Nutzen und Risiken des unkonventionellen Fracking ist zunächst nur eine versuchsweise Zulassung einzelner Pilotprojekte angezeigt.[105] Die in § 13 Abs. 2 E-WHG vorgesehene Beschränkung der Zulassung auf Vorhaben zu Forschungszwecken ist deshalb sachgerecht. Gegen das Vorhaben, eine Genehmigung vom positiven Votum eines unabhängigen sachverständigen Gremiums abhängig zu machen, bestehen aus demokratietheoretischer Sicht in entsprechender Anwendung der Grundsätze der »ministerialfreien Räume« keine Bedenken.[106] Auch geht die Intensität des Eingriffs in die

104 Zur entsprechenden Änderung der UVP-V Bergbau *Frenz/Slota*, Am Vorabend des neuen Fracking-Gesetzes, ZNER 2015, S. 307, 312 ff.

105 So auch der Standpunkt des Sachverständigenrates für Umweltfragen, s. *Faulstich/Baron* (Fn. 24), S. 7 ff.

106 Kritisch dazu die Stellungnahme des Deutschen Anwaltvereins, NuR 2015, 838, 840; dag. *Franz/Slota* (Fn. 104), S. 307, 310.

wirtschaftliche Betätigungsfreiheit der Antragsteller nicht über das schon heute nach § 12 Abs. 1 Nr. 1 WHG Vorgesehene hinaus.

### 4. Nanoprodukte

Bei Nanoprodukten besteht, von einigen Konstellationen wie den nano tubes abgesehen, ein qualifiziertes Nichtwissen und kein abstrakte Besorgnis. Im Fokus der Risikosteuerung stehen daher Maßnahmen zur Wissensgenerierung, wie Pflichten zur Registrierung und Risikobegleitforschung. Ferner ist eine Information der Verbraucher über den Stand des (Nicht)Wissens angezeigt.

Soweit konkrete Besorgnisse bestehen, greift die staatliche Vorsorgepflicht. Sie zwingt zu Schutzmaßnahmen wie ein strenges containment, soweit nicht die Risiken zweiter Ordnung überwiegen.

### 5. Schließlich: das aufrechte Gehen

Die Gefahr des Sturzes schutzbedürftiger Personen, die im Eingangszitat ironisiert wurde, begründete aus damaliger Sicht eine abstrakte Besorgnis, die Maßnahmen der Risikominderung veranlasst, soweit nicht die damit verbundenen Risiken überwogen.

Zum Schutz von Kindern und Alten war den Eltern die Verantwortung für ihre Kinder und dem Sozialstaat die Verantwortung für andere Hilfsbedürftige zuzuweisen. Hinzukommen mussten Maßnahmen der Risikokommunikation zur Ermächtigung Betroffener zum eigenverantwortlichen Umgang mit dem Risiko: »Risikoträgern wird die Anschaffung von Rollatoren empfohlen«. Darüber hinaus aber musste der Sturz als Restrisiko betrachtet werden. Restrisiken umfassen Fälle der Verwirklichung von Risiken bei qualifiziertem Nichtwissen und abstrakter sowie konkreter Besorgnis, wenn die Risiken eines Eingriffs zur Vorsorge die Risiken des Nichthandelns überwiegen. Letzteres war hier der Fall: die Risiken einer übermäßigen Beschränkung der aufrechten Fortbewegung wären weitaus höher zu gewichten gewesen als die Risiken von Verletzung aufgrund von Stürzen im Falle des Unterlassens eines Eingriffs

# Ungewissheitsabsorption und Ignoranzderivate im Verwaltungsrecht

*Ino Augsberg*

## *I. Einleitung*

Wenn man über ein (vor allem, aber nicht nur: juristisches) »Management von Unsicherheit und Nichtwissen« sprechen, also einen spezifischen Umgang mit Ungewissheit zum Thema machen will, lassen sich in einem ersten Zugriff zwei Extrempositionen bestimmen:

In der ersten Perspektive erscheint die Ungewissheit als Bedrohung, das heißt als möglichst weitgehend zu beseitigendes Übel. Typisch für diese Betrachtungsweise ist, dass zugleich klar ist, wie die Beseitigung erfolgen soll, nämlich durch den Aufbau hinreichender Gewissheit im Sinne von: hinreichend sicherem Wissen. Ungewissheit oder Nichtwissen haben danach allenfalls den Nutzen, »den Anstoß zur Entwicklung eines erweiterten, verlässlicheren Wissens zu bieten«[1]; im Übrigen drohen sie Entscheidungsprozesse zu paralysieren und müssen daher so weit wie möglich verhindert werden. Offenkundig handelt es sich bei dieser Position um eine klassisch metaphysische Sehnsucht, die Suche nach der *certitudo* als festem Grund, auf dem dann das gesamte Gebäude der theoretischen wie der praktischen, anwendungsbezogenen Wissenschaften errichtet werden kann.[2] Es handelt sich demnach um eine Sehnsucht, deren Verlangen zwar, wie die Geschichte der Metaphysik gezeigt hat, unerfüllt bleiben muss, das aber eben deswegen als Verlangen noch lange nicht aufhört.

Anders verhält es sich in der zweiten Perspektive. In ihr wird Ungewissheit nicht länger primär als Problem wahrgenommen. Ganz im Gegenteil erscheint sie nun sogar als eine notwendige Funktionsbedingung der modernen Gesellschaft, die demzufolge gerade nicht auf dem unerschütterlichen Fundament absoluter Gewissheit, sondern auf ihrerseits absoluter, das heißt per definitionem nie restlos in Gewissheit auflösbarer Ungewissheit basiert.[3] Diese Sicht ist etwa mit Blick speziell auf die Frage der Demokratie durch Claude Lefort und auf die Ökonomie durch Elena Esposito näher

---

1 So (in einem seinerseits allerdings deutlich weiteren Blickwinkel) *Wolfgang Hoffmann-Riem*, Methoden einer anwendungsorientierten Verwaltungsrechtswissenschaft, in: Eberhard Schmidt-Aßmann/ders. (Hrsg.), Methoden der Verwaltungsrechtswissenschaft, Baden-Baden 2004, S. 9 ff. (63).

2 Vgl. die klassische Position bei *René Descartes*, Meditationes de prima philosophia, in quibus Dei existentia, & animae humanae a corpore distinctio demonstrantur, in: *ders.*, Œuvres, hrsg. v. Charles Adam und Paul Tannery, vol. VII, Paris 1904, S. 1 ff.

3 Vgl. zu dieser Perspektivumkehr als Erfordernis einer „Wiedereinführung von Ungewißheit" aus soziologischer Sicht *Dirk Baecker*, Durch diesen schönen Fehler

ausgearbeitet und begründet worden.[4] Sie lässt sich aber auch stärker verallgemeinern. Danach bildet, wie insbesondere Niklas Luhmann betont hat, die Unsicherheit jeder Entscheidung die wichtigste Ressource im Prozess der sich fortsetzenden Autopoiesis der modernen Gesellschaft und ihrer Subsysteme.[5] Folgt man diesem Beschreibungsmodell, dann bezeichnet Ungewissheit nicht nur ein Phänomen, das bedauerlicherweise nie zur Gänze verhindert und beseitigt werden kann. Sie kann und muss vielmehr als solche akzeptiert und in ihren spezifischen Effekten gezielt genutzt werden.[6]

Zwischen beiden genannten Extremvarianten liegt eine Vielzahl vermittelnder Strategien, die jeweils sowohl den Gefährdungs- als auch den Ermöglichungscharakter der Ungewissheit sehen und anerkennen, aber das Gewicht der einzelnen Aspekte und damit ihr Verhältnis zueinander unterschiedlich einschätzen. Zwei dieser möglichen Strategien möchte ich im Folgenden vorstellen und näher analysieren: Es geht um die Technik der Ungewissheitsabsorption einerseits und den Einsatz von Ignoranzderivaten andererseits. Beide Verfahren lassen sich mit Bezug auf die skizzierten Extrempositionen im Umgang mit Ungewissheit in ihren charakteristischen Unterschieden bezeichnen, die offenbar jeweils stärker dem einen oder dem anderen Pol zuneigen.[7] Ebenso ist es aber möglich, die beiden Techniken

---

mit sich selbst bekannt gemacht, in: *ders.*, Organisation und Management. Aufsätze, Frankfurt/M. 2003, S. 18 ff. (36 ff.).

4 Vgl. *Claude Lefort*, Die Frage der Demokratie, in: Ulrich Rödel (Hrsg.), Autonome Gesell-schaft und libertäre Demokratie, Frankfurt/M. 1990, S. 281 ff.; *Elena Esposito*, Die Fiktion der wahrscheinlichen Realität, Frankfurt/M. 2007; „zur „konstitutiven Bedeutung von *Ungewißheit*" insbesondere in der Wirtschaft auch bereits *Dirk Baecker*, Information und Risiko in der Marktwirtschaft, Frankfurt/M. 1988, S. 31 ff. Näher zum konstitutiven Zusammenhang von Demokratie und Ungewissheit ferner der Beitrag von *Utz Schliesky* i. d. Bd.

5 Vgl. *Niklas Luhmann*, Organisation und Entscheidung, Opladen/Wiesbaden 2000, S. 123 ff.

6 Vgl. dazu bereits früh in rechtstheoretischer Sicht *Karl-Heinz Ladeur*, Die Akzeptanz von Ungewißheit: Ein Schritt auf dem Weg zu einem „ökologischen" Rechtskonzept", in: Rüdiger Voigt (Hrsg.) Recht als Instrument der Politik, Opladen 1986, S. 60 ff. (v.a. 79 ff.); ferner *Ino Augsberg*, Einleitung: Ungewissheit als Chance – eine Problemskizze, in: ders. (Hrsg.), Ungewissheit als Chance. Perspektiven eines produktiven Umgangs mit Unsicherheit im Rechtssystem, Tübingen 2009, S. 1 ff. (v.a. 9 ff.).

7 Vgl. zu einer m.E. verwandten Betrachtungweise, die zwischen den Techniken der Risikoselektion und der Risikosubstitution unterscheiden möchte, den Beitrag von *Arno Scherzberg* i. d. Bd.

als zwei Komplementärphänomene innerhalb einer Gesamtstrategie des Umgangs mit Ungewissheit zu verstehen, die sich zwischen den beiden Extremen ansiedelt. Eben darum geht es mir.[8]

Wenn dabei von Ungewissheitsabsorption und Ignoranzderivaten speziell mit Bezug auf das Verwaltungsrecht die Rede sein soll, ist zunächst vorauszuschicken, dass jene Konzeptionen nicht primär für den verwaltungsrechtlichen Bereich entwickelt wurden. Beide entstanden in einem soziologischen Untersuchungskontext. Die Figur der Ungewissheitsabsorption wurde zuerst im Rahmen der Organisationssoziologie von James March und Herbert Simon ausgearbeitet.[9] Das Modell der Ignoranzderivate hat Helmut Willke im Kontext seiner allgemeinen wissenssoziologischen Untersuchungen vorgeschlagen.[10] Dennoch lassen sich beide Konzeptionen, so meine These, für das Verwaltungsrecht nicht nur in dem Sinne nutzen, dass sie an die juristischen Problembewältigungsstrategien als ein neuer Vorschlag herangetragen und auf ihre bereichsspezifische Verwendbarkeit hin analysiert werden. Man kann sie vielmehr als der Sache nach bereits längst genutzte, nur noch nicht auf den Begriff gebrachte und in ihrer Eigenrationalität explizierte Konzepte innerhalb ganz gängiger, vertrauter juristischer Mechanismen darlegen.

Die Analyse zum verwaltungsrechtlichen Umgang mit Ungewissheit ist vor diesem Hintergrund als ein exemplarisches Vorgehen für eine generelle Technik zu verstehen, die man (im Anschluss an Dan Wielsch[11]) als epistemische Analyse des Rechts und seiner Mechanismen bezeichnen mag. Es geht in dieser Perspektive nicht darum, Fragen des Umgangs mit (Un-)Wissen als gänzlich neuartige, spezifisch moderne Herausforderung des Rechts zu beschreiben. Die epistemische Analyse des Rechts soll eher dafür sensibilisieren, in welchem Maße sich das Recht als operative Praxis je schon mit diesem Thema beschäftigt hat, auch wenn das entsprechende Wissen über den Umgang mit Wissen auf der Ebene eines impliziten oder »tacit

8 Vgl. zu diesen Techniken im Kontext einer umfassenden Strategie des Umgangs mit Ungewissheit bereits *Ino Augsberg*, Informationsverwaltungsrecht. Zur kognitiven Dimension der rechtlichen Steuerung von Verwaltungsentscheidungen, Tübingen 2014, Kap. 7 II. und III., S. 244 ff.

9 Vgl. *James G. March/Herbert A. Simon*, Organizations, New York 1958, S. 165.

10 Vgl. *Helmut Willke*, Dystopia. Studien zur Krisis des Wissens in der modernen Gesellschaft, Frankfurt/M. 2002, S. 77 f.

11 Vgl. *Dan Wielsch*, Die epistemische Analyse des Rechts. Von der ökonomischen zur ökologischen Rationalität in der Rechtswissenschaft, JZ 2009, S. 67 ff.

knowledge« verblieben ist. Umgekehrt ist damit zum Ausdruck gebracht, dass die genauere Aufklärung über den Umgang mit (Un-)Gewissheit auch etwas über den zugrunde liegenden allgemeinen Rechtsbegriff aussagen kann. Mit dem Thema wird also nicht nur eine Spezialproblematik erörtert; es adressiert einen Grundkonflikt des Rechts (in) der modernen Gesellschaft.[12]

Dieser Ausgangslage entsprechend möchte ich in einem ersten Schritt knapp das allgemeine Modell der Ungewissheitsabsorption einerseits und der Ignoranzderivate andererseits skizzieren (II.). Der Schwerpunkt der Untersuchung liegt dann auf der Analyse konkreter Konstellationen, deren speziell auf epistemische Probleme zugeschnittener Gehalt mit Hilfe der beiden Kategorien deutlicher zu Tage treten soll (III.). Ein knappes Fazit fasst noch einmal den Grundgedanken zusammen und verdeutlicht in Form eines Ausblicks die dahinter liegende Gesamtproblematik (IV.).

## *II. Allgemeine Charakteristika von Ungewissheitsabsorption und Ignoranzderivaten*

Im allgemeinen, noch nicht auf einzelne (juristische) Mechanismen und Verfahren enggeführten Sinne meint Absorption von Ungewissheit eine spezielle Technik des »coping with uncertainty«, die nicht durch den Aufbau von mehr und besserem Wissen erfolgt, sondern gezielt nach funktionalen Äquivalenten für das traditionelle wissensbasierte Modell der Entscheidungsfindung sucht. Es geht also um die Suche nach einer festen Entscheidungsgrundlage für eine konkrete Entscheidungspraxis, die nicht länger eng im kognitiven Schema gebunden bleibt, aber dessen wesentliche Funktionen bewahrt.[13]

Demgegenüber besagt die Rede von den Derivaten, dass Ungewissheit zwar wiederum nicht durch zusätzliches neues Wissen beseitigt, aber ebenso wenig durch funktionale Gewissheitsäquivalente verdrängt oder verdeckt werden soll. Ganz im Gegenteil lautet die entscheidende Strategie nun: Vervielfältigung von Ungewissheiten. Damit ist jedoch nicht eine bloße Vergrößerung des Grundproblems gemeint. Mit der Vervielfältigung soll zugleich eine Streuung und Verteilung der Ungewissheit(en) auf unterschiedliche Akteure und/oder soziale Sphären erfolgen. Während dadurch

12 Vgl. dazu näher *Augsberg*, Informationsverwaltungsrecht (Fn. 8), S. 277 ff.

13 Vgl. *Luhmann*, Organisation und Entscheidung (Fn. 5), S. 183 ff.

in der Addition die Gesamtungewissheit steigt, soll für jede Einzelfallsituation die potentiell entscheidungsgefährdende, weil paralysierende Last der Ungewissheit besser erträglich werden.

Stellt man beide Techniken auf diese Weise einander gegenüber, scheint die Ungewissheitsabsorption tendenziell stärker auf der Seite der Ungewissheitsbekämpfung anzusiedeln zu sein, während sich die Ignoranzderivate offenbar eher auf der Seite der Nutzung von Ungewissheit als Produktivfaktor verorten lassen. Eine genauere Betrachtung ergibt jedoch einen anderen Befund: Danach präsentieren sich beide Techniken in einer Art Kipp-Bild-Effekt, in der jeweils die eine Seite in die andere umschlagen kann, also beide nur gewissermaßen zwei Seiten ein und derselben Medaille bilden. In beiden Fällen geht es um eine eigenartige Doppelbewegung, in der Ungewissheit »mehr und mehr abgebaut« und »im selben Zuge aufgebaut, also erneuert wird.«[14]

## *III. Einzelne Umsetzungsverfahren im Verwaltungsrecht*

Dieser Kipp-Bild-Effekt lässt sich an einzelnen Erscheinungsformen der beiden Techniken verdeutlichen, die jeweils aus beiden Perspektiven, als Absorptions- wie als Derivattechnik, in den Blick zu nehmen sind und gerade dann demonstrieren können, wie sehr die scheinbare Differenz der beiden Strategien auf gemeinsamen Lösungsansätzen aufruht. Die dergestalt zu analysierenden Konstellationen machen zugleich klar, dass die besagten Techniken längst im Recht angekommen sind und durch dieses nur noch weiter operationalisiert und umgesetzt werden.

Um beide Aspekte zu zeigen, möchte ich im Folgenden vier (nicht abschließend, sondern exemplarisch zu verstehende) Strategien vorstellen, die sich unter folgenden Schlagwörtern rubrizieren lassen: Punktualisierung/Sequenzialisierung (1.), Subjektivierung (2.), Temporalisierung (3.) und Externalisierung/Referenzialisierung (4.).[15]

---

14 *Luhmann*, Organisation und Entscheidung (Fn. 5), S. 167.

15 Vgl. zu diesen und weiteren ähnlichen Verfahren und Strategien näher *Augsberg*, Informationsverwaltungsrecht (Fn. 8), S. 244 ff.

### 1. Punktualisierung/Sequenzialisierung

Unter Punktualisierung verstehe ich eine Strategie, die eine zunächst übergroß erscheinende Gesamtproblematik systematisch in kleinere Teilkomplexe unterteilt und diese dann sukzessive abarbeitet.[16] Für den Effekt entscheidend ist nicht die Unterteilung als solche oder gar die Annahme, Ungewissheit ließe sich so fein segmentieren, dass sie »schließlich gar nicht mehr auffällt.«[17] Charakteristisch ist vielmehr die Grundentscheidung, die in den Teilabschnitten gefundenen Lösungen im Verlauf des weiteren Prozesses nicht erneut in Frage zu stellen, sondern umgekehrt die einmal getroffenen Einzelentscheidungen für die Folgeprozesse wenigstens faktisch als verbindlich zugrunde zu legen. Mit jeder derartigen Verknüpfung von Entscheidungen untereinander wird Ungewissheit absorbiert.[18] Genauer gefasst geht es demnach nicht allein um die Punktualisierung im Sinne einer isolierten Betrachtung von Einzelphänomenen. Im Fokus steht eine Sequenzbildung der im ersten Zugriff voneinander isolierten Phänomene.[19] Klassische Beispiele für diese (nun sogar ausdrücklich normativ festgelegte) Technik bilden im Verwaltungsrecht die Figur der Bestandskraft von Verwaltungsakten und, als historisches Vorbild für diese, die Rechtskraft von Gerichtsentscheidungen.

Als Absorptionstechnik lässt sich dieses Vorgehen insofern verstehen, als damit eine Rückanknüpfung an bereits Vorentschiedenes erfolgt. Statt in jedem Folgeschritt die vorab gefundenen Lösungen erneut zu problematisieren und auf die ihr zugrunde liegende – regelhaft fehlende – unbedingte Gewissheit zu überprüfen, wird diese Gewissheit nun schlicht unterstellt. Dass bereits entschieden wurde, ersetzt die genauere Prüfung, wie und auf welcher Grundlage dies geschehen ist.

Als Derivat erscheint das Verfahren demgegenüber dann, wenn man die darin liegende Pluralisierung von Ungewissheiten hervorhebt, weil sich in jeder Teilentscheidung erneut das Grundproblem unzureichender kogniti-

---

16 Vgl. ähnlich *Ivo Appel*, Methoden des Umgangs mit Ungewissheit, in: Schmidt-Aßmann/Hoffman-Riem (Hrsg.), Methoden der Verwaltungsrechtswissenschaft (Fn. 1), S. 327 ff. (352), der berichtet, dass verwaltungsrechtliche Verfahren zunehmend „auf Teilung und Stufung angelegt" seien.

17 *Baecker*, Durch diesen schönen Fehler mit sich selbst bekannt gemacht (Fn. 3), S. 35.

18 Vgl. *Niklas Luhmann*, Die Religion der Gesellschaft, Frankfurt/M. 2000, S. 103.

19 Vgl. *Baecker*, Durch diesen schönen Fehler mit sich selbst bekannt gemacht (Fn. 3), S. 34; *Luhmann*, Organisation und Entscheidung (Fn. 5), S. 193.

ver Entscheidungsgrundlagen stellt. Ungewissheit wird damit nicht beseitigt, sondern auf eine Vielzahl von (sequenziell hintereinander geschalteten) Fällen zerstreut. Für jeden einzelnen Entscheidungsträger im von ihm jeweils zu entscheidenden Teilabschnitt des Gesamtprozesses reduziert sich so zwar das Problem. Ein außenstehender Beobachter des Gesamtgeschehens müsste dagegen eher dessen Vervielfältigung konstatieren.

## 2. Subjektivierung

Mit Subjektivierung ist ein Verfahren gemeint, das systematisch von der leitenden Vorstellung zu erreichender »Objektivität« oder »Wahrheit« als Referenzgröße für die administrative Entscheidungspraxis umschaltet auf die subjektive Perspektive der betroffenen Entscheidungsträger. Man könnte in diesem Sinne auch von einer Individualisierung oder Personalisierung sprechen. Sie korrigiert ein Stück weit jene ansonsten im Recht übliche Technik der Depersonalisierung und Anonymisierung von Entscheidungsprozessen, die vor allem durch den Rückgriff auf die – dezisionistische Elemente möglichst weitgehend verhindernde oder zumindest verdeckende – »juristische Methode« umgesetzt werden soll, aber etwa auch an eher »äußerlichen« Phänomenen wie dem anwaltlichen und erst recht richterliche Robenzwang erkennbar wird. Klassische Beispiele für diese Strategie sind das Abstellen auf die individuelle Überzeugung des entscheidenden Richters, die im Gegensatz zu der von manchen Prozessordnungen formal auch noch benannten »Wahrheit« die eigentliche Entscheidungsgrundlage für das zu fällende Urteil bildet,[20] und die subjektive Sicht des eine Maßnahme der Gefahrenabwehr anordnenden Polizisten im Polizei- und Ordnungsrecht, deren Rechtmäßigkeit nicht davon abhängen soll, dass im Nachhinein, in der Entscheidungssituation ad hoc aber unerkennbar, Umstände bekannt werden, die deutlich machen, dass die erforderlichen tatbestandlichen Voraussetzungen des Einschreitens tatsächlich nicht gegeben waren.[21] In beiden Konstellationen ersetzt die subjektive Überzeugung zu einem bestimmten Zeitpunkt des Verfahrens die objektive Gewissheit selbst

20 Vgl. nur *Ferdinand O. Kopp/Wolf-Rüdiger Schenke*, VwGO, 22 Aufl. München 2016, § 108 Rn. 5. Ausführlich *Wilfried Berg*, Die verwaltungsrechtliche Entscheidung bei ungewissem Sachverhalt, Berlin 1980, S. 71 ff.

21 Vgl. nur BVerwGE 45, 51; 49, 36. Umfassend zum Problem, auch aus der Perspektive eines verwaltungsrechtlichen Ungewissheitsmanagements, *Liv Jaeckel*, Gefahrenabwehrrecht und Risikodogmatik. Moderne Technologien im Spiegel des Verwaltungsrechts, Tübingen 2010, S. 87 ff.

dann, wenn zu einem späteren Zeitpunkt bekannt wird, dass beide Betrachtungsweisen nicht glücklicherweise zusammen-, sondern auseinanderfallen.

Unter dem Aspekt der Ungewissheitsabsorption betrachtet besagt das, dass grundsätzlich mögliche (und unter dem Aspekt einer absolut verstandenen Wahrheitskonzeption auch erforderliche) weiterführende allgemeine Diskussionen abgebrochen werden. Ein bestimmter Sachstand wird, so wie er im Augenblick der Entscheidung aus einer bestimmten Perspektive für einen konkreten Entscheider erkennbar war, als verbindlich zugrunde gelegt.

In noch etwas stärker generalisierter Sicht lässt sich diese Strategie als Umstellung von der Sach- auf die Sozialdimension verstehen: Nicht wie, sondern wer entschieden hat, wird zum (mit)entscheidenden Argument. Nimmt man die Subjektivierungsstrategie aus diesem Blickwinkel näher in Betracht, wird ein wichtiger Unterfall deutlich: Die klassische Strategie der Ungewissheitsabsorption »trägt den Namen Autorität.«[22] Denn Autorität heißt, Entscheidungen treffen zu können, ohne dafür zureichende kognitive Gründe angeben zu müssen.[23] Bemerkenswerterweise bildet demnach aus der Perspektive eines effektiven Umgangs mit Ungewissheit betrachtet gerade die scheinbar vormoderne, dem für die Moderne prägenden Ideal rationaler, das heißt zureichend begründeter Entscheidungsfindung entgegentretende Figur »Autorität« eher einen Vorteil als ein Problem, weil durch die mit ihr erreichte Ungewissheitsabsorption zumindest der Fortgang des Entscheidungsprozesses gewährleistet wird. Aus dem individuell-personalen in einen stärker strukturellen Bereich gewendet, liegt in der Analyse eine mögliche epistemische Rechtfertigung hierarchischer Organisationsformen.[24]

Zugleich liegt in dem gewählten Verfahren der Subjektivierung von Erkenntnisprozessen das Eingeständnis in die Perspektivabhängigkeit des gesamten Vorgangs. Stellt man diese Abhängigkeit im Sinne einer Verabschiedung des traditionell vorherrschenden Objektivitätsideals in Rechnung, zeigt sich die Subjektivierungsstrategie als Hinwendung zu einem

---

22 *Luhmann*, Die Religion der Gesellschaft (Fn. 18), S. 103.

23 Vgl. *Dirk Baecker*, Zum Problem des Wissens in Organisationen, in: *ders.*, Organisation als System. Aufsätze, Frankfurt/M. 1999, S. 68 ff. (72).

24 Vgl. *Luhmann*, Organisation und Entscheidung (Fn. 5), S. 20 f.; *Dirk Baecker*, Mit der Hierarchie gegen die Hierarchie, in: *ders.*, Organisation als System (Fn. 23), S. 198 ff.

Modell, in dem die Wahrheit selbst – und entsprechend die Wirklichkeit – statt im klassischen Singular nun in einem für das Normalverständnis zunächst befremdlichen, jetzt aber als unvermeidlich ausgeflaggten Plural auftritt.[25] Diese allgemeine Perspektivumstellung auf die Bedeutung nicht länger allgemein-singulärer, sondern notwendig pluraler Perspektiven lässt sich als Charakteristikum der Derivatelogik bezeichnen.

### 3. Temporalisierung

Als Temporalisierung kann – *nomen est omen* – die Umstellung des relevanten Entscheidungsgeschehens von der Sach- auf die Zeitdimension verstanden werden. So gefasst, ergeben sich in dieser Konstellation zwischen den beiden hier interessierenden Strategien im Umgang mit Ungewissheit offenbar besonders markante Unterschiede: Die Absorption setzt danach auf einen Primat der Vergangenheit, indem sie den Wert und das heißt jetzt vor allem: die Bindungswirkung des bereits Vorentschiedenen – sei's in stärker individueller Form, als Präjudizienbindung, sei's in generalisierter Art, qua Vorrang des Gesetzes – hervorhebt.[26] Das Derivatverfahren impliziert demgegenüber eine Entscheidung zugunsten einer stärkeren »Futurisierung« des Rechts, die dessen operative Prozesse systematisch von der rigiden Bindung an frühere Entscheidungen entkoppelt und stattdessen stärker auf ihre Zukunftsrelevanz hin orientiert.[27] Gemeint ist damit, dass einmal getroffene Entscheidungen nicht mehr schlicht als verbindlich hingenommen werden sollen. »Futurisierung des Rechts« besagt vielmehr, dass Entscheidungen jetzt als bewusst in Gang gesetzte experimentelle Verfahren konzipiert werden, die die deswegen auf eine aktivere Rolle festgelegten ehemaligen bloßen »Rechtsanwender« kontinuierlich beobachten und ge-

---

25 Vgl. dazu näher *Ino Augsberg*, Rechtswirklichkeiten, in denen wir leben. New Legal Realism und die Notwendigkeit einer juristischen Epistemologie, Rechtstheorie 46 (2015), S. 71 ff.

26 Vgl. *Luhmann*, Organisation und Entscheidung (Fn. 5), S. 48. Zur traditionellen Vergangenheitsorientierung des Rechts allg. *Gunther Teubner/Peer Zumbansen*, Rechtsentfremdungen: Zum gesellschaftlichen Mehrwert des zwölften Kamels, in: Gunther Teubner (Hrsg.), Die Rückgabe des zwölften Kamels: Niklas Luhmann in der Diskussion über Gerechtigkeit, Stuttgart 2000, S. 189 ff. (201 f.).

27 Vgl. *Appel*, Methoden des Umgangs mit Ungewissheit (Fn. 16), S. 352 ff.

gebenenfalls korrigieren müssen. Vor allem der zuerst im Umweltrecht genutzte Begriff der »Monitoring-Pflichten« adressiert diesen Problemkreis. Das damit benannte Konzept betrifft typischerweise zunächst die Normunterworfenen (das heißt regelmäßig: die Bürger) und bezieht sich dann regelhaft auf kognitive Problembereiche. Es kann sich aber auch an die Normanwender (also: die Verwaltungsbehörden) und sogar an den Gesetzgeber als möglichen Adressaten richten. In diesen Konstellationen steht teilweise ebenfalls die epistemische Grundlage der Entscheidungen im Fokus; die Beobachtungspflicht kann jetzt aber ebenso sehr das jeweils gewählte rechtliche Regelungsmodell als solches betreffen.[28]

So deutlich der Unterschied beider Vorgehensweisen damit auf den ersten Blick erscheint, so sehr muss man bei näherem Hinsehen auf eine höchst bedeutsame Vorentscheidung achten, die beiden Strategien zugrunde liegt. Beide unterstellen ein lineares Zeitmodell, in dem der Ablauf nur von der einen in die andere Richtung verlaufen kann, also eine unverhoffte »Wiederkehr des Verdrängten« systematisch ausgeschlossen ist.[29] In beiden Varianten wird damit das zeitliche Pendant zur Privilegierung der Kategorie »Kausalität« qua linear verlaufender Dependenzverhältnissen etabliert. Durchaus ähnlich traditionsreiche Alternativkategorien – etwa die noch bei Hegel unmittelbar auf die Kategorie der Kausalität folgende »Wechselwirkung«, in der sich »die *Ursprünglichkeit* als durch ihre *Negation* sich mit sich *vermittelnd*« darstellt[30] – bleiben ausgeblendet. Der entscheidende Punkt hierbei ist allerdings, das entsprechende Vorgehen nicht als bloßes Versäumnis, sondern als Strategie zu lesen. Im Lichte einer solchen strategischen Lektüre rücken beide Verfahren wieder eng aneinander: Danach enthält die scheinbar so ungewissheitsheitsaffine Derivatelogik, die sich zur Zukunft als per definitionem ungewissen Geschehen hin öffnet, ebenso sehr

28 Vgl. etwa *Cathrin Weimann u.a.*, Beobachtung möglicher Umweltauswirkungen durch gentechnisch veränderte Pflanzen: Monitoring als Frühwarnsystem zur Vermeidung von Umweltschäden?, NuR 2010, S. 229 ff. Allg. ferner *Karsten Herzmann*, Monitoring als Verwaltungsaufgabe, DVBl 2007, S. 670 ff. Zur Stellung der Legislative näher *Stefan Huster*, Die Beobachtungspflicht des Gesetzgebers. Ein neues Instrument zur verfassungsrechtlichen Bewältigung des sozialen Wandels? ZfRsoz 24 (2003), S. 1 ff.

29 Vgl. *Stephan Kirste*, Die Zeitlichkeit des Rechts und die Geschichtlichkeit des Rechtsbe-wußtseins. Momente einer Ideengeschichte und Grundzüge einer systematischen Begründung, Berlin 1998, S. 297; sowie *Luhmann*, Organisation und Entscheidung (Fn. 5), S. 213.

30 Vgl. *Georg Wilhelm Friedrich Hegel*, Wissenschaft der Logik. Erster Teil. Die objektive Logik, in: *ders.*, Sämtliche Werke. Jubiläumsausgabe in zwanzig Bänden, hrsg. v. Hermann Glockner, Stuttgart/Bad Canstatt, 4. Aufl. 1965, S. 717 ff.

bereits kompensatorische Elemente wie umgekehrt die vergangenen Entscheidungen stets interpretationsoffen bleiben, weil sie ihre Relevanz erst im Kontext einer spezialisierten Lektürekunst erhalten, die ihre Stärken vor allem im nuancierten »distinguishing« entfaltet.

## 4. Externalisierung/Referenzialisierung.

Mit der Referenzialisierung oder Externalisierung administrativer Entscheidungspraxen ist ein Außenbezug benannt, der zur Stützung einer für sich genommen als defizitär wahrgenommenen rein intern verbleibenden Sicht eingesetzt wird. Es geht also darum, die speziell juristische Programmierung von Verwaltungsentscheidungen durch zusätzliche entscheidungsanleitenden Faktoren zu ergänzen, die aus anderen Gesellschaftsbereichen zur Verfügung gestellt bzw. von dort aktiv übertragen und übernommen werden müssen. Typische Kandidaten für die externen Referenzpunkte, auf die dergestalt Zugriff genommen wird, sind Wissenschaft und Ökonomie.[31]

Formuliert man diese Struktur als allgemeinen Ausgangspunkt des Referenzialisierungsmodells, scheint das Spezifikum des Absorptionsmechanismus klar: Von Ungewissheitsabsorption im genannten allgemeinen Sinn ist danach überall dort zu sprechen, wo durch eine Anknüpfung an einen angeblich festen »Stand der Wissenschaft« o.ä. die interne Begründungslast externalisiert wird.[32] Indem das Verfahren normativ unterstellt, dass es einen solchen festen Stand gibt, entlastet es sich selbst von einem *ad infinitum* fortzusetzenden Suchprozess. Darin zeigt sich zugleich eine Parallele zur Absorption qua Autoritätshörigkeit: Auch hier erfolgt die Entlastung dadurch, dass die Sichtweise einer anderen, auf bestimmte Weise qualifizierten Instanz nicht mehr in Zweifel gezogen werden darf. Autorität wird hier lediglich nicht streng hierarchisch (und damit quasi-politisch auf Herrschaftsbefugnisse bezogen) konzipiert, sondern selbst als rein kognitiv begründete Figur stilisiert: als selbst nicht mehr in Frage zu stellende Kompetenz für die Entscheidung bestimmter Sachfragen, die von dem seinerseits

---

31 Vgl. zu den Problemen einer solchen Inbezugnahme die Beiträge von *Ivo Appel,* Bedeutung außerrechtlicher Wissensbestände für das Management von Unsicherheit und Nichtwissen (S.113) und *Michael Fehling,* Der Umgang mit Unsicherheit in der ökonomischen Analyse des (Öffentlichen) Recht (S. 203), in diesem Band.

32 Vgl. dazu im Überblick nur *Hans-Heinrich Trute,* Wissenschaft und Technik, in: Josef Isensee/Paul Kirchhof (Hrsg.), HStR IV, Heidelberg, 3. Aufl. 2006, § 88 Rn. 47.

auf den Bereich des Normativen spezialisierten Recht nur hingenommen, aber eben nicht selbst in Zweifel gezogen werden darf.
Demgegenüber meint Referenzialisierung im Schema der Derivatelogik offensichtlich, dass durch die Bezugnahmen auf andere, rechtsexterne Instanzen wiederum Ungewissheit nur noch weiter gestreut und zugleich vervielfältigt wird, weil auch die jeweils in Anspruch genommene Instanz Ungewissheit nicht dauerhaft bewältigt, sondern ihrerseits nur neue Ungewissheiten produziert. Als Externalisierung kann damit die Ungewissheitsproblematik zwar für den Moment aus dem juristischen Binnenbereich entfernt bzw. in diesen gar nicht erst hineingelassen werden, aber nur um den Preis, dass zugleich die Ungewissheit der Rechtsumwelt umso markanter zum Vorschein kommt. Deutlich herausgestellt wird dieser Aspekt des Referenzierungsmodells vor allem dort, wo explizit auf die Dynamik und damit Labilität, also Unsicherheit des jeweils herrschenden Wissens in referenzierten Bereich Bezug genommen wird.[33] Der »gegenwärtige Stand« der Wissenschaft (oder noch prägnanter, wie ausdrücklich etwa in § 12 b Abs. 1 Nr. 2 ChemG bestimmt: »der jeweilige Stand der wissenschaftlichen und technischen Kenntnisse«) bietet hierfür das markanteste Beispiel.

Auch in dieser Konstellation scheinen demnach markante Unterschiede zwischen den beiden Formen der Problembearbeitung vorzuliegen. Tritt man allerdings gegenüber der zunächst zu konstatierenden Differenz der Perspektiven einen Schritt zurück, zeigt sich erneut eine beiden Strategien zugrunde liegende Unterscheidung, die als gemeinsame Strategie im Umgang mit Ungewissheit gelesen werden kann. Die Differenzierung zwischen den Sphären innen/außen, intern/extern und selbst noch die mit Blick auf die rechtseigenen Kommunikationsakte getroffene Unterscheidung zwischen kognitiv/normativ, wie sie sich in der Luhmannschen Theorie findet und in der Rechtswissenschaft in Gestalt der Rede von der (offenbar distinkt als solche ansprechbaren) »kognitiven Dimension« des Rechts ihren Niederschlag gefunden hat,[34] ermöglicht nicht nur die Referenzialisierung als Relation zweier separater Sphären. Sie erlaubt dem Recht, eine bestimmte Form von Komplexität aus dem angeblichen Eigenbereich zu verdrängen und ausschließlich als Eigenschaft der eigenen Umwelt zuzurechnen. Das

---

33 Vgl. mit Bezug auf eine entsprechend in Richtung nicht der Beseitigung, sondern der Vervielfältigung von Ungewissheit umgedeutete Funktion der Wissenschaft *Dirk Baecker*, Die nächste Universität, in: *ders.*, Studien zur nächsten Gesellschaft, Frankfurt/M. 2007, S. 98 ff. (101 f.).

34 Vgl. *Niklas Luhmann*, Das Recht der Gesellschaft, Frankfurt/M. 1993, S. 77; zur entsprechenden Terminologie aus juristischer Sicht Hans Christian Röhl (Hrsg.), Wissen – Zur kognitiven Dimension des Rechts (DV Beiheft 9), Berlin 2010.

Recht bleibt auf diese Weise Herr im eigenen Haus. Unordnung kann als *noise* nur von draußen hereindringen, erfordert also entsprechende Bemühungen, um die Reinheit des eigenen Verfahrens gegen drohende Kontaminationen zu bewahren. Typischerweise ist mit dem Postulat der Erforderlichkeit solcher Bemühungen zugleich das Versprechen verbunden, dass die Reinhaltung gelingen kann. In dieser Perspektive erscheinen sowohl die typischen Selbstbeschreibungen der klassischen, immer noch dominierenden juristischen Dogmatik wie die entsprechenden rechtstheoretischen Konstruktionen, die die Autonomie des Rechts in seiner Eigenlogik zu begründen versuchen, als Effekte einer Bewegung, in der das Recht sich in einem bestimmten Umgang mit Ungewissheit übt und eben dadurch seine eigene Sphäre erst erzeugt.[35]

Dass dieses Manöver der Sphärentrennung als Maßnahme zur Ungewissheitsabsorption dient, liegt auf der Hand. Ungewissheit wird damit als potentiell störender Faktor zwar nicht gänzlich eliminiert; sie kann jedoch aus den als genuin juristisch bezeichneten Prozessen herausgehalten werden. Wiederum lässt sich das Verfahren aber ebenso als Ausdruck der Derivatelogik verstehen. Denn dadurch wird die zunächst nur in einem Themenbereich auftauchende und als Problem zu bewältigende Komplexität auf zwei Felder verteilt. In der Summe dürfte das die – nicht als »Realität« einfach vorhandene, vielmehr sich erst aus der jeweiligen Binnensicht der zu bewältigenden Aufgaben als solche überhaupt ersichtliche – Komplexität und damit die mit dieser verknüpfte Ungewissheit nicht reduzieren, sondern erhöhen. Zugleich sinkt im Innenbereich des Rechts der Druck, primär oder sogar ausschließlich die eigenen Verfahren als das entscheidende Grundproblem zu identifizieren und dementsprechend diese Verfahren gegebenenfalls grundlegend ändern zu müssen.

Aus der an den funktionalen Effekten des strategischen Umgangs mit Ungewissheit interessierten Beobachterposition wird damit deutlich, dass sich die epistemische Analyse des Rechts nicht auf die im engeren Sinne kognitiven Aspekte der Gesamtthematik beschränken kann. Das Ungewissheitsproblem schlägt auf die scheinbar genuin normativen Fragekomplexe durch.[36] Mit der Zuschreibung dieses Problems als vorwiegend kognitives,

---

35 Vgl. allg. zu den rechtlichen Techniken der (Selbst-)Abgrenzung *Fabian Steinhauer*, Vom Scheiden. Geschichte und Theorie einer juristischen Kulturtechnik, Berlin 2015.

36 Vgl. etwa *Arno Scherzberg*, Risikosteuerung durch Verwaltungsrecht – Ermöglichung oder Begrenzung von Innovationen, in: VVDStRL Bd. 63 (2004), S. 214 ff. (256).

also die Systemumwelt betreffendes Thema stehen Aspekte der Eigenkonstitution des Rechts in Frage, die über sein »Proprium« oder seine »Eigengesetzlichkeit« – die aus juristischer Sicht pleonastische Struktur der entsprechenden, ganz geläufigen Bezeichnungen fällt ins Auge – entscheiden sollen. »Ungewissheitsmanagement« bezeichnet damit endgültig nicht mehr nur ein peripheres Teilproblem des Rechts. Als auf Entscheidungen gegründetes operatives Verfahren bildet der Umgang mit Ungewissheit den paradoxen – da gerade keinen substanziellen, eine eigene Eigentlichkeit begründenden – Kern des Rechts.

## *IV. Fazit*

Insbesondere die letztgenannte Sicht macht einen Aspekt des Umgangs mit Ungewissheit als epistemische Strategie deutlich, der zumindest implizit auch die anderen Konstellationen prägt: Beide Techniken zeugen von einem wesentlich konstruktivistischen Umgang mit Wahrheit und Wirklichkeit, in dem das Recht weder selbst Teil einer »an sich« schon vorauszusetzenden Wirklichkeit ist noch auf eine solche mit Hilfe seiner speziellen Verfahren Zugriff nimmt. Beide Formen von Wirklichkeit werden innerhalb der juristischen Verfahren, das heißt innerhalb der Vielzahl miteinander verknüpfter und verwobener Prozesse, erst als solche konstituiert und beständig erneuert, in Frage gestellt und verändert.

Folgt man dem vorgeschlagenen Ansatz einer epistemischen Analyse des Rechts, die auf die bereits laufende Rechtspraxis fokussiert, lautet das Resultat, dass eine entsprechende Sichtweise den einschlägigen Rechtspraxen, zumindest in larvierter, sich selbst unbewusster Form, bereits zugrunde liegt. Aufgabe der Rechtswissenschaft ist es dann offenbar nur noch, diese Praxis auf den Begriff ihrer selbst zu bringen, also gewissermaßen die Wahrheit über die relative(n) Wahrheit(en) des Rechts zu bestimmen.

Entsprechende Einschätzungen finden sich in jüngerer Zeit vermehrt.[37] Das heißt aber nicht, dass die theoretische Aufarbeitung in Gestalt der

37 Vgl. entsprechend deutlich etwa *Andreas Voßkuhle*, Methode und Pragmatik im Öffentlichen Recht, in: Hartmut Bauer u.a. (Hrsg.), Umwelt, Wirtschaft und Recht. Wissenschaftliches Symposium aus Anlaß des 65. Geburtstags von Reiner Schmidt, 16./17. November 2001, Tübingen 2002, S. 171 ff. (185 f.); sowie *Hans-Heinrich Trute*, Staatsrechtslehre als Sozialwissenschaft?, in: Helmuth Schulze-Fielitz (Hrsg.), Staatsrechtslehre als Wissenschaft, DV Beiheft 7, Berlin 2007, S.

Rechtswissenschaft mit der von der Praxis entwickelten Lage der Dinge Schritt gehalten hat. Schaut man genauer hin, dürfte eher eine gewisse Ernüchterung geboten sein. Auf den ersten Blick finden sich zwar jene Stellungnahmen, die den konstruktivistischen Charakter der juristischen Welterkenntnis explizit als solchen bezeichnen und auch die daraus resultierenden Konsequenzen nennen. Auf den zweiten Blick mag man aber zweifeln, ob nicht trotz dieser ausdrücklichen Verlautbarungen der Sache nach noch immer eher substanzielle Wirklichkeitskonzepte eine dominierende Rolle spielen. Die perspektivische Bedingtheit jeder Erkenntnis erscheint dann als ein grundsätzliches Problem, dem jedoch durch eine Kombination der vielfältigen möglichen (insbesondere: interdisziplinär aufgeklärten) Perspektiven zugunsten einer umfänglichen Erfassung »des« Erkenntnisobjekts (oder: »der« Wirklichkeit) begegnet werden kann.[38]

Vor allem wird die konstruktivistische Perspektive auch dort, wo sie explizit in Anspruch genommen wird, häufig nicht hinreichend in ihrem paradoxen, die eigene Stellung herausfordernden und latent unterminierenden Gehalt thematisiert. Dass es, Nietzsches Wort zufolge, »keine Tatsachen«, sondern »nur Interpretationen« geben soll,[39] ist in dieser Blickrichtung zwar verinnerlicht. Das einschlägige Zitat muss aber weitergehend verstanden

---

115 ff. (130). Prägnant auch die Einschätzung in einer Besprechung meines Buchs zum „Informationsverwaltungsrecht“, wo es mit Bezug auf (u.a.) ein konstruktivistisches Realitätsverständnis heißt: „Derartigen Einsichten wird sich der aufgeklärte Jurist kaum verschließen wollen“ (*Friedrich Schoch*, in: Die Verwaltung 47 [2014], S. 586 ff. [587]).

38 Vgl. zu einem solchen Kombinationsmodell etwa *Martin Morlok*, Vom Reiz und vom Nutzen, von den Schwierigkeiten und von den Gefahren der Ökonomischen Theorie für das Öffentliche Recht, in: Christoph Engel/ders. (Hrsg.), Öffentliches Recht als Gegenstand ökonomischer Forschung, Tübingen 1998, S. 1 ff. (23 f.): „Die Institutionenökonomik ergänzt als eine Form sozialwissenschaftlichen Zugangs den normativen Blick des Juristen auf die Wirklichkeit. Sie bedient sich allerdings nur eines unter mehreren sozialwissenschaftlichen Ansätzen, weshalb es sich um der Vollständigkeit des Bildes willen empfiehlt, auch andere Ansätze für Zwecke der Rechtswissenschaft zu aktivieren, also die Fülle der psychologischen und soziologischen Theorien gleichfalls zu bedienen.“

39 Vgl. *Friedrich Nietzsche*, Nachgelassene Fragmente Hebst 1885 – Herbst 1887, in: *ders.*, Werke. Kritische Gesamtausgabe, hrsg. v. Giorgio Colli und Mazzino Montinari, Bd. VIII/1, Berlin/New York 1974, Frgm. 7 (60), S. 323: „Gegen den Positivismus, welcher bei dem Phänomen stehen bleibt ‚Es giebt nur Thatsachen‘, würde ich sagen: nein, gerade Thatsachen giebt es nicht, nur Interpretationen. Wir können kein Factum ‚an sich‘ feststellen: vielleicht ist es ein Unsinn, so etwas zu wollen“.

werden. Es besagt dann, dass auch diese Aussage kein Befund über eine ewige Wahrheit der an sich seienden Welt darstellt, sondern selbst nichts anderes ist als: eine Interpretation.[40] Konstruktivismus ist eine operative These, keine Gewissheit. Das unterscheidet ihn von einem »Neuen Realismus«, der ein Ansichsein der Dinge als nicht nur gegeben, sondern auch für uns erkennbar unterstellt.[41]

Aus diesem Grund muss die epistemische Analyse des Rechts selbst noch einmal reflexiv gewendet, das heißt mit den Verfahren einer modernen, nicht auf die Fixierung eines angeblich vorgegebenen Sinns reduzierten Hermeneutik verknüpft werden.[42] Eine derartig aufgeklärte, auf die eigenen unlösbaren Ungewissheiten rückbezogene epistemische Analyse bildet die Voraussetzung eines erfolgreichen »Ungewissheitsmanagement« (auch) im Verwaltungsrecht.

---

40 Vgl. *Gianni Vattimo*, Jenseits der Interpretation. Die Bedeutung der Hermeneutik für die Philosophie, Frankfurt/M. 1997, S. 21, mit Verweis auf *Friedrich Nietzsche*, Jenseits von Gut und Böse, in: *ders.*, Werke. Kritische Gesamtausgabe, hrsg. v. Giorgio Colli und Mazzino Montinari, Bd. VI/2, Berlin/New York 1968, Frgm. 22, S. 1 ff. (31): „Gesetzt, dass auch dies nur Interpretation ist – und ihr werdet eifrig genug sein, dies einzuwenden? – nun, umso besser".

41 Vgl. zu einer entsprechenden ausführlicheren Kritik *Augsberg*, Rechtswirklichkeiten, in denen wir leben (Fn. 25), mit Bezug u.a. auf die einschlägigen Beiträge in Markus Gabriel (Hrsg.), Der Neue Realismus, Berlin 2014.

42 Vgl. zu diesem Verständnis von Hermeneutik *Vattimo*, Jenseits der Interpretation (Fn. 38), S. 23: „Wäre die Hermeneutik lediglich die Entdeckung der *Tatsache, daß* es verschiedene Perspektiven auf ‚die Welt' oder ‚das Sein' gibt, sähe sich genau die Auffassung von Wahrheit als objektive Widerspiegelung von Sachverhalten bestätigt (in diesem Fall von der *Tatsache, daß* es mehrere Perspektiven gibt…), welche die Philosophie der Interpretation ablehnt." Aus rechtstheoretischer Sicht näher zu dem Versuch, eine (konstruktivistische) juristische Epistemologie mit einem entsprechenden Hermeneutikverständnis zu koppeln, *Ino Augsberg*, Evidence-based Law im Sozial- und Gesundheitsrecht? Chancen und Grenzen eines epistemologischen Modells, in: Benedikt Buchner/Karl-Heinz Ladeur (Hrsg.), Wissensgenerierung und -verarbeitung im Gesundheits- und Sozialrecht, Tübingen 2016, S. 73 ff.

# Rechtliche Strategien und Vorgaben zur Bewertung von Nichtwissen

*Indra Spiecker gen. Döhmann*

## *I. Einleitung*

Wer sich mit dem Themenfeld der Unsicherheit befasst, stößt auf eine schier unbegrenzte Vielfalt an Begrifflichkeit. Nicht-Wissen, Unsicherheit, Ignoranz, Ungewissheit oder Risiko sind nur einige der zentralen Begriffe, die auch im Rahmen dieses Sammelbandes immer wieder Verwendung in verschiedensten Kontexten finden. Wie vielfältig die Begrifflichkeit ist, zeigt sich allein bei dem Terminus »Risiko«. Während die meisten Vertreter des Öffentlichen Rechts[1] diesen in Abgrenzung zum Gefahrenbegriff als ein Minus zu letzterem sehen,[2] verstehen die meisten Ökonomen darunter eine Entscheidungssituation mit bekannten Handlungsalternativen und Ergebniszuständen, in der dem Entscheider allerdings die Kenntnis von der Wahrscheinlichkeit fehlt, mit der ein Ergebniszustand eintreten wird.[3] Ohne dies in diesem Rahmen weiter nachvollziehen zu können, kennen auch die Fächer der Politologie, der Philosophie, der Soziologie,[4] der Technikfolgenabschätzung oder der Psychologie den Begriff des Risikos, durchaus jeweils mit eigenständiger Bedeutung.

Nichts anderes gilt für einen weiteren im Zusammenhang mit Unsicherheit und Nicht-Wissen immer wieder verwendeten Begriffszusammenhang. Die Differenzierung zwischen Wissen, Information oder Datum ist schwierig und im Recht bisher nicht abschließend geklärt.[5] Für den folgenden Beitrag wird zwischen Wissen und Information nicht unterschieden, da die im Grundsatz notwendige und gebotene Differenzierung für die hier angestellten Überlegungen keine Relevanz entfaltet. Ebenso wird auch Nicht-Wissen, unsicheres Wissen und Unsicherheit aus Gründen der Vereinfachung

---

1 Vertreter des Zivilrechts würden häufig den Begriff des Risikos weiter fassen und darunter eher eine nicht sichere Belastung eines Einzelnen verstehen, etwa das Risiko des Zahlungsausfalls, der Haftung o.ä.

2 Siehe etwa *Hansen-Dix*, Die Gefahr im Polizeirecht, im Ordnungsrecht und im Technischen Sicherheitsrecht, 1982, S. 17 ff.; *Di Fabio,* Risikoentscheidungen im Rechtsstaat, 1994; *Marburger,* Atomrechtliche Schadensvorsorge, 1985, S. 94 ff.; anders *Spiecker gen. Döhmann*, Staatliche Entscheidung unter Unsicherheit, i.E. 2016; *dies.*, in: 44. Assistententagung Öffentliches Recht: Recht und Ökonomik, 2004, S. 61 ff., jeweils m.w.N.

3 Siehe zum ökonomischen Begriffsverständnis auch *Fehling*, Der Umgang mit Unsicherheit in der ökonomischen Analyse des (Öffentlichen) Recht, in diesem Band, S. 203.

4 Siehe nur als wohl bekanntesten Vertreter *Luhmann*, Soziologie des Risikos, 2003.

5 Siehe etwa *Albers*, Informationelle Selbstbestimmung, 2005; *Collin/ Horstmann*, in: dies. (Hrsg.), Das Wissen des Staates, 2004, S. 9, 12 f.; *Trute*, in: *H. Chr. Röhl (Hrsg.),* Wissen – zur kognitiven Dimension des Rechts, 2010, S. 11, 15 f.; *Druey*, Information als Gegenstand des Rechts, 1996, S. 5 f.

für den Leser synonym verwendet. In weiter gefassten Kontexten ist allerdings eine Unterscheidung angebracht und hilfreich. So ist beispielsweise das Vorhandensein einer Information noch kein Garant dafür, dass Unsicherheit aufgehoben ist, weil Information dazu nicht nur vorhanden, sondern vielmehr verstanden, richtig verarbeitet, kontextuell begriffen und als Wissen dann in die Entscheidung eingegliedert werden muss.

Nicht nur die Begrifflichkeiten variieren, sondern auch das zugrunde liegende Verständnis. Wenn man von Unsicherheit spricht, wird als Gegenpol häufig der Begriff der Sicherheit genannt. Im Folgenden ist mit der Verwendung des Begriffs der Sicherheit aber nicht das gleichfalls naheliegende gegenwärtig hoch problematische Verhältnis von Freiheit versus Sicherheit aufgerufen; vielmehr geht dieser Beitrag davon aus, dass eine aufgehobene Unsicherheit in Gewissheit mündet. Der Beitrag befasst sich also mit den Wissenstatbeständen und ihrer Verwendung.

Im Kern bildet das geltende Recht ein Rechtsverständnis ab, in dem Nicht-Wissen als Ausnahme begriffen wird. Es wird davon ausgegangen, dass es vollständiges, jedenfalls vollständig ermittelbares Wissen gibt, das einer Entscheidung zugrunde gelegt werden kann und auch tatsächlich in diese Eingang findet. Selbst dort, wo Unsicherheit anerkannt ist, wird sie häufig nicht (mehr) als Rechtsproblem begriffen; dies gilt etwa im Zivilprozess, wo durch den Beibringungsgrundsatz dem Richter ein Entscheidungswissen vorgelegt wird, das dieser dann zur Grundlage seiner Entscheidung macht – als gäbe es kein darüber hinausreichendes Wissen und als sei das Problem der Unsicherheit mit der Beweisaufnahme und den Beweisregelungen vollständig erfasst.

Nun zeichnet sich seit geraumer Zeit ab, dass diese Vorstellung von Recht unterkomplex ist und eine Reihe von Herausforderungen nicht bewältigen kann. Ganz erheblich dazu beigetragen haben die bereits in den 1970er Jahren begonnenen Forschungen zum Vollzugsdefizit.[6] Bei genauerem Hinsehen wird erkennbar, dass Recht durchaus schon immer mit Veränderungen und auch mit Unsicherheit umgehen musste. Schon die Erfordernisse von Planung als einer zukunftsgerichteten Entscheidung mit komplexen Abwägungsvorgängen haben früh sichtbar gemacht, dass unsicheres Wissen und unklare Zukunftsvorstellungen bearbeitet werden müssen. Auch die (zunehmende) Erkenntnis von (unerwünschten) Nebenfolgen rechtlicher Regelung gehört zu den Bereichen, die Recht schon immer mit

6 *Mayntz/Bohne/Derlien/Hesse/Hucke/Müller,* Vollzugsprobleme der Umweltpolitik, 1978.

Unsicherheit konfrontiert haben; der Begriff der »Steuerschlupflöcher« signalisiert plakativ, dass der Gesetzgeber die vielfältigen Wirkungen nicht immer überblickt. Allerdings sind diese Erscheinungen von Unsicherheit bisher nicht flächendeckend als Ausdruck eines größeren Phänomens verstanden worden, das systematisch in die Rechtswissenschaft und Gesetzgebungs- und Verwaltungslehre zu integrieren ist.

Zwei Entwicklungen haben diese Entwicklung allerdings vermehrt angestoßen: Dazu gehört zum einen die Vorstellung der Steuerungswissenschaft[7] und der noch weiter gefassten Governancelehre[8], dass staatliche Entscheidungen Verhalten von Akteuren steuern sollen und steuern können. Dies ist aber nur möglich, wenn der Entscheider über ausreichendes Wissen verfügt, einschließlich des Steuerungswissens. Zudem hat – bereits zuvor – insbesondere das Umweltrecht sich der Erkenntnis gestellt, dass der staatliche Entscheider prinzipiell Unsicherheit begegnet: Die Kausalität von Umweltfolgen – insbesondere Umweltschädigungen wie dem Baumsterben oder der Verschmutzung der Gewässer – war oftmals nicht sicher ermittelbar, so dass traditionelle Instrumente wie das Haftungsrecht leer liefen und präventive Maßnahmen mit Eingriffscharakter nicht vorgenommen werden konnten.

Die Reaktion des Umweltrechts hat zu einer echten rechtlichen Innovation geführt, nämlich der Herausbildung des Konzepts vom Risiko und in seiner Folge zu dessen Bewältigung zur Entwicklung des Vorsorgeprinzips. Damit einher geht eine erhebliche Verlagerung der Position von Verwaltung/Gesetzgeber zu Lasten des Bürgers: Mittels Vorsorgeprinzip können bereits im Vorfeld von Gefahrenabwehr erhebliche Eingriffe gerechtfertigt werden, bis hin zur Untersagung ganzer als risikobelastet beurteilter Freiheitsverwirklichungen, wie etwa der Nutzung der Gen- oder Atomtechnik. Das Problem fehlender Kausalitäten und Wahrscheinlichkeiten wird also auf Seiten des Bürgers verlagert.

---

7 Siehe z.B. *Voßkuhle*, § 1: Neue Verwaltungsrechtswissenschaft, in: Hoffmann-Riem/Schmidt-Aßmann/ ders. (Hrsg.), Grundlagen des Verwaltungsrechts, Band 1, 2. Auflage 2012; *Schuppert*, in: Hoffmann-Riem/ Schmid-Aßmann (Hrsg.), Reform des Allgemeinen Verwaltungsrechts. Grundfragen, 1993, S. 65 ff.; *ders.*, in: Ellwein/ Hesse (Hrsg.), Staatswissenschaften. Vergessene Disziplin oder neue Herausforderung, 1990, S. 73 ff.

8 Etwa *Schuppert*, Governance-Forschung. Vergewisserung über Stand und Entwicklungslinien, 2006; *Trute/ Denkhaus/ Kühlers,* DV 37 (2004), S. 451 ff.

Das Vorsorgeprinzip ist vorrangig eine *Entscheidungsregel* unter Nicht-Wissen. Sie ermöglicht dem staatlichen Entscheider eine Entscheidung, auch wenn das Wissen unvollständig und die Prognosefähigkeit über zukünftige Verläufe begrenzt ist. Strategien und Vorgaben zum Umgang mit Nicht-Wissen gehen aber viel weiter und setzen bereits viel früher an.

Zurückzugreifen ist dazu auf eine Vorstellung der Entscheidung als linear,[9] auch wenn Wiederholungsschleifen, Monitoring und weitere Entscheidungen durchaus auch zu Querverbindungen und Schleifen führen können. In einem solchermaßen vereinfachten Bild beginnt das Verfahren mit dem Erkennen der Vorbereitung einer Entscheidung, der Einschätzung zum Ausmaß an Gewissheit und dann zum Umgang mit dem fehlenden Wissen. Hier kommt Informationssuche als ein häufiges Instrument zum Einsatz, die sich in die Entscheidung über das »Ob«, das »Wie«, die Durchführung und die Beendigung aufgliedert. Die eigentliche Entscheidung folgt sodann. Da staatliche Entscheidungen ohne Kontrolle angesichts von Art. 20 Abs. 3 GG und Art. 19 Abs. 4 GG nicht vorstellbar sind, ist die Entscheidung damit nicht beendet, sondern schließt der Blick auf Entscheidung unter Unsicherheit und ihre Bewältigung auch notwendigerweise die Kontrollentscheidung mit ein. Denn diese hat darüber zu befinden, ob die ursprüngliche Entscheidung als rechtmäßig oder rechtswidrig gilt – und dies vor dem Hintergrund eines möglicherweise zwischenzeitlich erfolgten Erkenntnis- oder eben auch Unsicherheitszuwachses.

Der folgende Beitrag befasst sich vor dem gerade geschilderten Hintergrund mit einem Teilausschnitt eines wesentlichen Instruments zum Umgang mit Unsicherheit, nämlich der Suche nach Information, um das Nicht-Wissen zu beheben, und zwar – ohne allerdings in diesem Rahmen näher zu differenzieren – auf der Ebene von Legislative und Exekutive. Die Rechtsprechung hat mit einem umfangreichen Apparat, insbesondere mit Beweislastregeln, Substantiierungslasten und ähnlichen Instrumenten bis hin zu Informationsgewinnungs- und -verwertungsverboten ihre eigenen Formen des Umgangs mit Unsicherheit gefunden.[10] Dass mit einer erfolgreichen Suche nach Information weitere Desiderate verbleiben, die weitere Verwendung von Information und ihre Einbringung in den staatlichen Entscheidungsprozess zumindest regelnd zu begleiten, sei hier nur kurz ange-

9 Die genannten Schritte sind nicht abschließend, sondern selektieren im Hinblick auf die hier bedeutsamen Schritte der Entscheidung.

10 Ein Rückgriff darauf mag auch für Verwaltung und Legislative fruchtbar sein, soll aber in diesem Rahmen nicht weiter verfolgt werden.

merkt. Um einen differenzierenden Blick auf die Informationssuche zu ermöglichen, wird dazu zunächst zwischen verschiedenen Arten, Gründen und Graden an Unsicherheit unterschieden (B.). Dann werden Überlegungen angestellt, wann Informationssuche durchgeführt wird, also zum »Ob« der Informationsgewinnung (C.). Die Verschiedenartigkeit der darauffolgenden Entscheidung über das »Wie« der Informationsgewinnung, welche Mittel dazu eingesetzt werden und wie die weitere Verarbeitung erfolgt, bleibt, wie gesagt, für die Zwecke dieses Beitrags unberücksichtigt. Nahezu ebenso wichtig wie die Entscheidung über das »Ob« der Informationssuche ist die Beendigung der Suche (D.). Wenigstens kurz soll noch gezeigt werden, dass Informationssuche bei weitem nicht der einzige Umgang mit Unsicherheit ist (E.). Fazit und Ausblick (F.) beschließen den Beitrag.

## *II. Arten, Gründe und Grade von Unsicherheit*

### 1. Un-Beschreibbarkeit von Nicht-Wissen

Eine differenzierte Betrachtung der Informationssuche setzt eine Beschreibung und eine Bewertung der Unsicherheit voraus.[11] Damit ist ein gewichtiger Ausgangspunkt angesprochen: Unwissen kann nur durch Wissen beschreibbar sein. Ein Unwissen, zu dem nicht bereits ein Umfeldwissen besteht, das ermöglicht, das Fehlen von Wissen überhaupt erfassbar zu machen, wird nicht erkannt. Die häufig beschriebene nachträgliche Erkenntnis von fehlendem Wissen zum Zeitpunkt der Entscheidung ist also häufig zwangsläufig angelegt: Erst das Realexperiment und der tatsächliche Verlauf lassen erkennen, dass wesentliche Elemente nicht erkannt worden sind, weil zum Zeitpunkt der Entscheidung die Fähigkeit zur Beschreibung der Unsicherheit dem Entscheider fehlte.

### 2. Arten von Nicht-Wissen

Unterscheiden lassen sich verschiedene Arten von Nicht-Wissen. Die Kategorisierung kann anhand verschiedener Merkmale erfolgen.

11 Die folgenden Kategorien sind entwickelt worden in *I. Spiecker gen. Döhmann*, Staatliche Entscheidung unter Unsicherheit, i.E. 2016.



Gröschner, RW [illegible] (sokratisches Nichtwissen) Ich suche erst mit dir, was wir [illegible] haben, weil ich es eben selbst nicht weiß; Gewissenhaftigkeit, Tapferkeit, Freundschaft ()

Eine Kategorisierung kann anhand des Inhalts des Nicht-Wissens vorgenommen werden. In eine erste Kategorie gehört naturwissenschaftlich-technisches Nicht-Wissen einschließlich des Nicht-Wissens über die technischen Interventionsfolgen. Hier lassen sich beispielsweise die Auswirkungen des Einsatzes von Gentechnik, die Folgen der Informationstechnologie auf Gehirn und Umwelt oder die Vorhersage des Auftretens von Erdbeben oder Vulkanausbrüchen verorten. Die zweite Kategorie wird gebildet vom sozialwissenschaftlichen Nicht-Wissen. Hier geht es um gesellschaftliche Zusammenhänge und Beschreibungen. Die Bedingungen des (konkreten) Auftretens von Flahsmobs oder viralen Effekten gehört dazu ebenso wie etwa die Einschätzung über die Entwicklung von Demokratie und Rechtsstaatlichkeit. Eng damit verbunden ist auch das Nicht-Wissen über das Handeln anderer Akteure. Dies betrifft den staatlichen Regulator bei der Einführung neuer Regelungen: Deren Befolgung ist häufig unklar und unsicher. Dazu gehört aber auch die Einschätzung von Präferenzen oder Vorerfahrungen des Gegenübers.

Unterscheiden lässt sich - unabhängig von den soeben genannten Kategorien - auch nach der zeitlichen Dimension des Nicht-Wissens, ob sich also die Unsicherheit auf die Vergangenheit oder Zukunft bezieht. Während planerische Entscheidungen vor allem von zukunftsbezogenem Nicht-Wissen erfasst sind, sehen sich Gerichte häufig einer vergangenheitsbezogenen Unsicherheit ausgesetzt.

Schließlich lässt sich noch nach der Person kategorisieren. Die Unterscheidung verläuft dann entlang der Kategorien objektives oder subjektives Nicht-Wissen: Verfügt überhaupt jemand über das Wissen, liegt ein subjektives Nicht-Wissen des konkreten Entscheiders vor; dieses kann auch als Informationsasymmetrie beschrieben werden. Ist das gesuchte Wissen dagegen insgesamt nicht vorhanden, spricht man von objektivem Nicht-Wissen.

Es liegt auf der Hand, dass die Informationsgewinnung sich je nach Kategorisierung und je nach Kategorie anders verhält und verhalten muss: Ist Wissen grundsätzlich vorhanden, aber lediglich dem Entscheider nicht verfügbar, ist eine Ermittlung des Inhabers des Wissens und dann der Erhalt dieses Wissens von ihm Ziel des weiteren Vorgehens. Bei objektiv fehlendem Wissen dagegen sind andere Anstrengungen vonnöten, um dieses Wissen zu beschaffen.

Eine zukunftsbezogene Unsicherheit kann dagegen grundsätzlich nicht behoben werden, weil erst der zukünftige Verlauf letzte Sicherheit verschaffen wird. Hier können Modelle und Projektionen, aber auch die Heranziehung vergleichbarer Verläufe bis hin zu Wahrscheinlichkeitsaussagen hilfreich sein. Zuk unftsbezogene Unsicherheit kann damit möglicherweise in der Zukunft vollständig auflösbar sein. Vergangenheitsbezogene Unsicherheit dagegen wird allein durch weiteren Zeitablauf zumeist nicht behebbar, da das Wissen jedenfalls beim menschlichen Entscheider mit Zeit nicht zunimmt, sondern durch den Vergessensvorgang regelmäßig abnimmt.

### 3. Gründe von Nicht-Wissen

Zu unterscheiden sind für die nähere Bestimmung der Informationssuche auch die Gründe des Nicht-Wissens. Die Kategorisierung der subjektiven und objektiven Unsicherheit hat darauf bereits verwiesen.

Grundkategorie ist dabei die menschliche und technische Unmöglichkeit der Beseitigung von Unsicherheit: Aus kognitiven Gründen ist eine Bearbeitung vielfältigster Zusammenhänge und Wechselbezüglichkeiten nicht möglich. Schachcomputer haben die Begrenztheit der Fähigkeit des menschlichen Gehirns zur vorweggenommen Abbildung von Entscheidungsbäumen eindrücklich illustriert. Aber nicht nur menschliche Beschränkungen verhindern eine Aufklärung; auch technisch sind der Wissensgewinnung Grenzen gesetzt. Rechnerkapazitäten beschränken etwa die Ermittlung von Wissen, weil Rechenvorgänge nicht oder nicht schnell genug durchgeführt werden können.

Dieses Beispiel verweist darauf, dass die menschliche und technische Unmöglichkeit eng mit einem anderen Grund für Unsicherheit verbunden ist: Die Aufklärung mag zwar prinzipiell vorstellbar sein, sie wäre aber exorbitant teuer. Eine Ermittlung verbietet sich daher. Unsicherheit ist dann ersichtlich die Folge von normativen Kriterien bei der - nicht erfolgten - Informationssuche: Das gesuchte Wissen wird gegenüber anderen Gütern, die im Falle der Wissenssuche nicht erworben werden könnten, als geringwertiger eingeschätzt. Damit ist die Informationssuche und in der Folge der Informationsstand ersichtlich auch von den Präferenzen des Entscheiders abhängig.

Normativität kann aber auch aktiv die Wissenssuche verbieten: Aus übergeordneten Gründen wird davon Abstand genommen, das Wissen zu generieren. Beispiele hierfür finden sich etwa in der Stammzellforschung, wo gezielt der technisch mögliche Fortschritt unterbunden wird, indem bestimmte Forschung untersagt wird.

Schließlich ist erneut der Faktor Zeit zur Kategorisierung zu bemühen: Es kann eine vorübergehende Unmöglichkeit der Aufklärung geben, weil aus der Entscheidungssituation heraus eine Informationsgewinnung nicht möglich ist. Typisch dafür ist ein Entscheidungsdruck. Dieser kann aus externen Gründen bestehen, z.B. weil ein Schaden zu entstehen droht - man denke an einen Brand - , dieser kann aber auch wiederum aus normativen Gründen bestehen, z.B. bei einer Befristung von Gesetzen, so dass eine Neuentscheidung erzwungen wird, die nicht hinausgezögert werden kann.

## 4. Grade von Nicht-Wissen

Unterscheiden lassen sich zudem noch verschiedene Grade an Nicht-Wissen. Zu beachten ist allerdings, dass die Abgrenzung aus einer Ex-Ante-Perspektive höchst unscharf erfolgt. Beschrieben werden können die Situation der Quasi-Sicherheit, der mittleren Unsicherheit und der schweren Unsicherheit. Bei Quasi-Sicherheit können z.B. Erfahrungswerte in erheblichem Umfang genutzt werden, um den Ausgang einer Entscheidungssituation vorherzusagen und entsprechend darauf zu reagieren. Die Gefahrenlage bei einem polizeilichen Einsatz in einem Fußballstadion wäre dafür ein Beispiel. Bei schwerer Unsicherheit dagegen fehlt es an der Möglichkeit, Entscheidungsausgänge und -konsequenzen auch nur annähernd zu beschreiben. Gentechnische Freisetzung kann hierzu als Beispiel dienen, aber ebenso die Einführung des Emissionshandelssystems. An den Rändern unscharf ist dann der Bereich der mittleren Unsicherheit; die Übergänge sind fließend.

Rechtliche Analyse des Umgangs mit Unsicherheit tut sich mit dieser Beschreibung vergleichsweise leicht, lässt sich doch dem Bereich der Quasi-Sicherheit ein Vielfaches zuordnen, was an rechtlicher Bewältigung von Unsicherheit praktiziert wird. Dazu gehört vor allem die Reduktion von Unsicherheit etwa durch Beweislastregeln oder rechtlichen Instrumenten wie dem Gefahrenabwehrrecht mit seinen Standardmaßnahmen. Der weitere Bereich wird dagegen - jenseits der Risikolehre - kaum bearbeitet. Auch hier lassen sich verschiedene Informationsgewinnungsmaßnahmen identifizieren, die je nach Grad der Unsicherheit eher in Betracht kommen. So wird bei einer Quasi-Sicherheit regelmäßig eine rechtliche Entscheidungsregel existieren, die Vorgaben dazu macht, wieviel Information benötigt wird und wie mit fehlendem Wissen umzugehen ist. In der Konsequenz ist deutlicher bestimmt, welche Informationen nachgesucht werden müssen.

## III. Bewertung von Nicht-Wissen durch das Recht

Wie bereits erwähnt, ignoriert die klassische Rechtsdogmatik die Existenz unauflösbaren Nicht-Wissens häufig. Dies ließe den Schluss zu, Unsicherheit sei rechtlich konnotiert und bewertet.

In der Tat ist die Gestaltungs- und Bindungskraft des Rechts verringert, wenn Unsicherheit vorliegt. In Situationen, in denen die Reaktionsmuster der Adressaten und der Umwelt nicht sicher vorhergesagt und beurteilt werden können, können Maßnahmen zur Steuerung von Verhalten leicht in die Irre führen. Dies ist ein der Unsicherheit gleichsam natürlich innewohnender Vorgang: Unsicherheitsentscheidungen enthalten stets Chancen und Risiken, und beide können sich verwirklichen. Recht ist Unsicherheit aber nicht nur passiv ausgesetzt; es muss gleichzeitig und aktiv Öffnungen enthalten, um auf Veränderungen reagieren zu können, wenn zukünftige Entwicklungen nicht sicher bestimmt werden können. Damit ist die Bindung durch Recht reduziert. Darin liegt gleichzeitig eine der größten Herausforderungen für das Recht, ist es doch auf Beständigkeit, Rechtssicherheit und Verlässlichkeit ausgerichtet.[12]

Zudem ruft Unsicherheit regelmäßig den Schutzauftrag der Grundrechte auf. Potentielle Gefahren verlangen, dass der Staat sich diesen stellt und die Verwirklichung von Schäden von seinen Bürgern fernhält. In diesem Feld ist der Konflikt zwischen Sicherheit und Freiheit zu verorten. Denn Unsicherheit bewirkt gleichzeitig die Freisetzung innovativer und kreativer Kräfte, gerade auch, um Zukunft und Entwicklung zu prägen und zu beeinflussen. Unsicherheit ist damit wesentlicher Bestandteil eines freiheitlichen Grundrechtsverständnisses.

Ohne hier in die Tiefe zu gehen, lässt sich damit festhalten, dass Recht beide Wertungen einbezieht und Unsicherheit grundsätzlich offen gegenübersteht. Die Verfassung kennt keine eindeutige Positionierung zugunsten der Gewissheit oder der Unsicherheit; sie schützt Freiheit – die sich häufig mit Unsicherheit verbindet wegen der damit einhergehenden Chancen – ebenso wie Sicherheit – die sicher häufig mit der Gewissheit verbindet; das Grundgesetz steht Nicht-Wissen als außerrechtlichem Phänomen zunächst neutral gegenüber.

---

12 Vgl. *Schuhr*, in: ders. (Hrsg.), Rechtssicherheit durch Rechtswissenschaft, 2014, S. 1 ff.; *v. Arnauld*, Rechtssicherheit, 2006.

## *IV. Vorgaben zur Informationssuche*

### 1. Die (fragliche) Bewertung der Informationssuche als zentrales Instrument zur Bewältigung von Unsicherheit

Zentrales Element zur Bewältigung von Unsicherheit ist zunächst die Informationssuche. Dies lässt sich den Regelwerken deutlich entnehmen: Sachverhalts- und Rechtsermittlung stehen im Vordergrund des entscheidungsvorbereitenden Handelns der Behörde.[13]

Informationssuche wird allerdings nicht immer durchgeführt; mehr noch, sie sollte unter bestimmten Bedingungen nicht durchgeführt werden. Von Bedeutung ist daher, welche Regeln die Suche nach Information anleiten, wie also darüber entschieden wird, ob Informationssuche betrieben wird. Diese Regeln zu (er-)kennen, lässt sich als Wissen zweiter Ebene, also als Meta-Wissen beschreiben.

Informationssuche wird unter der Prämisse betrieben, dass mehr Information auch mehr Gewissheit bewirkt, damit also eine bessere Entscheidungssituation gegeben ist, die in der Konsequenz zu einer qualitativ besseren Entscheidung führt.

Allerdings geht mehr Information nicht zwangsläufig mit einer besseren Entscheidung einher. Das beginnt schon damit, dass mehr Information ebenso zu mehr Nicht-Wissen führen kann. Zusätzliche Information kann nämlich den Entscheider überhaupt erst in die Lage versetzen, Unsicherheit zu erkennen und weitere Felder an Unsicherheit zu identifizieren. Mehr Information kann also gerade auch Verunsicherung des Entscheiders bedeuten. Eng damit verbunden ist auch die Überlegung, dass Informationssuche Kosten für den Entscheider produziert, der gewonnene Ertrag aber dann nicht diese Kosten rechtfertigt. Hier stellt sich ein Unsicherheitsproblem zweiter Kategorie: Weil der Entscheider regelmäßig nicht wissen kann, ob die Informationssuche erfolgreich ist und vor allem, welchen Wert die gewonnenen Informationen für ihn haben werden, besteht Unsicherheit, die mit der Entscheidung über das Ob der Informationssuche bewältigt werden muss.

Zudem ist Informationssuche nicht unter allen Bedingungen das geeignete Mittel. Verschiedene Gründe von Unsicherheit und Arten schränken die Informationssuche als Mittel zur Bewältigung von Nicht-Wissen ein. So

---

13 Siehe ausführlich zum Folgenden *Spiecker gen. Döhmann*, Staatliche Entscheidung unter Unsicherheit, i.E. 2016.

ist bei erheblichem Zeitdruck Informationssuche oftmals nicht möglich; vielmehr steht hier die adäquate Verarbeitung der vorhandenen Information und die Anwendung einer Entscheidungsregel im Vordergrund. Informationssuche kann, wie geschildert, sogar verboten sein. Bedenken lassen sich auch Vorstellungen der Verhaltenswissenschaften, dass Ergebnisse unter bestimmten, engen Voraussetzungen qualitativ besser ausfallen können, wenn sie gerade unter Verzicht auf zusätzliche Informationen getroffen werden.[14]

Schon daher ist die Vorstellung, gefundene Information erlaube bessere Entscheidungen, irrig. Die Verhaltenswissenschaften verweisen aber noch auf eine weitere Erkenntnis: Voraussetzung ist nämlich nicht nur, dass Information vorhanden ist, sondern dass sie richtig verarbeitet und damit in gewünschter Weise in die Entscheidungsfindung einbezogen wird. Die Faktoren, die diesen Verarbeitungsmechanismus bedingen, werden in der Psychologie kritisch untersucht;[15] die Erkenntnis hat allerdings die Vorstellungen zur juristischen Bewältigung von Unsicherheit (noch) kaum erreicht.

In ähnlicher Weise ist darauf zu verweisen, dass Informationssuche oftmals dezentral durchgeführt wird, somit also nicht zwangsläufig allen Entscheidern in gleicher Weise zur Verfügung steht. Auch hier führt vorhandene Information nicht unmittelbar zu einer besseren Entscheidung.

Schließlich ist ein wesentliches Kriterium von Informationssuche ihre Zweckgebundenheit. Weil in eine bestimmte Richtung – oftmals noch verstärkt durch Pfadabhängigkeiten – gedacht und gesucht wird, werden relevante Informationen aussortiert oder nicht wahrgenommen. Dieses Problem betrifft insbesondere den Gesetzgeber, ist er doch aufgrund seiner gestalterischen legislativen Aufgabe nicht nur dazu berufen, bereits begriffene und rechtlich identifizierte Probleme zu bearbeiten, sondern gerade einen Schritt früher anzusetzen und Probleme überhaupt erst zu erkennen.

## 2. Einfache Folgerungen

Vor diesem Hintergrund lassen sich einige Vorgaben zur Informationssuche statuieren.

---

14 Siehe etwa *Gigerenzer/ Todd/ ABC Research Group*, Simple Heuristics That Make Us Smart, 2000.

15 Siehe z.B. die Beiträge in Kahneman/Slovic/Tversky (Hrsg.), Judgment under uncertainty: Heuristics and biases, 1982.

Informationssuche darf als hilfreich gelten bei Quasi-Sicherheit und geringem Nicht-Wissen: Hier lässt sich der zu erwartende Nutzen aus der Informationssuche zumeist recht gut bestimmen, so dass sich Folgerungen ableiten lassen. Denn für den Entscheider ist bestimmbar, welches Wissen ihm fehlt, wie er dieses beschaffen kann und ob dieses Wissen voraussichtlich seiner Unsicherheit abhelfen wird.

Diese Folgerungen sind damit stets abhängig von einer Metaebene: Der Entscheider befindet sich immer in einer (mindestens) doppelten Informationssuche auf zwei Ebenen. Er muss einerseits Informationen suchen, die ihm helfen, die Entscheidung über die Durchführung der Informationssuche zu treffen, also die genannten Faktoren erkennen und bewerten. Erst dann kann die eigentliche Informationssuche zur Vorbereitung seiner Information beginnen, über die er erneut zu entscheiden hat. Man könnte sogar noch eine dritte Ebene der Informationssuche bestimmen, denn die Entscheidung über das Ob verlangt noch eine weitere Entscheidung zum Wie der Aufklärung, die ihrerseits auf das Ob zurückwirken kann: Eine mögliche, aber extrem aufwändige Informationssuche, die sämtliche Ressourcen verbrauchte, würde nicht durchgeführt.

Vor diesem Hintergrund gilt: Informationssuche kann hilfreich sein bei zukunftsbezogener Unsicherheit, aber niemals erfolgreich in dem Sinne, dass sie zur Gewissheit führen könnte. Keine Prognose kann die zukünftige Realität vollständig abbilden und alle Unsicherheit beseitigen. Eine Rest-Unsicherheit verbleibt also immer. Diese kann vernachlässigenbar sein, etwa bei Annahme von mathematischen Kausalitäten; methodisch ist dies aber stets zu bedenken. Unsicherheit für die Zukunft ist also – entgegen der Vorstellungen des Rechts – der Regelfall.

Anders sieht der Befund über die Erfolgsaussichten für die Informationssuche in die Vergangenheit aus: Hier ist es möglich, dass eine vollständige Ermittlung zu einem vollständigen Erkenntnisgewinn führen kann. Informationssuche kann die Wissensdefizite des Entscheiders beheben. Allerdings ist auch hier der Faktor Zeit von wesentlicher Bedeutung: Häufig – wenn auch nicht zwingend – wird gelten, dass je weniger Erfolg zu verzeichnen sein dürfte je länger die Vergangenheit bereits zurückliegt. Wer Parallelität von gegenwärtigen Entwicklungen mit historischen Entwicklungen untersucht, wird umso größeren Schwierigkeiten begegnen je länger die parallele Entwicklung bereits her ist, geht doch mit Zeit der Verlust von Informationsquellen und Informationsträgern einher. Dies erschwert gleichzeitig auch die Beurteilung der noch verbleibenden Restunsicherheit. Normativ kann daraus gefolgert werden, dass Entscheidungen über das »Ob« einer Informationssuche auch vom Zeitverlauf abhängig gemacht werden können. Dies kann so weit gehen, dass wegen des erheblichen Zeitverlaufs auf eine Informationssuche verzichtet wird.

Offensichtlich scheidet das Instrument der Informationssuche aus, wenn normativ verbotene Aufklärung die Ursache der Unsicherheit ist. Hier ist gerade nicht vorgesehen, dass eine Informationssuche betrieben wird; der Entscheider verstieße dagegen, betriebe er dennoch eine Informationssuche. Das Verbot des »Ob« der Informationssuche muss dann normativ auf der Ebene der Verwertung von Informationen weiter verfolgt werden, insbesondere durch Informationsverwertungsverbote, die vom Entscheider verlangen, die vorhandene Information nicht für eine Entscheidung zu nutzen.

### 3. Entscheidungsregeln zur Bestimmung der Informationssuche und zum Umgang mit Unsicherheit

Anhand dieser beiden bzw. drei Anwendungen zeigt sich, dass es einer Entscheidungsregel über das »Ob« einer Informationssuche bedarf.[16] Eine solche lässt sich als prozedurale Unsicherheitsregel beschreiben. Sie bestimmt darüber, unter welchen Bedingungen der staatliche Entscheider zum Instrument der Informationssuche greift. Eine solche prozedurale Unsicherheitsregel lässt sich umschreiben als Vorgabe, wie viel Wissen und wieviel Gewissheit – vor dem Hintergrund der oben genannten Einschränkungen – der Entscheider benötigt und wie fehlendes Wissen in die Entscheidung einzubeziehen ist.

Diese Entscheidung über das »Ob« der Informationssuche auf der Basis einer solchen Entscheidungsregel ist zwingend verbunden mit der materiellen Entscheidungsregel, wie mit nicht auflösbarem Nicht-Wissen in der Entscheidung umzugehen ist, wie dieses also zu bewerten und in die Entscheidung einzubeziehen ist. Die materielle Entscheidungsregel ist deshalb für die prozedurale Entscheidungsregel über die Informationssuche leitend. Dazu sei erläutert, was eine materielle Entscheidungsregel ist: Sie bestimmt, wie der Entscheider nach dem Durchlaufen der entscheidungsvorbereitenden Maßnahmen die Entscheidung unter Bedingungen von Unsicherheit zu treffen hat: Ist Nicht-Wissen positiv zu bewerten oder aber negativ einzustellen oder gar zu ignorieren? Ist bei Unsicherheit vom günstig(st)en oder vom schlechte(ste)n Verlauf auszugehen? Ist Unsicherheit da-

16 Vgl. zu den folgenden Ausführungen auch ausführlich *Spiecker gen. Döhmann*, Staatliche Entscheidung unter Unsicherheit, i.E.

hingehend zu deuten, dass ein Mehr an Eingriffen oder ein Weniger an Eingriffen als bei Gewissheit möglich ist? Eine solche materielle Entscheidungsregel ermöglicht überhaupt erst den Umgang mit Unsicherheit; und sie wirkt sich gleichzeitig auch auf den Kontrollmaßstab aus, kann doch vom Entscheider ex post nicht mehr gefordert werden als in der Entscheidungssituation selbst verlangt ist.[17]

Diese materielle Entscheidungsregel wirkt sich zudem auf das Ausmaß der Informationssuche aus, die der Entscheidung zwangläufig vorgelagert ist, verlangt sie doch vom Entscheider auch die Bestimmung darüber, wieviel Information zu beschaffen ist und wie hoch der Grad der Sicherheit sein muss, ab dem die Informationssuche eingestellt werden kann. Die klassische Frage der Risikoforschung »Wie sicher ist sicher genug?«[18] ist also nicht allein materiell-rechtlich bedeutungsvoll, sondern reicht bereits in die Vorfeldmaßnahmen der Entscheidung hinein. Materielle Entscheidungsregeln können daher im Ablauf eines rechtlich bedeutsamen Entscheidungsverfahrens aufgrund ihrer Vor- und Nachwirkungen als Kern der Unsicherheitsbewältigung gelten.

Solche Unsicherheitsregeln finden sich häufig verborgen in anderen Vorschriften – Ausdruck der Grundvorstellung des Rechts, mit Sicherheit zu tun zu haben. Prozedurale Unsicherheitsregeln können aber auch verselbständigt sein; auch in diesen Fällen sind sie stets vor dem Hintergrund der konkreten materiellen Unsicherheitsregel zu verstehen.

Beispielhaft sei hier die Vorschrift des § 24 VwVfG zur Amtsermittlung im Verwaltungsverfahren genannt. Diese ist die zentrale Vorschrift zur Informationsermittlung des Staates; sie enthält eine – begrenzte – prozedurale Entscheidungsregel in der Phase der Entscheidungsvorbereitung. Ihr bekannter, allgemein anerkannter Gehalt besteht darin, die Informationssuche überhaupt dem Staat zuzuschreiben,[19] gleichzeitig aber auch, sie beim Staat zu belassen statt sie Privaten zuzuweisen. Bezüglich des Ermittlungsumfangs ist häufig geäußerte Ansicht, es bestehe ein Ermessen, das sich auch auf das »Ob« auswirke.[20] Schon hier wird auch in der üblichen Lesart die

---

17 Siehe zum Bild der linearen Entscheidung mit ihren verschiedenen Schritten oben unter A.

18 Vgl. *Starr*, Science 165 (1969), S. 1232 ff.

19 Siehe Stelkens/ Bonk/ Sachs – *Kallerhoff*, VwVfG-Kommentar, 8. Auflage 2014, § 24 Rdnr. 1.

20 Etwa Stelkens/ Bonk/ Sachs – *Kallerhoff*, VwVfG-Kommentar, 8. Auflage 2014, § 24 Rdnr. 26.

Abhängigkeit der prozeduralen Regelung vom materiellen Recht anerkannt: Es soll nämlich das Ermessen bezüglich des Ermittlungsumfangs auch davon abhängen, ob die spätere Entscheidung ihrerseits der Verwaltung ein Ermessen zubillige.[21] Die Bindung des materiellen Rechts erfasst also auch die Maßnahmen im Vorfeld der Ermittlungstätigkeiten der Behörde.

§ 24 Abs. 2 VwVfG verlangt darüber hinaus, dass als Mittel auch private Information eingesetzt werden muss.[22] Der Staat ist also nicht darauf beschränkt, seine eigenen Informationsquellen zu nutzen, sondern gehalten, auch andere, private Quellen auszuschöpfen. Damit wird eine deutliche Aussage dazu getroffen, dass die staatliche Informationssuche grundsätzlich eben keinen instrumentellen Beschränkungen unterliegt: Der Staat muss alles verfügbare Wissen heranziehen. Beachtenswert ist in diesem Zusammenhang die verfassungsrechtlich gebotene Einschränkung der Informationseingriffe: Auch wenn immer wieder behauptet wird, Informationseingriffe seien prinzipiell milde Mittel[23] mit geringem Rechtfertigungsbedarf,[24] so ist in jedem Fall auch dann eine etwaige Einschränkung über den Grundsatz der Verhältnismäßigkeit zu beachten. Dies kann dann auch eine normative Beschränkung der Informationssuche[25] und damit ihres Erfolgs bedeuten.

Darüber hinaus kommt – unter dem Aspekt der Unsicherheitsbewältigung durch Informationssuche – § 24 VwVfG aber noch ein erweiterter Gehalt zu, der sich aus dem materiellen Recht ergibt, zu dessen Ausfüllung die staatliche Informationssuche beitragen soll: Eine (materielle) Unsicherheitsregel wie etwa das Vorsorgeprinzip, die unsicheres oder fehlendes Wissen negativ bewertet, verlangt eine länger andauernde, vor allem aber auch anders ausgerichtete Informationssuche. Denn im Vordergrund stehen wegen des Vorsorgeprinzips gerade nicht die Informationen über positive Auswirkungen, sondern vielmehr das gesteigerte Interesse an Informationen über negative Verläufe. Die Informationssuche wird daher stärker auf

---

21 Siehe z.B. *W. Berg*, Die Verwaltung 9 (1976), S. 161, 167 ff.

22 Vgl. Stelkens/ Bonk/ Sachs – *Kallerhoff*, VwVfG-Kommentar, 8. Auflage 2014, § 24 Rdnr. 26; *Kopp/ Raumsauer,* VwVfG-Kommentar, 16. Auflage 2015, § 24 Rdnr. 2.

23 Zuzugeben ist, dass Information zunächst ein eingriffsarmes Mittel ist, weil eine direkte Wirkung auf den Adressaten nicht nachgewiesen werden kann, siehe *Spiecker gen. Döhmann*, in: Jur. Studiengesellschaft Bremen (Hrsg.), Jahrbuch der Juristischen Studiengesellschaft Bremen 2012, 2012, S. 110, 116.

24 So insb. die Literatur zu Informationseingriffen beim polizeirechtlichen Gefahrenverdacht, siehe nur *Kniesel*, in: Denninger/ Rachor (Hrsg.), Handbuch des Polizei- und Ordnungsrechts, 5. Aufl. 2012, D I Rn. 48.

25 Siehe dazu bereits oben unter B III.

letztere auszurichten sein; bei Unsicherheit über potentielle negative Effekte muss dem eher nachgegangen werden als bei Unsicherheit über potentielle positive Wirkungen.

Damit wird sichtbar, wie die prozeduralen Entscheidungsregeln durch die materiellen Entscheidungsvorgaben entscheidend vorgeprägt werden. Hier gilt das Prinzip: Je konkreter die materielle Entscheidungsvorgaben gefasst sind, desto präziser sind auch Informationsbasis und -umfang bestimmbar, und desto präziser erfolgt auch die Anleitung der Informationssuche.

## *V. Die Beendigung der Informationsgewinnung*

Was für die Entscheidung über das »Ob« der Informationssuche rechtlich festgelegt sein muss, gilt auch für die Beendigung: Der staatliche Entscheider ist also gebunden an eine Regel zur Beendigung des Suchprozesses auf der Basis seines gegenwärtigen Wissensstands, eine sog. Stopp-Regel.[26] Ansonsten könnte und müsste die Informationssuche unendlich weitergeführt werden, solange keine Gewissheit zu erlangen ist. Gerade dies aber betrifft die meisten Unsicherheitsentscheidungen zweiten und dritten Grades[27]. Damit wird deutlich, dass eine Stopp-Regel vom Entscheider und vom Entscheidungsbetroffenen zunächst einmal eine vorgelagerte Akzeptanz verlangt, das Nicht-Wissen als unauflösbar anzusehen und zur Entscheidungsgrundlage zu machen, den Schritt der Bewältigung von Unsicherheit als abzuschließen und zur Entscheidung voranzuschreiten[28].

Entsprechend lassen sich relative und absolute Stopp-Regeln unterscheiden.[29] Absolute Stopp-Regeln sind solche Regeln, die bei ihrem Erreichen vom Entscheider ihre Befolgung in einer einfachen Wenn-Dann-Struktur verlangen. Typisch dafür sind etwa Standards, Grenzwerte und Fristen. Die Schwelle ist zumeist einfach zu bestimmen und bedarf keiner näheren Auslegung. Solche absoluten Stopp-Regeln führen daher für alle Beteiligten zu einem erheblichen Zugewinn an Gewissheit und Rechtssicherheit durch rechtliche Konstruktion[30]. Das Recht bestimmt, dass mit dem Erreichen der

26 Siehe zum Nachfolgenden *Spiecker gen. Döhmann*, Staatliche Entscheidung unter Unsicherheit, i.E.

27 Siehe dazu oben unter B. IV.

28 Siehe zum Entscheidungsverlauf oben unter A.

29 Siehe zum Folgenden ausführlich *Spiecker gen. Döhmann*, Staatliche Entscheidung unter Unsicherheit, i.E.

30 Dazu noch gleich unter F. II.

vorgesehenen Grenze die Informationssuche beendet wird und eine bestimmte Schlussfolgerung möglich wird. Mit der Abfassung der Stopp-Regel wird also zugleich eine Wertentscheidung getroffen, die zwangsläufig vorgelagert sein muss. Solche absoluten Stopp-Regeln sind häufig dann vorzufinden, wenn außerrechtliches Wissen integriert wird – wie dies häufig bei Grenzwerten und Standards der Fall ist. Dass mit der Annahme von absoluten Stopp-Regeln auch ihrerseits Schwierigkeiten für die Unsicherheitsbewältigung einhergehen, soll hier nicht weiter vertieft werden. Zu denken ist vor allem an die Festschreibung des Status Quo, an die Prägung von Pfadabhängigkeiten und die fehlende Flexibilität des Entscheiders.[31]

Relative Stopp-Regeln binden den Entscheider dagegen viel weniger eindeutig. Sie verlangen eine normative Entscheidung über die Fortführung der Informationsgewinnung. Der Entscheider muss also z.B. den potentiellen Gewinn einer Fortsetzung der Informationssuche mit den Kosten abwägen; er muss den Wert der zu gewinnenden Information überhaupt bestimmen (und dafür eine weitere Informationssuche anstrengen). Zu den relativen Stopp-Regeln gehört zudem der geforderte Grad der Überzeugung des Entscheiders. Je höher dieser angesetzt ist, umso länger kann die Informationssuche dauern, weil die Informationssuche nicht zum geforderten Grad an Überzeugung führt.

Deshalb müssen schließlich im Falle der fortgesetzten Nicht-Erreichbarkeit des Werts der relativen Stopp-Regel, also etwa des vorgestellten Grades an Überzeugung, weitere Stopp-Regeln einer zweiten Ebene darüber befinden, unter welchen Umständen trotzdem eine Entscheidung gefällt werden muss und werden kann – etwa, um Entscheidungsunfähigkeit bei Unsicherheit zu verhindern. Leitend ist oftmals auch für das materielle Recht das Prozessrecht des späteren kontrollierenden Gerichtsverfahrens, konkretisiert doch der im Prozess geforderte Maßstab der Überzeugung dann auch den Maßstab für die eigentliche Entscheidung. Selbst wenn dies nicht ausdrücklich so vorgesehen ist, so wirkt sich die Antizipation einer möglichen Überprüfung auf den Entscheider im Vorgriff aus. Dies ist durchaus nicht unproblematisch unter Aspekten der Gewaltenteilung, kann hier aber nicht weiter verfolgt werden.

Im Kern aber ist bestimmend das materielle Recht selbst, zumal dieses ja seinerseits auch prozessuale Wirkungen hin zur Rechtsprechung zeitigt. Angesichts des fehlenden offensiven Umgangs mit Unsicherheit enthält das materielle Recht bisher zumeist als subtil zu bezeichnende Hinweise, wie die Überzeugung des Entscheiders und seine Informationsbasis verknüpft

31 Siehe dazu auch noch unten unter F. II.

sein müssen, wie also eine relative Stopp-Regel aussieht. Dieser Bedeutung im Hinblick auf die Vorbereitung der Entscheidung ist das materielle Recht bisher nicht gerecht geworden; der Gesetzgeber ist sich dieser Bedeutung nicht bewusst und schon gar nicht in den vorgelagerten Wirkungen für das Ausmaß der Informationssuche. Das lässt sich schon daran ablesen, dass die Vorschriften des Verwaltungsverfahrensrechts zur Entscheidungsvorbereitung, konkret: zur Informationssuche und -verarbeitung äußerst gering ausgeprägt sind. Und nicht viel weniger aussagekräftig ist der Umstand, dass die materiellen Entscheidungsregeln zum Umgang mit Unsicherheit ihrerseits gleichfalls eher subtil zu ermitteln sind denn dass sie deutliche Vorgaben für den Entscheider prägten.[32]

## *VI. Alternativen zur Informationssuche*

Wie bereits erläutert, ist die Informationssuche nicht zwingend der einzige und schon gar nicht immer der richtige Weg zum Umgang mit Unsicherheit. Eine Alternative für den staatlichen Entscheider, um Handlungsfähigkeit zu erhalten, gleichwohl aber die Unsicherheit zu akzeptieren, kann auch darin bestehen, die Ermittlung und Bewertung neuen Wissens gezielt zu vermeiden. Damit werden Wirklichkeit und Gewissheiten normativ bestimmt. Zu diesem alternativen Umgang mit bestehender Unsicherheit jenseits der Informationssuche soll im hier gebotenen kurzen Rahmen wenigstens auf zwei Formen des Umgangs kurz eingegangen werden.

### 1. Einsatz von Heuristiken

Die erste Möglichkeit besteht in der Akzeptanz des fehlenden Wissens als nicht zwingend negativ, indem auf eine umfassende Sachverhaltsermittlung

32 Siehe dazu *Spiecker gen. Döhmann*, Staatliche Entscheidung unter Unsicherheit, i.E.

gezielt verzichtet wird und sog. Heuristiken zum Einsatz kommen.[33] Heuristiken sind Entscheidungsabkürzungen.[34] Als solche kommen sie mit wenigen Informationsparameter aus, die schnell ermittelt werden können. Je nach Einsatz können sie mit Unsicherheit sogar besser umgehen als eine weitergeführte Informationssuche, die nicht vollständig erfolgreich ist;[35] sie bedürfen dazu allerdings eines erheblichen Vorwissens bezüglich der konkreten Entscheidungsumstände, das seinerseits aufwendig herzustellen ist. In einem weiter verstandenen Sinne liegt darin der aktive Verzicht auf eine weitere Sachverhaltsermittlung; diese ist dem Recht – auch ohne konkrete Ausgestaltung einer Heuristik – nicht unvertraut.

Als Beispiel lässt sich dafür die aus der Verteilung von knappen öffentlichen Gütern bekannte Regel des »Bekannt und Bewährt« anführen, die beispielsweise bei der Verteilung von Standplätzen auf Jahrmärkten, Messen und Märkten oder auch bei der Vergabe von öffentlichen Einrichtungen (Stadthallen, Sporteinrichtungen, Sondernutzungserlaubnis für Altkleidercontainer) zum Einsatz kommt.[36] Dabei wird die Informationssuche gezielt auf einige wenige Parameter beschränkt; neu hinzugekommene oder darüber hinausreichende Erkenntnisse und Erkenntnismöglichkeiten werden nicht nachgefragt und – auch bei Vorhandensein – nicht berücksichtigt.

Das Beispiel zeigt auch, dass verschiedene Formen des Umgangs mit Unsicherheit durchaus auch kombiniert werden können. Während in Bezug auf einzelne Wettbewerber diese Heuristik Anwendung findet, ist allgemein anerkannt, dass für die Gesamtentscheidung aber eine andere Entscheidungsregel zu gelten hat. Danach nämlich sind ca. 10% der gesamten Gütermenge, wenn es sich - wie bei Standplätzen – um mehrere parallele Vergabeentscheidungen handelt, einer vollständigen Informationssuche

---

33 Zum nachfolgenden ausführlich *Spiecker gen. Döhmann*, Staatliche Entscheidung unter Unsicherheit, i.E.

34 Die Definition für die Heuristik variiert innerhalb der Verhaltenswissenschaften beträchtlich. Von einem einheitlichen Zugriff kann nicht ausgegangen werden. Die folgenden Vorstellungen knüpfen an die Begrifflichkeit im Sinne von *Gigerenzer/-Todd/ABC Group*, Simple Heuristics That Make Us Smart, 2000, an; siehe auch *Engel/Gigerenzer*, in: Gigerenzer/Engel (Hrsg.), Heuristics and the Law, S. 1, 2.

35 Siehe dazu *Gigerenzer/Todd/ABC-Group*, Simple Heuristics that make us smart, 2000.

36 Siehe dazu etwa aus der jüngeren Rechtsprechung VG Braunschweig, GewA 2014, S. 464; kritisch OVG Lüneburg, GewA 2012, S. 403; auch *Schoch*, NVwZ 2016, S. 257, 264.

vorbehalten. Diese kann im Ergebnis sogar identisch mit einer Entscheidung nach der Heuristik ausfallen, hat aber einen gänzlich anderen Entscheidungsprozess durchlaufen.

## 2. Konstruktion von Sicherheit durch Recht

Viel weitreichender dagegen als die recht selten zum Einsatz kommenden Heuristiken ist dagegen das Instrument der Konstruktion von Sicherheit durch Recht.[37] Durch rechtliche Gestaltung wird für den Adressaten eine Ausgangsposition für dessen Entscheidung geschaffen, die vermeintlich sichere Grundlagen aufweist. Im Falle gesetzgeberischer Vorgaben ist es dem administrativen Entscheider auch nicht möglich, sich über die Bewertung der Unsicherheit bzw. die Konstruktion von Sicherheit hinwegzusetzen. Die Vorgaben zur Behandlung von Unsicherheit sind hier am stärksten eingewoben in die nachfolgende Entscheidung. Gleichzeitig ist der nachfolgende Entscheider in besonders hohem Maße von der Unsicherheit entlastet: Durch die Vorentscheidung bedarf es für diesen keiner neuerlichen Einschätzung mehr; Veränderungen müssen weder ermittelt noch bearbeitet werden.

Ein typischer Fall der Konstruktion von Sicherheit durch Recht liegt im Einsatz von Fiktionen und Vermutungen; auch Beweislastregelungen zählen dazu. Diese Instrumente sind sämtlich darauf gerichtet, unter bestimmten Bedingungen von einer Ermittlung des Sachverhalts abzusehen und sogar entgegenstehendes Wissen zu ignorieren. Damit wird erkennbar, dass auch die Konstruktion von Sicherheit abgestuft und variabel erfolgen kann.

Daneben gibt es aber auch die Konstruktion von Sicherheit, indem Handlungsalternativen festgelegt werden, etwa durch Ge- und Verbote von bestimmten Verhaltensweisen oder Handlungsergebnissen, die nicht herbeigeführt werden dürfen. Indem für Entscheider und letztlich auch den Adressaten bestimmte Alternativen als unzulässig festgestellt werden, verknappt sich der Handlungsspielraum. Gleichzeitig wird damit die Informationssuche entsprechend reduziert bzw. ganz aufgehoben; die untersagten Handlungsalternativen müssen nicht mehr begleitet werden; gebotene Handlungsalternativen bedürfen keiner Entscheidungsvorbereitung mehr.

---

37 Siehe dazu auch *Spiecker gen. Döhmann*, Staatliche Entscheidung unter Unsicherheit, i.E.

Konstruktion von Sicherheit geht immer auch mit Einschränkungen der Unsicherheitsbewältigung einher.[38] Denn mit der Entscheidung für einen bestimmten Zustand ist eine dynamische Bewältigung der Unsicherheit zunächst nicht mehr möglich; sie bedürfte einer gänzlich neuen – typischerweise auf der gesetzgeberischen Ebene – zu erfolgenden Bewertung der Entscheidungssituation und etwaiger Vorbereitungshandlungen. Fehlt es aber an anstehenden Entscheidungen bis hin zu Entscheidungszwängen, wird auch die Informationssuche nicht betrieben und bleibt damit der Wissenszuwachs gering und von Zufälligkeiten angeleitet. Zudem entstehen häufig Pfadabhängigkeiten, weil möglicherweise zwar im Hinblick auf einzelne Umstände eine Überprüfung stattfindet, nicht aber im Hinblick auf die gewählte Konstruktion der Sicherheit als solche. Nicht zuletzt ist auch darauf zu verweisen, dass materiell-rechtliche Schwierigkeiten auftreten können, weil die rechtliche Bewertung möglicherweise nicht mehr Schritt hält mit der tatsächlichen Entwicklung. Dann kann es passieren, dass die Adressaten dem Wert der Rechtssicherheit, der mit der Konstruktion von Sicherheit entscheidend gestärkt wird, zunehmend weniger Gewicht im Hinblick auf konkrete materiell-rechtliche Wertungen beimessen. Dies kann schließlich gänzlich neue Entwicklungen fordern, auf die dann allerdings die rechtlichen Entscheider schlecht vorbereitet sind, weil sie zwischenzeitlich Instrumente der Unsicherheitsbewältigung, allen voran die Informationssuche, gezielt nicht eingesetzt haben.

## *VII. Fazit und Ausblick*

Unsicherheit und der rechtliche Umgang damit sind ein höchst vielschichtiges und komplexes Gebiet. Die Rechtswissenschaft und die rechtliche Ausgestaltung haben bisher kaum darauf reagiert, dass Unsicherheit gerade auch in technischen Belangen zunehmend auftritt und dass die vielfältigen Vernetzungen der modernen Welt zu einer zunehmenden Unvorhersehbarkeit von Effekten rechtlicher Regulierung und tatsächlicher Veränderungen führen.

Die Erkenntnis, dass Unsicherheit eine nicht nur ausnahmsweise, sondern typische Voraussetzung von rechtlichen Entscheidungen ist, befördert eine andere Blickweise auf die Ausgestaltung der rechtlichen Entscheidung.

38 Siehe dazu auch bereits oben unter E. für die absoluten Stopp-Regeln.

Insbesondere die Informationsgewinnung, bisher nur knapp in § 24 VwVfG geregelt, muss dann in anderer Bedeutung in das Blickfeld der Entscheidungsausgestaltung treten.

Eine Differenzierung nach den verschiedenen Arten, Gründen und Graden von Unsicherheit ist eine wichtige Anleitung und Weichenstellung dafür. Sie darf aber nicht darüber hinweg täuschen, dass auch eine solche Kategorisierung nicht zwingend zur Gewissheit führen kann und Gesetzgeber und Verwaltung gleichwohl mit verbleibender Unsicherheit umgehen müssen.

In ganz wesentlicher Weise wirken prozedurale und materielle Entscheidungsregeln auf den Umgang mit Unsicherheit ein: Sie bestimmen, wann Informationssuche zu beenden ist, und sie bestimmen, wie die verbleibende Unsicherheit zu bewerten ist. Allerdings finden sich diese bisher weitgehend versteckt im Recht und werden von der Verwaltung häufig nicht als solche erkannt. Daher ist seitens des Gesetzgebers eine deutlichere Anleitung der Verwaltung gefordert. Diese kann auch darin bestehen, sich der Unsicherheit in der Weise zu stellen, sie aktiv zu gestalten und damit die Kraft des Rechts zu nutzen.

Unsicherheit bleibt eine Herausforderung für jeden, also auch für den staatlichen Entscheider. Wegen der Rationalitäts-, mindestens der Nachvollziehbarkeitsanforderungen an staatliche Entscheidungen ist allerdings ein berechenbarer, systematischer und konstruktiver Umgang damit vonnöten, der auch eine ebensolche Kontrolle ermöglicht. Hier hat das Recht noch erhebliche Wege zu gehen.

# Bedeutung außerrechtlicher Wissensbestände für das Management von Unsicherheit und Nichtwissen

*Ivo Appel*

Zu den zentralen Herausforderungen des Öffentlichen Rechts zählt der Umgang mit Unsicherheit und Nichtwissen als Folgen einer zunehmend gestiegenen Komplexität technischer Vorgänge und der Ungewissheit vor allem über mittel- und langfristige Handlungsfolgen.[1] Die Problematik des Umgangs mit Unsicherheit und Nichtwissen betrifft eine Reihe von unterschiedlichen rechtlichen Sachbereichen. Über die einzelnen Gebiete hinweg haben sich jedoch systematische Gemeinsamkeiten und Kernelemente ausgebildet, die sich zu einem eigenen Problem- und Rechtsbereich mit spezifischen Argumentationslinien, methodischen Vorgehensweisen, Systemansätzen und einem eigenen Regelungsinstrumentarium verdichtet haben. Zu diesen Grundzügen und typischen Merkmalen des staatlichen Umgangs mit Unsicherheit und erkanntem Nichtwissen zählen eine ausgeweitete Vorsorge durch Risikoprognose und Risikobegrenzung, die partielle Entmaterialisierung des Rechts bei gleichzeitiger Einräumung mehr oder weniger weit gefasster Einschätzungsspielräume, eine starke Ausprägung verfahrensrechtlicher Instrumente, eine spezifische Methodik des Umgangs mit Ungewissheit, die umfangreiche Schaffung und Verwendung untergesetzlicher Standards sowie die strukturelle und organisatorische Vorkehrungen zur Einbeziehung außerrechtlichen Wissens und Sachverstandes insbesondere aus den Bereichen von Wissenschaft und Technik.[2] Diesem gesteigerten Rückgriff auf außerrechtliche Wissensbestände zur Bewältigung von Unsicherheit und erkanntem Nichtwissen soll im Folgenden die Aufmerk-

---

1 *R. Wahl*, Herausforderungen und Antworten: Das Öffentliche Recht der letzten fünf Jahrzehnte, 2006, S. 70 ff.; nachgezeichnet wird dort auch der mehrschichtige Prozess der Reaktion auf die Bewusstseinsveränderung, an deren Ende die Selbstwahrnehmung der Gesellschaft als Risikogesellschaft steht (S. 71 f.). Näher konkretisiert und aufgearbeitet werden die spezifischen Herausforderungen des Rechts im Umgang mit Unsicherheit und Nichtwissen nicht zuletzt in: *ders./I. Appel*, Prävention und Vorsorge – Von der Staatsaufgabe zu den verwaltungsrechtlichen Instrumenten, in: R. Wahl (Hrsg.), Prävention und Vorsorge: Von der Staatsaufgabe zur rechtlichen Ausgestaltung, 1995, S. 1 ff.

2 Zu diesen Faktoren *I. Appel*, Grenzen des Risikorechts, FS für R. Wahl, 2011, S. 463 ff.

samkeit gelten. Sie ordnet sich ein in eine allgemeine Renaissance der Befassung mit Bedeutung und Funktion außerjuridischen Wissens für das Recht.[3]

## *I. Kernelemente des Umgangs mit Unsicherheit und Nichtwissen*

In einem ersten Schritt gilt es sich nochmals die Kernelemente des Umgangs mit Unsicherheit und Nichtwissen etwas genauer in Erinnerung zu rufen.[4] Sie bilden den Hintergrund und teilweise auch den Grund für die gesteigerte Einbeziehung außerrechtlicher Wissensbestände in das Recht.

### 1. Vorsorge durch Risikoprognose und Risikobegrenzung

Kennzeichnend für das deutsche Recht ist die Anerkennung und grundlegende rechtliche Normierung der Vorsorge. Sie öffnet die rechtliche Beurteilung über das bereits durch Erfahrungssätze bekannte Gefährdungswissen hinaus.[5] Vorsorge ermöglicht die Rechtsanwendung und das Ergreifen von Vorsorgemaßnahmen, auch wenn Ungewissheit herrscht und die Tat-

---

3 Vgl. dazu nur *I. Augsberg* (Hrsg.), Extrajuridisches Wissen im Verwaltungsrecht, 2013; *W. Hoffmann-Riem*, „Außerjuridisches" Wissen, Alltagstheorien und Heuristiken im Verwaltungsrecht, DV 49 (2016), S. 1 ff., je mit zahlr. weit. Nachw.

4 Vgl. dazu bereits *I. Appel*, Grenzen des Risikorechts (Fn. 2), S. 463 (465 ff.). Der vorliegende Beitrag stützt sich in jenen Passagen, in denen die klassischen Bausteine des Risikorechts nachgezeichnet werden, teilweise auf frühere Arbeiten, insbesondere *R. Wahl/I. Appel*, Prävention und Vorsorge – Von der Staatsaufgabe zu den verwaltungsrechtlichen Instrumenten, in: R. Wahl (Hrsg.), Prävention und Vorsorge: Von der Staatsaufgabe zur rechtlichen Ausgestaltung, 1995, S. 1 ff.; *I. Appel*, Methodik des Umgangs mit Ungewissheit, in: E. Schmidt-Aßmann/ W. Hoffmann-Riem (Hrsg,), Methoden der Verwaltungsrechtswissenschaft, 2004, S. 327 ff.; *I. Appel*, Grenzen des Risikorechts (Fn. 2); *I. Appel/S. Mielke*, Strategien der Risikoregulierung, 2014.

5 *K.-H. Ladeur*, Risiko und Recht: Von der Rezeption der Erfahrung zum Prozess der Modellierung, in: Bechmann (Hrsg.), Risiko und Gesellschaft, 1993, 209 ff.; *U. Di Fabio*, Risikoentscheidungen im Rechtsstaat, 1994, S. 450 ff.; *ders.*, Risikosteuerung im öffentlichen Recht, in: Hoffmann-Riem/Schmidt-Aßmann (Hrsg.), Öffentliches Recht und Privatrecht als wechselseitige Auffangordnungen, 1996, S. 143 (147 ff.); *W. Köck*, Grundzüge des Risikomanagements im Umweltrecht, in: A. Bora (Hrsg.), Rechtliches Risikomanagement, 1999, S. 129 (151 f.).

sachengrundlage für Prognosen unsicher ist. Entscheidend ist, dass ein ausreichender Besorgnisanlass besteht. Dieser Anlass für Besorgnis muss näher präzisiert, begründet und auf diese Weise auch legitimiert werden. Zu diesem Zweck werden Regeln und Verfahren entworfen, die den im Ausgang offenen und potentiell unbegrenzten Umgang mit Ungewissheits- und Nichtwissensfolgen anleiten, konkretisieren und steuern sollen.[6] Ziel der Verfahren und Regeln ist »die möglichst weitgehende Verminderung der Ungewissheit im Vorfeld von Entscheidungen, die Ermittlung und Bewertung der Ungewissheitsfolgen und schließlich der Umgang mit der verbleibenden Ungewissheit durch Vermeidungs- oder Minimierungsstrategien. Ziel ist die rechtliche Rationalisierung der ohne ausreichende Prognosegrundlage zu treffenden (Risiko-)Entscheidungen und zugleich die Eingrenzung der mit den Erkenntnisdefiziten verbundenen Kosten«.[7] Um dieses Ziel zu erreichen, wird in weitem Maße auf außerrechtliche Wissensbestände Zugriff genommen, sei es durch unmittelbare Rezeptionsbestrebungen der Rechtsanwender, sei es durch Einbeziehung mehr oder weniger spezialisierter Sachverständiger.

## 2. Entmaterialisierung und Einräumung weit gefasster Einschätzungsspielräume

Charakteristisch für den Umgang des Rechts mit Unsicherheit und (erkanntem) qualifizierten Nichtwissen ist eine materiell vergleichsweise unbestimmte gesetzliche Steuerung, die auf Konkretisierung angelegt und angewiesen ist. Dementsprechend werden im Bereich von Unsicherheit und erkanntem Nichtwissen sowohl dem Gesetzgeber bei seinen Grundentscheidungen als auch der Exekutive bei konkreten Einzelentscheidungen unter Umständen weitreichende Entscheidungsspielräume zuerkannt und nur einer eingeschränkten gerichtlichen Kontrolle unterworfen.[8] Um die Einschätzungs-, Bewertungs-, Vertretbarkeits- und Abwägungsspielräume

---

6 *I. Appel*, Methodik des Umgangs mit Ungewissheit (Fn. 4), S. 334 ff.

7 *I. Appel*, Grenzen des Risikorechts (Fn. 2), S . 468 f.; vgl. auch *Wahl/Appel*, Prävention und Vorsorge (Fn. 4), S. 107; *I. Appel*, Methodik des Umgangs mit Ungewissheit (Fn. 4), S. 334 f.; *A. Karthaus*, Risikomanagement durch ordnungsrechtliche Steuerung, 2001, S. 72 ff.; *A. Scherzberg*, Wissen, Nichtwissen und Ungewissheit im Recht, in: C. Engel/J. Halfmann/M. Schulte (Hrsg.), Wissen - Nichtwissen - Unsicheres Wissen, 2002, S. 113 (134).

8 *R. Wahl*, Risikobewertung der Exekutive und richterliche Kontrolldichte, NVwZ 1991, S. 409 ff.

nachvollziehbar auszufüllen, die einschätzungs- und bewertungsrelevanten Faktoren richtig zu ermitteln und die darauf gestützten Entscheidungen nach außen abzusichern, werden regelmäßig externe Wissensbestände in die Entscheidungsfindung einbezogen. Sofern auf diese Weise Gewissheit – beispielsweise über das notwendige Schutzniveau etwa in Form wissenschaftlich bestätigter Schädlichkeitsschwellen – erlangt wird, können auf dieser Grundlage klare rechtliche Maßstäbe und Grenzen formuliert und kann in weitem Maße (ordnungs)rechtlich geregelt werden. Sofern aber Unsicherheiten und erkanntes Nichtwissen verbleiben, bietet der Rückgriff auf außerrechtliches Wissen und den damit verbundenen Sachverstand oft die einzige, jedenfalls aber die plausibelste Möglichkeit, den Entscheidungsinhalt jedenfalls im Ansatz mit vergleichsweise schwerer angreifbarer Autorität und Überzeugungskraft zu versehen.

### 3. Starke Verfahrensgeprägtheit und Folgenorientierung

Angesichts von Unsicherheit und Nichtwissen fällt es naturgemäß schwer, klare materielle Standards zu formulieren. Gleichwohl gesetzte materielle Standards erweisen sich als in hohem Maße angreifbar. In dieser Situation setzt das Recht einer klassischen Ausweichstrategie folgend auf prozedurale Konzepte, auf Methoden der Ermittlung und Abschätzung des Risikos sowie die Festlegung der Komponenten und der Sachverständigen, die bei diesen Abschätzungen auf dem Weg zur Risikoentscheidung mitwirken sollen.[9] Die Abschätzung der Risiken verlagert sich ins Verfahren. Es ist daher beim Umgang mit Unsicherheit und erkanntem Nichtwissen kein Zufall, sondern strukturell bedingt, dass die rechtlichen Angriffspunkte und die möglichen Ansätze für eine rechtliche Kontrolle sich überwiegend auf die Verfahren der Risikoermittlung und Risikobewertung beziehen.[10] Regelmäßig liegt der Schwerpunkt der rechtlichen Aussage darauf, wer mit welchen Methoden und unter Heranziehung welchen Sachverstands feststellen darf, welches Risiko im konkreten Fall überhaupt besteht und eingegangen werden darf.[11] Die Wege, die diese Einschätzung nimmt, führen in weitem Maße über die Einbeziehung außerrechtlicher Wissensbestände.

---

9 Dazu und zum Folgenden *R. Wahl*, Herausforderungen und Antworten: Das Öffentliche Recht der letzten fünf Jahrzehnte (Fn. 1), S. 71.

10 *R. Wahl*, Herausforderungen und Antworten: Das Öffentliche Recht der letzten fünf Jahrzehnte (Fn. 1), S. 75.

11 *R. Wahl*, Herausforderungen und Antworten: Das Öffentliche Recht der letzten fünf Jahrzehnte (Fn. 1), S. 71.

Dies gilt umso mehr, als die Verfahren angesichts unsicherer Rahmenbedingungen darauf ausgerichtet werden, die möglichen Folgen von Entscheidungen mit in den Blick zunehmen. Anspruchsvolle Folgenprüfungen, die mit Prognosen arbeiten und in unterschiedliche Bereiche hinein verfolgt werden, sind ohne die Einbeziehung externer Wissensbestände sowie des entsprechenden Sachverstands regelmäßig nicht zu leisten.

## 4. Methodik des Umgangs mit Unsicherheit

Für den Umgang mit Unsicherheit und Nichtwissen sind einige dogmatisch übergreifend formulierte Methoden, Kriterien und Parameter ausgeformt worden, die diesen Umgang rechtlich anleiten und rationalisieren sollen. In der Sache findet sich regelmäßig die Vierstufung von Ermittlung, Bewertung, Reaktion (»Management« durch geeignete Minimierungs- oder Abwehrmaßnahmen) und Kontrolle (Monitoring) möglicher Risiken und deren prognostizierten Folgen.[12] Dabei ist die Ermittlung von Risiken Teil des wissenschaftlichen Erkenntnisprozesses, der unter Rückgriff auf außerrechtliche Wissensbestände und Sachverstand Risiken ermittelt, bestimmt und analysiert. Die auf diese Weise gewonnenen (natur-)wissenschaftlichen und methodischen Aussagen werden den politischen und rechtlichen Entscheidungen zugrunde gelegt. Eventueller Handlungsbedarf wird allerdings erst über die Bewertung der Risiken begründet, die regelmäßig an die wissenschaftlich-technische Einschätzung anknüpft, im demokratischen Rechtsstaat aber nicht allein von externem Sachverstand abhängig gemacht werden darf, sondern von den gesetzlich legitimierten und gebundenen Staatsorganen getroffen und verantwortet werden muss.[13] Dem Rückgriff auf externe Wissensbestände und wissenschaftlichen Sachverstand darf insoweit nur eine beratende oder empfehlende Aufgabe zukommen. Auf einer dritten Stufe steht die Frage im Vordergrund, wie auf die ermittelten und bewerteten Risiken und ihre erkannten Folgen reagiert werden soll und welche Minimierungs- bzw. Abwehrmaßnahmen ergriffen werden sollen. Als letzter Baustein des Umgangs mit Unsicherheit und Nichtwissen schließt

12 Näher dazu *Wahl/Appel*, Prävention und Vorsorge (Fn. 4), S. 106 ff.; *Appel*, Methodik des Umgangs mit Ungewissheit (Fn. 4), S. 336 ff.; *Köck*, Risikoverwaltung und Risikoverwaltungsrecht - Das Beispiel des Arzneimittelrechts, https://www.econstor.eu/bitstream/10419/45186/1/373491816.pdf, S. 6 f., abgerufen am 28.5.2016, S. 6 f.

13 Dazu näher *R. Breuer*, Probabilistische Risikoanalysen im Gentechnikrecht, NuR 1994, 157 (160).

sich die regelmäßige Kontrolle bzw. das Monitoring an, ob die Ermittlungs- und Bewertungsergebnisse sowie die als Reaktion getroffenen Maßnahmen über die Zeit hinweg Bestand haben und sich weiter rechtfertigen lassen oder gegebenenfalls nachgesteuert werden muss.

### 5. Formulierung und Verwendung untergesetzlicher Standards

Wo die Ausfüllung der gesetzlich eingeräumten umfassenden Einschätzungs-, Bewertungs-, Vertretbarkeits- und Abwägungsspielräume im Umgang mit Unsicherheit und erkanntem Nichtwissen nicht dem einzelnen Rechtsanwender und den von ihm herangezogenen externen Wissensquellen überlassen bleiben, sondern eine abstrakt-generelle Handlungsanleitung formuliert werden soll, wird in starkem Maße mit untergesetzlichen Standards und Leitlinien gearbeitet. Sie dienen dazu, die zu treffenden Entscheidungen in bestimmten Verfahren und nach bestimmten Regeln abzuschichten, die auch beim Umgang mit Unsicherheit und Nichtwissen für ein gewisses Maß an Vorhersehbarkeit und Gleichmäßigkeit sorgen. Ziel ist auch hier die rechtliche Rationalisierung der ohne ausreichende Prognosegrundlage zu treffenden Entscheidungen und zugleich die Eingrenzung der mit den Erkenntnisdefiziten verbundenen Kosten.[14] Auch hier wird für die Ermittlung der einschätzungs- und bewertungsrelevanten Faktoren in weitem Maße auf außerrechtliches Wissen zurückgegriffen.

### 6. Strukturelle und organisatorische Vorkehrungen zur Einbeziehung außerrechtlicher Wissensbestände

Typisch für den Umgang mit Unsicherheit und erkanntem Nichtwissen ist danach die strukturelle und organisatorisch abgesicherte Einbeziehung externer Wissensbestände namentlich in Form wissenschaftlich-technischen Sachverstands in die Entscheidungsvorbereitung und teilweise auch der Entscheidung selbst. Damit einher geht regelmäßig eine Verringerung des

---

14 *I. Appel*, Grenzen des Risikorechts (Fn. 2), S . 468; zuvor bereits *Wahl/Appel*, Prävention und Vorsorge (Fn. 4), S. 107; *Appel*, Methodik des Umgangs mit Ungewissheit (Fn. 4), S. 334 f.; *A. Karthaus*, Risikomanagement durch ordnungsrechtliche Steuerung, 2001, S. 72 ff.; *A. Scherzberg*, Wissen, Nichtwissen und Ungewissheit im Recht (Fn. 7), S. 134.

Ermittlungsaufwands und der Ermittlungslasten der entscheidenden Verwaltung gekoppelt mit einer im Wesentlichen nachvollziehenden Amtsermittlung.[15] Hinzu kommt in Fällen, in denen der Verwaltung ein Einschätzungsspielraum eingeräumt ist, eine mehr oder weniger weitreichende Reduzierung der gerichtlichen Kontrolldichte. Da bei Entscheidungen unter Ungewissheit der Kreis der in Betracht zu ziehenden Faktoren und die dadurch geprägte Entscheidungsgrundlage tendenziell offen sind und sich angesichts dynamischer Wissensbestände fortlaufend verändern können, geht es in erster Linie um strukturelle und organisatorische Vorkehrungen, die eine größtmögliche Gewähr für die Erfassung und Berücksichtigung aller relevanten Belange bieten. Grundlegend sind auf Dynamisierung und kontinuierliche Anpassung angelegte netzwerkartige Strukturen, die im Verbund von Normsetzer, Verwaltung, Kontrollunterworfenen, Öffentlichkeit und externen Experten die Voraussetzungen für eine ausreichende Wissensbasis und damit eine möglichst sachrichtige Entscheidung bieten. Entscheidend ist die Einbindung aller für die Schaffung der Entscheidungsgrundlage relevanten gesellschaftlichen Kräfte,[16] so dass neben einschlägigen externen Wissensbeständen auch die Öffentlichkeit und Dritte durchgängig in die Entscheidung eingebunden werden. Dies gilt sowohl bei der auf Sachprobleme bezogenen Maßstabsbildung als auch bei der Rechtsanwendung, die die normativen Maßstäbe durch Tatsächliches, außerhalb des Rechts Liegendes ausfüllt.[17]

Innerhalb des Rechts kann der Rückgriff auf externe Wissensbestände zu schwierigen Zuordnungs- und Verantwortungsproblemen im Verhältnis

---

15 Zusammenfassend hierzu und zum Folgenden *W. Köck*, Risikoverwaltung und Risikoverwaltungsrecht (Fn. 12), S. 6 f.; vgl. auch *U. Di Fabio*, Verwaltung und Verwaltungsrecht zwischen gesellschaftlicher Selbstregulierung und staatlicher Steuerung, VVDStRL 56 (1996), S. 235 (242 f.); *ders.*, Risikoentscheidungen im Rechtsstaat (Fn. 4), S. 457.

16 *Appel*, Methodik des Umgangs mit Ungewissheit (Fn. 4), S. 341; *Köck*, Grundzüge des Risikomanagements (Fn. 5), S. 166 f.

17 Der verbreitete Einsatz von Technikklauseln wie dem Stand der Technik bzw. die beste verfügbare Technik oder die Begründung von Vorsorgeanlässen zum Ausfüllen von Vorsorgetatbeständen offenbaren die zunehmende Abhängigkeit des Rechts von Stellungnahmen und Einschätzungen aus den Bereichen von Wissenschaft und Technik. Externe Wissenschaften ermitteln und bewerten bestimmte Risiken und bilden damit – wie die Beispiele BSE, gentechnisch veränderte Lebensmittel, Ebola oder Zika-Virus zeigen – die Auslöser und die argumentative Grundlage für rechtliche Reaktionsmechanismen.

von Entscheidungsträgern und entscheidungsprägendem wissenschaftlichem und/oder technischem Sachverstand führen, wenn unklar ist, zu welchen Bedingungen das Recht Erkenntnisse anderer Disziplinen aufnehmen kann und darf, um einerseits effektives staatliches Handeln zu ermöglichen, andererseits aber auch die Legitimierbarkeit dieser durch maßgebenden Sachverstand geprägten Entscheidungen zu gewährleisten.[18] Im Verhältnis des Rechts zu den externen Wissensbeständen zeigt sich darüber hinaus ein durch die jeweiligen gesellschaftlichen Funktionen bedingtes doppeltes Ungleichgewicht: Die rechtsexternen Wissenschaften befinden sich gegenüber dem Recht insofern in einer vergleichsweise komfortablen Position, als sie den durch Unsicherheit gegebenen Spielraum partiell ausfüllen und faktisch über die Einschränkung von Freiheiten entscheiden, ohne sich dafür nach außen verantworten zu müssen. Die Verantwortung müssen die rechtssetzenden und insbesondere die rechtsanwendenden Instanzen übernehmen. Hinzu kommt, dass andere Disziplinen über vergleichsweise lange Zeiträume nicht zu Gewissheiten finden (müssen) oder einmal gefundene Gewissheiten nach und nach auch wieder aufgeben (können). Viele rechtsexterne Disziplinen können sich diese unter Umständen langfristigen Ungewissheiten leisten, zu einem beträchtlichen Teil beziehen sie aus diesen Ungewissheiten ihre Existenzberechtigung. Das Recht, der Gesetzgeber, die Verwaltung und die Gerichte, die konkrete Entscheidungsfunktionen erfüllen müssen, können es hingegen nicht.[19]

## *II. Rechtliche und außerrechtliche Gewissheiten*

Dies vorausgeschickt gilt es sich in einem zweiten Schritt klarzumachen, dass die Gründe für Unsicherheit und/oder Nichtwissen im Recht durchaus

---

18 Zur Problematik, bezogen auf das Umweltverfassungsrecht, auch *I. Appel*, Eigenwert der Verfassung im Umweltrecht, in: T. Vesting/S. Korioth (Hrsg.), Der Eigenwert des Verfassungsrecht – Was bleibt von der Verfassung nach der Globalisierung?, 2011, S. 289 ff.); allgemein zur Problematik *Joerges/Ladeur/Vos* (Ed.), Integrating Scientific Expertise into Regulatory Decision-Making, 1997.

19 Genau genommen gilt es allerdings auch innerhalb des Rechts und namentlich der Rechtswissenschaften zu differenzieren: Teile der grundlagenorientierten und theoretisch ausgerichteten Rechtswissenschaften können ihrerseits gut mit Ungewissheiten leben und arbeiten. Probleme bereiten sie der Rechtspraxis und jenen weiten Teilen der Rechtswissenschaft, die die Entscheidungsfunktionen des Rechts mitdenkt.

vielfältig sein können. Geht man davon aus, dass Ungewissheit als »Gegenstück zum Begriff der Gewissheit« Situationen erfasst, »in denen der Entscheider über kein Wissen, nicht sicheres oder nicht ausreichendes Wissen verfügt«,[20] lassen sich anhand der Ursachen für Ungewissheit und Nichtwissen eine erkenntnistheoretische Ungewissheit (Erkenntnis als beobachterabhängige Rekonstruktion der Wirklichkeit bzw. Ungewissheit über die Wirklichkeitskonstruktion des jeweils anderen), eine wissenschaftstheoretische Ungewissheit (Abschied vom naturwissenschaftlichen Kausalitätsmodell aufgrund von Komplexität, Dynamik, Irreversibilität etc.), eine sicherheitstechnische Ungewissheit (Risiken von Technologien) und eine informationstechnische Ungewissheit (Nichtverbalisierung von implizitem Wissen im Informationszeitalter) unterscheiden.[21] Pragmatischer lässt sich eine Unterscheidung treffen nach menschlich/technischen Unaufklärbarkeiten, Unaufklärbarkeiten wegen prohibitiv hoher Kosten und Unaufklärbarkeiten aus normativen Gründen (Informationsgewinnungsverbote).[22] Was die Arten von Ungewissheit bzw. Unsicherheit anbetrifft, lassen sich Tatsachenunsicherheit (fehlendes naturwissenschaftlich-technisches Wissen), Bewertungsunsicherheit (Fehlen von Maßstäben, anhand derer eine unsichere Tatsachenlage in vorhandene Kategorien eingeordnet und systematisiert werden kann) sowie Unsicherheit über soziale Tatsachen und insbesondere über das Handeln anderer voneinander abgrenzen.[23] Hinsichtlich des Ausmaßes der Ungewissheit bzw. des Nichtwissens findet sich die Trennung zwischen spezifizierbarem Nichtwissen und unspezifizierbarem Nichtwissen. [24] Mit Blick auf die Akteursdimension lässt sich schließlich

---

20 *Indra Spiecker gen. Döhmann*, Staatliche Instrumente zur Bewältigung von Nicht-Wissens-Szenarien und Selbst-Regulierung, in: Maria Mercè Darnaculleta i Gardella/José Esteve Pardo/dies. (Hrsg.), Strategien des Rechts im Angesicht von Ungewissheit und Globalisierung, 2015, S. 43 (46).

21 Vgl. *Arno Scherzberg*, Wissen, Nichtwissen und Ungewissheit im Recht (Fn. 7), S. 114 ff.

22 So die Differenzierung von *Indra Spiecker gen. Döhmann*, Staatliche Instrumente zur Bewältigung von Nicht-Wissens-Szenarien und Selbst-Regulierung (Fn. 20), S. 48 f.; bei der „Komplexität“soll es sich dabei „nicht um eine eigenständige Kategorie“ handeln.

23 *Indra Spiecker gen. Döhmann*, Staatliche Instrumente zur Bewältigung von Nicht-Wissens-Szenarien und Selbst-Regulierung (Fn. 20), S. 47.

24 Während das spezifische Nichtwissen hinsichtlich seines Risikopotentials (noch) bewertbar sein soll, handelt es sich beim unspezifischen Nichtwissen um ein kategorisch (noch oder dauerhaft) unverfügbares Nichtwissen, bei dem sich noch nicht

subjektives Nicht-Wissen (bei dem sich »nur« Entscheidungsinstanz als »unwissend« erweist) von objektiver Unsicherheit (im Sinne der Existenz einer menschlich/technischen Unaufklärbarkeit) unterscheiden.[25]

Dabei gilt es sich zu vergegenwärtigen, dass der Rechtsanwender aufgrund mehr oder weniger großer Kenntnisse und Erfahrungen in der Praxis stets auf der einen Seite ein gewisses Know-how, auf der anderen Seite ein beträchtliches Maß an Unsicherheit und Nichtwissen aufzuweisen hat. Der Gesetzgeber trifft, sofern es ihm darauf ankommt, in seinen normativen Vorgaben eine ausdrückliche oder implizite Einschätzung darüber, wie viel an Gewissheit er voraussetzt, um dem Rechtsanwender eine ausreichende Grundlage und Legitimation für sein Handeln zu geben. Die Anforderungen reichen von verschiedenen Graden der subjektiven Überzeugung über eine konkrete Besorgnis oder auch nur eine abstrakte Besorgnis bis zu erkanntem und damit mehr oder weniger qualifiziertem Nichtwissen. Das Recht kennt damit unterschiedliche Bausteine und dogmatische Ausformungen, welches Ausmaß an Ermittlung und Wissensbeschaffung betrieben werden muss, wie mit unterschiedlichen Graden an Gewissheit rechtlich umzugehen ist und ob überhaupt und ggf. mit welcher (Eingriffs)Intensität darauf reagiert werden darf.

Bei der Beantwortung der Frage, wie der jeweils geforderte Grad an Gewissheit erreicht und argumentativ ausgefüllt wird, ist das Recht in vielen Bereichen einer zunehmend starken Szientifizierung ausgesetzt, die in der regelmäßigen und verstärkten Einbeziehung von außerrechtlichen Wissensbeständen und dem damit verbundenen Sachverstand zum Ausdruck kommt.[26] Um mit Unsicherheiten und Ungewissheiten angemessen umgehen zu können, muss der Anteil des über das Alltagswissen hinausgehenden und nur wissenschaftlich zu analysierenden Fachwissens sowie der darauf

einmal sagen lässt, was (noch) nicht gewusst wird; vgl. dazu *Hoffmann-Riem*, Innovationsverantwortung – eine Einleitung, in: Eifert/Hoffmann-Riem (Hrsg.), Innovationsverantwortung, 2009, S. 11 (20 mit Fn. 35); vgl. auch *Claudio Franzius*, Regulierte Selbstregulierung als Koordinationsstrategie, in: Maria Mercè Darnaculleta i Gardella/José Esteve Pardo/Spiecker gen. Döhmann (Hrsg.), Strategien des Rechts im Angesicht von Ungewissheit und Globalisierung, 2015, S. 248 (258) mit weit. Nachw.

25 *Indra Spiecker gen. Döhmann*, Staatliche Instrumente zur Bewältigung von Nicht-Wissens-Szenarien und Selbst-Regulierung (Fn. 20), S. 48 f..

26 Allgemein für das Umwelt- und Technikrecht *Wahl*, Herausforderungen Herausforderungen und Antworten: Das Öffentliche Recht der letzten fünf Jahrzehnte (Fn. 1), S. 66.

gestützten Untersuchungen und Prognosen breit gehalten werden. In vielen Teilbereichen sind die Sachprobleme so komplex und die Reaktionsweisen so unsicher, dass die Heranziehung wissenschaftlichen und/oder technischen Sachverstandes zum rechtlichen Alltag zählt. Die Einbeziehung des Sachverstandes führt dazu, dass das Recht im Umgang mit Unsicherheit und Nichtwissen ansatzbedingt interdisziplinär angelegt und zunehmende Inanspruchnahme außerrechtlichen Wissens angewiesen ist.[27]

Allerdings ist die Rede von rechtlichen und außerrechtlichen Gewissheiten offensichtlich unscharf. Die Unterscheidung fußt auf der Erkenntnis, dass der Kernbestand des Rechts von ermittelbaren Sachverhalten ausgeht, die als Entscheidungsgrundlage herangezogen werden können. Die zur Entlastung sowohl der Rechtsetzung als auch der Rechtsanwendung unterstellte Gewissheit der Verwaltung und/oder der Gerichte über die zugrunde zu legenden Sachverhalte ist im Recht freilich stets ein Konstrukt. Sie ist eine nicht zuletzt durch Amtsermittlung, Beweis- und Darlegungslasten, aber auch ganz allgemein durch erkenntnistheoretische Grenzen beeinflusste Fiktion. Für die Reichweite der Informationsgewinnung sind in der Praxis nicht nur die Kosten entscheidend, sondern auch die zur Verfügung stehende Zeit und der getätigte Aufwand. Evaluationen, Folgenprüfungen, Verträglichkeitsprüfungen und Prognosen können zwar theoretisch ins Uferlose getrieben werden, müssen aber in einer auf Entscheidung angelegten Rechtspraxis zwangsläufig an bestimmten Punkten begrenzt werden. Dass diese Grenzen der Funktionslogik der Rechtspraxis entsprechend durchaus pragmatisch gesetzt werden, zeigt beispielhaft die in Kooperation zwischen Vorhabenträger und Verwaltung getroffene Eingrenzung des Untersuchungsrahmens beim Scoping in der Anfangsphase der Umweltverträglichkeitsprüfung. Anschaulich verdeutlicht wird die Problematik auch durch die von der Rechtsprechung formulierte Grenze, bei planerischen Entscheidungen sei an Belangen in die Abwägung (nur) einzubeziehen, was »nach Lage der Dinge einzustellen ist«.[28] Umgekehrt zeigt die pragmatische Vorgehensweise aber auch, dass es keine allgemeine Regeln oder Kriterien gibt, wie weitgehend und mit welchem Aufwand die Informationsgewinnung namentlich mit Blick auf mögliche Folgen einer zu treffenden Entscheidung reichen müssen. Inwieweit auch außerrechtliche Wissensbe-

27 Für das Umwelt- und Technikrecht *Wahl*, Herausforderungen Herausforderungen und Antworten: Das Öffentliche Recht der letzten fünf Jahrzehnte (Fn. 1), S. 66 f.; *W. Hoffmann-Riem*, „Außerjuridisches“ Wissen (Fn. 3), S. 1 ff.

28 Vgl. nur BVerwGE 104, 144 (148), st. Rspr.

stände bei der Rechtsanwendung Berücksichtigung finden, ist in den meisten Fällen dem Rechtsanwender überlassen. Nur in Einzelbereichen sieht der Gesetzgeber diese Einbeziehung ausdrücklich oder implizit vor. Dass es Mechanismen für den Umgang mit unsicheren oder aus den verschiedensten Gründen nicht voll ausermittelten oder ermittelbaren Sachverhalten gibt, die auf außerrechtliche Wissensbestände zurückgreifen, ist allerdings nichts dimensional Neues. Auch in früheren Zeiten gab es rechtliche Regeln für den Umgang mit Unsicherheit, die auf außerrechtliche (Wissens)Bestände zurückgriffen. Die Beispiele der Gottesbeweise oder die traditionsreiche Einbeziehung utilitaristischer Überlegungen in das Recht zeigen, dass der Rekurs auf außerrechtliche Vorgaben nicht die große Ausnahme, sondern ein durchaus regelhafter Normalfall sein konnte und kann.

Im Übrigen lässt sich nicht verkennen, dass auch die Abgrenzung von rechtlichem und außerrechtlichem Wissen alles andere als klar und trennscharf ist. In einem ersten Zugriff könnten alle außerrechtlichen (außerjuridischen) Wissensbestände negativ gewendet als nicht rechtliche Wissensbestände gefasst werden. Die sich anschließende Frage, was rechtliche Wissensbestände sind, zieht die – mit der Frage nach dem Proprium des Rechts und der Rechtswissenschaft[29] verbundene – Folgefrage nach sich, ob es überhaupt genuin rechtliche Wissensbestände gibt und ob Wissensbestände nicht stets zunächst außerrechtlich sind, bevor sie eine Verrechtlichung, Rechtsnormativierung, rechtliche Dogmatisierung oder sonstige Transformation in das Rechtssystem erfahren. Die Vermutung liegt nahe, dass auch jede Auslegung von Rechtsnormen maßgebend auf außerrechtlichem Wissen beruht. Dieser Entstehungskontext wird in einem Anfangsstadium explizit formuliert, im Laufe der Zeit aber durch die Berufung auf juristische Diskurse (Menschenwürde, Gefahr, Risiko etc.) verdeckt und mit der Zeit als genuin rechtlich ausgegeben. Als spezifisch rechtliches Wissen, das über den engeren Bereich der Rechtsnormen hinausreicht, erweist sich letzten Endes vor allem das in den rechtsdogmatischen Strukturen gespeicherte (und mitunter von ihnen erzeugte) Wissen. Außerrechtlich wären vor die-

29 Siehe statt vieler nur die Beiträge in: *Engel/Schön* (Hrsg.), Das Proprium der Rechtswissenschaft, 2007.

sem Hintergrund Wissensbestände, die nicht in rechtsdogmatischen Wissensspeichern – oder allgemeiner im Rechtssystem – »routinehaft abrufbar«[30] zur Verfügung stehen.[31]

## *III. Aufgaben und Phasen staatlichen Managements von Unsicherheit und Nichtwissen*

In der Diskussion um den rechtlichen Umgang mit Unsicherheit und Nichtwissen ist weitgehend anerkannt, dass eindeutige Vorhersagen über bestimmte Folgen, über den Ausschluss oder auch nur die Beherrschung von Risiken bestimmter (technologischer) Einwirkungen auf Umwelt und Gesundheit angesichts der Vielzahl möglicher Wirkungsketten praktisch unmöglich sind.[32] Der rechtliche Umgang mit Unsicherheit und Nichtwissen muss daher stets zweispurig angelegt sein: Bei einem begründeten Gefährlichkeitsverdacht muss das Recht (Vorsorge)Maßnahmen vorsehen und ermöglichen, die diesem Verdacht angemessen sind. Zugleich muss das Recht aber auch der Erkenntnis Rechnung tragen, dass das Gefahren- und/oder Risikopotential möglicherweise nicht ausreichend erkannt wurde oder erkannt werden kann. Deshalb muss die rechtliche Steuerung stets auch den Aspekt einer möglicherweise verbleibenden Ungewissheit und des Nichtwissens einkalkulieren.[33]

---

30 *W. Hoffmann-Riem*, „Außerjuridisches" Wissen (Fn. 3), S. 17.

31 Zur Frage, wann außerrechtliche Begriffe bzw. Konzepte in rechtliche umschlagen, *A.-B.Kaiser*, Multidisziplinäre Begriffsverwendungen – Zum verwaltungsrechtswissenschaftlichen Umgang mit sozialwissenschaftlichen Konzepten, in: Ino Augsberg (Hrsg.), Extrajuridisches Wissen im Verwaltungsrecht, 2013, S. 99 (106 ff.) mit der Unterscheidung von Rechtssatzbegriffen und Rechtswissenschaftsbegriffen.

32 *A. Scherzberg*, Grundlagen staatlicher Risikosteuerung, in: M. Albers (Hrsg.), Risikoregulierung im Gesundheitsbereich, 2011, S. 35 (37); *I. Appel*, Grenzen des Risikorechts (Fn. 2), S. 465.

33 *I. Appel*, Grenzen des Risikorechts (Fn. 2), S. 465 f.

## 1. Aufgaben des Risikomanagements

Das staatliche bzw. staatliche veranlasste Management von Unsicherheit und Nichtwissen hat vor diesem Hintergrund vor allem zwei Aufgaben:[34] In einem ersten Schritt die Aufgabe der Wissensproduktion. Im Vordergrund steht das Bestreben, die Wissensgrenzen stetig zu erweitern. Ziel ist es, eine fortlaufende Anpassung von Entscheidungen unter Unsicherheit oder Nichtwissen an die jeweils neuesten Erkenntnisgrundlagen zu gewährleisten. In einem zweiten Schritt geht es darum, die jeweiligen Risikopräferenzen festzulegen. Denn die Ermittlung des jeweils vorhandenen Wissensbestandes als Grundlage für eine möglichst informierte Sachentscheidung besagt noch nichts darüber, welche Risiken bzw. verbleibenden Unsicherheiten bzw. erkannte Nichtwissen in Kauf genommen werden soll. Für diese wertende Entscheidung muss die Risikobereitschaft und mit ihr dasjenige Risiko bestimmt werden, das eine Gesellschaft im jeweiligen Entscheidungszeitpunkt zu tragen bereit ist.

## 2. Phasen des Risikomanagements

Bezeichnend ist, dass sich der rechtliche Umgang mit Unsicherheit und Nichtwissen über die Zeit hinweg gewandelt hat. Bislang lassen sich zwei Phasen unterscheiden: Während in einer ersten Phase Risiken als Rechtsproblem gefasst, die Grundlagen der rechtlichen Risikoregulierung ausgeformt und die rechtlichen Eigenarten eines Risiko(verwaltungs)rechts ausgeformt wurden, sind in einer zweiten Phase die spezifischen Schwierigkeiten des rechtlichen Umgangs mit Unsicherheit und Nichtwissen auf den Plan getreten. Sie zeigen sich namentlich in unterschiedlichen Ansätzen zum Umgang mit Unsicherheit und Nichtwissen, die sich zum Teil auch in Europa auf unterschiedliche kulturelle Prägungen zurückführen lassen. Sie zeigen sich auch anhand einer Reihe von strukturellen Problemen, wie der Umgang mit Unsicherheit und Nichtwissen angemessen rechtlich gefasst

---

34 Zusammenfassend dazu und zum Folgenden *A. Scherzberg*, Grundlagen staatlicher Risikosteuerung (Fn. 32), S. 37; daran anknüpfend *I. Appel*, Grenzen des Risikorechts (Fn. 2), S. 465.

werden kann. Gerade der zunehmend starke Einfluss der anglo-amerikanischen Perspektive auf den rechtlichen Umgang mit Risiken[35] auch in Europa[36] hat dazu Anlass gegeben, sich der risikorechtlichen Grundzüge zu versichern, um auf dieser Basis Grundprobleme und Grenzen rechtlicher Risikoregulierung näher in den Blick zu nehmen. Zu den strukturellen Schwierigkeiten zählt gerade auch die Frage, ob und inwieweit außerrechtliche Wissensbestände, wissenschaftlich-technischer Sachverstand und das Wissen der Kontrollunterworfenen für das rechtliche Management von Unsicherheit und Nichtwissen herangezogen werden können und wie wissenschaftlich abgestützt und nachweisbar die Anlässe für eine vorsorgende Regulierung begründet werden müssen.[37]

## *IV. Rückgriff auf außerrechtliche Wissensbestände als Strategie zur Bewältigung von Unsicherheit und Nichtwissen*

Die skizzierten Rahmenbedingungen zeigen, dass der Rückgriff auf Wissensbestände anderer Disziplinen als Strategie zur Bewältigung von Unsicherheit und Nichtwissen für das Recht von hoher Attraktivität ist. Insofern überrascht es nicht, dass im Vergleich zu den »Normalfällen« der Rechtsanwendung die Bedeutung außerrechtlicher Wissensbestände im Bereich von Unsicherheit und Nichtwissen dimensional zunimmt. Dies wirft zum einen die Frage auf, warum dies so ist. Neben der Frage nach den Gründen ist aber auch von Interesse, ob es beim Rückgriff auf außerrechtliche Wissensbestände Unterschiede und Besonderheiten gibt.

### 1. Unsicherheit und Nichtwissen als Probleme des Rechts

Zunächst gilt es sich nochmals vor Augen zu halten, dass für das Recht und die rechtsanwendenden Juristen Unsicherheit und Nichtwissen regelmäßig ein größeres Problem darstellen als für andere Disziplinen. Dies hängt vor allem damit zusammen, dass das Recht ansatzbedingt mit Entscheidungsfunktionen verbunden und auf Sachentscheidungen gerichtet ist. Da diese

35 Näher dazu *A. Scherzberg*, Risikoabschätzung unter Ungewissheit – Preliminary risk assessment im Kontext der Nanotechnologie, ZUR 2010, S. 303 ff.; *I.Appel/S. Mielke*, Strategien der Risikoregulierung (Fn. 4).

36 Vgl. dazu *B. Arndt*, Das Vorsorgeprinzip im EU-Recht, 2009, S. 107 ff.

37 Näher dazu *I.Appel/S. Mielke*, Strategien der Risikoregulierung (Fn. 4), S. 62 ff.; *I. Appel*, Grenzen des Risikorechts (Fn. 2), S. 469 ff.

Entscheidungen, wenn sie ihre zahlreichen mit dem Recht verbundenen Funktionen erfüllen sollen, regelmäßig unter Zeitdruck getroffen werden müssen, mit ihnen jedenfalls aber nicht beliebig lange zugewartet werden kann, bedeuten verbleibende Unsicherheiten, Wissensmängel oder konstatiertes Nichtwissen im Hinblick auf die Entscheidungsgrundlagen und/oder die Entscheidungsfolgen eine vergleichsweise grundlegende Schwierigkeit.[38] Denn anders als eventuell noch Teile der Rechtswissenschaft, sofern diese die Rechtsanwendung nicht mitdenkt, kann die Rechtspraxis die Unsicherheit nicht offen lassen und auf Erkenntnisgewinn in der Zukunft hoffen, sondern ist von seiner gesellschaftlichen Funktion her auf Entscheidung angelegt. Sie muss daher Mechanismen finden, wie sie unter den zeit- und aufwandbegrenzten Bedingungen rechtlicher (Verwaltungs- und Gerichts)Verfahren mit Unsicherheit und Nichtwissen umgehen kann. Eine entscheidende Aufgabe besteht darin, die Erkenntnisse anderer Disziplinen der Verwaltungs- und Gerichtspraxis zur Verfügung zu stellen, obwohl die methodischen Standards der in Bezug genommenen Wissenschaften unter den Bedingungen der Rechtspraxis nicht oder allenfalls rudimentär einlösbar sind.[39]

## 2. Rekurs auf außerrechtliche Referenzen

Die Rechtspraxis neigt daher nachvollziehbarer Weise dazu, sich in Fällen von Unsicherheit und erkanntem Nichtwissen auf Referenzen zu verlassen, die aus anderen Disziplinen stammen. Zu den in Anspruch genommenen Referenzbereichen zählen je nach Rechtsgebiet vor allem die Naturwissenschaften und die Technik, Ökologie, Medizin und nicht zuletzt die Wirtschaftswissenschaften. Aber auch andere sozialwissenschaftliche Modelle

---

38 *J. Esteve Pardos*, Entscheiden und Regulieren in der Ungewissheit. Antworten und Strategien des Öffentlichen Rechts, in: Darnaculleta i Gardella/Esteve Pardos /Spiecker gen. Döhmann (Hrsg.), Strategien des Rechts im Angesicht von Ungewissheit und Globalisierung, 2015, S. 25 (27 f., 29 f.).

39 *C. Engel* Herrschaftsausübung Herrschaftsausübung bei offener Wirklichkeitsdefinition. Das Proprium des Rechts aus der Perspektive des Öffentlichen Rechts, Preprints of the Max Planck Institute for the Research on Collective Goods 2006/13, 31 (32); vgl. auch *ders.* The Difficult Reception of Rigorous Descriptive Social Science in the Law, Preprints of the Max Planck Institute for the Research on Collective Goods 2006/1.

können erhebliche Bedeutung gewinnen. Wird außerrechtliches Wissen geliefert, das für die aufgeworfenen Fragen von Bedeutung zu sein scheint, gewinnen die Stellungnahmen solcher Disziplinen an maßgebendem Gewicht, die – tatsächlich oder vermeintlich – über einschlägige Kenntnisse der jeweiligen Materie verfügen.[40] Dieses Verlassen auf andere Disziplinen ist für Rechtsanwender in Entscheidungssituationen in aller Regel unausweichlich, da die Rechtspraxis die Wissensbestände aus sich heraus regelmäßig nicht hinterfragen und meist nicht einmal einer fundierten Plausibilitätskontrolle unterziehen kann. Der allenfalls an den Rändern auf Plausibilität überprüfte Rückgriff auf diese externen Wissensbestände – der mit dem Begriff der nachvollziehenden Amtsermittlung partiell eingefangen werden soll, aber letzten Endes nur schwach legitimiert werden kann – ist im Bereich von Unsicherheit und Nichtwissen oft die »einzige Möglichkeit, überhaupt begründete Aussagen zu machen.«[41]

### 3. Verhältnis von rechtlicher Bindungsdichte und außerrechtlichen Bezügen

Im Bereich von Unsicherheit und qualifiziertem Nichtwissen bei fortbestehender Entscheidungsnotwendigkeit nimmt die Bedeutung außerrechtlicher Wissensbestände damit dimensional zu. Zugleich liegt auf der Hand, dass die relative Bedeutung außerrechtlicher Wissensbestände von der materiellen Dichte und sprachlichen Fassung einer Norm[42] sowie der daran anknüpfenden Rechtsdogmatik abhängt. Ist die Bindungsdichte gesetzlicher Vorgaben reduziert, wird die Rechtsverwirklichung aber gleichzeitig auf bestimmte Zwecke (Schutz- und Vorsorgezwecke, unter Umständen aber auch Technikermöglichungszwecke etc.) ausgerichtet ist, erweist sich der Rückgriff auf außerrechtliche Wissensbestände oft als einzige gangbare Strategie. Helfen dogmatische Mittel mangels normativer Dichte nur begrenzt weiter, ist der Rückgriff auf nicht dogmatische Hilfsmittel und Informationsquellen eine zwangsläufige Folge. Muss angesichts reduzierter Geset-

40 *J. Esteve Pardos*, Entscheiden und Regulieren in der Ungewissheit (Fn. 38), S. 31.

41 Bezogen auf sozialwissenschaftliche Modelle, die vom Recht in Bezug genommen werden, *C. Engel,* Herrschaftsausübung bei offener Wirklichkeitsdefinition (Fn. 39), S. 32.

42 Dazu *W. Hoffmann-Riem*, „Außerjuridisches" Wissen (Fn. 3), S. 3.

zesdichte unter hoher Unsicherheit entschieden werden, sind natur- und sozialwissenschaftliche Modelle die naheliegenden Strategien der Lückenfüllung.[43] Wenn schon nicht die Sachentscheidung selbst, soll doch wenigstens der Weg hin zu einer möglichst richtigen Sachentscheidung rechtlich vorgeprägt und durch die formalisierte Inanspruchnahme außerrechtlicher Wissensbestände zusätzlich abgesichert werden. Die Autorität des Rechts, die durch die Ausdünnung der normativen Vorgaben gefährdet ist, wird durch die Autorität externer Wissenschaften und ihrer Wissensbestände gestützt.

Ein anschauliches Beispiel hierfür sind die gesetzlich nur schwach determinierten Anforderungen der Vorsorge, die sowohl hinsichtlich des »Ob« als auch des »Wie« des Handelns in konkreten Fällen ausgefüllt werden müssen. Die Begründung von Vorsorgeanlässen, die Vorsorgetatbestände erfüllen und zu freiheitseinschränkenden Vorsorgemaßnahmen berechtigen, sind in den meisten Fällen – bei potentiell umwelt- und/oder gesundheitsgefährdenden Stoffen, in der Gentechnik, der Nanotechnologie, bei BSE, Ebola, dem Zeka-Virus und anderen unsicheren Sachverhalten – ohne den Rückgriff auf außerrechtliches Wissen nicht möglich. Würde das Recht diese Begründungsleistung aus sich heraus erbringen wollen, würde es einen beträchtlichen Teil seiner Überzeugungskraft verlieren und liefe Gefahr, sich (extern wissenschaftlich) angreifbar zu machen und erheblich an Akzeptanz zu verlieren. Der gesetzlich in vielen Bereichen geforderte Stand der Technik bzw. die beste verfügbare Technik zur Vermeidung von schädlichen Umwelteinwirkungen ist ein weiteres Beispiel für die Abhängigkeit des Rechts von externen Wissensbeständen. Das Recht kann auch hier die erforderliche Ermittlungs- und Bewertungsleistung kaum aus sich heraus erbringen. Würde es den entsprechenden Versuch unternehmen, wäre dies entweder mit einem vom herkömmlichen Rechtsstab nicht zu leistenden Aufwand verbunden oder es führte dazu, dass das Recht wesentliche seiner auf Überzeugungskraft und Akzeptanz gerichteten Funktionen nicht erfüllen könnte.

43 *C. Engel,* Herrschaftsausübung bei offener Wirklichkeitsdefinition (Fn. 39), S. 32.; *I. Appel,* Das Verwaltungsrecht zwischen klassischem dogmatischen Verständnis und steuerungswissenschaftlichem Anspruch, VVDStRL 67 (2008), S. 226.

## 4. Gesteigerte Abhängigkeit des Rechts von außerrechtlichen Wissensbeständen

Die Abhängigkeit des Rechts von außerrechtlichen Stellungnahmen und wissenschaftlich-technischen Einschätzungen steigt auf diese Weise stetig an. Das Recht kann wesentliche seiner Funktionen in den betreffenden Sachbereichen nur unter Rückgriff auf außerrechtliches Wissen erfüllen. Dieses außerjuridische Wissen wird auf der einen Seite unverzichtbar. Auf der anderen Seite lässt sich das außerrechtliche Wissen nicht immer ohne weiteres in rechtliche Entscheidungszusammenhänge integrieren. Die außerrechtlichen Disziplinen kommen den Bedürfnissen des Rechts nur partiell entgegen, zumal es – von gezielten sachverständigen Gutachtenaufträgen oder Stellungnahmen abgesehen – »für Wissenschaftler anderer Disziplinen keinen Grund (gibt), die eigene Arbeit davon abhängig zu machen, welche Kommunikationsformen sowie Erkenntnis- und Verwendungsinteressen Juristen vorziehen«.[44]

Die Schwierigkeiten, die sich mit der Heranziehung außerrechtlichen Wissens namentlich in der Rechtspraxis ergeben können, lassen sich vor diesem Hintergrund nochmals zusammenfassend benennen:[45]

- Für die meisten außerrechtlichen Disziplinen sind Unsicherheiten und verbleibendes Nichtwissen nicht per se problematisch, sondern eher eine in die Zukunft gerichtete Herausforderung und Daueraufgabe; der stetige, nie zum Abschluss kommende Erkenntniszuwachs zählt in aller Regel zum Selbstverständnis dieser Disziplinen.
- Die regelmäßig nur vorläufigen Einschätzungen der außerrechtlichen Disziplinen führen in der Umsetzung durch das Recht bzw. am Maßstab des Rechts getroffene Entscheidungen faktisch zu (unter Umständen erheblichen) Einschränkungen von Freiheiten, die vom Recht und dem Rechtstab zu verantworten sind, auch wenn sie regelmäßig nicht in vollem Umfang durchschaut und nachvollzogen werden können.
- Für die außerrechtlichen Disziplinen ist es regelmäßig kein Problem, wenn über längere Zeiträume keine Gewissheit besteht, sie können sich

---

44 *W. Hoffmann-Riem*, „Außerjuridisches“ Wissen (Fn. 3), S. 11.

45 Vgl. dazu bereits oben.

die Unsicherheit und das verbleibende Nichtwissen in den meisten Fällen leisten.[46] Das Recht und die Rechtspraxis können es regelmäßig nicht.

- Im Verhältnis des Rechts zu den in Bezug genommenen außerrechtlichen Disziplinen besteht oft ein Ungleichgewicht der Perspektiven und Erwartungshaltungen, das nicht selten zu Missverständnissen führt.

## *V. Probleme externer Wissensbestände im Recht*

Mit dieser Lagebeschreibung ist ein Grunddilemma der Einbeziehung außerrechtlicher Wissensbestände in das Recht benannt: Das Recht ist im Umgang mit Unsicherheit und Nichtwissen in hohem Maße auf die Wissensbestände anderer Disziplinen angewiesen, um seine Funktionen auch unter geänderten Rahmenbedingungen zu erfüllen. Die anderen Disziplinen folgen aber nicht ohne weiteres der Funktionslogik des Rechts und insbesondere der Rechtspraxis. Angesichts dieses Befundes drängt sich aus der Perspektive des Rechts eine Reihe von Fragen auf:[47] Wie kann die Nutzung von Erkenntnissen anderer Disziplinen informiert und methodenbewusst erfolgen? Geht die Interdisziplinarität nicht zwangsläufig mit Methodenlosigkeit oder Methodensynkretismus einher? Wie verarbeitet das Recht normativ natur- und sozialwissenschaftliche Komplexität, um sie für seine Zwecke zu verwerten? Wie können die Erträge anderer Disziplinen für das Recht nutzbar gemacht werden? Wie müssen rechtliche Regelungen beschaffen sein, um den Rückgriff auf außerrechtliche Wissensbestände zu ermöglichen, gegebenenfalls aber auch zu begrenzen? Unter welchen Voraussetzungen können die Wissensansprüche anderer Disziplinen im Recht kontrolliert rezipiert werden? Können sie ohne weitere Prüfung einfach übernommen oder müssen sie durch nachvollziehende (Amts)Ermittlung gefiltert werden? Welche Anforderungen sind daran gegebenenfalls zu stellen? Und wie können die externen Erkenntnisse anderer Disziplinen der Verwaltungs- und Gerichtspraxis zur Verfügung gestellt werden, deren Kapazitäten als Entscheidungsinstanzen im Hinblick auf Zeit und Aufwand begrenzt sind?

---

46 Eine Ausnahme bilden beispielsweise Ingenieurswissenschaften, deren Erkenntnisse auf unmittelbare praktische Umsetzung angelegt und sicherheitsrelevant sind.

47 Vgl. zu ähnlichen Fragen bereits *I. Appel*, Verwaltungsrecht zwischen klassischem dogmatischen Verständnis und steuerungswissenschaftlichem Anspruch (Fn. 43), S. 226.

Es liegt auf der Hand, dass Antworten auf diese Fragen das Format des vorliegenden Beitrags sprengen würden. Um sich ihnen zu nähern, sollen in einem ersten Schritt einige Probleme bei der Einbindung außerrechtlicher Wissensbestände in die Rechtspraxis benannt und näher in den Blick genommen werden.

## 1. Verbleibende Unsicherheiten

Eine Schwierigkeit im Umgang des Rechts mit außerrechtlichen Wissensbeständen zur Bewältigung von Unsicherheit und Nichtwissen besteht darin, dass trotz eines solchen Rückgriffs erhebliche Wissensdefizite verbleiben können. Denn im Bereich neuartiger Technologien sind auch die rechtsexternen Wissenschaften nicht immer in der Lage, Gewissheiten und daran anknüpfende Konsense 0in der Geschwindigkeit und Klarheit herzustellen, die bei rechtlichen Entscheidungen nötig wären. Nicht selten ist das externe Wissen weit weniger sicher, als das Recht dies unterstellt und in der Rechtspraxis benötigt. Teilweise sind die Wissensbestände auch so umfangreich, dass klare, rechtlich verwertbare Erkenntnisse zu für die Rechtspraxis angemessenen Bedingungen nicht zu haben sind. Rechtliche Entscheidungen müssen trotz dieser verbleibenden Unsicherheiten getroffen werden. Das qualifizierte Nichtwissen, das um die Wissensdefizite weiß, kann zwar auf Wissensgenerierung durch andere Disziplinen angelegt werden. Es muss jedoch stets in Rechnung gestellt werden, dass Unsicherheiten verbleiben. Die Bereiche der Gentechnik, der Nanotechnologie, der ökologischen Folgen bestimmter Vorhaben, aber auch die aktuellen Beispiele von Fracking oder Glyphosat verdeutlichen, dass auch vergleichsweise ambitionierte Risikoforschung unter Einbeziehung anderer Disziplinen nicht zu jenen sicheren Entscheidungsgrundlagen führen muss, die seitens der Rechtspraxis für ihre Entscheidungen benötigt werden. Die naheliegende und vom Gesetzgeber vielfach genutzte Strategie ist ein Ausweichen ins Verfahren, dessen oft bis ins Einzelne vorgegebene Schritte der Ermittlung und Beteiligung zu – unter den gegebenen Bedingungen – möglichst richtigen Entscheidungen führen sollen. Dieses Ausweichen ins Verfahren zieht allerdings weitere Probleme nach sich. Denn die zur Wissensgenerierung vielfach geforderten Folgen- und Verträglichkeitsprüfungen führen zu der Frage nach Aufwand und Komplexität der Ermittlungen im Verhältnis zum Ertrag der Wissensgewinnung bzw. Reduzierung von Nichtwissen. Würde das Recht mit einer weitgehend komplexen und anspruchsvollen offenen Folgenperspektive verknüpft, hätte es mit einer regelmäßigen (Über-)Komplexität und daraus folgenden weitgehenden Handlungsunfähigkeit zu kämpfen. Das Recht muss daher Grenzen ziehen[48] und Lücken in der Verfügbarkeit von Wissen hinnehmen.[49]

## 2. Schwierigkeiten der Prognose

Die Einbeziehung von außerrechtlichen Wissensbeständen führt in vielen Fällen zu einer erhöhten Abhängigkeit von Prognosen. Denn in der Sache geht es regelmäßig nicht um die wissenschaftlich-technische Einschätzung des Ist-Zustandes, sondern zukunftsgerichtet um die Einschätzung der weiteren Entwicklung. Dabei kann es, beispielsweise bei ökologischen Fragen, zu erheblichen Bandbreiten und Unterschieden in der prognostischen Einschätzung kommen. Hinzu kommt, dass die Prognose potentieller Folgewirkungen oft erheblichen Unsicherheiten ausgesetzt ist.[50] Es ist kennzeichnend für umweltrelevante Tätigkeiten, vor allem aber auch für umwelt- und gesundheitsrelevante innovative Technologien, dass die Abschätzung der Folgen und die Beurteilung von Nutzen und Risiken mit erheblichen Prognoseschwierigkeiten verbunden sind.[51] Hinzu kommt, dass sich die Folgen bestimmter Entscheidungen für die Umwelt und deren Zustand oft erst nach längerer Zeit zeigen. Regelmäßig sind keine Prognosemethoden vorhanden, die die Komplexität und Langfristigkeit von unter Umständen neuartigen Entwicklungen umfassend erfassen und bewältigen können. Hinzu kommen

48 Für die Folgenorientierung allgemein *A. Grunwald*, Technik für die Gesellschaft von morgen, 2000, S. 217 ff.; *K.-H. Ladeur*, Risikooffenheit und Zurechnung – insbesondere im Umweltrecht, in: Hoffmann-Riem/Schmidt-Aßmann (Hrsg.), Innovation und Flexibilität des Verwaltungshandelns, 1994, S. 111 ff.; *G. Hermes*, Folgenberücksichtigung in der Verwaltungspraxis und in einer wirkungsorientierten Verwaltungsrechtswissenschaft, in: Schmidt-Aßmann/Hoffmann-Riem (Hrsg.), Methoden der Verwaltungsrechtswissenschaft, 2004, S. 359 (360).

49 Zu Lücken in der Verfügbarkeit des Wissens und dem Vorbehalt des Möglichen bei der Einbeziehung außerjuridischen Wissens *W. Hoffmann-Riem*, „Außerjuridisches" Wissen (Fn. 3), S. 10 ff., 12.

50 *G. Frederichs/H. Blume*, Umweltprognosen: Methoden und Anwendungsprobleme der modernen Umweltpolitik, 1990, S. 31 ff.; *G.Bechmann/J. Jörissen*, Technikfolgenabschätzung und Umweltverträglichkeit, KritV 1992, S. 140 (153).

51 Allgemein zu diesen – im Folgenden näher präzisierten Schwierigkeiten der Prognose und des Maßstabs – bereits *I. Appel*, Aufgaben und Verfahren der Innovationsfolgenabschätzung, in: M. Eifert/W. Hoffmann-Riem (Hrsg.), Innovationsverantwortung, 2009, S. 147 (158 ff.).

bestehende Theoriedefizite und mangelnde Kenntnisse über Ursache-Wirkungsbeziehungen, die eine klare Einschätzung und Bewertung erschweren können. Wie schwierig der prognostische Umgang mit Unsicherheit und Nichtwissen ist, zeigen Änderungen der Risikoabschätzung und -bewertung, deren naturwissenschaftlich-technische Grundlage praktisch nur schwer von normativen Wertentscheidungen über das zu akzeptierende Restrisiko getrennt werden kann. Bisher als unbedenklich angesehene Stoffe erweisen sich mit einem Mal als schädlich. Der daraus erwachsenden Umweltgefahr wird nicht selten dadurch begegnet, dass ein erkanntes Risiko gegen ein (noch) unbekanntes ausgetauscht wird.[52] Vor diesem Hintergrund zeigt sich, dass auch die rationale Nachvollziehbarkeit und wissenschaftliche (Nicht-)Nachweisbarkeit nur relative Größen sind.

Der Umgang des Rechts mit Unsicherheit und Nichtwissen kann zwar den Versuch unternehmen, die (stets) verbleibende Prognoseunsicherheit als zu berücksichtigenden Faktor (als Wahrscheinlichkeitskoeffizienten[53]) in die Bewertung einzubeziehen.[54] Bei entsprechender Berücksichtigung einer Fehlertoleranz wäre die Quantifizierung eines Risikos damit auch in Unsicherheitssituationen möglich. Es ist jedoch fraglich, ob und inwieweit die Unsicherheit, zumal wenn sie sich auf wichtige Gemeinwohlgüter bezieht, im öffentlichen Bereich tatsächlich angemessen in die Risikobewertung eingestellt werden kann. Dies gilt umso mehr, als der Aufwand zur Gewinnung aussagekräftiger Bewertungsmaßstäbe enorm sein kann und sich allenfalls für Großprojekte rechtfertigen ließe, die Bewertung im Übrigen aber typisiert und standardisiert vorgenommen werden müsste. Zudem zeigt die neuere Forschung und Entwicklung, dass es durchaus unterschiedliche Formen der Unsicherheit, der Ungewissheit, des spezifischen und des unspezifischen Nichtwissens gibt,[55] die verschieden zu beurteilen sind und nur schwer als aussagekräftige Faktoren in die Risikobewertung einbezogen werden können.

---

52 *Wahl/Appel*, Prävention und Vorsorge (Fn. 4), S. 7.

53 *M. Fehling*, Kosten-Nutzen als Maßstab für Verwaltungsentscheidungen, VerwArch 95 (2004), S. 443 (444).

54 Vgl. dazu und zum Folgenden *Appel/Mielke*, Strategien der Risikoregulierung (Fn. 4), S. 121 (124).

55 Dazu *Hoffmann-Riem*, Innovationsverantwortung – eine Einleitung, in: Eifert/Hoffmann-Riem (Hrsg.), Innovationsverantwortung, 2009, S.11 (20 mit Fn. 35).

### 3. Pluralität externer Wissensbestände

In besonders unsicheren und von fehlendem Wissen geprägten Bereichen, in denen die außerrechtlichen Einschätzungen erkennbar stark auseinanderfallen und/oder von erheblich voneinander abweichenden Vorverständnissen geprägt sein können, setzt das Recht nicht nur auf die Einbeziehung entsprechenden außerrechtlichen Sachverstands, sondern von pluralem Sachverstand. Auf diese Weise soll der Unsicherheit durch ein ausreichend breites Spektrum an rechtsexternen Stellungnahmen Rechnung getragen werden. Die Organisation pluralen Sachverstands ist aber, wie das Beispiel der im Gentechnikrecht vorgesehenen Zentralen Kommission für die Biologische Sicherheit (ZKBS) zeigt,[56] sowohl hinsichtlich der Zusammensetzung als auch eines transparenten Verfahrens und der interessenausgewogenen Entscheidungsfindung hoch anspruchsvoll. Wer immer mit einer Idealvorstellung von pluralem Sachverstand an der Sitzung eines plural besetzten Expertengremiums teilgenommen hat, wird ebenso erstaunt wie ernüchtert sein, wie wenig plural die Entscheidungsfindung tatsächlich abläuft und wie sehr sie vom hoch spezialisierten Sachverstand einzelner, mit ihrem jeweiligen Spezialwissen geforderter Mitglieder abhängt, der von anderen Mitgliedern des Sachverständigengremiums nicht wirklich beurteilt oder gar hinterfragt werden kann. Die Entscheidungsfindung ist häufig nur begrenzt diskursiv, sondern stützt sich in erster Linie und oft maßgebend auf eine Aneinanderreihung von jeweils sachspezifischem Einzelwissen, das aufgrund seiner spezifischen Ausrichtung auch nur bei einzelnen Mitgliedern der plural besetzten Sachverständigengremien verfügbar ist.

Die Zusammenführung von wissenschaftlicher Beratung und politisch-administrativer Entscheidung, die sich in der weitgehenden Verknüpfung des Rechts mit wissenschaftlicher Expertise zeigt, lebt jedoch vom Vertrauen in die Verfügbarkeit sachverständigen Wissens und die Ausgewogenheit der wissenschaftlichen Expertise. Dies gilt in besonderem Maße für dogmatische Instrumente, die rechtliche Entscheidungen an Begründungen knüpfen, denen ein hoher Grad an wissenschaftlicher Expertise zukommen soll. Das Vertrauen in sachverständiges Wissen als zentrale Ressource des Rechts im Umgang mit Unsicherheit und Nichtwissen ist prekär, und wo es

---

56 Näher zur ZKBS *I. Appel*, Gentechnikrecht, in: Ehlers/Fehling/Pünder, Besonderes Verwaltungsrecht, Bd. 2, 2012, § 52.

prekär ist, infiziert es auch das Recht.[57] Umso problematischer ist es, wenn auch in pluralistisch besetzten Gremien oft vom relativen und vergleichsweise zufälligen Wissensstand einzelner Mitglieder abhängig ist, ob die Erkenntnisse und Erfahrungen einzelner Disziplinen in rechtliche Entscheidungsprozesse eingespeist werden.

## 4. Statischer Umgang mit rezipierten externen Wissensbeständen

Die Rechtspraxis tendiert dazu, durch Einbeziehung außerrechtlicher Wissensbestände gewonnenen Sachverstand zu konservieren und nicht zu schnell (und mitunter nicht rechtzeitig) wieder zu hinterfragen. Die Entlastungswirkung einmal herangezogener Referenzen ist so groß, dass sie nicht selten auch dann noch aufrechterhalten wird, wenn sich die Erkenntnislage verändert hat und das Recht und die Rechtspraxis sich dynamisch darauf einstellen müssten. Ein anschauliches Beispiel für diese Problematik der relativen Statik einmal herangezogener außerrechtlicher Entscheidungsgrundlagen ist das sogenannte Basisrisiko im Gentechnikrecht. Die herrschende Ansicht im Gentechnikrecht und mit ihr die Rechtsprechung bis hin zum Bundesverfassungsgericht gehen davon aus, dass Vorsorgemaßnahmen im Bereich der Gentechnik ganz allgemein mit einem Basisrisiko dieser Technologie begründet und gerechtfertigt werden könnten.[58] Auf diese Weise sind auch ohne gesteigerte wissenschaftliche Rechtfertigungslast grundlegende Entscheidungen für Vorsorge und Vorsicht in einer Weise begründbar, die den (verfassungs)rechtlichen Anforderungen standhält. Bei unklarer oder ungesicherter Risikobeurteilung reicht eine begründete Vermutung aus, um risikoregulierende Maßnahmen bis hin zur völligen Risikovermeidung zu rechtfertigen.[59] Mag die nicht weiter begründete Annahme eines solchen Basisrisikos in der Anfangsphase der rechtlichen Beurteilung der Gentechnik vertretbar gewesen sein, ohne wissenschaftlich-empirische Nachweise einzelner Gefährdungspotentiale zu fordern, stellt sich mit zunehmendem Kenntnisstand zumindest die Frage, ob die

57 Allgemein bezogen auf das Wissen als prekäre Ressource *R. Wolf*, Die Risiken des Risikorechts, in: *A. Bora* (Hrsg.), Rechtliches Risikomanagement, 1999, S. 65 (78).

58 Dazu nur BVerfGE 128, 1 ff. (Rn. 142) – Gentechnikgesetz.

59 *A. Scherzberg*, Risikoabschätzung unter Ungewissheit (Fn. 35), S. 306 f.

verfassungsrechtliche Beurteilung darüber hinwegsehen darf, dass die naturwissenschaftliche Beurteilung mittlerweile differenzierter ausfällt als bei Einführung des Begriffs »Basisrisiko« Mitte der neunziger Jahre des vergangenen Jahrhunderts.[60] Konkret stellt sich die Frage, ob das Verfassungsgericht dem Gesetzgeber unter Berufung auf seinen weiten Einschätzungs- und Wertungsspielraum zugestehen darf, der Gentechnik insgesamt ein generelles »Basisrisiko« zu unterstellen, ohne sich auf den jeweils aktuellen Wissensstand in den Naturwissenschaften zu beziehen. Offenbar ist die entlastende Wirkung des einmal gefundenen Argumentationstopos so hoch, dass neuere außerrechtliche Erkenntnisse nicht bzw. nur mit großer zeitlicher Verzögerung rezipiert werden.

## 5. Vermengung von Wissen und Werten

Eine weitere Gefahr bei der Einbeziehung außerrechtlicher Wissensbestände, insbesondere aus dem Bereich der Technik- und Naturwissenschaften, ist die drohende Vermengung von Wissen und Werten, von (analytischer) Ermittlung und (deliberativer) Bewertung.[61] Denn das Vorhandensein von Wissen bzw. wissenschaftlichen Einschätzungen wird häufig mit einer Wertung gleichgesetzt. Auch hier spielt die entlastende Wirkung für die Entscheidungsträger in der Rechtspraxis eine große Rolle. Besonders anschaulich zeigt sich dies bei der Einschätzung von Risiken unter Einbeziehung naturwissenschaftlich-technischen Sachverstands. Hier wird das Vorhandensein eines bestimmten Risikopotentials oft vorschnell mit der Entscheidung gleichgesetzt, eine bestimmte Tätigkeit nicht zuzulassen. Die nötige wertende Entscheidung, ob überhaupt und ggf. welches Ausmaß an Risiken in Kauf genommen werden sollen, wird auf diese Weise abgekürzt oder gar umgangen.

Die Gründe dafür sind nachvollziehbar: Je unsicherer die Erkenntnisgrundlagen, je theoretischer und empirisch ungesicherter die Risikoerkenntnisse sind, umso wichtiger werden im Rahmen von Risikoentscheidungen

---

60 Grundlegend und begriffsprägend zum „Basisrisiko" der Gentechnik *R. Wahl*, Kommentierung Gentechnikgesetz (GenTG), in: Landmann/Rohmer, Umweltrecht II, 1994, Vorb. vor § 1.

61 Näher dazu und zum Folgenden bereits Wahl/Appel, Prävention und Vorsorge (Fn. 4), S. 125 f.; *Appel/Mielke*, Strategien der Risikoregulierung (Fn. 4), S. 125 ff.

die politisch wertende Komponente und die Wertungsspielräume des Gesetzgebers, der Verwaltung und – entsprechend der Reichweite ihrer Kontrollbefugnisse – der Gerichte.[62] Vor diesem Hintergrund kann der Rückgriff auf außerrechtliche Wissensbestände auch als Versuch gelesen werden, die Bedeutung des wertenden Elements zu minimieren, indem auf wissenschaftliche Erkenntnisse und Nachweise rekurriert und diese als maßgebend für bestimmte rechtliche Entscheidungen ausgegeben werden. Die Gefahr ist aber groß, dass von wissenschaftlich begründeten, rational nachvollziehbaren Erkenntnissen über einzelne Risikopotentiale vorschnell auf das Vorliegen oder Nichtvorliegen eines rechtlichen Handlungsbedarfs geschlossen wird.[63] Aus den wissenschaftlichen Erkenntnissen anderer Disziplinen lässt sich aber nicht ohne weitere, rechtlich zu verantwortende Bewertungsvorgänge ein Maßstab oder Kriterium dafür entnehmen, wie rechtlich zu regulieren und in konkreten Fällen zu entscheiden ist. Die Faszinationskraft, die sich aus einem Rückgriff auf außerrechtliche Wissensbestände ergeben kann, darf nicht dazu verleiten, daraus bestimmte Entscheidungen abzuleiten. Die Einbeziehung sachverständigen Wissens, so rational nachvollziehbar sie erfolgen mag, bleibt Teil des wissenschaftlichen Erkenntnisprozesses. Sie vermittelt lediglich Erkenntnisse über Tatsachen, über naturwissenschaftliche Gesetze oder sozialwissenschaftliche Erkenntnisse. Damit »führt sie zu Aussagen, nicht hingegen zu Entscheidungen und nicht einmal zu Vorentscheidungen, Empfehlungen oder Vorschlägen. Erst die nachfolgende Risikobewertung enthält eine subjektive Gewichtung und Abwägung der erkannten Tatsachen und Gesetzmäßigkeiten, auch der Ungewissheiten und Wissenslücken sowie der berührten Belange der Allgemeinheit und des einzelnen. Mithin führt erst die Risikobewertung zur Entscheidung.«[64]

---

62 *R. Wahl*, Herausforderungen Herausforderungen und Antworten: Das Öffentliche Recht der letzten fünf Jahrzehnte (Fn. 1), S. 74.

63 Vor allem mit dem Rückgriff auf die Naturwissenschaften und die dortige Beschreibung von Risiken und Ursachenzusammenhängen wächst die Versuchung, aus deskriptiven Aussagen über einen gegebenen Zustand einen Anlass für risikoregulierende Maßnahmen und mit ihm die normative Festlegung entsprechender Anforderungen abzuleiten oder umgekehrt einen solchen Anlass von vornherein auszuschließen.

64 *R. Breuer*, Probabilistische Analysen (Fn. 13), S. 160 f.

## 6. Einbeziehung selbstregulierender Kräfte und Standardisierung durch organisierte Technik

Die Einbeziehung von selbstregulierenden Kräften zieht bei der Standardsetzung schließlich nicht selten die Gefahr einer Verfestigung der Standards nach sich. Die Einbeziehung des außerrechtlichen Sachverstands folgt oft festen Bahnen, so dass sie im Anschluss an eine einmal getroffene Festlegung nur noch schwer in Frage gestellt werden kann. Wie hoch der Grad der Verfestigung sein kann, zeigen anschaulich die Best Reference Documents (BREF-Dokumente) im europäischen Recht der Industrie-Emissionen.[65] Diese BREFs haben nicht die Funktion antizipierter Sachverständigengutachten, deren auf außerrechtliche Wissensbestände gestützte Einschätzungen bei konkreten Entscheidungen nochmals kritisch gesichtet und überprüft werden. Faktisch handelt es sich um einen als verbindlich konzipierten außerrechtlichen Sachverstand, der nur noch in den dafür vorgesehenen Zeitspannen (in der Regel Dreijahresabstände) und Verfahren geändert werden kann. Vor diesem Hintergrund ist es nicht erstaunlich, dass die zuvor als Ergebnis eines informellen Informationsaustauschs unverbindlich gefassten Schlussfolgerungen der BREF-Dokumente mit Erlass der Industrie-Emissionsrichtlinie von der Europäischen Kommission (ungeprüft) in eine Entscheidung übernommen und damit für rechtlich verbindlich erklärt werden. Eine solche Verstetigung des einbezogenen außerrechtlichen Sachverstands widerspricht jedoch in gewisser Weise der Funktion rechtlicher Gestaltungsspielräume, die durch Öffnung für außerrechtliche Wissensbestände gerade auf Revision und stets erneuerte Einschätzung angelegt sein sollen. Wird der außerrechtliche Sachverstand für eine erhebliche Zeitspanne zum rechtlich maßgebenden Standard erhoben, droht die damit verbundene Entlastungswirkung das ursprüngliche Anliegen in sein Gegenteil zu verkehren.

Besondere Schwierigkeiten können sich schließlich ergeben, wenn die Standardisierung außerrechtlicher Wissensbestände durch organisierte Technik und Sachverstand in Bereichen vorgenommen wird, in denen das Recht – wie im Bereich des Internets oder von Ratingagenturen –zunächst kaum oder gar nicht normiert. Haben sich außerrechtliche Standards gebildet, kann das Recht zu einem späteren Zeitpunkt zwar eine abweichende Regulierung in Angriff nehmen.

---

65 Näher zu diesen BREF-Dokumenten *H.-J. Koch*, Immissionsschutzrecht, in: ders. (Hrsg.), Umweltrecht, 4. Aufl. 2014, § 4.

Die in der Zwischenzeit eingetretenen Verfestigungen führen aber häufig dazu, dass die außerrechtlichen gefundenen Standards eine hohe faktische Bedeutung und Beharrungskraft erlangt haben.

## *VI. Außerrechtliche Wissensbestände als Hilfsmittel zur Konstruktion von Gewissheit*

Vor dem Hintergrund dieser Schwierigkeiten gilt es sich nochmals vor Augen zu halten, dass Recht und die für die Rechtspraxis ausschlaggebenden Maßstäbe soziale Konstrukte sind. Sie sind sowohl in ihrer Entstehung als auch in ihrer Anwendung kontextabhängig und grundsätzlich kontingent.[66] Die Generierung des für rechtliche Entscheidungen nötigen Wissens, »auch von Faktenwissen, ist nicht die Erkenntnis von etwas Vorgegebenem, sondern die Erkenntnis dessen, was in einem gesellschaftlichen Prozess der Verständigung als Wissen anerkannt wird«.[67] Das Recht und die Rechtspraxis müssen nicht in jeder Hinsicht und um jeden Preis auf Gewissheit ausgerichtet werden, um ihre Funktionen zu erfüllen. Es reicht, wie das Beispiel von Rechts wegen nach dem Maßstab praktischer Vernunft hinzunehmender Restrisiken zeigt, Gewissheiten oder wissensbasierte Entscheidungsgrundlagen zu konstruieren, die dazu dienen, möglichst nachvollziehbare und akzeptable Entscheidungen treffen zu können.

### 1. Nachvollziehbare Konstruktion von Gewissheit als maßgebendes Ziel

In diesen Gesamtzusammenhang ordnet sich auch die Einbeziehung außerrechtlicher Wissensbestände ein. Sie dienen dazu, rechtliche Regulierung und konkrete Entscheidungen nachvollziehbar und akzeptabel zu gestalten, wo die materiellen Vorgaben Spielräume belassen und die Rechtsanwender das nötige Wissen nur schwer selbst generieren können. Auch die Einziehung von außerrechtlichen Wissensbeständen zum Umgang mit Unsicherheit und Nichtwissen ist nicht auf das Erlangen von Gewissheiten um jeden Preis gerichtet. Ziel können nur in bestimmten, näher vorzugebenden Ver-

---

66 *W. Hoffmann-Riem*, „Außerjuridisches" Wissen (Fn. 3), S. 1.

67 *W. Hoffmann-Riem*, „Außerjuridisches" Wissen (Fn. 3), S. 1.

fahren konstruierte Gewissheiten sein, die dazu dienen, dass die zu treffenden rechtlichen Entscheidungen möglichst nachvollziehbar und akzeptabel ausfallen.

Im Fall von Unsicherheiten und Nichtwissen müssen externe Wissensbestände einbezogen werden, weil das Recht aus sich heraus die nötige Konstruktionsleistung nicht so erbringen kann, dass es für die Betroffenen nachvollziehbar und hinreichend abgesichert erscheint. Dabei geht es aber nicht per se um Gewissheiten, sondern um die Konstruktion, unter Umständen auch die Fiktion von Gewissheiten mit dem Ziel, rational nachvollziehbare Entscheidungen treffen zu können – unabhängig davon, ob sich die außerrechtliche Wissensgenerierung und/oder etwaige auf Prognosen gestützte Annahmen im Nachhinein als falsch erweisen oder nicht und für nachfolgende Entscheidungen gegebenenfalls angepasst werden müssen.

## 2. Gewissheitskonstruktion zu den Bedingungen des Rechts

Ist die Einbeziehung externer Wissensbestände in die Rechtspraxis unausweichlich, um eine nachvollziehbare Konkretisierungsleistung im Recht zu erbringen, muss das Recht so weit wie möglich die Bedingungen vorgeben, zu denen dies geschieht – immer in Rechnung stellend, dass nicht Gewissheit das Ziel sein muss, sondern eine nachvollziehbare Konstruktion von Gewissheit.[68] Dabei geht es nicht um das Verhältnis der einzelnen Disziplinen zueinander oder gar eine das Recht einseitig begünstigende Form der Interdisziplinarität. Es geht, soweit das Recht als anwendungsorientierte Disziplin in Rede steht, auch nicht um einen wissenschaftlich angeleiteten oder ausgerichteten interdisziplinären Austausch. Im Vordergrund steht das Anliegen, die Rechtspraxis durch den Rekurs auf außerrechtliche Wissensbestände auf nachvollziehbare und akzeptable Entscheidungen auszurichten, um auf diese Weise zu gewährleisten, dass das Recht die ihm zugedachten Funktionen erfüllen kann.

Entscheidend ist aus der Perspektive des Rechts, dass sich die Einbeziehung von externen Wissensbeständen nicht verselbständigen darf im Sinne von richtigen Entscheidungen nach den Maßstäben der jeweiligen außerrechtlichen Disziplin. Daher bedarf es klarer Verfahrensregelungen sowie hinreichend konkreter Zweckvorgaben, anhand derer beurteilt werden kann,

---

68 *J. Esteve Pardos*, Entscheiden und Regulieren in der Ungewissheit (Fn. 38), S. 39 ff.

worauf es aus rechtlicher Perspektive ankommt und wie nach den rechtlichen Vorgaben gerade für diese Zwecke ausreichende (bzw. unter den jeweils gegebenen Umständen bestmögliche) Gewissheit geschaffen werden kann.

## 3. Rechtliche Rahmenbedingungen

Die Einbeziehung außerrechtlicher Wissensbestände bedarf danach dort, wo sie regelmäßig und/oder vom Gesetzgeber vorgesehen stattfindet, der Schaffung von rechtlichen Rahmenbedingungen, die solchen Mängeln und Einengungen bei der Generierung und Bewertung von Wissen vorbeugen, die die Funktionen und die Legitimation rechtlicher Entscheidungen gefährden. Zu diesen Rahmenbedingungen zählen neben der Auswahl der außerrechtlichen Experten und Referenzen ggf. auch weitere Verfahrensvorgaben für die Wissensgenerierung, die Vermeidung von Interessenkonflikten durch Sicherung von Neutralität und Ausgewogenheit bis hin zu Anforderungen an die Rezeption außerrechtlichen Wissens im Recht.

Wie das Verfahrensrecht im herkömmlichen Sinne Garant für die Richtigkeit des materiellen Ergebnisses sein sollte, bedarf es bei der Einbeziehung außerrechtlichen Wissens eines Verfahrens zweiter Ordnung als Garant für die Nachvollziehbarkeit, Ausgewogenheit und Zuverlässigkeit der einbezogenen Wissensbestände. Die rechtliche Umhegung muss bei der Auswahl der einschlägigen Wissensbestände und insbesondere der heranzuziehenden Sachverständigen beginnen, führt über die Begleitung des Verfahrens der Einbeziehung in seinen einzelnen Schritten und endet bei der kontrollierenden Rezeption des außerrechtlichen Wissens durch nachvollziehende Amtsermittlung und/oder die Heranziehung weiteren Sachverstands.

## 4. Offenhalten der Wissensgenerierung und Risikokommunikation

Da die Wissensgenerierung stets vorläufig ist und auf stete Fortentwicklung angelegt sein muss, kommt schließlich hinzu, dass der Gefahr einer Verkürzung der (Risiko)Kommunikation vorgebeugt werden muss. Die Prozesse der außerrechtlichen Wissensgenerierung müssen, sofern sie in das Recht Eingang finden sollen, für Wertungen offen gehalten werden. Bei der Rezeption außerrechtlicher Wissensbestände durch die Rechtspraxis muss daher geprüft werden, ob die verfahrensrechtlichen Anforderungen namentlich im Hinblick auf die Ausgewogenheit eingehalten wurden und eine offene (Risiko)Kommunikation stattgefunden hat. Ist dies nicht der Fall, können die außerrechtlichen Standards bzw. der außerrechtliche Sachverstand für rechtliche Entscheidungen keine ausschlaggebende Bedeutung gewinnen. Daher bedarf es bei der Rezeption externen Wissens durch den Gesetzgeber, die Verwaltung und/oder die Gerichte stets auch einer nachvollziehenden Ermittlung im Hinblick auf die Einhaltung der Grundanforderungen der Wissensgenerierung und Wissenskommunikation. Ist pluraler externer Sachverstand vorgesehen oder angezeigt, muss die Pluralität auch (verfahrens)rechtlich abgebildet werden.

## *VII. Zwischen Entlastungswirkung und Verantwortungsverlust*

Letztlich zeigt sich, dass sich die Nutzbarmachung von außerrechtlichen Wissensbeständen für das Management von Unsicherheit und Nichtwissen im Recht in einem Spannungsfeld zwischen Entlastungswirkung und Verantwortungsverlust bewegt. Je eindeutiger und geschlossener die außerrechtlichen Wissensbestände ausfallen, umso höher ist die Entlastungwirkung für den Staat. Die Einbeziehung außerrechtlicher Wissensbestände führt jedoch, darüber darf nicht hinweggetäuscht werden, zu einer partiellen Verlagerung der Maßstabsbildung auf Bereiche außerhalb des Rechts. Es ist Aufgabe des Rechts, durch einhegende Regulierung und stetige Kommunikation sicherzustellen, dass die zugrundeliegenden außerrechtlichen Erwägungen auf Akzeptanz und Überzeugungskraft ausgerichtet und bei ihrer Verwendung innerhalb des Rechts noch in ausreichendem Maße vom Staat verantwortet werden.

# Umgang mit Ungewissheit bei der Realisierung eines Endlagers für Atommüll – resilient reguliert?

*Ulrich Smeddinck*

Die gefährliche Strahlung, die von dem Abfall ausgeht, ihre Wahrnehmung in der Gesellschaft, der enorm lange Zeitraum wegen der Zerfallszeiten radioaktiver Reststoffe und die extrem ungewöhnlichen Anforderungen an alle Entscheidungsträger machen die Besonderheiten im Umgang mit Ungewissheit bei der Realisierung eines Endlagers für hochradioaktive Abfälle – für Atommüll – aus.[1] Ungewissheit und Unsicherheit werden sogar in maximaler Weise aktualisiert, weil die Langzeitwirkungen völlig unproportional sind zu den normalen Langzeitwirkungen menschlichen Handelns und zugleich einen Eingriff in die »physikalische Infrastruktur des Lebens« bedeuten, dessen Folgen allen Wandel menschlicher Kulturen und Lebensformen überdauern wird.[2]

Im Umgang mit radioaktiven Abfällen besteht die Ungleichzeitigkeit, dass trotz des Handlungsbedarfs noch viele Forschungsfragen offen sind. Dennoch beendet die Endlager-Kommission in Berlin im Sommer 2016 ihren Bericht mit Empfehlungen für das Standortsuchverfahren.[3] Zusätzliche Abfälle werden aus dem Abbruch der Atomkraftwerke resultieren und gleichzeitig ist das Problem der langfristigen Unterbringung für weitere Jahrzehnte virulent. Die Genehmigungen für Zwischenlager werden voraussichtlich auslaufen, ehe ein Standort für ein Endlager gefunden ist. Die Prognosen, wann es zur Verfügung stehen könnte, werden sogar immer weiter in die Zukunft verschoben.

Ist die (rechtliche) Regulierung für diese Herausforderungen gut aufgestellt? Aktuell gewinnt der Resilienz-Begriff wachsende Bedeutung für den Umgang mit Ungewissheit. Die staatliche Seite setzt bei der Realisierung eines Endlagers für Atommüll in auffälliger Weise auf Wissenschaftsbasierung, Transparenz, Diskurs und Legitimation. Sind das Elemente einer resilienten Regulierung? Nach einigen Vorklärungen (I.) soll anhand ausgewählter, durchaus unterschiedlich akzentuierter Beispiele – und ohne Anspruch auf Vollständigkeit – aufgezeigt werden, ob und inwieweit das Gesetz zur Suche und Auswahl eines Standortes für ein Endlager für Wärme entwickelnde radioaktive Abfälle (Standortauswahlgesetz – StandAG)[4] Elemente resilienter Regulierung enthält (II.). Der Beitrag schließt mit Fazit und Ausblick (III.).

---

1 *Hocke*, Endlagerung hochradioaktiver Abfälle, in: *Grunwald* (Hrsg.), Handbuch Technikethik, Stuttgart 2013, S. 263, 264.

2 *Spaemann*, Ethische Aspekte der Endlagerung, in: *Baltes* (Hrsg.), Ethische Aspekte der Endlagerung, Bonn 2003, S. 23, 34.

3 Vgl. https://www.bundestag.de/endlager/, Zugriff am 22.03.2016.

4 Vom 23. Juli 2013 (BGBl. I S. 2553), zuletzt geänd. durch VO vom 31. August 2015 (BGBl. I S. 1474).

## *I. Vorklärungen*

Zunächst soll erörtert werden, ob es so etwas wie eine resiliente Regulierung gibt (1.). Im Anschluss werden Ungewissheit und Risiko bei der Realisierung eines Endlagers für Atommüll in ihren Erscheinungsformen nach neuen wissenschaftlichen Erkenntnissen skizziert (2.). Im Weiteren wird der Erkenntnisstand zur Resilienz in der Endlagerforschung referiert (3.). Schließlich wird gefragt, ob Wissenschaftsbasierung, Transparenz, Diskurs und Legitimation als Elemente resilienter Regulierung im StandAG gedeutet werden können (4.). Der Abschnitt endet mit einem Zwischenfazit (5.).

### 1. Resiliente Regulierung?

Der Resilienz-Begriff hat als Schlüsselbegriff[5], der in unterschiedlichsten disziplinären Kontexten aufgegriffen wird, eine bemerkenswerte Karriere angetreten. Beispielhaft für ein bestimmtes Politikfeld kann die Thematisierung von Resilienz als »sicherheitspolitisches Gestaltungsbild« genannt werden.[6] Umfassender ist der Blick auf Natur und Gesellschaft in ihrer Gesamtheit:

> »Während traditionelle Ansätze des wissenschaftlichen und operationalen Risikomanagements in erster Linie auf die Sachdimension von Naturgefahren fixiert waren und deren temporale und soziale Komponenten vernachlässigt haben, bestehen heute kaum noch Zweifel über die Bedeutung der Verwundbarkeit und Resilienz sozial-ökologischer Systeme.«[7]

Auch die Rechtswissenschaft hat die Thematik aufgenommen: an der Universität Passau wurde im Sommer 2015 eine Tagung zum Thema »Resilienz des Rechts« veranstaltet.[8] Mit Blick auf die Resilienz der Verwaltung hat Kai von Lewinski in Unsicherheits- und Risikosituationen als Arbeitsdefinition von Resilienz vorgeschlagen:

---

5 *Voßkuhle*, Neue Verwaltungsrechtswissenschaft, in: *Hoffmann-Riem/Schmidt-Aßmann/Voßkuhle* (Hrsg.), Grundlagen des Verwaltungsrechts I, 2. Aufl., München 2012, § 1 Rz. 40 ff.

6 Vgl. *Fritz*, Resilienz als sicherheitspolitisches Gestaltungsbild, Wien 2014.

7 *Weichselgartner*, Risiko, Wissen, Wandel – Strukturen und Diskurse problemorientierter Umweltforschung, München 2013, S. 28.

8 http://www.jura.uni-passau.de/lewinski/tagung-resilienz-des-rechts/, Zugriff am 22.03.2016.

> die »Fähigkeit von Systemen, widrigen äußeren Einflüssen zu widerstehen, sich ihnen unter Erhalt von Funktion und Identität anzupassen und Funktionsstörungen zu überstehen.«[9]

Überraschend ist zunächst, dass für die Verwendung im rechtswissenschaftlichen Kontext jedenfalls im ersten Zugriff keinerlei Modifikationen für diesen Verwendungszusammenhang erkennbar sind.[10] Die Arbeitsdefinition hat nichts Rechtsspezifisches, sondern ist universal einsetzbar. Auffällig ist im Weiteren der auf den ersten Blick im Grunde defensive, introspektive und isolierte Zugriff der Resilienz-Metapher: die Bedrohung kommt von außen! Es droht Destabilisierung! »Die aber dräut ständig in der offenen Gesellschaft und ihrem Liberalismus (...).«[11] Widrigkeiten, die von außen auf das System eindringen, reaktives Verhalten, die Fähigkeit, Krisen zu überstehen, sind Charakterisierungen, die das Umfeld des Systems als Störfaktoren tendenziell ausblenden. Die Richtigkeit staatlicher Entscheidungen betont als Maßstab und Orientierungsgröße die selbstreferentielle Perspektive.

Zugleich umreißt der Resilienz-Begriff aber auch die Interaktion und Wechselwirkungen mit dem Umfeld und der Außenwelt. An dieses Verständnis anzuschließen, erscheint produktiver: Wo und warum kommt es zu Fehlfunktionen und Krisen? Wie lassen sie sich beheben? Wie kann dazugelernt werden? Organisation und System sind bedeutsam in ihren Funktionen. Sie übernehmen in einem staatlichen Kontext zentrale Aufgaben in der Gesellschaft. In einem rechtlich angepassten Verständnis könnte Resilienz als Bezugspunkt dann etwa als »Achtsamkeit des Systems für funktionierende Rechtsstaatlichkeit« gedeutet werden. Das ist etwas anderes als die konservative Sinndeutung des Staates als »rational organisierte Selbsterhaltung«[12] Anders als der biologische Körper sind – nach herkömmlichen Verständnis – Recht und Verwaltung bewusst gemacht und veränderbar.

---

9 Vgl. Handout zum Vortrag anlässlich der Tagung, die in diesem Buch dokumentiert wird. Ähnlich *Renn*, Das Risiokoparadox – Warum wir uns vor dem Falschen früchten, 3. Aufl., Frankfurt/M. 2014, S. 502 m.w.N.

10 Vgl. *Kaiser*, Multidisziplinäre Begriffsverwendungen – Zum verwaltungsrechtswissenschaftlichen Umgang mit sozialwissenschaftlichen Konzepten, in: *Augsberg* (Hrsg.), Extrajuridisches Wissen im Verwaltungsrecht – Analysen und Perspektiven, Tübingen 2013, S. 99, 113 f; vgl. auch *Smeddinck*, Atommüllentsorgung und robuste Rechtswissenschaft – Zugleich zum intradisziplinären Verständnis von Multi-, Inter- und Transdisziplinarität, in: *Smeddinck/Kuppler/Chaudry* (Hrsg.), Inter- und Transdisziplinarität bei der Entsorgung radioaktiver Reststoffe (im Erscheinen).

11 *Leick*, Das Reich der Lüge, Der Spiegel 16/2016, S. 116, 117.

12 Vgl. *Leick*, (Fn. 11), Der Spiegel 16/2016, S. 116, 119.

Vor dem Hintergrund könnte Resilienz dazu dienen, Strukturen und Automatismen staatlichen Handelns zu reflektieren und zu hinterfragen. Staat und Verwaltung könnten so als Gesamtkörper in allen seinen Ausprägungen und Handlungsformen verstanden werden. Im Anschluss daran lassen sich auf den zweiten Blick dann auch Gesetze und Regulierungen als Systeme betrachten, deren Resilienz von Interesse ist. Allerdings kann es nicht darum gehen, auf den Fort-Bestand bestimmter Normen abzustellen, sondern es ist danach zu fragen, ob ein Normprogramm, ein Regulierungsdesign in der Lage ist, seine Ziele, den Gesetzeszweck zu erfüllen. Entsprechend manifestiert sich eine resiliente Regulierung am Steuerungserfolg. Wie muss ein Gesetz ausgestaltet sein, damit es erfolgreich sein kann? Welche Faktoren unterstützen seine Resilienz? Konkret wird heute bei der Entsorgung hochradioaktiver Abfälle im Sinne eines resilienten Umgangs mit Ungewissheit über die Ziele und Prinzipien einer guten Risiko-Governance diskutiert.[13]

## 2. Ungewissheit und Risiko bei der Realisierung eines Endlagers

Eine Regulierung oder eine angepasste Governance-Struktur müssen auf die Realität in ihren spezifischen Momenten reagieren, wenn sie auf das Geschehen Einfluss nehmen wollen. Innerhalb des BMBF-geförderten, interdisziplinären Forschungsverbundvorhabens »ENTRIA-Entsorgungsoptionen für radioaktive Reststoffe«[14] beschäftigt sich ein Arbeitspaket »Risikobetrachtung und -bewertung von Entsorgungsoptionen für radioaktive Reststoffe« schwerpunktmäßig mit Fragen des Umgangs mit Ungewissheit en bei der Entsorgung von Atommüll. Einschlägige Ergebnisse, die die Phänomenologie der Ungewissheit im konkreten Fall umreißen, sollen hier eingeflochten werden.

Es ist ja nicht nur der enorm lange Zeitraum, der wegen der Zerfallszeiten radioaktiver Abfälle in den Blick zu nehmen ist. Eine Besonderheit bedeutet auch – wie eingangs angedeutet – die gefährliche Strahlung, die von dem Abfall ausgeht und ihre Wahrnehmung in der Gesellschaft. In der internationalen Forschung wurde herausgearbeitet, dass etliche Eigenschaften der

13 Vgl. *Eckhardt/Rippe*, Risiko und Ungewissheit – bei der Entsorgung hochradioaktiver Abfälle, Zürich 2016, S. 88 ff.

14 Vgl. www.entria.de, Zugriff am 22.03.2016.

Abfälle dazu beitragen, dass das damit verbundene Risiko als schwerwiegend angesehen wird.[15]

Anne Eckhardt und Klaus Peter Rippe konkretisieren die Besonderheiten so:

- » Radioaktivität ist dem menschlichen Sinne nicht direkt wahrnehmbar. Daher kann sie von potentiell Betroffenen ohne Hilfsmittel und ohne Unterstützung durch Fachleute schlecht eingeschätzt und kontrolliert werden.
- Bei der Entsorgung hochradioaktiver Abfälle sind Unfälle denkbar, die katastrophale Auswirkungen nach sich ziehen.
- Störungen oder Unfälle bei der Entsorgung können sich langfristig auswirken. Dies wird durch die langen Einschlusszeiten unterstrichen, mit denen bei der Entsorgung hochradioaktiver Abfälle kalkuliert werden muss. Schäden an der Keimbahn von Menschen, an der Keimbahn anderer Lebewesen oder Veränderungen in ökologischen Systemen können sich sogar auf kommende Generationen übertragen.
- Schwere gesundheitliche Schäden bei Menschen oder schwere Umweltschäden, die durch Radioaktivität verursacht wurden, lassen sich nicht rückgängig machen.
- Viele Menschen empfinden die Freiwilligkeit mit der Risiken bei der Entsorgung hochradioaktiver Abfälle eingegangen werden, als gering. Ihre Möglichkeiten, auf die Formulierung von Sicherheitsstandards, die Standortauswahl für Entsorgungsanlagen[16] oder die sicherheitsgerichtete Gestaltung solcher Anlagen Einfluss zu nehmen, sind begrenzt.

15 Vgl. *Marti*, Risikoansichten – Wie Merkmale der Person, der Risikoquelle und des Rahmens Risikoansichten beeinflussen, Zürich 2016; *Koch/Schmidt/Marti*, Literaturübersicht Kernenergie – Studie im Auftrag des Bundesamtes für Energie, Bern 2009, S. 47 f.

16 Zur Bedeutung von Kompensationen und der Verknüpfung mit der Regionalentwicklung veranstaltete ENTRIA am 28.01.2016 ein Werkstattgespräch an der TU Braunschweig, das in einem Tagungsband dokumentiert wird. Vgl. *Ott/Smeddinck* (Hrsg.), Umwelt, Gerechtigkeit, Freiwilligkeit – insbesondere bei der Realisierung eines Endlagers für Atommüll (im Erscheinen); vgl. auch *Ipsen*, Bürgerbeteiligung und Regionalentwicklung am Standort für ein atomares Endlager, in: *Hocke/Grunwald* (Hrsg.), Wohin mit dem radioaktiven Abfall? Perspektiven für eine sozialwissenschaftliche Endlagerforschung, Berlin 2006, S. 105 ff.

- Eindeutige Informationen über das Risiko zu erhalten, ist nicht möglich. Das Spektrum der Meinungen, die von Akteuren wie Aufsichtsbehörden, Nichtregierungsorganisationen (NGO) und Betreibern vertreten werden, ist ausgesprochen breit. Viele dieser Akteure beanspruchen jeweils für sich, dass ihre Meinung wissenschaftlich abgesichert ist.«[17]

Die dargestellten Risikoausprägungen unterstreichen eine ungewöhnlich komplexe Gemengelage, die die beteiligten Akteure herausfordert.

## 3. Resilienz in der Endlagerforschung

Bisher ist im Zusammenhang mit der Entsorgung radioaktiver Abfälle das zunehmend diskutierte Konzept der Resilienz kaum rezipiert worden.[18] Mittlerweile gibt es Überlegungen den Ansatz auch für die Endlagerforschung fruchtbar zu machen. Das herkömmliche Risikomanagement ist primär auf kalkulierbare Risiken zugeschnitten.[19] Es beschäftigt sich mit Umweltrisiken, ihrer Häufigkeit und Eintrittswahrscheinlichkeit, ihren potenziellen Schädigungen an der Umwelt und ihren einzelnen Medien Wasser, Boden und Luft sowie mit den finanziellen Auswirkungen.[20] Gegenwärtige Ungewissheiten bestehen aber aus einer unüberschaubaren Vielfalt und Komplexität.

Deshalb wächst die Einsicht, dass Systeme wie z.B. Kernkraftwerke vermehrt undurchsichtig und nicht vollständig spezifizierbar sind.[21] Resilienz soll insofern das klassische vorausschauende Risikomanagement ergänzen.[22]

> »Resiliente Systeme sind in der Lage, auf eine Vielzahl von Anforderungen und Einwirkungen so zu reagieren, dass kein Schaden entsteht, ein Schaden begrenzt oder bewältigt wird. Damit schützen sie sich auch vor Entwicklungen, die mit Ungewissheiten verbunden sind.«[23]

---

17 *Eckhardt/Rippe*, (Fn. 11), S. 8.

18 *Eckhardt/Rippe*, (Fn. 11), S. 78.

19 Vgl. etwa *Erbguth/Schlacke*, Umweltrecht, 5. Aufl., Baden-Baden 2014, § 14 Rz. 28.

20 *Muth/Heinze*, Umwelthaftung und Risikomanagement – Neue Aufgaben für die Unternehmen, UPR 2005, S. 367 ff.

21 *Hill*, Wirksam verwalten – Agilität als Paradigma der Veränderung, VerwArch 2015, S. 397, 399.

22 *Eckhardt/Rippe*, (Fn. 11), S. 84.

23 *Eckhardt/Rippe*, (Fn. 11), S. 84.

Anschaulich für Resilienz ist die Umsetzung des Fail-Safe-Prinzips während des Betriebs einer Entsorgungsanlage. Entsprechende Maßnahmen lassen die Entsorgungsanlage bei Störungen von selbst in einen sicheren Zustand übergehen. Wenn es in der Monitoringphase zu einem »unkontrollierten Abbruch der Überwachung« kommt, könnte sich ein geologisches Tiefenlager selbst verschließen.[24]

Im Sinne der Resilienz wird für eine Entsorgungslösung gefordert, dass die Aufsichtsbehörden eine hinterfragende Haltung fördern und Gelegenheiten schaffen sollen, um in Sicherheitsfragen kontinuierlich dazuzulernen. Sicherheitsrelevante Sachverhalte müssen erkannt, bewertet und die erforderlichen Maßnahmen rasch umgesetzt werden.[25] Auf internationaler Ebene wird – verstärkt durch den Reaktorunfall in Fukushima 2011 – unter Fachleuten über die Ausgestaltung der jeweils passenden Risikokultur diskutiert. Generalisierbare Erkenntnisse sind bisher nicht gefunden worden. Das wird auf die politischen, gesellschaftlichen und kulturellen Rahmenbedingungen zurückgeführt, die die Ausgestaltung resilienter Systeme maßgeblich mitbestimmen.[26] In diesem Sinne wird hervorgehoben, dass das Sicherheitsmanagement und die Sicherheitskultur der Organisationen, die für die Umsetzung der Entsorgung zuständig sind, aber eben auch Merkmale der Gemeinschaften, in die eine Entsorgungslösung eingebettet ist, die Resilienz der Entsorgungslösung mitbestimmen.[27] Zu den Rahmenbedingungen zählt die Risiko-Governance als Summe der Eigenschaften des Steuerungs- und Regelungssystems auf staatlicher Ebene, die auf die Begrenzung von Risiken aller Art ausgerichtet sind.[28]

Da die Risikoregulierung regelmäßig auf der nationalstaatlichen Ebene erfolgt, soll im weiteren das StandAG mit den Zielen und Prinzipien der Risiko-Governance in Beziehung gesetzt werden wie sie sich international herausgebildet haben und in der aktuellen Endlagerforschung weiterentwickelt werden.[29] Anhand dessen lassen sich resiliente Merkmale der deutschen Regulierung beschreiben.

---

24 Vgl. *EKRA*, Entsorgungskonzepte für radioaktive Abfälle – Schlussbericht, Bern 2000, S. 50 f.

25 Vgl. *OECD/NEA*, The characteristcs of an effective nuclear regulator, Paris 2014, S. 13.

26 *Eckhardt/Rippe*, (Fn. 11), S. 86.

27 *Eckhardt/Rippe*, (Fn. 11), S. 86.

28 *Eckhardt/Rippe*, (Fn. 11), S. 87; vgl. auch *Kluth* (Hrsg.), Verwaltungskultur, Baden-Baden 2001.

29 Vgl. *Eckhardt/Rippe*, (Fn. 11), S. 88 ff.

## 4. Wissenschaftsbasierung, Transparenz, Diskurs und Legitimation – Elemente resilienter Regulierung im StandAG?

Zentraler Bestandteil der Risiko-Governance zum Umgang mit Atommüll ist in Deutschland das StandAG. Das Interesse richtet sich auf die Frage, ob und inwieweit das Gesetz eine resiliente Regulierung darstellt, und zwar in dem Sinne, dass sie – trotz aller Widrigkeiten – geeignet ist, den Gesetzeszweck zu erreichen. Dabei ist davon auszugehen, dass für eine derart extraordinäre Aufgabe, den Umgang mit Ungewissheiten und Risiken zu managen, das Gesetz besondere Elemente nutzen könnte, die sich in konkreten Vorschrift niederschlagen.

Nach § 1 Abs. 1 S. 1 StandAG ist Ziel des Standortauswahlverfahrens, in einem wissenschaftsbasierten und transparenten Verfahren für die im Inland verursachten, insbesondere hoch radioaktiven Abfälle den Standort für eine Anlage zur Endlagerung (…) in der Bundesrepublik Deutschland zu finden, der die bestmögliche Sicherheit für einen Zeitraum von einer Million Jahren gewährleistet. Bereits in dieser Auftaktvorschrift springen die Verweise auf Wissenschaft und Transparenz besonders ins Auge. Im Vorgriff auf weitere Regelungskomplexe des Gesetzes erscheinen daneben Diskurs und Legitimation zwei weitere kennzeichnende Begriffe zu sein, die zwar nicht explizit verwendet werden, die das Regelungsdesign im StandAG aber in besonderer Weise prägen. Sie sollen hier allesamt als Analysehilfen scharf gestellt werden (a – d).

### a) Wissenschaftsbasierung

Die Betonung des wissenschaftsbasierten Verfahrens verdeutlicht, dass es wissenschaftliche Erkenntnisse sein müssen, auf die aufgesetzt, auf die im Verfahren Bezug genommen wird und Folgerungen tatsächlicher Art wie rechtlicher Natur abgeleitet werden. Wissenschaft bezeichnet ein System der Erkenntnisse über die wesentlichen Eigenschaften, kausalen Zusammenhänge und Gesetzmäßigkeiten der Natur, Technik, Gesellschaft und des Denkens, das in Form von Begriffen, Kategorien, Maßbestimmungen, Gesetzen, Theorien und Hypothesen fixiert wird.[30] Dabei ist bezogen auf die Auswahl eines Standortes für ein Endlager von einem breiten Spektrum an

30 Artikel „Wissenschaft“, in: *Klaus/Buhr*, Philosophisches Wörterbuch. 11. Aufl., Leipzig 1975, zitiert nach https://de.wikipedia.org/wiki/Wissenschaft, Zugriff am 22.03.2016.

wissenschaftlichen Disziplinen auszugehen, die allesamt relevant werden können, zur Beantwortung der Fragen und Lösung der Aufgaben, die dabei auftreten (Naturwissenschaft und Technik, Politik- und Rechtswissenschaft, Philosophie u.a.m.).[31] Dabei wird eine besondere Herausforderung sein, die verschiedenen Disziplinen übergreifend produktiv auszuwerten.[32]

Wissenschaft zur Handlungsgrundlage zu machen, schließt es aus, Einbildung, bloße Meinungen oder spekulativ entwickelte Ideen zur grundlegenden Basis des Verfahrens zu machen. Der Verweis auf die Basierung verweist zugleich darauf, dass die wissenschaftlichen Erkenntnisse in anderen Kontexten verarbeitet werden müssen. Das ist einmal das Standortauswahlverfahren selbst. Das sind zum zweiten aber auch politische Aushandlungsprozesse und gesetzgeberische Entscheidungen, mit denen das Standortauswahlverfahren verknüpft ist. Zwar ist die Möglichkeit eines allein wissenschaftsbasierten, an Verfahrens- und Ergebnisrationalität orientierten Diskurses eingeschränkt, wenn das Parlament Ort einer politischen Entscheidung sein soll, die auch Ausdruck des Ringens um Macht und den Machterhalt, eventuell auch des Werbens um die Unterstützung einer bestimmten Klientel ist.[33] Die staatliche Kompetenzordnung und Rollenverteilung in der Bundesrepublik Deutschland lässt es aber auch nicht zu, dass die grundlegenden Fragen von Fachleuten entschieden werden.[34]

---

31 Vgl. beispielhaft die Zusammensetzung in der interdisziplinären, BMBF-geförderten Forschungsplattform ENTRIA-Entsorgungsoptionen für radioaktive Reststoffe, www.entria.de, Zugriff am 22.03.2016.

32 Vgl. *Chaudry/Kuppler/Smeddinck*, Inter- und Transdisziplinarität als Voraussetzung bei der Entsorgung radioaktiver Reststoffe, atw 2016, S. 198 f.; *Grunwald*, Wissensintegration auf dem Weg zur Entsorgung hoch radioaktiver Abfälle, in: *Smeddinck/Kuppler/Chaudry* (Hrsg.), Inter- und Transdisziplinarität als Voraussetzung bei der Entsorgung radioaktiver Reststoffe, (im Erscheinen).

33 *Hoffmann-Riem*, Gesetz und Gesetzesvorbehalt im Umbruch – Zur Qualitätsgewährleistung durch Normen, AöR 2005, S. 5, 31 f.

34 *Böcher/Krott*, Politikberatung durch autonome Diskurse – das Beispiel Erfolgsfaktoren für nachhaltige Regionalentwicklung, in: *Krott/Suda* (Hrsg.), Macht Wissenschaft Politik? Erfahrungen wissenschaftlicher Beratung im Politikfeld Wald und Umwelt, Wiesbaden 2007, S. 175, 200; *Saretzki*, Welches Wissen – wessen Entscheidung? Kontroverse Expertise im Spannungsfeld von Wissenschaft, Öffentlichkeit und Politik, in: *Bogner/Torgersen* (Hrsg.), Wozu Experten? Ambivalenzen der Beziehung von Wissenschaft und Politik, Wiesbaden 2005, S. 345, 351 f., 362, 366 f.; *Heintzen*, Externe Beratung in der Gesetzgebung, in: *Kluth/Krings* (Hrsg.), Gestzgebung, Heidelberg 2014, § 9.

Interessant sind die sich abzeichnenden Umbrüche im Wissenschaftsverständnis. Citizen Science wird als eigene Form der Wissenschaft aufgewertet und zunehmend anerkannt.[35] Der Anspruch der Gesellschaft auf Einbeziehung auch in Forschungszusammenhänge wächst und wird mit dem wissenschaftstheoretischen Begriff der Transdisziplinarität erfasst.[36] Von wissenschaftlichem Wissen wird erwartet, dass es in robuster, also belastbarer und verständlicher Form zur Verfügung gestellt wird.[37]

### b) Transparenz

Der Anspruch, ein transparentes Verfahren durchzuführen, das für alle durchschaubar und nachvollziehbar ist, folgt der modernen Sichtweise im Gefolge der Århus-Konvention, dass Transparenz und Beteiligungsmöglichkeiten der Bewältigung öffentlicher Aufgaben und Angelegenheiten dienen und sie befördern.[38] Die Maßgabe reagiert auch auf die Erfahrung, dass in der Vergangenheit Entscheidungen nicht transparent waren, hinter verschlossenen Türen, sei es in der Politik oder der (Ministerial-)Verwaltung, gefällt wurden und die Entscheidungsprozesse und tragenden Argumente für die Öffentlichkeit nicht bekannt oder nachvollziehbar waren.[39] Dabei lässt sich festhalten, dass die administrativen Aktivitäten im Zusammenhang mit der Realisierung eines Endlagers grundsätzlich der gleichen Verwaltungskultur und den sie prägenden Rechtsvorschriften unterliegen wie die Verwaltung in Deutschland generell. Um Transparenz zum Leitbild zu machen, musste der althergebrachte »Kult des Amtsgeheimnisses« erst

35 *Finke*, Citizen Science – Das unterschätzte Wissen der Laien, München 2014.

36 *Chaudry/Kuppler/Smeddinck*, (Fn. 32), atw 2016, S. 198 f.

37 *Nowotny*, Experten, Expertise und imaginierte Laien, in: *Bogner/Torgersen* (Hrsg.), Wozu Experten? Ambivalenzen der Beziehung von Wissenschaft und Politik, Wiesbaden 2005, S. 33, 40 ff.

38 *Schlacke*, Aarhus-Konvention – Quo vadis? ZUR 2004, S. 129 ff.; *Schlacke/Schrader/Bunge*, Informationsrechte, Öffentlichkeitsbeteiligung und Rechtsschutz im Umweltrecht – Aarhus-Handbuch, Berlin 2009; *Masing*, Die Mobilisierung des Bürgers für die Durchsetzung des Rechts, Berlin 1997.

39 Vgl. *Radkau/Hahn*, Aufstieg und Fall der deutschen Atomwirtschaft, München 2013, S. 301, 325.

als nicht mehr zeitgemäß erkannt und verabschiedet werden.[40] Dieser Umbruchprozess ist in Deutschland immer noch nicht abgeschlossen.[41]

Transparenz wird im Standortauswahlverfahren für umso wichtiger gehalten, weil der Entscheidungsprozess nicht unbedingt ein eindeutiges wissenschaftliches Ergebnis erzeugen wird.[42] Welche Störungen entstehen können, wenn das Verfahren nicht als transparent empfunden wird, zeigt die Kritik der Mehrheit der Umweltverbände an mangelnder Beteiligung im Entstehungsprozess des StandAG und die anschließende Weigerung – auch wegen des Arguments mangelnder Beteiligung – an der Kommissionsarbeit und deren Öffentlichkeitsbeteiligung mitzuwirken.[43] Zutreffend wird auf die verfassungsrechtlichen Bindungen verwiesen.[44] Zugleich gibt es Beispiele, dass in anderen Fällen mit anderen gesellschaftlichen Akteuren sehr wohl Absprachen und Einigungen über Regelungsinhalte von Gesetzen stattfinden.[45] Außerdem belasten historische Erfahrungen und Konflikte im Umgang mit der Kernenergie die aktuellen Lösungsbemühungen.[46]

---

40 *Smeddinck,* Informationsfreiheit versus Dienstgeheimnis. NJ 2004, S. 56 ff. m.w.N.

41 BVerwG, Urt. v. 25.06.2015, 7 C 1.14 und 7 C 2.14; *Müller-Neuhof,* Das Wissen bleibt bei der Macht, Der Tagesspiegel v. 04.01.2015, S. 7; *Wegener*, Aktuelle Fragen der Umweltinformationsfreiheit, NVwZ 2015, S. 609, 616; *Kleindiek*, Machen Volksgesetzgebung und Transparenz unsere Demokratie besser? In: *Bäuerle/Dann/Wallrabenstein* (Hrsg.), Demokratie-Perspektiven, FS Bryde, Tübingen 2012, S. 175 ff.

42 *Niehaus*, Ziele und Inhalt eines Standortauswahlgesetzes, in: *BMU/Burgi* (Hrsg.), 14. Deutsches Atomrechtssymposium, Baden-Baden 2013, S. 247, 252.

43 *Budde*, Umweltverbände zweifeln an Endlager-Kommission, Deutschlandfunk v. 21.05.2014, vgl. http://www.deutschlandfunk.de/atommuell-umweltverbaende-zweifeln-an-endlager-kommission.697.de.html?dram:article_id=286973, Zugriff am 18.09.2015; vgl. auch *Ueberhorst*, Demokratische Atommüllpolitik oder Zustimmungsmanagement und simulierte gesellschaftliche Verständigung – eine kritische Würdigung der Arbeit der StandAG-Kommission, Strahlentelex 8/2015, S. 3 ff.

44 *Bull*, Was ist „die Öffentlichkeit" und welche Befugnisse soll sie haben? DVBl. 2015, S. 593, 596 f.

45 *Müller*, Ministerialverwaltung im Prozess der Normgenese am Beispiel des Bodenschutzes, in: *Brandt/Smeddinck/Tils* (Hrsg.), Gesetzesproduktion im administrativen Binnenbereich, Baden-Baden 2001, S. 17, 26 f.

46 Vgl. *Kalmbach*, Ein Forum zur Entwicklung neuer Lösungsansätze oder zur Austragung alter Konflikte? Die Kommission „Lagerung hoch radioaktiver Abfallstoffe", in: *Brunnengräber* (Hrsg.), Problemfalle Endlager (im Erscheinen).

Bezogen auf den Umgang mit Ungewißheit kann Transparenz zu einer positiven Fehlerkultur verhelfen. Sie zeichnet sich dadurch aus, dass Fehler transparent gemacht werden, zu guten Fehlern ermutigt und aus schlechten Fehlern gelernt wird, um eine sicherere Lebenswelt zu schaffen. Negative Fehlerkulturen zeichnen sich dagegen dadurch aus, dass Menschen Angst haben, Fehler zu begehen, und alles tun, um eingetretene Fehler zu verbergen. Eine solche Kultur ist wenig lernfähig und offen für neue Herangehensweisen.[47] In der bisherigen friedlichen Nutzung der Kernenergie herrschte die Tendenz vor, Fehler oder Pannen in den Anlagen vor der Öffentlichkeit zu verschweigen.[48] Das wurde z.T. auch mit den feindlichen Reaktionen in der Öffentlichkeit begründet. Die Verhaltensweise hat aber zu einer Abwärtsspirale im Vertrauensverhältnis von Atomindustrie und Bevölkerung geführt. Die Verpflichtung auf Transparenz im StandAG zielt darauf, diesen Fehler nicht zu wiederholen und im Gegenteil bei der Standortsuche eine positive Fehlerkultur zu etablieren.[49] Das könnte konkret bedeuten, dass über Fehler gesprochen und Lehren aus ihnen gezogen werden.[50] Berichte über vorgetäuschte Sicherheitsüberprüfungen beim Akw Philippsburg wirken zunächst verstörend, tragen aber mittelfristig zu einem glaubwürdigen Umgang bei.[51]

### c) Diskurs

In Abkehr von der Terminologie des StandAG soll hier nicht der Begriff Öffentlichkeitsbeteiligung verwendet, sondern der Diskursbegriff eingeführt werden. Der Diskurs kann als verständigungsorientiertes Sprachhandeln gefasst werden.[52] Der in der Demokratie institutionalisierte rationale Diskurs soll zu vernünftigen und daher akzeptablen Lösungen führen.[53] Hervorgehoben werden sollen damit aber nicht Verständigungsprozesse,

---

47 *Gigerenzer*, Risiko – Wie man die richtigen Entscheidungen trifft, 3. Aufl., München 2013, S. 70.

48 *Radkau/Hahn*, (Fn. 37), S. 333.

49 Vgl. nochmals *OECD/NEA*, (Fn. 23), S. 13.

50 Aus jedem Fehler kann gelernt werden. Insofern ist die Unterscheidung in gute und schlechte Fehler fragwürdig. Hinweise von Anne Eckhardt, risicare, Schweiz.

51 *Paul*, Kontrolle außer Kontrolle, Der Tagesspiegel v. 15.4.2016, S. 4.

52 *Vesting*, Rechtstheorie, München 2007, Rz. 28.

53 Vgl. *Raiser*, Rechtssoziologie, 6. Aufl., Tübingen 2013, S. 290 m.w.N.

die in den bestehenden Institutionen stattfinden, sondern es geht um die Ergänzung und Verkopplung mit gesellschaftlichen Diskursen, im Sinne eines Korrektivs zu den herkömmlichen Institutionen.[54] Leitbild ist die Sprachgemeinschaft in der »freiwilligen Assoziation freier und gleicher Rechtsgenossen«.[55] Generell wird dem Diskurs die Funktion zugeschrieben, die Dimensionen und die Tragweite technischen Handelns und Unterlassens zu verdeutlichen, ohne dass die genauen Folgen vorhergesagt werden können.[56] Gerade im Hinblick auf den Umgang mit Ungewissheit erscheint die Perspektive besonders angemessen, wenn Joachim Radkau feststellt: »Der Umgang mit hypothetischen Risiken erfordert einen neuen Politikstil: den Bürgerdialog zur Ermittlung dessen, was Gesellschaft akzeptiert.«[57]

Bürgerliche Beteiligung am öffentlichen Leben zeugt von aktivem Interesse für die Politik, ermöglicht die Mitgestaltung der politischen Agenda und führt zur Entwicklung von politischem Sachverstand.[58] Das Lösungspotential offenbart sich darin, wenn vorpolitische Aktivitäten und Diskussionen sich mit weiterreichenden Problemlösungsvorschlägen und politischen Entscheidungsvorbereitungen verbinden.[59] Die Öffentlichkeitsbeteiligung schafft die Gelegenheiten und Räume für den Diskurs und die Verknüpfung unterschiedlicher Diskurse. Repräsentative Demokratien können um partizipatorische Elemente ergänzt werden – um die Demokratie demokratischer zu machen, die Identifikation der Bürger mit der Demokratie zu verbessern, um die Anliegen der Bürger stärker zu berücksichtigen.[60] Informelle, dialogorientierte Beteiligungsverfahren, die in einer konstruktiven

---

54 *Vesting*, (Fn. 52), Rz. 28.

55 *Habermas*, Faktizität und Geltung, Frankfurt/M. 1992, S. 143.

56 *Renn*, Mit Sicherheit ins Ungewisse – Möglichkeiten und Grenzen der Technikfolgenabschätzung, APuZ 2014, S. 3, 10.

57 *Radkau*, Die Ära der Ökologie – Eine Weltgeschichte, Bonn 2011, S. 210; vgl. auch *Roose*, Der endlose Streit um die Atomenergie – Konfliktsoziologische Untersuchung einer dauerhaften Auseinandersetzung, in: *Feindt/Saretzki* (Hrsg.), Umwelt- und Technikkonflikte, Wiesbaden 2010, S. 79, 99.

58 *Smeddinck/Roßegger*, Partizipation bei der Entsorgung radioaktiver Reststoffe – unter besonderer Berücksichtigung des Standortauswahlgesetzes, NuR 2013, S. 548, 550 m.w.N.

59 *Riescher*, Kommunitaristische Begründungen demokratischer Partizipationsformen, in: *Riescher/Rosenzweig* (Hrsg.), Partizipation und Staatlichkeit, Stuttgart 2012, S. 91, 103 f.

60 *Geißel/Roth/Collet/Tillmann,* Partizipation und Demokratie im Wandel – Wie verändert sich unsere Demokratie durch neue Kombinationen repräsentativer, delibe-

Partizipationskultur eingebettet sind, gelten als Erfolgsfaktor zur Realisierung großer Infrastrukturprojekte.[61] Die erweiterten Diskurs- und Kommunikationsmöglichkeiten können bessere Verständigungschancen bieten als die eingeengte, reglementierte Gesprächsführung in einem Gerichtsprozess.[62] Hier nur einen »partizipativen Overkill« mit letztlich nebulöser Wirkung zu konstatieren,[63] heißt erforderliche und hilfreiche neue Lösungswege abzuschneiden.[64]

### d) Legitimation

Legitimation meint über den bloßen Geltungsgrund der legal erzeugten Norm hinausgehend die inhaltliche Anerkennung des Geltungsanspruchs und die entsprechende Bereitschaft zur Befolgung des Norminhalts durch den Adressaten.[65] Eine als verbindlich angesehene Ordnung befolgt der Handelnde, weil er an ihre Legitimität glaubt und sich ihr deshalb freiwillig anpasst.[66]

> »In archaischen Zeiten ist das Recht von Religion, Moral und Sitte noch ungeschieden, trägt es mit diesen die Züge einer naturhaften unvordenklichen Ordnung.«[67]

---

rativer und direktdemokratischer Elemente? In: *Bertelsmann-Stiftung/Staatsministerium Baden-Württemberg* (Hrsg.), Partizipation im Wandel, Gütersloh, 2014, S. 11 ff.; Widerspruch dazu bei *Crozier/u.a.*, wonach es in der Demokratie nicht an Partizipationsmöglichkeiten fehle, sondern an repräsentativer Verantwortlichkeit sowie an der mangelnden Transparenz des Gegenübers von Regierung und Opposition, The Crisis of Democracy, New York 1975, S. 114.

61 *Nanz*, Öffentlichkeitsbeteiligung an der Kommission „Lagerung hoch radioaktiver Abfallstoffe“, *Sommer* (Hrsg.), Kursbuch Bürgerbeteiligung, Berlin 2015, S. 420, 421.

62 *Struck*, Rechtssoziologie – Grundlagen und Strukturen, Baden-Baden 2011, S. 162 ff.

63 So *Gärditz*, Die Entwicklung des Umweltrechts in den Jahren 2013 – 2014: Umweltschutz im Zeichen von Verfahren und Planung, ZfU 2015, S. 343, 362.

64 *Geißel/Roth/Collet/Tillmann,* (Fn. 60), S. 11, 12.

65 Vgl. *Schneider*, Gesetzgebung, 3. Aufl., Heidelberg 2002, Rz. 54.

66 *Raiser*, (Fn. 53), S. 89.

67 *Heyen*, Historische und philosophische Grundfragen der Gesetzgebungslehre, in: *Schreckenberger* (Hrsg.), Gesetzgebungslehre – Grundlagen, Zugänge, Anwendung, Stuttgart, Berlin 1986, S. 11.

Heute dürfte es realistisch sein,

> »von einer komplexen Legitimation des modernen positiven Rechts auszugehen, in der als Quelle des Legitimitätsglaubens und der Unterordnungsbereitschaft des Menschen zahlreiche verschiedene Elemente in unterschiedlicher Gemengelage zusammenfließen: (...).«[68]

Legitimation kann sich insbesondere aus der Ausgestaltung eines Verfahrensablaufes ergeben. Verfahren können sehr unterschiedlich ausgestaltet werden. Der juristische Prozess kommt in der paradigmatischen Untersuchung von Niklas Luhmann nicht sonderlich gut weg,[69] weil etwa dem vor dem Gericht Unterlegenen das Geschehen typischerweise unverständlich bleibt und ihn marginalisiert.[70] Legitimation resultiert hier eher aus der Überwältigung bzw. hier könnte der Grund dafür liegen, dass der Unterlegene sich regelmäßig ungerecht behandelt fühlt.

Die Gesetzgebungslehre rät zu rationalen, einleuchtenden, konsensstiftenden Elementen, die dafür sorgen sollen, dass Verhinderungspotential und Gegenaktivitäten nicht überwiegen.[71] Die Betonung von Wissenschaftsbasierung, Transparenz und Diskurs im StandAG kann in diesem Sinne gedeutet werden.

#### e) Zwischenfazit

Das Abstellen auf Wissenschaftsbasierung, Transparenz, Diskurs und Legitimation entspricht den international anerkannten Prinzipien der Nachvollziehbarkeit und Transparenz wie sie als Teil einer guten Risiko-Governance befürwortet werden, um kalkulierbare wie diffuse und unbekannte Risiken abzuwehren.[72] Demnach wird gefordert, dass die Regulierung allgemein zugänglich und verständlich ist. Außerdem sollen sicherheitsrelevante Entscheidungen so getroffen, dokumentiert und kommuniziert werden, dass sie von allen Interessierten nachvollzogen werden können.[73]

---

68 Vgl. *Raiser*, (Fn. 53), S. 290.
69 *Luhmann*, Legitimation durch Verfahren, 6. Aufl., Frankfurt/M. 2001, S. 55 ff.
70 *Struck*, (Fn. 62), S. 164.
71 *Schneider*, (Fn. 65), Rz. 34 ff.
72 *Eckhardt/Rippe*, (Fn. 11), S. 89.
73 *Eckhardt/Rippe*, (Fn. 11), S. 90.

## *II. Resilienzausprägungen im Standortauswahlgesetz*

Im Weiteren sollen unter dem Blickwinkel dieser Elemente Wissenschaftsbasierung (1.), Transparenz (2.), Diskurs (3.) und Legitimation (4.) ausgewählte Regelungen des StandAG erörtert werden, die als Ausprägungen besonders charakteristisch für eine resiliente Regulierung erscheinen. Die Beispiele, die angeführt werden, sind schillernd. Sie reflektieren keineswegs immer nur auf eines, sondern durchaus auf mehrere Elemente.

### 1. Wissenschaftsbasierung

Die Wissenschaftsbasierung soll als Element resilienter Regulierung anhand der unbestimmten Rechtsbegriffe bestmögliche Sicherheit (a) und Stand von Wissenschaft und Technik (b) analysiert werden.

#### a) Bestmögliche Sicherheit

Nach § 1 Abs. 1 S. 1 StandAG ist Ziel des Standortauswahlverfahrens, in einem wissenschaftsbasierten und transparenten Verfahren für die im Inland verursachten, insbesondere hoch radioaktiven Abfälle den Standort für eine Anlage zur Endlagerung (…) in der Bundesrepublik Deutschland zu finden, der die bestmögliche Sicherheit für einen Zeitraum von einer Million Jahren gewährleistet. Die Frage, was bestmögliche Sicherheit bedeutet, lässt sich bloß wissenschaftsbasiert beantworten.

Juristisch lässt sich zunächst feststellen, dass das Adjektiv bestmöglich seinem Wortlaut nach »möglichst gut; so gut wie irgend möglich« bedeutet.[74] Die Kriterien zur Beurteilung dieser Frage werden nach den Vorgaben des StandAG zunächst von der Kommission (§ 4 Abs. 2) und im weiteren Verfahren vom Bundesamt für kerntechnische Entsorgung (BfE) (§ 7) festgelegt. Es entspricht dem Anspruch an kluges Entscheiden, sowohl die Maßstäbe wie auch die in Betracht kommenden Handlungsentwürfe erst zu erstellen und danach geeignete Handlungsziele aus der Situation heraus zu

74 *Duden-Online*, http://www.duden.de/rechtschreibung/bestmoeglich, Zugriff am 22.03.2016.

entwickeln.[75] Es müssen viele Ziele und Kriterien miteinander in Beziehung gesetzt und ausgeglichen werden. Jedes einzelne kann dadurch tangiert oder relativiert werden, ohne dass ggf. ein Mindestmaß an Schutz unterschritten werden darf.[76] Insofern ist der Anspruch von »bestmöglich« im Sinne von »möglichst gut, so gut wie irgend möglich« eher zurückhaltend karg und nüchtern und nicht vollmundig, umfassend und überbordend. 100-prozentige Sicherheit bezogen auf alle in Ansatz gebrachten Parameter kann es nicht geben. Den unterschiedlichsten Ansprüchen kann man nicht in gleicher Weise gerecht werden, auch nicht bei Anstrengung aller Kräfte.[77] Entsprechend sah auch ein Diskussionspapier des Bundesumweltministeriums als eine Aufgabe eines Standortauswahlverfahrens die Festlegung des Endlagerstandortes mit dem relativ (sic!) höchsten Sicherheitsniveau durch Gesetz vor.[78] Die BMBF-geförderte Forschungsplattform ENTRIA deutet in ihrem Memorandum an, wie im Weiteren zu verfahren ist und was im Sinne einer bestmöglichen Sicherheit erreicht werden kann:

> »Aus einer Reihe von Gründen – u.a. wegen der Vielzahl der zu berücksichtigenden Interessen sowie der Unmöglichkeit, Risiken vollständig zu vermeiden – wird es im Umgang mit den radioaktiven Reststoffen keine ideale Lösung geben. Daher kommt es darauf an, Unterschiede von verschiedenen möglichen Lösungen und die jeweiligen Zielkonflikte sichtbar zu machen. Unterschiede werden durch einen Kriterien-gestützten Vergleich herausgestellt. Dies verpflichtet zur Erarbeitung eines sachgerechten differenzierten Kriterienkatalogs. Allerdings macht ein solcher Katalog Wertentscheidungen nicht überflüssig, sondern lediglich bewusst. Auch das StandAG beauftragt die Kommission und die mit der Entsorgung befassten Institutionen, solche Kriterien festzulegen. Eine in diesem Sinne vertretbare Lösung wird sich dabei vor allem um die Optimierung sowohl der sicherheitstechnischen als auch der prozeduralen Dimensionen des Problems bemühen müssen.«[79]

---

75 *Scherzberg*, Ausblick, in: *Scherzberg/u.a.* (Hrsg.), Kluges Entscheiden, Tübingen 2006, S. 325.

76 *Sachs*, in: *Sachs* (Hrsg.), Grundgesetz, 6. Aufl., München 2011, Vor Art. 1 Rz. 36.

77 Vgl. *Smeddinck*, Integrierte Gesetzesproduktion – Der Beitrag der Rechtswissenschaft zur Gesetzgebung in interdisziplinärer Perspektive, Berlin 2006, S. 214.

78 BMU-Diskussionspapier „Standortauswahlverfahren" vom 25.02.2009, zitiert nach *Gaßner/Neusüß*, Standortauswahlverfahren und Sicherheitsanforderungen für ein Endlager, ZUR 2009, S. 347; zustimmend: *Posser*, Zur Endlagerung radioaktiven Abfalls in Deutschland, in: *Kirchhof/Paetow/Uechtritz* (Hrsg.), Umwelt und Planung, FS Dolde, München 2014, S. 251, 278.

79 *Röhlig/u.a.*, ENTRIA-Memorandum zur Entsorgung hochradioaktiver Reststoffe, Hannover 2014, S. 8.

Das StandAG bestimmt an prominenter Stelle in § 1 Abs. 1 S. 1, dass die Sicherheit bei der Entsorgung hochradioaktiver Abfälle herausragende Bedeutung gegenüber allen anderen Interessen hat, die alle nicht genannt werden. Damit folgt die deutsche Risikoregulierung dem international verbreiteten Ziel des Primates der Sicherheit wie er in Art. 10 Convention in Nuclear Safety verankert ist.[80]

b) Stand von Wissenschaft und Technik

Gemäß § 19 Abs. 1 S. 2 StandAG muss der Standortvorschlag, unter Berücksichtigung der Ziele des § 1 Abs. 1, vorbehaltlich der Entscheidung im Genehmigungsverfahren erwarten lassen, dass die nach dem Stand von Wissenschaft und Technik erforderliche Vorsorge gegen Schäden durch die Errichtung, den Betrieb und die Stilllegung des Endlagers gewährleistet ist und sonstige öffentlich-rechtliche Vorschriften nicht entgegenstehen.[81] § 19 Abs. 1 S. 2 ist der Ort, um die entfalteten dogmatischen Ansprüche, die zum Stand von Wissenschaft und Technik herausgearbeitet wurden, einzulösen.

Letztendlich muss der Anspruch der bestmöglichen Sicherheit auch für die abschließende Standortentscheidung nach § 20 gelten.[82] Nach § 20 Abs. 2 S. 2 wird über den Standortvorschlag unter Abwägung der betroffenen öffentlichen und privaten Belange durch ein Bundesgesetz entschieden. Aber auf die bestmögliche Sicherheit muss auch in allen anderen Phasen des Verfahrens hingearbeitet werden. Ebenso stehen diese Phasen unter dem Anspruch von Transparenz und Wissenschaftsbasierung. So hat das Bundesumweltministerium nach § 20 Abs. 1 S. 1 zu überprüfen, dass das Standortauswahlverfahren nach den Anforderungen und Kriterien dieses Gesetzes durchgeführt wurde. Insbesondere gehört unter dem Blickwinkel der bestmöglichen Sicherheit dazu, dass die Vorgaben von § 19 Abs. 1 S. 2 eingehalten sind. Transparenz und Wissenschaftsbasierung werden auch mittels des zusammenfassenden Berichts über die Ergebnisse des Standortauswahlverfahrens, die Beratungsergebnisse des gesellschaftlichen Begleitgremiums und die Ergebnisse der Öffentlichkeitsbeteiligung realisiert, den

80 *CNS*, Convention on Nuclear Safety, Wien 1994; *Eckhardt/Rippe*, (Fn. 11), S. 88.
81 Eingehend: *Semper*, in: *Smeddinck* (Hrsg.), Standortauswahlgesetz – Kommentar, § 19 (im Erscheinen).
82 Eingehend: *Hofmann*, in: *Smeddinck* (Hrsg.), Standortauswahlgesetz – Kommentar, § 20 (im Erscheinen).

die Bundesregierung neben weiteren für die Bewertung des Standortes erforderlichen Unterlagen gem. § 20 Abs. 2 S. 2 vorzulegen hat.

Der Stand von Wissenschaft und Technik gehört als anspruchsvollste Stufe der Regeln der Technik zu den regulatorischen Optionen, Rechtsnormen widerstandfähig zu halten, indem über die Ausfüllung des unbestimmten Rechtsbegriffs jeweils neueste Entwicklungen in die rechtliche Beurteilung und Regulierung einbezogen werden.[83] Der vordergründige Nutzen des Rechtsbausteins »Stand von Wissenschaft und Technik« ist hinterfragt und kritisiert worden.[84] Hier würden Dinge in Beziehung gesetzt, die nicht zusammenpassten. Bereits erkenntnistheoretisch sei es ohne normative Eingrenzung unmöglich, eine technische Aussage mit Gewissheit zu treffen, die durch den Bezug auf Wissenschaft zusätzlich dynamisiert wird. Unvermeidlich sei der Zielkonflikt zwischen den unterschiedlichen Erkenntnisgrößen Wissenschaft und Technik. Die Trennung von Möglichkeit und Wahrscheinlichkeit werde verwischt, indem ein nicht relationierbares Wahrscheinlichkeitsurteil programmiert werde. Dabei werde in einer Weise auf technokratischen Sachverstand abgestellt, der rechtstaatlich wie vollzugstechnisch bedenklich sei.

Es stellt sich die Frage, ob der Stand von Wissenschaft und Technik dennoch als Ausprägung resilienter Regulierung hinsichtlich der Realisierung eines Endlagers gedeutet werden kann. In der Beurteilung von Risiken und Ungewissheiten machen sich typischerweise Interessen bemerkbar, die fordern, »eine Entsorgungslösung dürfe erst realisiert werden, wenn alle wissenschaftlich-technischen Fragen geklärt sind, (...).«[85] Tiefergehend wird das Motiv vermutet, dahinter stehe die Sorge, dass mit zunehmender Investition in einen Lösungsweg grundlegende Änderungen aufgrund neuer Erkenntnisse unwahrscheinlicher werden.[86]

Allen Unkenrufen zum Trotz ist der Rechtsbaustein »Stand von Wissenschaft und Technik« geeignet, diese Strategie zu durchkreuzen, indem eine zeitnahe Entscheidung möglich wird,[87] aber zugleich zur Anpassung an

---

83 *Schneider*, (Fn. 65), Rz. 400 ff.

84 Vgl. zum Weiteren *Lepsius*, Risikosteuerung durch Verwaltungsrecht: Ermöglichung oder Begrenzung von Innovationen? VVDStRL, 2004, S. 264, 298 m.w.N.

85 *Eckhardt/Rippe*, (Fn. 11), S. 118.

86 *Eckhardt/Rippe*, (Fn. 11), S. 118.

87 Kritisch: *Appel*, Methodik des Umgangs mit Ungewißheit, in: *Schmidt-Aßmann/Hoffmann-Riem* (Hrsg.), Methoden der Verwaltungsrechtswissenschaft, Baden-Baden 2004, S. 327, 332; vgl. auch *Struck*, (Fn. 62), S. 174.

neue Erkenntnisse verpflichtet wird, wenn neue Bewertungssituationen anstehen. So alt der Regulierungsansatz ist, so sehr entspricht er noch den Forderungen und Vorstellungen zeitgenössischer Risikoexperten wie Gerd Gigerenzer («Wir müssen uns von den alten Vorstellungen verabschieden, dass wir optimal entscheiden können – also alle Informationen haben, bevor wir eine Haken dranmachen. Es genügt, wenn wir zufriedenstellende Entscheidungen treffen.« Und: »Die Frage ist nicht, was ist perfekt? Denn die führt nur dazu, dass man gar nichts mehr macht. Die Frage ist: Was ist genug?«[88]) oder Nico Stehr (»Man braucht nicht alle Informationen, um Entscheidungen zu treffen. Mit der Unvollkommenheit lebt es sich am besten in Demokratien, die ihre Entschlüsse eher korrigieren.«).[89]

Interessant sind Beobachtungen zur Beurteilung von Risiken und Ungewissheiten im politischen Raum:

> »Politische Entscheidungen dazu, welches Risiko als akzeptabel und welches als nicht akzeptabel betrachtet wird, stützen sich in der Regel auf Empfehlungen verschiedener Akteure, zum Beispiel aus Sicherheitsbehörden und Hochschulen. Neben \`Handelnden´ werden dabei heute in europäischen Ländern meistens auch Vertreter der \`Betroffenen´ angehört. Diese Akteure stützen sich ihrerseits auf Vorbilder aus anderen Ländern (...) und auf den \`Stand von Wissenschaft und Technik´, was letztlich zu einer Vereinheitlichung der Risikobeurteilung auf nationaler wie internationaler Ebene beiträgt.«[90]

Deutlich tritt hier die verstärkte Bedeutung und Erweiterung des Diskurses hervor. Der »closed shop« der Experten öffnet sich für Laien und Öffentlichkeit.[91] Das Wissenschaftsverständnis verändert sich. Wissenschaftliche Expertokratie wird hinterfragt, herausgefordert und ergänzt um Citizen Science und Beteiligungsansprüche der Öffentlichkeit. Praktisch spiegelt sich diese Entwicklung in der Anregung des niedersächsischen Umweltministers Stefan Wenzel, zur Ermittlung des Standes von Wissenschaft und Technik ein Arrangement des Wissensmanagements zu etablieren, das beim sog. Sevilla-Prozess zur Ermittlung Standes der besten verfügbaren Technik

88 *Gigerenzer*, zitiert nach *Lotter*, Die Inventur, brand eins 1/2016, S. 40, 41.

89 *SPON*, Interview v. 25.09.2015, vgl. http://www.spiegel.de/wissenschaft/na-tur/klimawandel-sind-demokratien-ungeeignet-fuer-den-umweltschutz-a-1054489.html (Zugriff am 22.03.2016).

90 *Eckhardt/Rippe*, (Fn. 11), S. 120.

91 Vgl. auch *Smeddinck*, Öffentlichkeitsbeteiligung bei der Grenzwertfestlegung – eine Perspektive für die Strahlenschutzverordnung, in: *Smeddinck/König* (Hrsg.), Grenzwertbildung im Strahlenschutz (im Erscheinen).

(BVT)[92] Anleihen macht. Damit wird letztlich auch auf ein höheres Maß an Transparenz und diskursivem Austausch verwiesen.[93] Eine Öffentlichkeitsbeteiligung ist dort freilich nicht vorgesehen. Im vorliegenden Zusammenhang gehört zur Wissenschaftsbasierung auch, dass es mit dem Verweis auf Wissenschaft und Technik nicht bei diesem einen Rechtsbaustein verbleibt, sondern dass er eingebettet ist, in das regulatorisch aufwendig designte StandAG, was gerade auf diese neuen Tendenzen resoniert.[94]

### 2. Transparenz

Der Anspruch an Transparenz wird in der Arbeit der Endlager-Kommission (a) und des neu einzurichtenden gesellschaftlichen Begleitgremium (b) besonders deutlich.

#### a) Kommission

Das StandAG führt in § 3 die Kommission »Lagerung hochradioaktiver Abfälle« als besonderes Element der Regulierung zur Einbeziehung von Experten und Gesellschaft ein. Die Kommission besteht aus insgesamt 33 Mitgliedern aus Wissenschaft, Umweltverbänden, Religionsgemeinschaften, Wirtschaft und Gewerkschaften) sowie 16 nicht stimmberechtigten Politikern (aus Bund und Ländern). Ihre zentrale Aufgabe ist die Vorbereitung des Standortauswahlverfahrens.

---

92 *Kment*, Beste verfügbare Techniken in der unionsrechtlichen Analyse – Meilenstein oder Stolperstein auf dem Weg zu einem einheitlichen Immissionsanlagenrecht? VerwArch 2014, S. 262 ff.; *Serr*, Quo vadis, Sevilla-Prozess? Herausforderungen für die Erarbeitung der BVT-Merkblätter (BREFs) unter dem Dach der Richtlinie über Industrieemissionen (IED), Immissionsschutz 2011, S. 114 ff.

93 So veranstaltete das BfS beispielsweise einen Auftakt-Workshop „Überprüfung der sicherheitstechnischen Anforderungen für das Endlager Konrad nach dem Stand von Wissenschaft und Technik am 28.04.2016 in der Stadthalle Braunschweig. Ziel war es, mit Expertinnen und Experten verschiedener Fachrichtungen sowie den beteiligten Akteuren über Form und Ablauf der Sicherheitsüberprüfung zu diskutieren.

94 *Smeddinck/Semper*, Zur Kritik am Standortauswahlgesetz – Eine rechtswissenschaftliche Sicht auf gesellschaftliche Debatten, in: *Brunnengräber* (Hrsg.), Problemfalle Endlager (im Erscheinen).

Konkret hat die Kommission nach § 3 Abs. 2 die Pflicht, den Bericht nach § 4 vorzulegen, der die relevanten Grundsatzfragen untersucht und Handlungsempfehlungen für Bundestag und Bundesrat zu erarbeiten. Die Arbeit der Kommission ist auf 2 Jahre befristet. Nach verspätetem Start war die Arbeit der Kommission auch nicht wie gesetzlich vorgesehen am 31. Dezember 2015 beendet (vgl. § 3 Abs. 5 S. 1). Nach anfänglichen Diskussionen wurde die Endlager-Kommission beim federführenden Ausschuss des Bundestages organisatorisch angebunden, um Neutralität zu signalisieren und die Legitimation zu verbessern. Die Kommission dient der Kopplung gesellschaftlicher und politischer Kommunikation. Sie ist als eine vergleichsweise eher »politische« Institution einzuordnen, da sie relativ kurzfristig basale Maßgaben und Entscheidungshilfen generell-abstrakter Natur erarbeiten soll, die die weitere Abarbeitung des Standortauswahlverfahrens mitbestimmen werden und eine gesamtgesellschaftliche Bedeutung entfalten.[95]

Die Kommission soll gem. § 4 Abs. 2 Vorschläge erarbeiten, ob anstelle einer unverzüglichen Endlagerung in tiefen geologischen Formationen Alternativen für eine geordnete Entsorgung der Abfälle wissenschaftlich untersucht und bis zum Abschluss der Untersuchungen die Abfälle in oberirdischen Zwischenlagern aufbewahrt werden sollen, für die Entscheidungsgrundlagen, für Kriterien einer möglichen Fehlerkorrektur, für Anforderungen an die Organisation und das Verfahren des Auswahlprozesses und für die Prüfung von Alternativen, für Anforderungen an die Beteiligung und Information der Öffentlichkeit sowie zur Sicherstellung der Transparenz.

Die Transparenz resultiert schon daraus, dass die Kommission gegenüber anderen Expertengremien gesetzlich geregelt ist und damit staatsrechtliche Grundsatzkritik hier nicht greifen kann.[96] Zudem wird öffentlich verhandelt und die Ergebnisse der Kommissionsarbeit werden der Öffentlichkeit zugänglich gemacht.

### b) Gesellschaftliches Begleitgremium

Das BMU richtet gem. § 8 StandAG mit Zustimmung von Bundestag und Bundesrat nach Abschluss der Arbeit der Kommission (…) ein pluralistisch

95 Vgl. *Krick*, Verhandlungen im Konsensverfahren – Varianten kollektiver Entscheidung in Expertengremien, Wiesbaden 2013, S. 249.

96 *Smeddinck/Willmann*, Die Kommissionsempfehlung nach § 4 Abs. 5 Standortauswahlgesetz – Politikberatung oder Selbstentmündigung des Parlamentes? EurUP 2014, S. 102, 109 f.

zusammengesetztes, gesellschaftliches und nationales Gremium zur gemeinwohlorientierten Begleitung des Prozesses der Standortauswahl ein. Die Mitglieder erhalten Einsicht in alle maßgeblichen Unterlagen des ebenfalls neuen BfE nach § 7 und des Vorhabenträgers nach § 6. Die Beratungsergebnisse werden veröffentlicht. Abweichende Voten sind bei der Veröffentlichung von Empfehlungen und Stellungnahmen zu dokumentieren. Im Sinne der Kontrollfunktion des Gremiums wird damit gerade nicht auf verdeckenden Konsens, sondern auf die Abbildung und Kommunikation auch randständiger Meinungen und Positionen wert gelegt. Die Unabhängigkeit und fehlende Weisungsgebundenheit des Gremiums soll zur Vertrauensbildung in der Öffentlichkeit beitragen. Es bildet damit eine weitere Legitimationsquelle.

Das Begleitgremium soll einen Beitrag zur Meinungsbildung und wechselseitigen Kontrolle in allen Fragen des Standortauswahlprozesses leisten. Hervorzuheben ist, dass ein zusätzlicher Akteur neben den weiteren Institutionen geschaffen wird, der nicht den binnenorganisatorischen Zwängen einer Behörde oder den üblichen Handlungsroutinen staatlicher Administration unterliegt. Mit Hilfe des Begleitgremiums soll gerade aus fachlicher wie gesellschaftlicher Warte Kontrolle und zusätzliches Kontrastwissen ermöglicht werden.

Auch wenn das gesellschaftliche Begleitgremium nicht ausdrücklich von den Regelungen der Öffentlichkeitsbeteiligung des StandAG erfasst wird, nimmt es als mehr oder weniger repräsentatives Organ einer mehr oder minder interessierten Öffentlichkeit eine wichtige Stellvertreterfunktion wahr. Denn hiermit wird ein Organ »neutraler gesellschaftlicher Drittbeobachtung« (Rossen-Stadtfeld) geschaffen, das geeignet ist, Vermachtungstendenzen im Verfahren der Öffentlichkeitsbeteiligung entgegenzuwirken. Denn gleiche Teilhabechancen können vor dem Hintergrund unterschiedlicher subjektiver Befähigung und objektiver Möglichkeiten zur wirkungsvollen Kommunikation leicht und schnell in die Ungleichheit der Einflussmöglichkeiten umschlagen.[97]

Nach der Gesetzesbegründung hat das Bundesumweltministerium dafür zu sorgen, dass in dem gesellschaftlichen Begleitgremium unterschiedliche gesellschaftliche Gruppen vertreten sind, um die Öffentlichkeit an dem

---

97 *Rossen-Stadtfeld*, Beteiligung, Partizipation und Öffentlichkeit, in: *Hoffmann-Riem/Schmidt-Aßmann/Voßkuhle* (Hrsg.), Grundlagen des Verwaltungsrechts II, 2. Aufl., München 2012, § 29 Rz. 30.

Auswahlprozess des Endlagerstandortes zu beteiligen und bei sicherheitstechnischer Gleichwertigkeit verschiedener Standorte bei der Auswahlentscheidung auch sonstige öffentliche Belange zu berücksichtigen.[98] Das setzt voraus, dass das Gremium selbst Anregungen offen gegenüber steht.[99] Die Regelung trägt zum einen dem Umstand Rechnung, dass gesellschaftlich kein einheitliches Meinungsbild zu Atomkraft, Atommüllentsorgung und Endlagersuche besteht. Zum anderen ergibt sich gerade aus unterschiedlichen Sichtweisen und zugehörigem Disput eine größere Komplexität und damit vermutlich eine bessere, weil differenziertere Sichtweise auf den Auswahlprozess.

Selbst wenn also aus allein fachlichen Gründen oder aufgrund politischer Nähe es zu Übereinstimmungen zwischen Vorhabenträger und einzelnen Mitgliedern des Begleitgremiums kommen sollte, wäre aufgrund der pluralen Zusammensetzung immer noch ein unabhängiges anderes Meinungsbild und abweichende Positionierungen möglich und nicht unwahrscheinlich. So wird auf gesetzlichem Weg die Komunikationsverantwortung gestärkt, indem die Gefahr einer teilweisen »Schließung und selektiven Auslenkung des Diskurses« (Rossen-Stadtfeld)[100] jedenfalls reduziert wird. Der transparente, plurale, auch kontroverse Diskurs stärkt die Legitimation.

Das Begleitgremium kann dann im Sinne der klaren Verantwortungszuteilung im Sinne der Risiko-Governance wirken, wenn es in seiner Arbeit zur Vermeidung einer Verantwortungsdiffusion beiträgt.

> »Verantwortungsdiffusion bezeichnet einen Zustand, in dem Personen oder Organisationen untätig bleiben, obwohl ein Handlungsbedarf besteht. Die betreffenden Personen oder Organisationen verlassen sich darauf, dass die Aufgabe von anderen Verantwortlichen übernommen wird oder sie zumindest keine Schuld am Unterlassen trifft, weil es noch andere Verantwortliche gibt.«[101]

Das bedeutet, dass das Begleitgremium im Sinne eines stets aufmerksamen institutionellen »Wachhundes« die Entwicklungen beobachten und bewerten muss sowie ggf. die anderen Akteure auf Fehler oder Nachlässigkeiten

98 BT-Drs. 17/13471, S. 47; vgl. *Smeddinck/Roßegger*, Materialien zur Endlagersuchgesetzgebung III, RATUBS 3/2013, S. 50.

99 Vgl. Arbeitskreis Auswahlverfahren Endlagerstandorte, Auswahlverfahren für Endlagerstandorte – Empfehlungen, Köln 2002, S. 207, vgl. http://www.bundestag.de/blob/281906/c1fb3860506631de51b9f1f689b7664c/empfehlung-_aken/pdfdata.pdf, Zugriff am 22.03.2016.

100 Vgl. *Rossen-Stadtfeld*, (Fn. 97), § 29 Rz. 33.

101 *Eckhardt/Rippe*, (Fn. 11), S. 89.

aufmerksam zu machen hat. Insofern stellt das Begleitgremium auch eine institutionalisierte Qualitätssicherung im Sinne der Prinzipien der guten Risikoregulierung dar.[102] Wenn das Begleitgremium sich selbst phlegmatisch und passiv verhalten würde, im Vertrauen auf die Zuständigkeit anderer, würde jedenfalls die Verantwortungsdiffusion kontraproduktiv verstärkt. Die Aufgaben des Gremiums müssen daher auch die Personalauswahl mitbestimmen, die eine aktive, konfliktfähige und extrovertierte Aufgabenwahrnehmung erwarten lässt. Wahrscheinlich weniger selbstverständlich als bei den behördlichen Akteuren ist die ausreichende Ausstattung mit Ressourcen als weiterer Grundsatz der Risiko-Governance:

> »Die an der Realisierung einer Entsorgungslösung beteiligten Institutionen verfügen über eine ausreichende Anzahl an Personen, welche die für die Aufgabenerfüllung erforderlichen Fähigkeiten und Kompetenzen aufweisen.«[103]

Auch wenn man zunächst das gesellschaftliche Begleitgremium als eher randständig bei der Realisierung einer Entsorgungslösung ansehen mag, ist seine Bedeutung durch die gesetzliche Regelung als Teil der wechselseitigen und gegenseitigen transparenten Kontrolle im Regulierungs- und Risikomanagementsystem des StandAG[104] klar herausgestellt.

### 3. Diskurs

Der kommunikative Austausch im Diskurs findet seine rechtliche Ausgestaltung im StandAG insbesondere in den Grundsätzen der Öffentlichkeitsbeteiligung (a) und der Arbeitsweise der Endlager-Kommission (b).

#### a) Grundsätze der Öffentlichkeitsbeteiligung

In § 9 StandAG werden die Grundsätze der Öffentlichkeitsbeteiligung geregelt. Nach § 9 Abs. 1 haben das BfE und der Vorhabenträger jeweils im Rahmen ihrer Aufgaben und Befugnisse nach diesem Gesetz dafür zu sor-

---

102 *Eckhardt/Rippe*, (Fn. 11), S. 90.
103 *Eckhardt/Rippe*, (Fn. 11), S. 90.
104 Vgl. *Smeddinck*, Synergien oder Reibungsverluste? Wer koordiniert die Institutionen/Aktivitäten und führt sie zusammen? In: *Müller* (Hrsg.), Endlagersuche – Endlager-Kommission und Öffentlichkeit(en): Fragen nach Zusammenarbeit und Fortschritt im Prozess zur Halbzeit der Kommission, Loccumer Protokolle 60/14, S. 69, 75 f.

gen, dass die Öffentlichkeit frühzeitig und während der Dauer des Standortauswahlverfahrens durch Bürgerversammlungen, Bürgerdialoge, über das Internet und durch andere geeignete Medien umfassend und systematisch über die Ziele des Vorhabens, die Mittel und den Stand seiner Verwirklichung sowie seine voraussichtlichen Auswirkungen unterrichtet wird. Der Öffentlichkeit ist Gelegenheit zur Stellungnahme zu geben. Das BfE und der Vorhabenträger werten die übermittelten Stellungnahmen aus und nehmen im Rahmen der Öffentlichkeitsbeteiligung nach Satz 1 im Sinne eines dialogorientierten Prozesses Stellung.

Die übermittelten Stellungnahmen auswerten, heißt, die beiden Akteure BfE und Vorhabenträger müssen, die Stellungnahmen sichten, sondieren und aussieben, was der Beachtung würdig, was sachfremd oder ohne Belang ist. Sie müssen sich mit den enthaltenen Argumenten auseinandersetzen und sie bei ihren weiteren Entscheidungen berücksichtigen bzw. in der Abwägung gewichten.[105] Inhaltsgleiche Hinweise und Kritik können zusammengefasst werden.[106] Der Rahmen der Öffentlichkeitsbeteiligung verweist auf den diskursiven Gesamtzusammenhang, der über die einzelnen Beteiligungsformate hinausgeht und aus wechselseitigen Kommunikationsbeiträgen besteht. Zu den Stellungnahmen aus der Öffentlichkeit wie sie sich aus den partizipatorischen und informatorischen Elementen in der gesamten Zeitspanne frühzeitig und während der Dauer des Standortauswahlverfahrens ergeben, müssen BfE und Vorhabenträger selbst Stellung nehmen und Position beziehen. Dabei muss auf alle vorgebrachten sachlich einschlägigen Gesichtspunkte eingegangen werden. Scherzhafte oder unsinnige Vorbringen müssen nicht kommentiert werden.

Fraglich ist, was unter einem dialogorientierten Prozess zu verstehen ist. Als Dialog[107] hat Martin Buber den Anspruch eines Abgleichs von Interessen und die Herstellung von gemeinsam getragenen Wahrnehmungen und Bewertungen formuliert. These und Antithese sollen dabei gleichwertig nebeneinanderstehen. Konflikte werden als in jedem Fall produktive Möglichkeiten für Konsens oder klarstellenden Dissens gesehen. Das Gesetz spricht

---

105 BT-Drs. 17/13471, S. 48; vgl. *Smeddinck/Roßegger*, (Fn. 98), RATUBS 3/2013, S. 51.

106 Vgl. auch zum Weiteren: *Smeddinck*, in: *Smeddinck* (Hrsg.), Standortauswahlgesetz – Kommentar, § 9 (im Erscheinen).

107 Grundlegend: *Buber*, Das dialogische Prinzip, 7. Aufl., Gerlingen 1994, S. 188 ff.

aber nicht von Dialog, sondern vom dialogorientierten Prozess.[108] Prozess verweist darauf, dass es nicht um eine einmalige Rede und Gegenrede geht, sonst hätte es ja auch Stellungnahme und Gegenstellungnahme oder Antwort heißen können. Gefordert ist vielmehr eine gewisse Fortdauer der Kommunikation, von Rede und Gegenrede. »Es gehört zur dialogischen Beziehung, dass der Angesprochene die Rolle des Sprechers ebenso übernehmen kann wie umgekehrt der Sprecher die des Adressaten.«[109] Es kann auch nicht darum gehen, die ewig gleichen Positionen abzuspulen: »Gegenseitiges Verstehen ist eine Grundbedingung für einen konstruktiven Dialog.«[110] Jürgen Habermas macht weitere aufschlussreiche Maßgaben: »Nicht dialogorientiert ist ein Handeln, dass instrumentell oder strategisch vorgeht.«[111] Kontraproduktiv war etwa der Bürgerdialog zur Kernenergie in den 1970er Jahren, weil er zu stark durchsetzungsorientiert angelegt war.[112] »Im demokratischen Verfassungsstaat wird das `Gespräch´ zum Leitbild des Umgangs mit dem mündigen Bürger (...).«[113] Die verschiedenen wechselseitigen Interessen der Akteure, des BfE, des Vorhabenträgers und der betroffenen Öffentlichkeit müssen tatsächlich ausgetauscht werden können. Eine lediglich schriftliche bzw. elektronische Möglichkeit des Austausches reicht nicht. Technokratische Arroganz und der autoritäre Gestus der Fachmänner vergangener Jahre ist nicht zielführend.[114] »Einbahnstraßen- oder Verlautbarungskommunikation« erfüllen den Anspruch des dialogorientierten Austausches nicht. Es darf nicht der Eindruck entstehen, das Projekt solle »durchgewinkt« werden. »Dialogorientiert« steht in der partizipationswissenschaftlichen Literatur für den informellen Charakter der Beteiligungsverfahren, die dem Agenda Setting und der Entscheidungsvorbereitung dienen.[115]

---

108 Kritisch: *Kruse*, Bürgerbeteiligung: Was wurde aus der Vergangenheit für die Zukunft gelernt? Was wird gewollt? In: *Müller* (Hrsg.), Endlagersuche – gemeinsam mit den Bürgern! Loccumer Protokoll 21/13, S. 37, 40.

109 *Habermas*, Im Sog der Technokratie, Berlin 2013, S. 33.

110 *Eckhardt/Marti/Kreusch/Neumann*, Risikolandschaft, in: *Smeddinck/Kuppler/Ch audry* (Hrsg.), Inter- und Transdisziplinarität bei der Entsorgung radioaktiver Reststoffe (im Erscheinen).

111 *Habermas*, (Fn. 109), S. 34.

112 *Roose*, (Fn. 57), S. 79, 90; vgl. *Terkessidis*, Kollaboration, Berlin 2015, S. 12 f.

113 *Fehling*, Informelles Verwaltungshandeln, in: *Hoffmann-Riem/Schmidt-Aßmann/Voßkuhle* (Hrsg.), Grundlagen des Verwaltungsrechts II, 2. Aufl., München 2012, § 38 Rz. 48.

114 *Terkessidis*, (Fn. 112), S. 19.

115 *Geißel/Roth/Collet/Tillmann,* (Fn. 60), S. 11, 16 f.

Das Ergebnis der Auswertung ist bei den weiteren Verfahrensschritten zu berücksichtigen. Berücksichtigen heißt, die Inhalte der Auswertung jedenfalls nicht außer Acht zu lassen und zu ignorieren. Der allgemeine Wortgebrauch ist »bei seinen Überlegungen, seinem Handeln beachten, nicht übergehen, in seine Überlegungen einbeziehen.«[116] Es geht also nicht darum, ein Einvernehmen oder eine Konsens herzustellen. Jedenfalls ist das nicht rechtlich vorgesehen. Auch wenn rechtswissenschaftlich die Fortentwicklung des Beteiligungsrechts im Sinne der gestaltenden Einflussnahme auf den Entscheidungsprozess angeregt wurde.[117] Es sind BfE und Vorhabenträger, die die aus den Stellungnahmen und Erörterungen gewonnenen Informationen in sachgerechter Weise in ihr Kalkül und ihre Planungen einzubeziehen haben. »Die geäußerten Positionen sollen eine Beratung und inhaltliche Auseinandersetzung provozieren.«[118] Wenn es darauf hin zu notwendigen Korrekturen kommt, hat sich die Vorschrift als resiliente Regelung bewährt.

### b) Endlager-Kommission

Nach § 5 Abs. 3 S. 1 StandAG beteiligt die Endlager-Kommission die Öffentlichkeit nach den in den §§ 9 und 10 festgelegten Grundsätzen.

Auffällig ist, dass neue Formen der Begegnung und des Diskurses erst erprobt werden müssen. Das gilt generell und es gilt für den Bereich der Standortsuche für ein Endlager. Insbesondere fehlen ja Routinen und es belasten die Konflikte der Vergangenheit die aktuellen Aktivitäten und Bemühungen. Die Öffentlichkeitsbeteiligung der Kommission hat einige Kritik erfahren. Die Auftaktveranstaltung im Juni 2015 in Berlin erreichte insofern nur einen Teil der Öffentlichkeit, als die kritischen Umweltverbände als Zeichen des Protestes zeitgleich eine eigene Veranstaltung durchgeführt

---

116 *Duden-Online*, http://www.duden.de/rechtschreibung/beruecksichtigen, Zugriff am 22.03.2016.

117 *Schmidt-Aßmann*, Allgemeines Verwaltungsrecht als Ordnungsidee, 2. Aufl., Heidelberg 2006, S. 106; *Peters*, Die Bürgerbeteiligung nach dem Energiewirtschafts- und Netzausbaubeschleunigungsgesetz – Paradigmenwechsel für die Öffentlichkeitsbeteiligung im Verwaltungsverfahren? In: *GfU* (Hrsg.), Dokumentation zur 38. Wissenschaftlichen Fachtagung der Gesellschaft für Umweltrecht e.V. Leipzig 2014, Berlin 2015, Rz. 12 m.w.N.

118 *Bull*, (Fn. 44), DVBl. 2015, S. 593, 599; zustimmend: *Geißel/Roth/Collet/Tillmann,* (Fn. 60), S. 11, 17.

haben.[119] Zudem war die Veranstaltung der Endlager-Kommission schlecht beworben. Ferner entstammte ein großer Teil der Teilnehmenden den beruflichen Zusammenhängen der Endlagersuche, sei es als Wissenschaftler oder Vertreter von Behörden und Verbänden. Dagegen zielt die Öffentlichkeitsbeteiligung doch gerade darauf, Menschen einzubeziehen, die sonst nicht beteiligt sind.[120]

Die durchführenden Kommunikationsagenturen wirkten auf die Teilnehmer nicht gut vorbereitet. An Tischen mit Gruppenarbeit und Diskussionen zu einzelnen Aspekten des Entwurfs des Programms zur Öffentlichkeitsbeteiligung der Kommission agierten die Moderatoren nicht immer neutral. In der Abschlussrunde im Plenum entspann sich eine Kontroverse darüber, welche »Ergebnisse« der Tische eigentlich gesichert und in den weiteren Prozess eingespeist werden.[121] Hier wie generell in Öffentlichkeitsbeteiligungsprozessen stellt sich die schwierige Aufgabe einer authentischen, glaubwürdigen und vertrauenerweckenden Gesprächsführung. Sonst steht schnell der Verdacht des bloßen Akzeptanzmanagements oder gar der Akzeptanzbeschaffung im Raum.[122] Das Dilemma ist, dass bei schlechter Vorbereitung der Beteiligungsformate die Teilnehmer sich nicht wertgeschätzt fühlen. Ist die Veranstaltung aber zu glatt und perfekt organisiert, nährt das wiederum den Manipulationsverdacht. Das schlägt umso gravierender zu Buche, je größer die Vorbelastungen eines Konfliktes sind.

Resilienz lässt sich in der Umsetzung der Regulierung hier nur erreichen, wenn flexible Formate etabliert werden können, in denen die staatliche Seite als vertrauenswürdiger Partner anerkannt werden kann. Das spricht auch gegen eine präzisere rechtliche Normierung der Kommunikationsformate im StandAG.[123]

---

119 *Kühl/Wittstock/Wulf*, Auf Augenhöhe? Beteiligung lernen in der Endlagerdebatte – Berichte von den Veranstaltungen „Bürgerdialog Standortsuche für hoch radioaktive Abfallstoffe“ der Kommission Lagerung hochradioaktiver Abfallstoffe und „Atommüll ohne Ende, Teil 2“ der Bürgerinitiative Lüchow-Dannenberg und .ausgestrahlt e.V., TATuP 2015, S. 132 ff.

120 Zur konzeptionellen Stoßrichtung vgl. *Nanz*, (Fn. 61), S. 420, 427 ff.

121 *Kühl/Wittstock/Wulf*, (Fn. 119), TATuP 2015, S. 132, 134.

122 *Ueberhorst*, (Fn. 43), Strahlentelex 8/2015, S. 3 ff.

123 Vgl. *Stender-Vorwachs*, Stärkung der Bürgerbeteiligung bei der Vorhabenplanung, NdsVBl. 2015, S. 153, 155; *Dolde*, Neue Formen der Bürgerbeteiligung? NVwZ 2013, S. 769, 771.

## 4. Legitimation

Die Ausrichtung auf Legitimation sticht in der Arbeit der Endlager-Kommission (a) und der vorgesehenen Abfolge aufeinander aufbauender gesetzlicher Entscheidungen (b) besonders hervor. Ergänzend wird die Beobachtungspflicht des Gesetzgebers angeführt (c).

### a) Endlager-Kommission

Auffällig ist unter dem Blickwinkel der Leitwerte Diskurs und Legitimation die Ausgestaltung der Mehrheitsquoren für die Verabschiedung des Kommissionsberichts: Nach § 3 Abs. 5 S. 1 beschließt die Kommission den Bericht zum Standortauswahlverfahren möglichst im Konsens, mindestens aber mit einer Mehrheit von zwei Dritteln ihrer Mitglieder. In engem funktionalen Zusammenhang dazu steht im Weiteren die Regelung des § 4 Abs. 5, wonach die Ausschlusskriterien, die Mindestanforderungen, die Abwägungskriterien und die Entscheidungsgrundlagen von der Kommission als Empfehlungen erarbeitet und vom Deutschen Bundestag als Gesetz beschlossen werden. Erkennbar ist eine legitimationsgenerierende Regelungsarchitektur angelegt.

Legitimierende Schubkraft kann die Arbeit der Kommission dadurch entfalten, dass Sachverstand, Interessenvertretung und ein Konsensergebnis in den einschlägigen Vorschriften ebenso verankert sind wie die Sicherung eines substantiellen Outcomes.[124] Abgerundet wird der Legitimationscluster durch die Regelung, dass die Empfehlungen der Kommission vom Bundestag als Gesetz beschlossen werden.

Die Endlager-Kommission hat Experten und Vertretern gesellschaftlicher Gruppen die Möglichkeit zur Mitarbeit eröffnet.[125] Generell können Konsensergebnisse »ein gewisses Maß an Restwiderstand enthalten und müssen nicht die Präferenzen aller Teilnehmer gleichermaßen widerspiegeln, sondern variieren hinsichtlich des aktiven und informierten Zustimmungsgrads der Entscheidung.«[126] Im Regelungsdesign ist der Erfolg der Arbeit der Kommission, die Konsensent-

124 Vgl. *Krick*, (Fn. 95), S. 251.
125 Kritisch *Gärditz*, (Fn. 63), ZfU 2015, S. 343, 358.
126 *Krick*, (Fn. 95), S. 280.

scheidung bereits garantiert, da mindestens eine Zwei-Drittel-Mehrheit verlangt wird. Kritischen Mitgliedern kommt also kein Vetorecht zu. Kooperative Politikformen begünstigen typischerweise starke Interessen und reproduzieren gesellschaftliche Machtstrukturen.[127] Die Weigerung kritischer Umweltverbände an der Kommissionsarbeit mitzuwirken, ist also durchaus logisch, wenn das Interesse groß ist, eigene Sichtweisen durchsetzen zu wollen. Insofern ist eine Marginalisierung vorprogrammiert, die nur durch Austritt oder Verweigerung angeprangert werden kann:

> »Es kann kaum im Interesse der marginalisierten Akteure sein, zum Anschein breiter Zustimmung beizutragen. Immerhin besteht für sie die Gefahr, durch die indirekte Unterstützung der Konfliktverschleierung, der Verwischung von Verantwortlichkeiten und der Vortäuschung von Beteiligung eine Teilverantwortung für das Ergebnis zugewiesen zu bekommen, an dessen Erarbeitung sie als informell ausgeschlossene Akteure eigentlich nicht beteiligt waren.«[128]

Aufgrund der Vorgeschichte und dem doppelt komplexen Charakter der Endlagerrealisierung als wicked problem[129] ist in diesem Fall – anders als generell bei der Einbindung von Kommissionen in den Gesetzgebungsprozess[130] – von einer starken faktischen Bindungswirkung der Kommissionsempfehlungen auszugehen, weil sonst der Aufwand für und die Wirkung der zusätzlich erzeugten Legitimation konterkariert würde.[131] Erkennbar geht es dem Gesetzgeber darum, Diskurse abzuschließen[132] und mit der legitimierenden Wirkung des Gesetzesbeschlusses zu besiegeln.
Interessant sind die unerwünschten Nebenwirkungen: Was an der einen Stelle an Legitimation hinzugewonnen werden soll, geht an anderer Stelle wieder verloren. Sicherlich nicht intendiert war die Wirkung der Berichte darüber, dass die Endlager-Kommission die Tiefenlagerung mit der Möglichkeit zur Rückholung, favorisiert. Kritiker des für schwach- und mittelradioaktive Abfälle zugelassenen Endlagers Schacht Konrad skandalisier-

127 *Krick*, (Fn. 95), S. 248.

128 *Krick*, (Fn. 95), S. 291; vgl. auch *Gärditz*, (Fn. 63), ZfU 2015, S. 343, 358.

129 *Brunnengräber/Mez/Di Nucci/Schreurs*, Nukleare Entsorgung – Ein „wicked“ und höchst konfliktbehaftetes Gesellschaftsproblem, TATuP 2012, S. 59 ff.

130 Vgl. *Krick*, (Fn. 95), S. 286 m.w.N.

131 *Smeddinck/Willmann*, (Fn. 96), EurUP 2014, S. 102, 110 f.

132 Vgl. *Hocke*, Nach dem Konsens ist vor dem Konsens – Deutsche Endlagerkonflikte zwischen Gesetzgebung und simulierter Bürgernähe? In: *Müller* (Hrsg.), Endlagersuche – gemeinsam mit den Bürgern! Information, Konsultation, Dialog, Beteiligung. Loccumer Protokolle 21/13, S. 121, 124.

ten, dass dort ab 2022 Atommüll eingelagert und anschließend unwiederbringlich einbetoniert werden sollen. Sie verlangen, unter Verweis auf die neuen wissenschaftlichen Erkenntnisse der Endlager-Kommission, das Planfeststellungsverfahren wieder aufzurollen.[133] In der Region stehen die Probleme und die gesetzlich beschlossene Rückholung aus dem havarierten ehemaligen Forschungsbergwerk Asse,[134] wo eine Rückholmöglichkeit ebenfalls nicht deutlich vorgesehen war, vor Augen.

### b) Konvolut gesetzlicher Entscheidungen

Das StandAG sieht eine ganze Abfolge von gesetzlichen Entscheidungen vor, die im Zuge des Standortauswahlverfahrens nach und nach getroffen werden, die Verfahrensschritte abschließen und aufeinander aufbauen.[135] Die Idee dahinter ist, dass die Durchsetzungskraft wie die Legitimationswirkung von Gesetzen immer wichtiger werden, je weiter das Verfahren fortschreitet, insbesondere wenn eine Zustimmung oder Duldung aller Betroffenen möglicherweise nie in vollem Umfang zu erreichen ist[136] oder wenn der Verweis auf einen Konsens zum Zeitpunkt des Gesetzesbeschlusses die Gegenwehr durch Rechtsschutz unwahrscheinlicher macht.[137] Ein Gesetz vermittelt in Deutschland in rechtswissenschaftlicher Sichtweise die größtmögliche demokratische Legitimation und damit die größtmögliche Chance auf eine dauerhaft akzeptierte Entscheidung.[138] Mit der Abfolge aufeinander aufbauender Gesetze wird ein ganzer »Legitimitätsblock« errichtet.[139]Nur darauf hinzuweisen, dass eigenständige Legitimationsbeiträge abgeschnitten werden, indem etwa Rechtsschutzmöglichkeiten reduziert werden, lässt unerwähnt, dass aus der Vielfalt möglicher Legitimati

---

133 *Dolle*, Zwei Endlager, zwei Verfahren, Braunschweiger Zeitung v. 02.02.2016, S. 2; vgl. auch *Dolle*, Konrad auf dem Prüfstand, Braunschweiger Zeitung v. 02.02.2016, S. 4.

134 *Hohmuth*, Die atomrechtspolitische Entwicklung seit 1980, Berlin 2014, S. 51.

135 *Smeddinck/Semper*, (Fn. 94) (im Erscheinen).

136 Vgl. *Hien*, Partizipation in Planungsverfahren, UPR 2012, S. 128 132; *Brunnengräber/Mez/Di Nucci/Schreurs*, (Fn. 119), TATuP 2012, S. 59 ff.

137 *König*, Wie kann die langfristige sichere Entsorgung der radioaktiven Abfälle gelingen? – Zum Entwurf des Standortauswahlgesetzes, ZNER 2012, S. 232, 237.

138 *Hoffmann-Riem*, (Fn. 31), AöR 2005, S. 5, 60 f.

139 Grundsätzlich problematisierend: *Gärditz*, (Fn. 63), ZfU 2015, S. 343, 361 f.

onsbausteine[140] andere – wie Wissenschaftsbasierung, Transparenz und Diskurs ausgewählt – wurden, um das Legtimationsgepräge des StandAG abzurunden.

### c) Beobachtungspflicht des Gesetzgebers

Die Evaluierung des Gesetzes ist im StandAG auf besondere Weise ausgestaltet: Nach § 4 Abs. 1 S. 2 unterzieht die Kommission das Gesetz einer Prüfung und unterbreitet Bundestag und Bundesrat entsprechende Handlungsempfehlungen. Der Bericht ist Grundlage für die Evaluierung des Gesetzes durch den Bundestag (§ 4 Abs. 4 S. 2). Hält die Kommission Regelungen nicht für angemessen, so legt sie dies in ihrem Bericht dar und unterbreitet einen Alternativvorschlag als Handlungsempfehlung für Bundestag und Bundesrat (§ 3 Abs. 3). Auch so wird externer Sachverstand nutzbar gemacht. Für den weiteren Verfahrensgang ist ebenso festgeschrieben, dass nach § 9 Abs. 4 S. 2 die Geeignetheit der Beteiligungsformen in angemessenen Zeitabständen zu überprüfen ist.

Im Vorfeld wurde von Gegnern des Gesetzes bezweifelt, dass ein einmal verabschiedetes StandAG jemals wieder geändert werden würde – trotz der Evaluierungsklausel.[141] Die Endlager-Kommission legt nach Diskussion Vorschläge von Änderungen und Anpassungen vor, ehe das StandAG überhaupt praktisch angewendet wurde.[142] Das entspricht ganz der Idee einer Evaluierung nicht ex-post, sondern zukunftsgerichtet, mit Blick auf die künftigen Herausforderungen.[143] Schließlich kommt es allein darauf an, dass und wie in Zukunft die Öffentlichkeitsbeteiligung funktioniert. Mit der Evaluierung wird eine partizipativ beeinflussbare Aushandlungsphase über die Regelungen des StandAG vor die eigentliche Anwendung geschaltet, die gesellschaftliche Einflussmöglichkeiten auf das Regelungsdesign eröffnet, die nicht selbstverständlich sind. Damit wird die Idee der *Governance as and by communication*, wo die Kommunikation nicht innerhalb feststе-

---

140 *Hoffmann-Riem*, (Fn. 31), AöR 2005, S. 5, 68.

141 *Smeddinck*, Elemente des Standortauswahlgesetzes zur Entsorgung radioaktiver Stoffe – Zuschnitt, Regelungskomplexe und Einordnung, DVBl. 2014, S. 408, 415.

142 Kritisch: *Gärditz*, (Fn. 63), ZfU 2015, S. 343, 357.

143 *Hill*, (Fn. 21), VerwArch 2015, S. 397, 405.

hender Verfahrensstrukturen abläuft, sondern auch die Verfahrensstrukturen selbst sollen gemeinsam kommunikativ entwickelt werden,[144] ein Stück weiter eingelöst.

### 5. Zwischenfazit

Das Verständnis von Wissenschaft verändert sich. Der Transparenzanspruch drängt staatliche Stellen weiter zu einem nachvollziehbareren Vorgehen. Das Bedürfnis nach Diskurs und kommunikativer Auseinandersetzung ist eine drängende Entwicklung. Die Dynamik der Entwicklung wird im Spiegel dieser Elemente nachvollziehbar. Den teilweise komplexen konkreten Vorschriften des StandAG sieht man ihren Stellenwert für die Neuausrichtung staatlichen Handelns nicht ohne weiteres an. Mit den spezifischen Regelungen sucht der Gesetzgeber den gesellschaftlichen Ansprüchen entgegenzukommen. Soweit sie in ihrer Abarbeitung überzeugen, erzeugen sie Legitimation, die in klassische Formen der Legitimitätsbildung wie die Gesetzgebung mit einfließt. Legitimation ist der Qualitätsmaßstab resilienter Regulierung.

## *III. Fazit*

Resiliente Regulierung erzeugt Legitimation und bewirkt den Steuerungserfolg. Legitimation wird hier als Wirkmechanismus resilienter Regulierung aktualisiert. Denn der Beitrag folgt der Prämisse, dass sich die Resilienz der Regulierung darin ausdrückt, ob ein Normprogramm, ein Regulierungsdesign befähigt ist, seine Ziele, den Gesetzeszweck zu erfüllen. Wenn ein Gesetz in der Lage ist, »auf eine Vielzahl von Anforderungen und Einwirkungen so zu reagieren, dass kein Schaden entsteht, ein Schaden begrenzt oder bewältigt wird, (…)«[145] so ist es resilient. Entsprechend manifestiert sich eine resiliente Regulierung am Outcome.

Das StandAG überrascht in der Konsequenz mit der – in der Eigenart seines auf den ungewöhnlichen Gegenstand angepassten Regelungsdesigns – dieser Weg beschritten wird. Denn das Gesetz ist darauf angelegt, in der

144 *Schuppert*, Politikvermittlung als Kommunikation, in: *Kersten/Schuppert* (Hrsg.), Politikwechsel als Governanceproblem, Baden-Baden 2012, S. 45, 61 f.

145 Vgl. nochmals *Eckhardt/Rippe*, (Fn. 11), S. 84.

Tendenz eine maximale, vergleichsweise jedenfalls sehr hohe Legitimationsdichte zu erzeugen. Sie wird aus unterschiedlichen Quellen gespeist, die hier als Elemente einer resilienten Regulierung gedeutet und interpretiert werden: Wissenschaftsbasierung, Transparenz und Diskurs werden – mehr oder minder expliziert – über konkrete Regelungen des StandAG vermittelt und fließen in die Gesamtlegitimationswirkung der gesetzlichen Entscheidungen mit ein. Die drei Elemente zielen auf das Kennzeichen für Resilienz im engeren Sinne »Berichtigung« und Korrektur[146] staatlichen Handelns in der Standortsuche – wenn es dieser bedarf. Wo sie kenntlich werden, ragt ein Element häufig besonders heraus, aber auch die andere können in verschiedenen Kombinationen und Intensitäten bemerkt werden. Im Rahmen des Standortauswahlverfahrens dienen insbesondere die Regelungen zur Öffentlichkeitsbeteiligung in den §§ 5, 9 und 10 sowie die gesetzlichen Entscheidungen am Ende bestimmter Phasen des Verfahrens der Transparenz.

Die Verfahrensregelungen und gesetzlichen Entscheidungen zur Stärkung der Legitimation bedeuten weitere Bewältigungskapazitäten.[147] Sie bilden ebenfalls einen Beitrag zur Resilienz im engeren Sinne, da so die Fähigkeit des StandAG zur Zielerreichung, widrigen äußeren Einflüssen zu widerstehen, gestärkt wird.

Aufgesetzt wird mit dem Regelungsdesign des StandAG auf das von Ivo Appel beschriebene Grundmodell der Regulierung im Umgang mit Ungewissheit.[148] Auch dieses Gesetz enthält ein Geflecht aus Ermittlungs-, Bewertungs- und Entscheidungsstufen, die den Umgang mit Ungewissheit strukturieren und ordnen. Bemerkenswert ist, dass in den konkreten Ausprägungen Erkenntnisse der sich gerade entwickelnden Endlager-bezogenen Resilienzforschung reflektiert werden, ohne jedenfalls im StandAG in seiner aktuellen Fassung den Standards des neue Forschungszweigs in allen Punkten zu entsprechen Was fehlt im Sinne von Vertagen – als weiterer Erscheinungsform der Resilienz im engeren Sinne[149] – sind z.B. Rücksprünge, also die Möglichkeit bei Ungewissheiten und fehlender Einigung

146 Vgl. *von Lewinski*, Gliederung zum Vortrag Resilienz der Verwaltung in Unsicherheits- und Risikosituationen am 04.02.2016 in Speyer.

147 *Weichselgartner*, (Fn. 7), S. 29.

148 Vgl. *Appel*, (Fn. 87), S. 327, 334.

149 So *Kai von Lewinski*.

im Umgang mit Fragen und Problemen auf einen früheren Punkt des Verfahrens zurückzukehren und dort neu anzusetzen.[150] Schnelligkeit und Effizienz müssen zugunsten von Resilienz und Sicherheit zurückstehen.[151]

Ausdruck für Resilienz ist auch der gestiegene Regulierungsaufwand für den rechtlichen Neustart der Standortsuche für ein Endlager. Während früher in § 9b Abs. 1 Atomgesetz – mehr oder weniger – ein einziger Absatz als Rechtsgrundlage für die Realisierung eines Endlagers ausreichte (»Die Errichtung, der Betrieb und die Stilllegung der in § 9a Abs. 3 genannten Anlagen des Bundes [i.e. zur Endlagerung radioaktiver Abfälle, U.S.] sowie die wesentliche Veränderung solcher Anlagen oder ihres Betriebes bedürfen der Planfeststellung.«), enthält das Standortauswahlgesetz 30 neue Paragraphen. Das ist neuen wissenschaftlichen Vorschlägen ebenso geschuldet wie dem Umstand, dass die bisherigen Versuche, ein Endlager in Deutschland für hochradioaktive Abfälle zu realisieren, im Regulierungsdesaster endeten. Das StandAG muss deshalb auch insgesamt als Versuch gewertet werden, eine resiliente Regulierungsstruktur zu schaffen, die den Konflikten und Widrigkeiten bei der Realisierung eines Endlagers standhält.

Offen ist, wie es nach Abschluss des Standortauswahlverfahrens weitergeht. Das StandAG, erst recht das Atomesetz sind für die dann anstehenden Aufgaben noch nicht resilient, im Sinne von zukunftsfähig ausgelegt und reguliert.[152]

---

150 *Blum*, Die Öffentlichkeitsbeteiligung bei der Auswahl eines Atommüllendlagers unter Berücksichtigung des Standortauswahlgesetzes, Hamburg 2014, S. 55.

151 Vgl. *Renn* (Fn. 9), S. 507 f.

152 Auch diesen Hinweis verdanke ich Anne Eckhardt, risicare, Schweiz.

# Entscheidungen unter Ungewissheit
# - Eine politikvergleichende Betrachtung -

*Daniela Winkler*

## *I. Einleitung*

Die Untersuchung von staatlichem Handeln in Ungewissheitssituationen ist spätestens *en vogue*, seit *Ulrich Beck* im letzten Quartal des vergangenen Jahrhunderts die Risikogesellschaft als solche erkannt und benannt hat.[1] Rechtswissenschaftlich aufgegriffen wurde das Phänomen durch *Udo Di Fabio*, der im Jahre 1994 *Risikoentscheidungen im Rechtsstaat* untersucht hat. Beiden ist gemein, dass sie das – lange Zeit besondere Aufmerksamkeit erheischende – wissenschaftliche, insbesondere chemische (am Beispiel des Arzneimittelrechts) bzw. technische (zeitbedingt[2] am Beispiel des Atomrechts) Risiko in den Blick nehmen. Mit *Ulrich Beck* lässt sich sogar noch konkretisieren, dass es sich dabei um *selbstgeschaffene* Risiken handelt, die der moderne Mensch mit zunehmendem Fortschritt begründet und gelegentlich nicht mehr zu steuern vermag.[3] Die hieraus resultierenden Probleme sind voraussetzungsvoll und aktualisieren sich in immer neuen Konstellationen, wie Klimaschäden und ein dem Laien kaum noch verständlicher Fortschritt in der Manipulierbarkeit gentechnischer Informationen beweisen.[4]

---

1 *U. Beck*, Risikogesellschaft, 1986, S. 9.

2 *Becks* Risikogesellschaft ist 1986 in unmittelbarer zeitlicher Nähe zu der Atomkatastrophe von Tschernobyl erschienen und enthält einen Prolog „Aus gegebenem Anlaß“, dessen letzter Abschnitt zusammenfasst: „Die Rede von (industrieller) *Risikogesellschaft* auch und wesentlich in diesem Sinne – vor über einem Jahr gegen viel Widerstand innerer und äußerer Stimmen gewagt – hat einen bitteren Beigeschmack von Wahrheit erhalten. Vieles, das im Schreiben noch argumentativ erkämpft wurde – die Nichtwahrnehmbarkeit der Gefahren, ihre Wissensabhängigkeit, ihre Übernationalität, die ‚ökologische Enteignung‘, der Umschlag von Normalität in Absurdität usw. –, liest sich nach Tschernobyl wie eine platte Beschreibung der Gegenwart. Ach, wäre es die Beschwörung einer Zukunft geblieben, die es zu verhindern gilt!“

3 *U. Beck*, Risikogesellschaft, 1986, S. 9.

4 Geradezu prophetisch insoweit *Ulrich Beck*: „Die Kehrseite der vergesellschafteten Natur ist die *Vergesellschaftung der Naturzerstörungen*, ihre Verwandlung in soziale, ökonomische und politische *System*bedrohungen der hochindustrialisierten Weltgesellschaft. … Gefahren werden zu blinden Passagieren des Normalkonsums. Sie reisen mit dem Wind und mit dem Wasser, stecken in allem und in jedem und passieren mit dem Lebensnotwendigsten – der Atemluft, der *Nahrung*, der Kleidung, der Wohnungseinrichtung – alle sonst so streng kontrollierten Schutzzonen der Moderne“ (*U. Beck*, Risikogesellschaft, 1986, S. 10 (Hervorhebung durch Verf.).).

Erweitert man den Blick auf die Vielzahl staatlicher Handlungsoptionen, so scheint die *Beck'sche* Engführung jedoch verkürzt. Gesetzgeberisches Handeln erfolgt *qua natura* in Erwartung künftiger Entwicklungen. Es ist die – mit den bekannten Problemen belastete[5] – Aufgabe des Gesetzgebers, politische Entscheidungen unter Ungewissheitsbedingungen zu treffen. Insbesondere die Begriffe demokratische Legitimation, Akzeptanz, Transparenz sind hier ins Feld zu führen. Aber auch wenn man den Blick (wie im Folgenden) auf das administrative Handeln beschränkt, besticht die Analyse mit einer Vielzahl an Entscheidungsmöglichkeiten und Entscheidungsnotwendigkeiten der Verwaltung unter »Ungewissheitsbedingungen«. Dies sind klassischerweise rechtliche Regelungen, die den Begriff der Gefahr aufnehmen. Dies meint nach der bekannten polizeirechtlichen Definition eine Sachlage oder ein Verhalten, die »bei ungehindertem Ablauf des zu erwartenden Geschehens mit hinreichender Wahrscheinlichkeit« zur Schädigung »ein(es) polizeilich geschützte(n) Rechtsgut(s)« führen werden.[6] Beschrieben wird eine Prognoseunsicherheit: die Ungewissheit im Hinblick auf eine zukünftige Entwicklung. In speziellen Fällen wird diese Anforderung konkretisiert: Das Versammlungsrecht fordert als Voraussetzung des Versammlungsverbots die *unmittelbare Gefährdung* der öffentlichen Sicherheit oder Ordnung. Im Focus der Betrachtung stehen die der Gefahrenprognose zugrundeliegenden »tatsächliche(n) Anhaltspunkte, die bei verständiger Würdigung eine hinreichende Wahrscheinlichkeit des Gefahreneintritts ergeben« müssen, mithin die der Prognose zugrundeliegende Tatsachengrundlage.[7] Diese umfänglich und fehlerfrei zu ermitteln ist die wichtigste Pflicht der administrativen Verwaltung. Eine begriffliche Erweiterung findet über den Begriff des *Gefahrenverdachts* statt. Dieser besteht, »wenn der handelnde Beamte bei aller Sorgfalt, Klugheit und Besonnenheit über die Gegebenheiten einer Situation oder die einschlägigen Erfahrungssätze im Ungewissen ist und zwar nicht von einer Gefahr, aber der Möglichkeit einer Gefahr ausgeht«.[8] Die polizeilichen Spezialbefugnisse ermächtigen in diesen Fällen zum Teil zu Gefahrerforschungseingriffen;[9] es handelt sich dabei um Eingriffe zum Zwecke der *Sachverhaltsermittlung*.

---

5 *Gärditz*, a.a.O.

6 Pieroth/Schlink/Kniesel 2010: § 4 Rn. 2.

7 Statt vieler BVerfG, NJW 2010, 141 (142) – „Autonome Nationalisten".

8 Pieroth/Schlink/Kniesel 2010: § 4 Rn. 50.

9 Siehe exemplarisch § 29 Abs. 1 Nr. 2 PolG BW: „Die Polizei kann eine Person durchsuchen, wenn *Tatsachen die Annahme rechtfertigen*, daß sie Sachen mit sich führt, die sichergestellt oder beschlagnahmt werden dürfen."

Aber auch (unbestimmten) Rechtsbegriffen können Prognoseelemente immanent sein. Hier sei nur beispielhaft das Gewerberecht benannt, in dessen Mittelpunkt der Begriff der Zuverlässigkeit steht, welche angenommen wird, wenn der Gewerbetreibende die Gewähr dafür bietet, dass er sein Gewerbe (künftig!) ordnungsmäßig ausüben wird. Aus bekanntem Fehlverhalten wird auf künftiges (gewerbebezogenes) Fehlverhalten geschlossen. Zuverlässig müssen aber beispielsweise auch der Betreiber einer gentechnischen Anlage (§ 8 Abs. 1 Nr. 1 GenTG) oder (wie zuletzt schmerzhaft erfahrbar war) der Inhaber einer Luftfahrerlaubnis sein (§ 4 Abs. 1 Nr. 3 LuftVG). Diesen Rechtsbegriffen ist ein Abwägungsmoment eigen, der die Annahme einer strikt konditionalen Rechtssetzung[10] ein Stück weit relativiert: Ist (bereits) die hinreichende Wahrscheinlichkeit eines Schadenseintritts gegeben? Bietet der Antragsteller (noch) die Gewähr dafür, seine Tätigkeit ordnungsgemäß auszuführen? Im Hinblick auf die luftverkehrsrechtliche Zuverlässigkeit führt das OVG Berlin-Brandenburg hierzu aus: »Es entspricht den allgemeinen Grundsätzen des Gefahrenabwehrrechts, *umso strengere* Anforderungen an die Zuverlässigkeit von Bewerbern für eine bestimmte Tätigkeit zu stellen, *je schutzwürdiger* die Rechtsgüter sind, die in Ausübung dieser Tätigkeit gefährdet werden können.«[11] Die Entscheidungsräume des Gesetzgebers bleiben hier hinter Rechtsbegriffen versteckt.[12] Und auch insoweit gilt, was für Abwägungsentscheidungen im engeren Sinne festgestellt werden kann: Die Abwägung begleitet »einen komplexen Entscheidungsprozess, bei dem gleichgerichtete wie auch widerstreitende Interessen bzw. Vorstellungen in Beziehung gesetzt und zu einem Gesamtorganismus integriert werden müssen«.[13] Nicht zuletzt spielen in diesen Vorgang auch grundrechtliche Freiheiten hinein.[14]

So ähnlich die rechtlichen Konstruktionen wirken, so unterschiedlichen gestalten sich bei näherer Betrachtung die dahinter stehenden ‚Risikotypen'.

---

10 Hierzu *Winkler*, Bewältigungsstrategien der legalistischen Verwaltung, in: König et al. (Hrsg.), Grundmuster der Verwaltungskultur, 2014, 81 ff.

11 OVG Berlin-Bbg, BeckRS 2015, 53227, Rn. 2.

12 Enger hingegen *Kment*, ZUR 2016, 331 (332) sowie *ders.* (im vorliegenden Band), dem allerdings im Weiteren hinsichtlich der Konkretisierung des Abwägungsbegriffs zuzustimmen ist.

13 *Kment*, ZUR 2016, 331 (332).

14 Siehe nur exemplarisch OVG Berlin-Bbg, BeckRS 2015, 53227, Rn. 6. Hierzu noch im Weiteren unten.

Herausfordernd wird dies, wenn man erkennt, dass die Rechtsanwendung in Abhängigkeit vom Risikotyp erfolgen muss und auch tatsächlich erfolgt. Im Folgenden sollen daher folgende Risiko*typen* differenziert werden:
(1) *Technikassoziierte* Risiken stellen – wie die Einführung hinlänglich belegt – einen »Urtyp« der Risikodebatte dar. Dies erklärt sich daraus, dass in diesem Bereich der Risikobewertung administrative Wissensdefizite und generelles Nichtwissen bei der Rechtsanwendung bekannt sind. Bereits früh wurden daher Strategien des Umgangs mit technikassozierten Ungewissheiten entwickelt.
Demgegenüber gerät leicht ins Vergessen, das sich Ungewissheiten unmittelbar aus der mangelnden Vorhersehbarkeit persönlicher (Handlungs-)Absichten ergeben können:
(2) *Handlungsassoziierte* Risiken ergeben sich aus individuellen Handlungen, die in höchstpersönlichen Entscheidungen wurzeln. Obwohl sie – etwa im Gewerberecht – seit jeher bekannt sind, rücken sie besonders im Zuge der aktuellen Terrorismusdebatte oder mit Blick auf den unzuverlässigen Piloten in das Zentrum der (politischen) Aufmerksamkeit. Sie lassen sich als *schwarmassoziierte* Risiken beschreiben, wenn sie – etwa wie im Versammlungsrecht – aus gruppenbezogenem Handeln resultieren.
(3) Als dritte Gruppe lassen sich *ethikassoziierte Risiken* benennen, welche die ethische Akzeptanz auf Ungewissheiten gründender Entscheidungssituationen beschreiben. Ihnen fehlt im weitesten Sinne die Möglichkeit typisierende Regeln zu bilden, weshalb die Entscheidung des Umgangs mit der verbleibenden Ungewissheit eine weitgehend politische ist.

## *II. Handlungsassoziierte Risiken*

Die hier so bezeichneten handlungsassoziierten Risiken stellen wohl den (häufig vernachlässigten) »Normalfall« exekutiver Ungewissheit dar. Wie an zwei Beispielen gezeigt werden sollen, kann bei ihnen staatliches Risikomanagement an seine Grenzen stoßen. Die Bewältigung *handlungsassoziierter Risiken* stößt auf besondere Schwierigkeiten, ist menschliches Handeln doch in weitem Umfang nicht staatlich kontrollierbar und noch weniger prognostizierbar. Auch eine Gesinnungskontrolle, die künftiges Handeln abschätzbarer machen könnte, scheidet aus. Risiken existieren ubiquitär, ohne dass ein adäquates Risikobewusstsein besteht. Die offenkundige Unzuverlässigkeit des Piloten Andreas L. ist ein prägnantes Beispiel. Auch die Terrorismusabwehr steht vermehrt vor diesen Herausforderungen: Das aggressive Potential junger muslimische Männer lässt sich von außen oft nur schwer einschätzen, weshalb sich der »individuelle Dschihad«, d.h. Terroranschläge durch organisationsungebundene und vor Ort lebende Einzeltäter, als effektives[15] Mittel des terroristischen Kampfes etabliert hat.[16] Das jüngste Attentat von Nizza belegt diese Entwicklung auf erscheckende Weise.

Die besonderen Herausforderungen handlungsassoziierter Risiken entstehen bereits auf der Ebene der Sachverhaltsermittlung: Dieses setzt die Kenntnis um ein Schadenspotential voraus, das bei handlungsassoziierten Risken erst dann auftritt, wenn »Unregelmäßigkeiten« beobachtet werden. Ansonsten entfällt eine Risikoanalyse und -abwägung von vornherein. Aber auch soweit ein Risikopotential bekannt ist, besteht weiterhin Ungewissheit in welchem Maße und im Hinblick auf welche Aspekte der Sachverhalt zu ermitteln ist. Ermittelt werden können schließlich nur Tatsachen »im Umfeld« des Handelnden, die seine Handlungsbereitschaft belegen oder entkräften. Dies vermag zunächst das *Sozialrecht* beispielhaft zu verdeutlichen. Sorgerechtentscheidungen nach § 8a SGB VIII kommen in Betracht ab der Schwelle der Kindswohlgefährdung, bis zu welcher das »innerfamiliale ‚Risikomanagement' … einer weitestgehend selbstregulativen ‚Autopoiese' überlassen bleibt«.[17] Nach der Rechtsprechung des BGH zu § 1666 Abs. 1 S. 1 BGB liegt eine Gefährdung des Kindeswohls vor, wenn eine gegenwärtige oder unmittelbar bevorstehende Gefahr für die Kindesentwicklung abzusehen ist, die bei ihrer Fortdauer eine erhebliche Schädigung des körperlichen, geistigen oder seelischen Wohls des Kindes mit ziemlicher Sicherheit herbeiführen würde.[18] Die äußeren Konturen der Begrifflichkeiten bleiben damit aber äußerst diffus und verschwommen. Zentrale Aspekte des Schutzauftrags nach § 8a SGB VIII sind »der Umgang mit Informationen über gefährdende Verhaltensweisen, das Recht, zur Klärung

---

15 Innerhalb der dschihadistischen Bewegung wird dem individuellen Dschihad sogar „besondere Effektivität" bescheinigt. So im englischsprachigen Online-Magazin „Inspire", das mutmaßlich von der Terrororganisation al-Qaida publiziert wird; hierzu Bundesamt für Verfassungsschutz (Hrsg.), Verfassungsschutzbericht 2013, S. 197 (abrufbar unter http://www.verfassungsschutz.de/embed/vsbericht-2013.pdf).

16 Hierzu Bundesamt für Verfassungsschutz (Hrsg.), Verfassungsschutzbericht 2013, S. 197 (abrufbar unter http://www.verfassungsschutz.de/embed/vsbericht-2013.pdf).

17 Hoch 1999: 207-238 (215).

18 BGH, NJW 1956, 1434.

der Situation weitere Informationen einzuholen, die Einschätzung der Gefährdungssituation und die Wahl der geeigneten und verhältnismäßigen Mittel zu Gefahrenabwehr.[19] Letztlich ist die Frage, »welche konkreten Indikatoren die Fachkräfte zu der Einschätzung einer noch nicht akut vorliegenden Gefahrensituation oder einer bereits eingetretenen Gefährdung veranlassen«, ungeklärt.[20] Aus den Erfahrungen der Praxis werden Anhaltspunkte zusammengestellt, deren (gehäuftes) Auftreten als ernstzunehmende Hinweise gewertet werden kann.[21] Die abschließende Bewertung dieser Indikatoren muss die hohe »Komplexität des innerfamilialen Sozialisationsgeschehens, das durch externe und interne Faktoren wie deren Interdependenz bestimmt ist«,[22] berücksichtigen.[23]

Noch verdichteter erscheinen diese Herausforderungen im Bereich der Terrorabwehr. Konkret lässt sich dies am Beispiel der (neu eingeführten) Versagung oder Entziehung des Personalausweises nach § 6a Abs. 1 S. 1 PAuswG i.V.m. (§ 6 Abs. 7 PassG i.V.m.) § 7 Abs. 1 Nr. 1 oder Nr. 10 PassG belegen. Mit der vom Deutschen Bundestag am 20. Juni 2015 beschlossenen Änderung des PAuswG sollen Reisen, die einen Zusammenhang zum dschihadistischen Terrorismus aufweisen können, in Zukunft verhindert werden.[24] Von den »Rückkehrern«, die im syrischen Bürgerkrieg

---

19 Wiesner 2011: § 8a SGB VIII Rn. 9.

20 Wiesner 2011: § 8a SGB VIII Rn. 11a.

21 Wiesner 2011: § 8a SGB VIII Rn. 14a. In der *soziologischen* Forschung werden ein schwieriger familiengeschichtlicher Hintergrund, gravierende chronische Defizite in den Elternfunktionen, eine Differenz zwischen Selbst- und Fremdeinschätzung der familialen Situation, eine bereits bestehende längere Betreuungsgeschichte durch verschiedene Soziale Dienste, ein häufiger Wechsel in der Familienzusammensetzung, ein niedriger sozialökonomischer Status, die Benachteiligung bei Bildungs- und Ausbildungschancen, Krankheit (insbesondere Suchtprobleme) und prekäre Wohnverhältnisse als Risikofaktoren benannt (Hoch 1999: 207-238 (217)).

22 Hoch 1999: 207-238 (214).

23 *Hoch* benennt als familiale Funktionen die Reproduktionsfunktion, die primäre Sozialisation durch Erziehung und Bildung der Kinder, die soziale Platzierung der Kinder aus soziale und berufliche Positionen, die wirtschaftliche Daseinsvorsorge, die Betreuung im Krankheitsfalle, das familiale Gegengewicht gegen die funktionalen Beziehungen in gesellschaftlichen und wirtschaftlichen Organisationsformen, die Kultur familialer Solidarität, die sozio-kulturelle Wertebildung sowie die soziale Integration (Hoch 1999: 207-238 (216)).

24 Der Initiative liegen Erkenntnisse zugrunde, deren zufolge seit 2012 etwa 450 Islamisten aus Deutschland – ca. 60% davon deutsche Staatsangehörige – in Rich-

oder afghanischen Terrorcamps radikalisiert wurden, geht nach Auffassung des Bundesinnenministeriums eine erhebliche Gefahr für die innere Sicherheit Deutschlands aus. Um der Gefahr von Attentaten bei der Rückreise von Personen des dschihadistischen Personenspektrums nach Deutschland vorzubeugen, hat der Gesetzgeber § 6a in das PAuswG eingefügt. Die Regelung gestattet es der Personalausweisbehörde, ausreisewilligen Islamisten den Ausweis zu versagen oder zu entziehen, um dadurch Reisen dieser Personen möglichst zu unterbinden.[25] Die Entziehung oder Versagung des Personalausweises ist insbesondere dann möglich, wenn von dem Ausweisinhaber eine Gefährdung der inneren oder äußeren Sicherheit zu befürchten ist (§ 7 Abs. 1 Nr. 1 PassG), bestimmte Tatsachen die Annahme begründen, der Ausweisbewerber/-inhaber gehöre einer terroristischen Vereinigung nach § 129a StGB oder einer ausländischen terroristischen Vereinigung nach § 129a i.V.m. § 129b Abs. 1 S. 1 StGB mit Bezug zur Bundesrepublik Deutschland an oder unterstütze diese (Nr. 1) bzw. er wende rechtswidrig Gewalt gegen Leib oder Leben als Mittel zur Durchsetzung international ausgerichteter politischer oder religiöser Belange an, unterstütze eine solche Gewaltanwendung oder rufe sie vorsätzlich hervor (Nr. 2).

In der Rechtsprechung zum Passentzug erscheinen bisher als (ausreichende) Anhaltspunkte der Bereitschaft zur Beteiligung am bewaffneten Dschihad die Teilnahme an Zusammenkünften islamistisch-dschihadistischer Prägung,[26] die Sammlung und Verbreitung dschihadistischer Materialien[27] oder gewalttätige Äußerungen im Internet.[28] Die Prüfung erfolgt zweistufig: Zu der geistigen Ausrichtung, d.h. einer inneren Radikalisie-

---

tung Syrien oder Irak ausgereist sind, um sich an den Kampfhandlungen des „Islamischen Staates“ (IS) oder in sonstiger Weise am Widerstand gegen das Assad-Regime zu beteiligen. Andere Islamisten besuchen sog. Terrorcamps in Afghanistan oder Pakistan, wo sie sich für den bewaffneten Dschihad ausbilden lassen. Beinahe ein Drittel der ausgereisten Islamisten ist zwischenzeitlich nach Deutschland zurückgekehrt.

25 BT-Drs. 18/3831, S. 8 f.

26 Diese Prägung kann sich aus den Teilnehmern oder den Themen der Zusammenkünfte ergeben; etwa wenn diese Koransuren mit zentralen Leitsätzen des militanten Dschihad zum Gegenstand haben (OVG Berlin-Bbg., NVwZ-RR 2011, 500 (500)).

27 OVG Berlin-Bbg., NVwZ-RR 2011, 500 (500).

28 VG Stuttgart, NVwZ-RR 2009, 680.

rung, muss eine Handlungsabsicht im Hinblick auf den Besuch eines Ausbildungslagers oder Vergleichbares treten. Als Hinweis hierauf wird der Kontakt zu anderen Dschihad-Touristen gewertet.[29]

Hierin zeigt sich der Versuch, Handlungsstrukturen zu typisieren, um Regelabläufe zu konstruieren. Dies gelingt leichter bei *schwarmassoziierten* Risiken, die – etwa wie im Versammlungsrecht – aus gruppenbezogenem Handeln resultieren. So untersucht das BVerfG, NJW 2010, 141 (142) zur Gefahrenprognose im Hinblick auf § 15 Abs. 1 VersG, »ob sich die von der Behörde herangezogenen Äußerungen und Aufrufe von erwarteten, latent gewaltbereiten Teilnehmern … zur Gewaltanwendung auf die konkret geplante Versammlung beziehen, ob von diesen Teilnehmern bei nach Motto, Ort, Datum sowie Teilnehmer- und Organisationskreis ähnlichen Versammlungen Gewalt ausgegangen ist und ob die für das Gefahrenpotenzial angenommene Anzahl gewaltbereiter Teilnehmer auf einer verlässlichen Tatsachengrundlage beruht« (so der erste Leitsatz der Entscheidung). Die Analyse des *Schwarmverhaltens* ist aber nur dann hinreichend, wenn der Gesetzgeber Maßnahmen aufgrund von Gruppen(fehl)verhalten vorgesehen hat. Dies war beispielsweise nicht der Fall bei der Errichtung einer Sperrzone in der Innenstadt von Darmstadt für (als solche erkennbar auftretende) Fans des Fußballvereins *Eintracht Frankfurt*. Der generelle Platzverweis wurde auf der Grundlage des § 31 Abs. 3 S. 1 HSOG erlassen, bezieht sich damit ausweislich des Gesetzeswortlauts explizit auf »bestimmte« Personen und ist damit zur Anwendung auf Personengruppen kaum geeignet.[30]

*Wo die *Sachverhaltsermittlung* an die (oben benannten) Grenzen stößt, tritt eine Überforderung im Akt der Rechtsanwendung auf. Bei der Bewertung *handlungsassoziierter Risiken* steht die Risikoanalyse schließlich unter dem Vorbehalt (grundrechtlich geschützter!) individueller Handlungsfreiheit. Das zeigt sich in jüngster Zeit in neuem – bisher letztlich unbekanntem – Ausmaß: Hier seien nur die Stichworte Terroranschlag und erweiterter Mitnahmesuizid genannt. Der Eintritt des Schadens ist von der Handlung des Individuums abhängig, diese wiederum von einem internen Willensakt. Dies erschwert nicht nur – wie bereits oben gesehen – die Sachverhaltsermittlung; jede Handlung ist auch ein einmaliges, nicht reproduzierbares Ereignis, dessen Steuerung von der Erfahrung des einzelnen Individuums – in Extremfällen – von Kindheit an geprägt ist und dessen Eintritt damit auch im Wege einer Risikoanalyse nicht rational abschätzbar ist. Die

29 In diesem Sinne unter der früheren Rechtslage OVG Berlin-Bbg., NVwZ-RR 2011, 500 (500 f.).

30 So explizit VG Darmstadt, BeckRS 2016, 45720.

Rechtsanwendung muss sich nun in ähnlicher Weise wie bei den technikassoziierten Risiken einer Typisierung bedienen. Statt die Einmaligkeit einzelner Personen oder die spezifischen Einmaligkeiten und Einzigartigkeiten des Geschehensablaufs und der Taten in den Vordergrund zu rücken, bedarf es der Herausarbeitung der Gleichförmigkeiten und Gleichartigkeiten. Verschiedene Abläufe bedürften der Darstellung als »Variation des ständig wiederkehrenden Grundschemas«.[31]

*Handlungsassoziierte Risiken* sind in besonderem Maße grundrechtlich prekär, ist ihre Annahme doch mit einem Unwerturteil bzw. dem Vorwurf des Fehlverhaltens verbunden. Sie betreffen daher den Handelnden als (der Allgemeinheit bzw. dem Gemeinwohl schädlichen) Akteur. Ihre Annahme ist mit seiner persönlichen Stigmatisierung verbunden.[32]

Die Risikoanalyse endet mit einer Abwägung, die individuell Eingriffswirkung und Schadenspotential gegenüberstellt: Eine schwerwiegende Freiheitsbeschränkung verlangt hinreichend konkrete Anhaltspunkte für das Bestehen einer Gefahr und die Zuordnung der Verantwortlichkeit.[33] Andererseits erleichtert die Höhe des abzuwehrenden Schadens prinzipiell das Nachweiserfordernis.[34] Schließlich wirkt aber auch die Schädensnähe oder –ferne auf das konkrete Nachweiserfordernis ein. Hier ist demnach ein Blick auf die konkrete Regelungsmaterie unerlässlich: So ist der *Schutz des Kindeswohls* verfassungsrechtlich sensibel an der Reibungsstelle von Art. 6 Abs. 2 S. 1 GG (elterliche Erziehungsverantwortung) und Art. 6 Abs. 2 S. 2 GG (staatliches Wächteramt) – zwischen Schutzauftrag und Überregulierungsverbot – angesiedelt.[35] Die *Untersagung der Ausreise* stellt einen schwerwiegenden Eingriff in die persönliche Handlungs- und Entwicklungsfreiheit dar. Sie wirkt als »Gefangennahme« im eigenen Land. § 7

31 *Elias*, Gesellschaft, 1969, S. 23.

32 Die Entziehung des Personalausweises stellt daher auch einen Eingriff in Art. 2 Abs. 1 i.V.m. Art. 1 Abs. 1 GG dar.

33 *Kluth*, ZRP 2015, 6 (8). Vgl. hierzu auch das zweite Abwägungsgesetz von *Alexy*, in: Jickeli/Kreutz/Reuter (Hrsg.), GS Sonnenscheint, 2003, 771 (789): „Je schwerer ein Eingriff in ein Grundrecht wiegt, desto größer muss die Gewissheit der den Eingriff tragenden Prämissen sein."

34 So die Zusammenschau des zweiten Abwägungsgesetzes mit dem ersten Abwägungsgesetz („Je höher der Grad der Nichterfüllung oder Beeinträchtigung des einen Prinzips ist, desto größer muss die Wichtigkeit der Erfüllung des anderen sein." (*Alexy*, Theorie der Grundrechte, 1996, S. 146)). Zum Verhältnis beider Sätze *Klatt/Schmidt*, AöR 137 (2012), 545 (551 f.).

35 Wiesner 2011: § 8a SGB VIII Rn. 6.

Abs. 2 S. 1 PassG sieht daher im Falle der *Passversagung* eine strenge Verhältnismäßigkeitsprüfung und die räumliche und zeitliche Begrenzbarkeit der Passversagung vor.[36] Dass die *Ausweisentziehung* mit keiner solchen Beschränkung versehen ist (insbesondere nicht auf bestimmte Länder beschränkt werden kann),[37] ist hier im Rahmen der Verhältnismäßigkeitsprüfung in gesondertem Maße zu berücksichtigen. Für eine solche Verhältnismäßigkeitsprüfung gibt der Gesetzgeber Raum, da er § 6a Abs. 1 S. 1, Abs. 2 S. 1 PAuswG (anders als § 7 Abs. 1 PassG) als Ermessensentscheidung ausgestaltet. Sind jedoch die oben näher konkretisierten Wahrscheinlichkeitsmaßstäbe erfüllt, ist regelmäßig von der Verhältnismäßigkeit der Maßnahme auszugehen.

### *III. Technikassoziierte Risiken*

Technikassoziierte Risiken gestalten sich grundlegend anders. Sie knüpfen an naturwissenschaftliche Abläufe an, hinsichtlich derer große Wissensbestände, aber auch große Wissenslücken bestehen. Allerdings ist auch jenes Nichtwissen bekannt und damit gewissermaßen beherrschbar.

Ausgangslage jeder Bewertungssituation muss die umfassende Ermittlung der für die Wissensbildung relevanten Informationen sein. Ungeachtet der begrifflichen Uneinigkeit[38] werden Informationen vorliegend als »Sinnelemente (verstanden), die in einem bestimmten sozialen Kontext erzeugt und genutzt werden und die aus Beobachtungen, Mitteilungen oder Daten erzeugt werden«.[39] Dementsprechend ist ihnen (anders als Daten) bereits eine bestimmte Interpretation eigen; ihre Sinnzuschreibung ist immer »subjekt- oder systemrelativ«.[40] Wissen entsteht dann »durch die Einbindung von Informationen in einen weiteren Kontext von Relevanzen«,[41] mithin: durch

36 Hierzu ausführlich *Rossi*, AöR 127 (2002), 612 (628 ff.).

37 Zu berücksichtigen ist hier auch § 6 Abs. 7 PAuswG, wonach die Gültigkeit des Personalausweises auf das Inland begrenzt werden kann.

38 Ausführlich zum Informationsbegriff Vesting 2008: 1-35 (12 ff.), § 20 Rn. 18 ff.

39 Trute 2010: 11 (14) (hier auch zu anderen Begriffsangeboten). Ähnlich Kluth 2008: 73-92 (76).

40 Trute 2010: 11 (14).

41 So Trute 2010: 11 (15). Nach *Kluth* entsteht *Wissen* durch die Einbindung in einen Praxiszusammenhang (Kluth 2008: 73-92 (76)); sein Wissensbegriff ist dementsprechend anwendungsbezogen.

die Verarbeitung von Information. Nach *Vesting* resultiert hieraus eine Definition von *Wissen* als »Information…, die ihren Überraschungswert eingebüßt hat«,[42] indem sie in einen bestehenden Wissensbestand eingeordnet wird.

Technikassoziierte Risiken weisen eine objektivierte Entscheidungsebene auf. Das Verfahren ist rationalisiert, auch wenn die Rationalitäten im Einzelnen differieren. Technikassoziierte Risiken sind zugleich regelassoziiert, weshalb ihre Bewältigung in weiten Teilen regelförmig erfolgen kann. Nur exemplarisch genannt sei der weite Bereich des Immissionsschutzrechts: Die von § 5 Abs. 1 Nr. 1 BImSchG angesprochenen »Gefahren … für die Nachbarschaft und die Allgemeinheit« können daher mit Hilfe von Verwaltungsvorschriften typisierend bewältigt werden. So werden bspw. die Grenzwerte für von Windkraftanlagen ausgehende Geräuschimmissionen durch die TA Lärm konkretisiert, die unter Nr. 6.1 nach den Gebietstypen der BauNVO differenzierende Grenzwerte aufstellt.

Anders als bei handlungsassoziierten Risiken ist der Umfang der zu erhebenden Informationen weitgehend bekannt. Die jeweilige Informationsbreite und –tiefe wird häufig durch den Gesetzgeber – bpsw. in Gestalt der notwendigen Antragsunterlagen – festgelegt, insbesondere da das Technik- und Sicherheitsrecht weitgehend präventiver Kontrolle unterliegt: Im Gentechnikrecht konkretisiert bspw. § 15 Abs. 1 Nr. 1-6 GenTG die Anforderungen an eine Freisetzungsgenehmigung. Die Anforderungen sind in ihrer Typik vergleichbar,[43] in ihrer Breite jedoch durchaus abhängig von der Komplexität der behandelten Materie. Zielt das Verfahren auf eine Prognose- oder Bewertungsentscheidung, so dient die vorangesetzte Informationsermittlung der Rationalisierung des Verfahrens.[44] Bewertungs- und Prognoseentscheidungen dürfen daher nicht »im luftleeren Raum« stattfinden, sondern müssen sich auf einen bestmöglich ermittelten Sachverhalt begründen lassen. Es besteht daher die Pflicht der Verwaltung, die rechtlich relevanten Informationen zu ermitteln[45] und die funktionierende Organisation des vorhandenen Wissens innerhalb der Verwaltung sicherzustellen.

Einen aktuellen Beispielsfall stellt das Gentechnikrecht dar: Gemäß § 16 Abs. 1 Nr. 3 GenTG darf die Freisetzungsgenehmigung nur erteilt werden,

---

42 Vesting 2008: 1-35 (16), § 20 Rn. 26; der Informationsbegriff ist demgegenüber durch das Merkmal der Neuheit gekennzeichnet (*ders.*, a.a.O., § 20 Rn. 20).

43 Hierzu Trute 2010: 11 (24).

44 Ein Rationalitätsdefizit der Prognoseentscheidung statuierend Jachmann 1998: 1015.

45 Kluth 2008: 73-92 (83) spricht insofern von der externen Wissensgenerierung.

wenn nach dem Stand der Wissenschaft im Verhältnis zum Zweck der Freisetzung unvertretbare schädliche Einwirkungen auf die in § 1 Nr. 1 GenTG bezeichneten Rechtsgüter nicht zu erwarten sind. Die in § 1 Nr. 1 GenTG genannten Schutzgüter sind Leben und Gesundheit von Menschen, die Umwelt in ihrem Wirkungsgefüge, Tiere, Pflanzen und Sachgüter. Mangelndes Verwaltungswissen kann soweit durch naturwissenschaftliche bzw. technische Typisierungen ausgeglichen werden.

Diese Lösungsmöglichkeiten stoßen an ihre Grenzen, wenn Naturgesetzlichkeiten noch nicht hinreichend erforscht oder gänzlich unbekannt sind. Hier liegt ein Fall der *Unsicherheit* vor – also eine Situation, in welcher die Eintrittswahrscheinlichkeit unkalkulierbar ist. Dann stellt sich zunächst die Frage nach der Akzeptanz von Schadensoptionen: Atomare Gefahren sind bekannt und bekämpfbar. Anders verhält es sich mit Auswirkungen von gentechnisch veränderten Lebensmitteln oder Handymasten. Aktuell betrifft das die Diskussion um die Schädlichkeit sog. Infrarotwellen, die von Windkraftanlagen verursacht werden (sollen). Werden Schadensoptionen anerkannt und verbleiben dennoch Unsicherheiten (im oben genannten Sinne) ist es Aufgabe der Verwaltung – innerhalb des gesetzgeberischen Spielraums – die verbleibenden Unsicherheiten oder Risiken (atypischer Kausalverläufe) zu berücksichtigen und abwägend in die administrative Entscheidung einzubringen.

## *IV. Moralassoziierte Risiken*

Als letzte Gruppe sind schließlich die moralassoziierten Risiken zu benennen, welche die ethische Akzeptanz auf Ungewissheiten gründender Entscheidungssituationen beschreiben. Sie finden sich beispielsweise im Recht der Organtransplantation.[46] So sieht § 8 Abs. 1 S. 2 TranspG vor, dass im Falle der Lebenspende die Entnahme eines nicht regenerationsfähigen Organs nur zulässig ist zum Zwecke der Übertragung auf eine Person, »die dem Spender in besonderer persönlicher Verbundenheit offenkundig nahesteh(t)«. Gesetzlich unterstellt wird dies bei gesetzlich definierten Verwandtschaftsbeziehungen (»Verwandte ersten oder zweiten Grades, Ehegatten, eingetragene Lebenspartner, Verlobte«; vgl. §§ 1297 ff., 1303 ff., 1589 Abs. 1 S. 3 BGB, § 13 EGBGB, § 1 LPartG). In allen anderen Fällen

46 Ähnliches wäre denkbar im Recht der Gentechnik, ist aber in dieser Form nur im österreichischen, nicht im deutschen Gentechnikgesetz bekannt.

muss die *besondere persönliche Verbundenheit* im Einzelfall überprüft werden. Dabei sind sowohl innere als auch regelmäßig äußere Merkmale vorauszusetzen, wie eine gemeinsame Wohnung oder häufige Kontakte; das offenkundige Nahestehen muss einen Assoziationsgrad in äußerer und innerer Hinsicht haben, bei dem sich die Vermutung aufstellen lässt, der Entschluss zur Organspende sei ohne äußeren Zwang und frei von finanziellen Erwägungen getroffen worden.[47] Denn dieser Gedanke steht in gesetzgeberischer Hinsicht hinter der Regelung. Nach BVerfG 2000, 28, 30 lässt sich der Inhalt der Norm mit den üblichen Auslegungsmethoden unter Berücksichtigung der Gesetzesbegründung feststellen; gleichwohl verbleibende Auslegungsschwierigkeiten würden nicht das rechtsstaatlich hinnehmbare Maß überschreiten. Auch hier bemüht sich der Gesetzgeber durch die legaldefinierten Nähebeziehungen um eine Typisierungsanordnung. Soweit es an einer solchen fehlt und die »persönliche Verbundenheit« mit Hilfe der bekannten Informationen festgestellt werden soll, verweist er die politische Entscheidung über die ethische Akzeptanz an ein spezielles Entscheidungsorgan.

## *V. Ergebnis*

Die Bewältigung von Ungewissheitssituationen im Prozess der Rechtsanwendung ist herausfordernd. Rechtsanwendung meint die Anwendung von (abstrakt-generellen) Regeln auf eine konkrete Situation, die idealerweise hinreichend erfassbar sein sollte. Der Begriff beschreibt damit ein überschneidungsfreies Handlungsschema, das Situationsbeschreibung und Regelanwendung umfasst. Ungewissheiten (insbesondere über künftige Entwicklungen) reißen eine Lücke in dieses Handlungsschema.

Der Umgang mit Ungewissheiten stellt sich dann als Versuch dar, solchermaßen entstandene Lücken (auf anderem Wege) zu schließen. Dies gelingt insbesondere bei typisierten (regelabhängigen) Abläufen. Die rechtliche Regel wird durch das Wissen um den typisierten Ablauf ergänzt. Dies gelingt insbesondere in umwelt- und sicherheitsrechtlichen Bereichen, wird aber auch mit Blick auf menschliches Handeln versucht. Der Rechtsanwender versucht sich dann an einer soziologischen Typisierung des menschlichen Handelns, die umso leichter möglich ist, als ein Gruppenverhalten im

47 BT-Drs. 13/4355, 20 f.; 13/8017, 42.

Raum steht. Der Schwarm bewegt sich innerhalb bestimmter Verhaltensmuster, die individuelle Abweichungen und Irrationalitäten auffangen und daher Gesetzmäßigkeiten eher zugänglich sind. Technische Abläufe und menschliches Handeln können auch zusammentreten, wenn der Schaden in technisierten Bereichen durch menschliches Fehlverhalten verursacht wird: Die Genehmigung zur Errichtung einer gentechnischen Anlage steht ebenso unter dem Vorbehalt sicherheitsrechtlicher Vorgaben wie der Zuverlässigkeit des Anlagenbetreibers. Atomare Unglücksfälle können sich ebenso durch technische Sicherheitslücken wie durch menschliches Fehlverhalten ergeben.

Je stärker sich die Ungewissheit einer typisierten Betrachtung entzieht, umso stärker tritt an ihre Stelle die Frage nach der Akzeptanz verbleibender Ungewissheiten. Damit wandelt sich die Analyse von einer rechtlichen zu einer politischen Bewertung. Dies zeichnet sich deutlich ab, wenn das Vorliegen eines Tatbestandsmerkmals einer außerrechtlichen Instanz überlassen wird, - so bei § 17 Abs. 3 S. 2 OrgTranspG.

Abwägungen in Unsicherheitslagen stellen sich – mit Alexy – als »juristische Vorgänge« dar. Dennoch bieten gerade sie Optionen und Notwendigkeiten, das rechtswissenschaftliche System für andere Wissenschaftssysteme zu öffnen. Hinsichtlich technikassoziierter Ungewissheiten wird daher auf naturwissenschaftliche Wissensbestände zurückgegriffen, die häufig in Gestalt von Rechtsverordnungen oder Verwaltungsvorschriften typisierend und bereits verrechtlicht zur Verfügung gestellt werden. Wie exemplarisch das Gentechnikrecht zeigt, kann daneben unmittelbar auf Expertenwissen (in Gestalt von Sachverständigengutachten) zurückgegriffen werden.

Im Hinblick auf handlungsassoziierte Risiken besteht zunächst eine Vermutung dafür, dass diese regelmäßig durch das bei der Verwaltung vorhandene Allgemeinwissen[48] bewältigt werden können. Das »zur Subsumtion des Einzelfalls unter die Norm nötige Erfahrungs- und Regelwissen wird … als stabil und bekannt vorausgesetzt«.[49] Dies gilt auch für Abläufe soziologischer Natur, obwohl hier bereits auf verwaltungsexterne wissenschaftliche Erkenntnisse zurückgegriffen wird, um Typisierungen zu ermöglichen. Dennoch gibt es zunehmend Fälle, in denen die Verwaltung im Rahmen[50]

48 *Vesting* spricht von „gesellschaftlichen Wissensbeständen"; Vesting 2008: 1-35 (8), § 20 Rn. 9.

49 Röhl 2008: 689-750 (707), § 30 Rn. 26.

50 Im Recht der Kinder- und Jugendhilfe bedarf die Kindesbefragung zuweilen psychologischer Unterstützung bzw. Schulung.

oder jenseits der Sachverhaltsermittlung zur Ausübung ihrer Entscheidungskompetenz auf das »Sonderwissen« Dritter, seien es Beteiligte, seien es Sachverständige zurückgreifen muss. Im Hinblick auf handlungsassoziierte Risiken meint dies in erster Linie psychologischen Sachverstand – insbesondere soweit höchstpersönliche Lebensverhältnisse (bspw. familienrechtlicher Natur) im Raum stehen.

Ein rationaler Ansatz geht idealtypischerweise von einer rationalisierbaren Entscheidungsfindung aus; die Verwaltung ist hier Umsetzungs- und Durchsetzungsinstrument dieses Verfahrens. Dies ist in besonderem Maße bei technikassoziierten Risiken der Fall. Wie oben gesehen wird hier die Diskrepanz zwischen rechtlicher Regel und feststehender Sachverhaltskenntnis durch naturwissenschaftliche bzw. technische Regeln überbrückt. Soweit diese fehlen, ermöglicht der Gesetzgeber die fortdauernde wissenschaftliche Begleitung: § 6 Abs. 1 GenTG sieht exemplarisch als allgemeine Sorgfaltspflicht die Risikobewertung für die in § 1 Nr. 1 GenTG genannten Rechtsgüter durch den Urheber gentechnisch relevanter Maßnahmen vor und erweitert dies um eine Pflicht zur fortwährenden Risikobegleitforschung. Gemäß § 10 Abs. 2 Nr. 5 GenTG bzw. § 15 Abs. 1 Nr. 4, Abs. 3 Nr. 4 GenTG ist die Durchführung der Risikobewertung Voraussetzung der Genehmigung einer gentechnischen Anlage bzw. der Freisetzung und des Inverkehrbringens gentechnisch veränderter Organismen. Dies ist Ausdruck einer (zunehmenden) »Informationsassymetrie«,[51] in welcher das »Primat gesellschaftlichen Wissens«[52] zum Ausdruck kommt. In der hieraus resultierenden Verantwortungsgemeinschaft für die Wissensgewinnung[53] kommt dem Staat die »Gewährleistungsverantwortung für die Ordnung des Wissens«[54] zu. Er muss zugleich der Gefahr der Subjektivität[55] solchermaßen von der Gesellschaft zum Staat transferierten Wissens entgegenwirken.

Dabei sind auch die Grenzen des Wissenstransfers zu erkennen. Rechtsanwendung ist *entscheidungsbezogen*, während wissenschaftliche Stellungnahmen – seien sie technikbezogen, seien sie soziologischer oder psycho-

---

51 So Trute 2010: 11 (23) im Vergleich des „politisch-administrativen und anderen Systemen, etwa dem Wirtschafts- und Wissenschaftssystem".

52 Schmidt-Aßmann 2010: 39 (45). Vgl. auch Röhl 2010: 65 (67): Gesellschaft als „der wesentliche Ort der Wissenserzeugung".

53 Pitschas 2008: 29-33 (30 f.).

54 Schmidt-Aßmann 2010: 39 (45).

55 Zur Gefahr Kluth 2008: 73-92 (82); Voßkuhle 2005: 425-475 (425 ff.).

logischer Natur – bestenfalls *Wahrscheinlichkeiten* beschreiben. Solche außerrechtlichen Wissensbestände können daher die rechtswissenschaftliche Entscheidungsfindung nicht ersetzen.

# Der Umgang mit Unsicherheit in der ökonomischen Analyse des (Öffentlichen) Rechts

*Michael Fehling**



* Für wichtige Klarstellungen zur Verhaltensökonomik und zur Statistik danke ich meinem studentischen Mitarbeiter *Johannes Brinkschmidt*. Weiterführende Anregungen verdanke ich ferner *Wolfgang Hoffmann-Riem* und *Hans-Bernd Schäfer*. Besonders bei den Nachweisen war mir wiss. Mitarbeiterin *Lisa Hamacher* eine große Hilfe.

## *I. Einführung*

Der Umgang mit Unsicherheit war in der Ökonomie ein Thema, schon lange bevor auch das (öffentliche) Recht die Aufmerksamkeit verstärkt darauf gerichtet hat. So formulierte *Frank Knight* bereits 1921: »If we are to understand the working of the economic system, we must examine the meaning and significance of uncertainty; and to this end some inquiry into the nature and function of knowledge itself is necessary".[1] Vor diesem Hintergrund erscheint es lohnend, einen Seitenblick auf diese Nachbarwissenschaft zu werfen und speziell die ökonomische Analyse des Rechts als Brückenschlag zwischen den Disziplinen daraufhin zu untersuchen, was sich daraus an zusätzlichen Einsichten für den Umgang des öffentlichen Rechts mit Unsicherheit gewinnen lässt.

### 1. Erhoffter Erkenntnisgewinn für das öffentliche Recht

Zwei Wege sind vorstellbar, auf denen das öffentliche Recht von dem Umgang mit Unsicherheit in der ökonomischen Analyse des Rechts profitieren könnte.

Erstens durch Einsatz der ökonomischen Analyse zur Entscheidungsfindung im öffentlichen Recht und speziell im Verwaltungsrecht unter Bedingungen der Unsicherheit. Ganz allgemein strebt die Ökonomik in ihrer normativen Spielart nach Rezepten für bessere (rationalere) Rechtsetzung und -anwendung.[2] Dieses Versprechen ließe sich einlösen, wenn die ökonomische Analyse des Rechts ein gegenüber der »normalen« rein juristischen Vorgehensweise überlegenes Instrumentarium zur Bewältigung von Unsicherheit zur Verfügung stellen würde. Die Hürden dafür liegen allerdings hoch. Denn juristische – einschließlich verfassungsrechtlicher – Maßstäbe und ökonomische Beurteilungskriterien sind meist nicht deckungsgleich. Man steht dann vor der schwierigen Frage, ob und gegebenenfalls wie sich ökonomische Analysen bei Bindung an Recht und Gesetz (Art. 20 Abs. 3 GG) in die juristische Argumentation bei Verwaltungsentscheidungen oder

---

1 *Frank Knight*, Risk, Uncertainty and Profit, 1921, Nachdruck 1967, S. 199.

2 Zur Unterscheidung dieser normativen von einer beschreibend-erklärenden positiver Ökonomik statt vieler *Anne van Aaken*, „Rational Choice" in der Rechtswissenschaft, 2003, S. 71 ff, 184 ff.; *Michael Rodi*, Ökonomische Analyse des Öffentlichen Rechts, 2014, S. 12 ff.

auch Gesetzgebungsmaßnahmen integrieren lassen. Zwar ordnen manche Rechtsvorschriften mehr oder weniger ökonomisierte Folgenabschätzungen an. Doch müssen diese meist nicht zwingend die Form einer vollständigen ökonomischen Kosten-Nutzen-Analyse annehmen. Außerdem ist das Analyseergebnis typischerweise nur ein Entscheidungsparameter unter mehreren und determiniert nicht vollständig die juristische Maßnahme.[3] Dies umso mehr, als bei juristischen Entscheidungen über das unmittelbare Resultat (Output) und die mittelbaren Wirkungen einer Maßnahme für die Betroffenen (Impact) hinaus auch die noch weit schwieriger zu prognostizierenden längerfristigen Wirkungen in dem betroffenen gesellschaftlichen Bereich oder gar in der Gesellschaft insgesamt (Outcome) berücksichtigt werden müssen.

Der zweite Weg, beim Umgang mit Unsicherheit von der ökonomischen Analyse des Rechts zu profitieren, ist weniger voraussetzungsvoll. Man nutzt die Ökonomik gleichsam als Steinbruch, um einzelne dortige interessante Einsichten in der einen oder anderen Weise für ein besseres Verständnis der Unsicherheitsprobleme im öffentlichen Recht nutzbar zu machen, nicht im Sinne einer vollständigen Übertragung, sondern als Anregungen. Dies geht zwar mit einem gewissen Verlust an methodischer Stringenz einher; es erscheint bei diesem Ansatz schnell ein Stück weit beliebig, wo auf welche Nachbarwissenschaften und hier speziell auf die Ökonomie rekurriert wird. Da das Recht jedoch fast alle Lebensbereiche erfasst und dabei Probleme ganz unterschiedlicher Art zu lösen sind, wäre es von vornherein unrealistisch und unterkomplex, sich beim Umgang mit außerjuridischem Wissen im allgemeinen und Unsicherheit im Besonderen auf einen einzigen dominanten methodischen Zugang festzulegen. Systemtheoretisch könnte man auch formulieren: Das Rechtssystems bedarf der Irritation durch verschiedenste andere gesellschaftliche Systeme einschließlich der Ökonomik,

3 Zum Ganzen *Michael Fehling*, Kosten-Nutzen-Analysen als Maßstab für Verwaltungsentscheidungen, VerwArch 95 (2004), S. 443 (453 ff.); vgl. auch *Michael Fehling*, Das Verhältnis von Recht und außerrechtlichen Maßstäben, in: Hans-Heinrich Trute/Thomas Groß/Hans Christian Röhl/Christoph Möllers (Hrsg.), Allgemeines Verwaltungsrecht – zur Tragfähigkeit eines Konzepts, 2008, S. 461 (472 ff., insbes. 478 ff.).

um die systeminternen (rechtlichen) Problembewältigungsmechanismen zu stimulieren und aufzufrischen.[4]

Einen solchen Ertrag wird man sich wohl besonders für komplexe Prognoseentscheidungen versprechen können, die, wie wir nicht erst aus Fußballermund wissen, besonders unsicher sind, wenn sie sich auf die Zukunft beziehen. Schon jetzt in der Ökonomik diskutierte Beispiele sind etwa Strategien zum Umgang mit dem Klimawandel[5] sowie ein geeignetes Konzept für die Endlagerung radioaktiven Abfalls.[6] Aus ökonomischem Blickwinkel wird man hier besonders auf Kosten-Nutzen-Analysen schauen müssen. Aus dem weiten Feld sonstiger komplexer Regulierungsentscheidungen bietet sich die Finanzmarktregulierung als Betrachtungsgegenstand besonders an, weil sie nicht zuletzt in der Verhaltensökonomik sehr viel Aufmerksamkeit gefunden hat.[7] Die Liste ließe sich ohne Schwierigkeiten um

---

4 Zur „Irritation" in der Systemtheorie vgl. *Niklas Luhmann*, Das Recht der Gesellschaft, 1995, S. 442 ff, insb. S. 275 ff. zur „Innovation durch Defektausgleich" im Recht nach Irritationen.

5 Diskutiert z.B. bei *Richard Posner*, Catastrophe: Risk and Response, 2004, insbes. S. 43 ff. u. 155 ff.; *Cass R. Sunstein*, Laws of Fear, 2005, insb. S. 109, 112 ff, 163 ff., 171 ff. (deutsch: Gesetze der Angst, 2007); *Eric A. Posner/David Weisbach*, Climate Change Justice, 2010, insbes. S. 144 ff.

6 Ein ökonomisches Modell zur Entscheidung zwischen oberflächennaher Lagerung und Lagerung in tiefen geologischen Schichten findet sich bei *Henri Loubergé/Stéphane Villeneuve/Marc Chesney,* Long-term risk management of nuclear waste: a real options approach, Journal of Economic Dynamics & Control 27 (2002), S. 157 ff.; zum Umgang mit der Unsicherheit im Rahmen der Kosten-Nutzen-Analyse bei der Festlegung zulässiger Strahlungswerte *Peter N. Swan,* Management of High-Level Radioactive Waste: The AEC and the Legal Process, Law & Soc. Order 263 (1973), 263 (281 f,); rechtsökonomisch zur Endlagerung schwachradioaktiver Abfälle, allerdings nur mit Ausführungen zur „regulatorischen", nicht naturwissenschaftlichen Unsicherheit *Richard/Benjamin/Jeffrey Wagner,* Reconsidering the law and economics of low-level radioactive waste management, Environmental Economics and Policy Studies 8 (2006), S. 33 (49 f.).

7 *Stephen J. Choi/A.C. Pritchard,* Behavioral Economics and the SEC, Stan. L. Rev. 56 (2003), 1 ff.; *Donald C. Langevoort*, Taming the Animal Spirits of the Stock Markets: A Behavioral Approach to Securities Regulation, Nw. U. L. Rev. 97 (2002), S. 135 (176 ff.); im Überblick auch *Holger Fleischer/Klaus Schmolke/Daniel Zimmer*, Verhaltensökonomik als Forschungsinstrument für das Wirtschaftsrecht, in: Holger Fleischer/Daniel Zimmer (Hrsg.), Beitrag der Verhaltensökonomie (Behavioral Economics) zum Handels- und Wirtschaftsrecht, 2011, S. 9 (48 ff.); *Lars Klöhn*, Kapitalmarkt, Spekulation und Behavioral Finance, 2006; *Christoph H. Seibt*, Readjustierung des Kapitalmarktrechts mithilfe ökonomischer Analysen, in: Die Fakultät der Bucerius Law School (Hrsg.), Begegnungen im Recht.

viele Materien des Umwelt- und Technikrechts verlängern, die vielfach unter dem Terminus Risikorecht zusammengefasst werden. Sogar grundlegende Gestaltungsentscheidungen auf Verfassungsebene sind Gegenstand ökonomischer Forschung geworden, die sich hier immer mehr mathematisch-ökonometrischer Methoden bedient; man denke nur an die gewiss mit hoher Unsicherheit belastete Frage, welches Verfassungsarrangement – parlamentarisches System oder Präsidialsystem – der Haushaltsdisziplin der öffentlichen Hand förderlicher sein könne.[8]

Darüber hinaus hat uns die jüngere rechtswissenschaftliche Diskussion (auch auf dieser Tagung[9]) vor Augen geführt, dass selbst scheinbar einfacher gelagerte Verwaltungsentscheidungen bei genauerem Hinsehen durch erhebliche Wissensdefizite geprägt sind. Abstrahierend ausgedrückt geht es um alle verschiedenen Formen von Unsicherheit bei der Konstruktion des jeweils maßgeblichen Realbereichs (d.h. des von den einschlägigen Normen in Bezuggenommene Realitätsausschnitt), des Sachverhaltsbereich (die jeweils potentiell rechtsrelevanten Tatsachen) und des Folgenbereichs (auf Output, Impact und Outcome bezogen).[10]

Dabei betreffen Prognoseunsicherheiten im engeren Sinne vor allem den Folgenbereich, während sich im Sachverhaltsbereich anders geartete Unsicherheiten besonders aus der lückenhaften und gegebenenfalls umstrittenen Informationsbasis ergeben.

---

Interdisziplinäre Ringvorlesung der Bucerius Law School zu Ehren Karsten Schmidts anlässlich seines 70. Geburtstags, 2011, S. 69 (81 ff.); vgl. auch *John C. Coates IV*, Cost-Benefit Analysis of Financial Regulation: Case Studies and Implications, Yale L. J. 124 (2015), S. 882 ff.

8 Dazu *Bernd Hayo/Stefan Voigt*, Determinants of constitutional change: Why do countries change their form of government?, Journal of Comparative Economics 38 (2010), S. 283 ff.; allgemein *Stefan Voigt*, Empirical Constitutional Economics: Onward and Upward?, Journal of Economic Behavior & Organization 80 (2011), S. 319 (321 ff).

9 Siehe *Indra Spieker gen. Döhmann*, Rechtliche Strategien und Vorgaben zur Bewertung von Nichtwissen, in diesem Band, S. 89.

10 Dazu programmatisch *Wolfgang Hoffmann-Riem*, Außerjuridisches Wissen, Alltagstheorien und Heuristiken im Verwaltungsrecht, Die Verwaltung 49 (2016), S. 1 (3 ff.); näher nun *Wolfgang Hoffmann-Riem,* Innovation und Recht – Recht und Innovation (im Erscheinen), insb. S. 108 ff., zu den Folgendimensionen S. 89 ff.

## 2. Der Untersuchungsgegenstand: Die ökonomische Analyse des Rechts zwischen Spezialdisziplin, Ökonomie und vermehrt auch Psychologie

Vor dem geschilderten Hintergrund muss die ökonomische Analyse des Rechts als Untersuchungsgegenstand hier weit verstanden werden.

Zum einen betrifft dies ihren Gegenstand, das Recht. Hier geht es um das öffentliche Recht, doch hat die ökonomische Analyse ihren Schwerpunkt weiterhin im Privatrecht.[11] Deshalb dürfen ihre dortigen Aussagen zum Umgang mit Unsicherheit nicht gänzlich ausgeblendet werden. Allerdings bleibt dann in besonderem Maße zu hinterfragen, inwieweit das öffentliche Recht hiervon profitieren kann.

Zum anderen darf nicht nur auf die ökonomische Analyse im engeren Sinne als zwischen Rechtswissenschaft und Ökonomie angesiedelte Spezialdisziplin geblickt werden. Denn die Diskussion um Unsicherheit hat, wie das Eingangszitat unterstreicht, ihren Ausgangspunkt in den Wirtschaftswissenschaften allgemein genommen und ist von dort nur teilweise in der ökonomischen Analyse des Rechts rezipiert worden. Selbst dabei sollte man noch nicht stehen bleiben, weil sich die ökonomische Analyse in Gestalt der Verhaltensökonomik vermehrt auch zur Psychologie hin geöffnet hat[12] und gerade daraus wichtige Einsichten auch zum Umgang mit Unsicherheit zu gewinnen sind. Wenngleich für das öffentliche Recht makroökonomische Zusammenhänge von besonderem Interesse sind, wird die Diskussion um Unsicherheit in der Literatur doch primär auf die Mikroökonomie bezogen; oft geht es um Investitionsentscheidungen.[13] Um einen möglichst umfassenden Einblick in das Argumentationsarsenal zu gewinnen, sollte all dies wenigstens rudimentär Berücksichtigung finden. Je weiter freilich die in der

---

11 Siehe insb. *Richard. Posner*, Economic Analysis of Law, 7. Aufl. 2007; für Deutschland *Hans-Bernd Schäfer/Claus Ott*, Lehrbuch der ökonomischen Analyse des Zivilrechts, 5. Aufl. 2012; *Horst. Eidenmüller*, Effizienz als Rechtsprinzip, 4. Aufl. 2015, *Peter Behrens*, Die ökonomischen Grundlagen des Rechts, 1986.

12 Dies betonen schon die Lehrbücher, siehe *Schäfer/Ott* (Fn. 11), S. 10; *Rodi* (Fn. 2), S. 9. Besonders einschlussreich sind in jüngerer Zeit die Beiträge der Psychologen *Daniel Kahneman* und *Amos Tversky* geworden, siehe unten Fn. 39.

13 Dies betrifft etwa die hier mehrfach zitierten Beiträge von *Knight* (Fn. 1) und *Aswath Damodaran*, Living with Noise: Valuation in the Face of Uncertainty, CFA Institute Conference Proceedings Quarterly 30 (2013), S. 22 ff – Die fundamentale Unsicherheit bei Investitionsentscheidungen ist freilich auch ein zentraler Baustein in der makroökonomischen Theorie bei *John Maynard Keynes*, Allgemeine Theorie der Beschäftigung, des Zinses und des Geldes, 10. Aufl. 2006 (englisches Original 1936), insb. S. 127.

derart weit verstandenen Ökonomik analysierten Konstellationen von denjenigen des öffentlichen Rechts entfernt sind, das weit stärker als die primär marktfixierte (Betriebs-)Wirtschaftslehre Netzwerke und andere soziale Interaktionen sowie ein weit größeres Arsenal von Organisations- und Entscheidungsstrukturen zu berücksichtigen hat, umso mehr muss man sich kritisch nach der Übertragbarkeit fragen.

Nach alledem ist von vornherein ausgeschlossen, in diesem Beitrag alle vorstellbaren oder auch nur besonders relevanten Konstellationen flächendeckend abzuarbeiten. Hier können nur einige wenige Schlaglichter gesetzt werden.

## *II. Die Entdeckung der Unsicherheit als besondere Herausforderung (vor allem) bei Prognosen*

Nicht nur im (öffentlichen) Recht, sondern auch in der Ökonomik ist das hohe Maß an Unsicherheit mit daraus resultierenden Problemen erst langsam in das Blickfeld gerückt.

### 1. Unsicherheit als Bedrohung des wissenschaftlichen Selbstverständnisses

In gewisser Hinsicht tut sich die Ökonomik mit Unsicherheit besonders schwer, weil diese an den Grundfesten ihres wissenschaftlichen Selbstverständnisses rüttelt. Die ökonomische Analyse des Rechts teilt mit der Ökonomik allgemein das Bemühen um möglichst »objektive« und wertfreie Ableitungen. Mit einer Mischung aus Empirie und »reiner«, möglichst mathematisierter Logik[14] sucht man sich wohl auch ein Stück weit von den »schwammigen« Geisteswissenschaften abzugrenzen.[15] Gerade mit dem Versprechen der nachweisbar wissenschaftlich richtigen Lösung konnte sich die Ökonomie auch in der Politikberatung als, wie böse Zungen sagen,

14 Vgl. *Niels Petersen/Emanuel V. Towfigh*, Ökonomik in der Rechtswissenschaft, in: Niels Petersen/ Emanuel V. *Towfigh*, Ökonomische Methoden im Recht, 2010, S. 1 (20 f.).

15 Ähnlich formuliert schon bei *Michael Fehling*, Ökonomische Analyse im Öffentlichen Recht als Methode zur Reformulierung und Operationalisierung von Gerechtigkeitsfragen, in: Die Fakultät der Bucerius Law School (Hrsg.), Begegnungen im Recht. Interdisziplinäre Ringvorlesung der Bucerius Law School zu Ehren Karsten Schmidts anlässlich seines 70. Geburtstags, 2011, S. 39 (42).

neuer Heilsbringer mit teilweise parareligiösen Zügen etablieren. Wissensdefizite und Unsicherheiten gilt es daher so weit wie möglich mathematisch zu überbrücken, wenn nicht gar hinweg zu definieren.

Klassischerweise geschieht das bei Prognoseunsicherheiten dergestalt, dass zur Bewertung eines Szenarios dessen Eintrittswahrscheinlichkeit mit dem dann erwarteten ökonomischen Resultat multipliziert wird. Um die Zahl der einzubeziehenden Faktoren überschaubar zu halten, muss Komplexität durch Modellbildung möglichst adäquat reduziert werden.

Erfolgen diese Berechnungen auf Grundlage statistischer Daten, deren Validität und Aussagekraft regelmäßig unsicher ist – in Abgrenzung zur Prognoseunsicherheit könnte man insoweit von Datenunsicherheit sprechen – können statistische Methoden Abhilfe schaffen. Wo als Datenbasis auf Befragungsergebnisse zurückgegriffen werden muss, gilt es, zusätzlich die Qualität der Befragungsinstrumente und die Repräsentativität der Befragung selbst zu sichern. Am Ende dieses Prozesses stehen dann möglichst klare Rechenergebnisse, deren Verlässlichkeit mittels statistischer Signifikanzuntersuchungen festgestellt werden muss. Damit scheint, wenn nicht die Beseitigung, so doch zumindest die Eingrenzung von Unsicherheit mit mathematischen Methoden gelungen.

### 2. Unsicherheit als eigenständige Kategorie mit besonderen Strategien zu ihrer Bewältigung

Es war der eingangs erwähnte *Frank Knight*, der in seinem Werk »Risk, Uncertainty and Profit« von 1921 am Beispiel von unternehmerischen (Investitions-)Entscheidungen darlegte, dass mathematische Verfahren nur bestimmte Arten von Wissensdefiziten überbrücken können. Besonders die Multiplikation von Eintrittswahrscheinlichkeit und Outcome eignet sich nur für die von ihm als Risikosituation (»risk«) bezeichnete Konstellation. Für diese ist es kennzeichnend, dass der Eintritt bestimmter Ereignisse zwar unsicher bleibt, doch die Eintrittswahrscheinlichkeit wenigstens annähernd bestimmt werden kann. Dem stellte er die Unsicherheitssituation (»uncertainty«) gegenüber, bei der auch die Eintrittswahrscheinlichkeit für die verschiedenen Szenarien im Dunkeln bleibt[16]. Dann fehlt naturgemäß auf dieser Seite ein notwendiger Rechenwert, um die genannte Multiplikationsaufgabe lösen zu können. Die ökonomische Analyse des Rechts hat diese Unterscheidung von Risiko und Unsicherheit allerdings nur teilweise übernommen; [17] selbst in den Wirtschaftswissenschaften selbst ist sie keineswegs durchweg rezipiert oder gar akzeptiert.[18] Als modellhaft-idealtypische Unterscheidung hat sie jedoch, ungeachtet vieler praktischer Grenzfälle, eine hohe Plausibilität.

Diese Zweiteilung ähnelt der heute in der Rechtswissenschaft verbreiteten Dichotomie von (abstrakter) Gefahr und Risiko. Im Anschluss an die soziologischen Studien zur sogenannten »Risikogesellschaft«[19] hatte sich nämlich in den 1980er/1990er Jahren immer mehr die Erkenntnis durchgesetzt,

16 *Knight* (Fn. 1), insb. S. 19 f., 197 ff.; in der Rechtswissenschaft aufgegriffen etwa von *Arno Scherzberg*, Risikosteuerung durch Verwaltungsrecht: Ermöglichung oder Begrenzung von Innovationen, VVDStRL 63 (2004), 214 (219).

17 Besonders deutlich *Lewis A. Kornhauser*, On Justifying Cost-Benefit Analysis, in: Mathew D. Adler, Eric A. Posner (Hrsg.), Cost-Benefit Analysis, 2001, S. 201 (205 ff.). In die Lehrbuchliteratur ist sie allerdings noch nicht durchgedrungen, vgl. ohne Differenzierung *Emanuel V. Towfigh*, Das ökonomische Paradigma, in: Towfigh/Petersen (Fn. 14), S. 23 (30); *Rodi* (Fn. 2), S. 43.

18 Für die Finanzmarktregulierung aufgrund der jüngsten Krisen-Erfahrung nun *Katharina Pistor*, A Legal Theory of Finance, Journal of Comparative Economics 41 (2013), S. 315 (316); Anklänge an die hier vorgenommene Unterscheidung mit anderer Terminologie auch schon bei *John Maynard Keynes*, The General Theory of Employment, The Quarterly Journal of Economics 1937, 209 (213 f.): „slightly/moderatly uncertain" versus „we simply do not know" (nicht zu verwechseln mit der vor einem ganz anderen Hintergrund vorgenommenen Definition des einer Wahrscheinlichkeitsschätzung nicht zugänglichen „unknown" bei *John Maynard Keynes*, A Treatise on Probability, 1921, ins. S. 33: „unknown through lack of skill in arguing from given evidence"). Dagegen werden Risiko und Unsicherheit anscheinend gleichgesetzt etwa von *Michael Fritsch*, Marktversagen und Wirtschaftspolitik, 9. Aufl. 2014, S. 246, 269; zwar im Ausgangspunkt unterscheidend, dann jedoch eine Rückführbarkeit von Unsicherheit auf Risiko annehmend *Hans-Werner Sinn*, Economic Decisions Under Uncertainty, 1989, S. 17 ff., insb. 39.

19 Begriffsprägend *Ulrich Beck*, Die Risikogesellschaft, 1987; zu den Gewissheitsdefiziten bei der Schadensprognose *ders.*, Gegengifte, 1988, S. 103 ff.

dass gerade moderne Großtechnologien derart komplexe und rekursiv verflochtene Wirkungsketten[20] auslösen und das Wissen gerade um Umweltfolgen oftmals so beschränkt bleibt, dass dem mit Wahrscheinlichkeitsschätzungen wie bei der ordnungsrechtlichen Gefahrenprognose kaum beizukommen ist. Die Kategorie des Risikos sollte Situationen erfassen, »die sich durch Unsicherheiten über Schadensmöglichkeiten und Eintrittswahrscheinlichkeiten sowie über die Kausalität von Ursache und Wirkung auszeichnen«.[21] Allerdings wird diese kategoriale Unterscheidung von Gefahr und Risiko keineswegs von allen geteilt. Es gibt auch Stimmen, die angesichts gleitender Übergänge das Risiko als Oberbegriff sehen.[22] Die Rechtsprechung geht zwar von der obigen Unterscheidung aus, doch verfließen die Grenzen zwischen Gefahr und Risiko teilweise wieder, wenn das Bundesverfassungsgericht auch beim Risiko die Je-desto-Formel bemüht, wonach die Anforderungen an die Wahrscheinlichkeit eines Schadenseintritts umso geringer sind, je schwerwiegender der drohende Schaden ist[23] – was

---

20 Zur Unterscheidung von traditionellen linearen und solchen komplexen Kausalverläufen jüngst auch *Hoffmann-Riem*, Innovation (Fn. 10), insb. S. 147 f., mit Verweis auf *Michael Zollner*, Komplexität und Recht, 2014.

21 *Rudolf Steinberg*, Der ökologische Verfassungsstaat, 1998, S. 21, unter Verweis auf *Dietrich Murswiek*, in: Otto Kimminich et al (Hrsg.), Handwörterbuch des Umweltrechts, Bd. II, 2. Aufl. 1994, Sp. 267; *Udo Di Fabio*, Entscheidungsprobleme der Risikoverwaltung, NuR 1991, S. 353 (354, 357). Besonders deutlich wird die kategoriale Abgrenzung des durch „vollständige Ungewissheit eines Schadenseintritts" gekennzeichneten Risikos zur Wahrscheinlichkeitsurteilen zugänglichen Gefahr bei *Reinhard Sparwasser/Rüdiger Engel/Andreas Voßkuhle,* Umweltrecht, 5. Aufl. 2003, § 2 Rn. 20; mit etwas anderer Terminologie als „Risiko zweiter Ordnung" dem mit mathematischer Entscheidungstheorie bewältigbaren „Risiko erster Ordnung" gegenübergestellt von *Scherzberg* (Fn. 16), VVDStRL 63 (2004), 214 (219 ff.).

22 Von Risiko als Oberbegriff bei allerdings unklarem Verhältnis von Gefahr und Risiko geht *Spiecker gen. Döhmann*, Unsicherheit (Fn. 9), S. 3, aus und verneint deshalb explizit eine Parallele zur ökonomischen Zweiteilung; zur Verwandtschaft von Risiko und Gefahrenverdacht mit Kritik an einer potentiell ausufernden Risikovorsorge *Karl-Heinz Ladeur*, Das Umweltrecht der Wissensgesellschaft, 1995, S. 69 ff.; Überblick über die unterschiedlichen Begriffsverwendungen auch bei *Udo Di Fabio*, Risikoentscheidungen im Rechtsstaat, 1994, S. 98 ff., insb. 108 ff., der selbst tendenziell eine kategoriale Unterscheidung präferiert.

23 Grundlegend BVerfGE 49, 89 (138) – Kalkar. Vgl. auch *Oliver Lepsius*, Risikosteuerung durch Verwaltungsrecht, VVDStRL 63 (2004), 264 (267 ff., insb. 277): Risiko im Verständnis von Gesetzgebung und Rechtsprechung als „Bereich der Ungewissheit, der zwischen Möglichkeit und Wahrscheinlichkeit changiert"; ähnlich *Rainer Wahl/Ivo Appel*, Prävention und Vorsorge. Von der Staataufgabe

logisch eine zumindest annähernde Einschätzbarkeit von Wahrscheinlichkeiten voraussetzt. Eine Parallele zwischen der ökonomischen und der juristischen Klassifizierung kann ferner nur dann gezogen werden, wenn man den juristischen Gefahrenbegriff nicht auf die Betrachtung einzelner individueller Kausalzusammenhänge beschränkt, sondern – wie die Ökonomen – auch eine Bündelung verwandter Kausalverhältnisse in einer Gesamtbetrachtung (z.B. typisierende Gefahren »des Straßenverkehrs«) für möglich erachtet.[24]

Jedenfalls unterscheidet sich die Begrifflichkeit und damit auch die Verwendung des Begriffs »Risiko«[25]: bei den Ökonomen für zumindest annähernd bekannte, bei den Juristen für weitgehend unbekannte Eintrittswahrscheinlichkeit.

Später haben manche Ökonomen innerhalb der Unsicherheitskategorie noch einmal unterschieden zwischen einfacher Unsicherheit, bei der wenigstens die verschiedenen möglichen Szenarien (Outcomes) noch im Vorhinein definierbar sind (»ambiguity«), und fundamentaler Unsicherheit (»fundamental uncertainty«), bei der wir nicht einmal mehr wissen, welche

---

zur rechtlichen Ausgestaltung, in: Rainer Wahl (Hrsg.), Prävention und Vorsorge, 1995, S. 84 ff., insb. 88 f., 90 f., 92 f., dabei die Nähe zwischen Risiko und Gefahrenverdacht betonend. Ebenfalls zwischen „Wahrscheinlichkeit" und „Möglichkeit differenzieren die Begriffsdefinitionen in § 2 Nr. 4 bzw. 5 UGB-KomE (im Gegensatz zum vorigen Professorenentwurf, wo Risiko in § 2 Abs. 6 als Oberbegriff definiert worden war); darin wird die bloße Möglichkeit allerdings nicht als qualitatives aliud, sondern als „ein Weniger gegenüber der Bejahung der Gefahr erforderlichen hinreichenden Wahrscheinlichkeit" verstanden, siehe Bundesministerium für Umwelt, Naturschutz und Reaktorsicherheit (Hrsg.), Umweltgesetzbuch (UGB-KomE), 1998, S. 439 ff., ins. S. 443.

24 Eine ähnliche Überlegung liegt wohl der Klassifizierung bei *Scherzberg* (Fn. 16), VVDStRL 63 (2004), 214 (223 f.) zugrunde, wenn er die polizeirechtliche Gefahr als „Sonderfall" sieht innerhalb seiner Kategorie des „Risikos erster Ordnung"; vgl. aber *Lepsius* (Fn. 23), VVDStRL 63 (2004), 264 (283), der im Risikobegriff eine „Entindividualisierung der Zurechnung" beklagt, der er mit Rückkehr zu – freilich normativ nachzuverdichtenden – Gefahrenabwehrstrukturen des klassischen Ordnungsrechts begegnen will. Bündelung bedeutet jedoch nicht Entindividualisierung, sondern Typisierung, wie sie auf Ebene der – von *Lepsius* präferierten – (Gefahrenabwehr-)Gesetzgebung ohnehin unvermeidlich ist.

25 Das betrifft nicht nur Juristen und Ökonomen; Überblick über die unterschiedlichen Begriffsverwendungen in den einzelnen Wissenschaftsdisziplinen siehe *Sachverständigenrat für Umweltfragen*, Sondergutachten Umwelt und Gesundheit, BT-Drs. 14/2300, Tz. 49 ff.

Resultate möglich sind[26]. Bei der letztgenannten gesteigerten Unsicherheit fehlt es an Input auf beiden Seiten der Multiplikationsaufgabe. Darüber hinaus wird oft noch eine weitere Kategorie gebildet, bei der schon das Faktum der Unsicherheit selbst unbekannt ist;[27] dann freilich droht die Unsicherheit fälschlicherweise ganz ausgeblendet und die Entscheidung unter vermeintlicher Sicherheit getroffen zu werden.

Wenn also bei Unsicherheit statt bloßem Risiko – oder in juristischer Terminologie: bei Risikoentscheidungen statt bloßer Gefahrenabwehr – einfache mathematische Überbrückungsversuche von vornherein zum Scheitern verurteilt sind, so muss man nach ganz anderen Bewältigungsstrategien Ausschau halten. Hier teilt sich die moderne Ökonomik anscheinend in zwei Grundströmungen. Die einen plädieren für das Vertrauen auf Alltagsrationalität und »Daumenregeln«. Einfache und intuitive Entscheidungsregeln führten, so wird vorgebracht, bei echter Unsicherheit oft zu besseren Ergebnissen als komplexe Analysewerkzeuge[28]. Dies trifft sich ein Stück weit mit älteren Überlegungen zur »Bounded Rationality«.[29] Für die Finanzmarktregulierung formuliert: »Modern finance is complex, almost certainly too complex. That configuration spells trouble. As you do not fight fire with fire, you do not fight complexity with complexity. Because complexity generates uncertainty, not risk, it requires a regulatory response grounded in simplicity, not complexity."[30]

26 So z.B. *David Dequech*, Fundamental Uncertainty and Ambiguity. Eastern Economic Journal 26 (2000), S. 41 ff.

27 Von *Donald Rumsfeld* (Secretary of Defence, U.S. Dep´t of Def., DoD News Briefing – Secretary Rumsfeld and Gen. Myers, 12.2.2002 – http://archive.defense.gov/Transcripts/Transcript.aspx?TranscriptID=2636) – freilich in einem ganz anderen problematischen Zusammenhang – in Abgrenzung von den „known-unknowns" als „unknown-unknowns" bezeichnet; aus juristischer Perspektive aufgegriffen etwa von *Justin R. Pidot*, Governance and Uncertainty, Cardozo L. Rev 37 (2015), S. 113 (179).

28 *Gerd Gigerenzer/Reinhard Selten*, Bounded Rationality: The Adaptive Toolbox, 2002, insb. S. 37 ff., 103 ff.; zusammenfassend *Shabnam Mousavi/Gerd Gigerenzer*, Risk, Uncertainty and Heuristics, Journal of Business Research 67 (2014), S. 1671 ff.

29 Grundlegend *Herbert A. Simon*, Models of Man – Social and Rational, New York 1957; zusammenfassend dazu etwa *Rudolf Richter/Eirik G. Furubotn*, Neue Institutionenökonomik, 4. Aufl. 2010, S. 192 ff.

30 *Andrew Haldane*, "The Dog and the Frisbee", Federal Reserve Bank of Kansas City´s 36th Economic Policy symposium (www.bis.org/review/r120905a.pdf).

Andere setzen dagegen auf elaboriertere Entscheidungsregeln und Analysestrategien. Sie stimmen zwar mit der erstgenannten Grundrichtung darin überein, dass Überkomplexität potenziell nur zu Scheinrationalität führt und vermieden werden muss (»less is more«), können und wollen auch keine Patentlösung präsentieren. Doch identifizieren sie verschiedene Rationalitätsanforderungen, die sich ihres Erachtens jeweils situationsangemessen so zu einem Entscheidungsprogramm verweben lassen, dass auch solche Unsicherheitssituationen – diskutiert wieder vorrangig anhand von Investitionsentscheidungen – rational bewältigbar werden.[31] Teilweise handelt es sich dabei um grundlegende logische Anforderungen wie Widerspruchsfreiheit und darauf ausgerichtete Tests[32], teilweise um (vermeintlich) gesicherte ökonomische Erkenntnisse als Leitplanken für die Prognose, teilweise aber auch um speziell auf Investitionsentscheidungen zugeschnittene Rationalitätschecks. Letztlich spiegelt sich in dieser ökonomischen Kontroverse die auch aus der Rechtswissenschaft unter leicht anderen Vorzeichen bekannte Frage wider, wieviel und vor allem welche Art von Rationalität im Umgang mit Unsicherheit möglich und notwendig ist. In dem Maße, in dem das tradierte Rationalitätsmodell des Homo Oeconomicus auch in den Wirtschaftswissenschaften in Streit gerät, wird auch das Rationalitätsverständnis pluraler.

## *III. Kategorien von Unsicherheit und Bewältigungsmethoden*

Wie geht nun die ökonomische Analyse des Rechts konkret mit »echter« Unsicherheit um? Grundsätzlich wäre es wünschenswert, zwischen verschiedenen Ursachen für die Unsicherheit zu unterscheiden. Sie kann etwa aus der mangelnden Vorhersehbarkeit menschlichen Verhaltens resultieren oder aus Wissensdefiziten bei naturwissenschaftlichen und technischen Kausalketten und Folgen. Unsicherheit kann sich auf Kausalketten oder auf das Ausmaß von Wirkungen beziehen. Neben den genannten finden sich im

zitiert nach *Mousavi/Gigerenzer* (Fn. 28), Journal of Business Research 67 (2014), S. 1671.

31 So z.B. *Damodaran* (Fn. 13), S. 15 ff.

32 *Thomas L Saaty*, Decision Making for Leaders: The Analytic Hierarchy Process for Decisions in a Complex World, 3. Aufl. 2012, insb. S. 14 ff., 119 ff.

Schrifttum freilich auch viele andere gleichermaßen plausible Einteilungen.[33] Welche davon sachgerecht ist, hängt entscheidend von dem konkret betrachteten Problem ab. Eine voll ausgearbeitete konsensfähige Systematik scheint jedenfalls in der Ökonomik nicht vorhanden, ist vielleicht gar nicht möglich. Für meine Zwecke muss es im Folgenden bei einer etwas kruden Zweiteilung verbleiben, die man immerhin implizit in der ökonomischen Analyse anzutreffen scheint: Zum einen Prognoseunsicherheiten, die auf der Ungewissheit künftiger Entwicklungen beruhen, seien diese durch menschliches Verhalten und/oder naturwissenschaftliche Wirkungsketten gekennzeichnet. Zum anderen Unsicherheit über vorhandene gegenwarts- oder vergangenheitsbezogene Informationen, weil insoweit die Validität und Aussagekraft von statistischen Daten und Methoden zweifelhaft ist.

Bei rechtlichen Regulierungsproblemen werden sich freilich beide Arten von Unsicherheit oft mischen, weil Prognosen für die Zukunft nicht zuletzt deshalb auf schwankendem Boden stehen, weil schon die vergangene Entwicklung hin zum Ist-Zustand unzureichend dokumentiert und/oder verstanden ist.

### 1. Prognose künftiger Entwicklungen

Prognosen, gerade auch im Hinblick auf die Auswirkungen unterschiedlicher Regulierungsszenarien, spielen in der ökonomischen Analyse des Rechts besonders bei Kosten-Nutzen-Analysen und verwandten Ansätzen eine zentrale Rolle. Umso mehr ist es auf den ersten Blick verwunderlich, dass der Umgang mit Unsicherheit in der reichhaltigen theoretischen Literatur nur eine marginale Rolle spielt. Obwohl die Unterscheidung von bloßem Risiko und weiterreichender Unsicherheit auch hier im Grundsatz anerkannt ist,[34] bleibt man doch allzu oft bei mehr oder minder ausgefeilten Wahrscheinlichkeitsüberlegungen stehen.[35] Dies wird exemplarisch an der

---

33 So unterscheidet z.B. *Damodaran* (Fn. 13), S. 12 ff. "estimation" versus "(real) economic uncertainty", "micro" versus "macro uncertainty", "discrete" versus "continuous uncertainty". Aus juristischer Sicht wiederum anders *Indra Spieker genannt Döhmann*, Staatliche Entscheidungen unter Unsicherheit, Reprints aus der Max-Planck-Projektgruppe Recht der Gemeinschaftsgüter 200/10, S. 6 ff.

34 Siehe oben Fn. 17 f.

35 So z.B. *Daniel Graham*, Cost-Benefit Analysis Under Uncertainty, The American Economic Review 71 (1981), S. 715 (716); *Eric A. Posner/E. Glen Weyl*, Benefit-

Kontroverse um das umweltrechtliche Vorsorgeprinzip deutlich, dass man auch als Sicherheitsmarge wegen bestehender Unsicherheit verstehen kann und muss. Gerade U.S.-amerikanische Anhänger der ökonomischen Analyse wie *Cass Sunstein* lehnen eine solche Sicherheitsmarge vehement ab, weil damit ineffizient Ressourcen vergeudet würden, die anderweitig effizienter zur Bekämpfung von Umweltproblemen eingesetzt werden könnten. Die Kosten-Nutzen-Analyse erlaube es, Prioritäten rationaler zu setzen – besonders durch das Ausrechnen der Kosten pro gerettetem Menschenleben – und dadurch Regulierung passgenauer zuzuschneiden.[36] Auch in der jüngeren Diskussion über Möglichkeiten und Grenzen der Kosten-Nutzenbetrachtung bei der Finanzmarktregulierung ist von Unsicherheit recht wenig die Rede,[37] obwohl die Entwicklung hin zur Finanzkrise größte Zweifel an

---

Cost Paradigma in Financial Regulation, The Journal of Legal Studies 43, 2 (2014), S. 1 (18 ff.); allgemeiner auch *Richard Posner*, The Crisis of Capitalist Democracy, 2010, S. 288 ff.; *Pidot* (Fn. 27), Cardozo L. Rev 37 (2015), S. 113 (178 f.). Für die Praxis sehr plastisch *Umweltbundesamt (Hrsg.)*, Ökonomische Bewertung von Umweltschäden: Methodenkonvention 2.0 zur Schätzung von Umweltkosten, insb. S. 22 f., aus der in der dortigen Fn. 19 versteckten Bemerkung, dass eine Multiplikation der Schadenshöhe mit der Eintrittswahrscheinlichkeit bei echter Unsicherheit (dort „Ungewissheit" genannt) nicht mehr möglich ist, werden keine weiteren methodischen Konsequenzen gezogen.

36 Besonders prominent und vertiefend *Cass Sunstein*, Risk and Reason: Safety, Law and the Environment, Cambridge 2002, S. 33 ff.; *Sunstein*, Laws (Fn. 5), insb. S. 13 ff., mit Verweis u.a. auf *John D. Graham*, Decision-Analytic Refinements of the Precautionary Principle, 4 J. Risk Research (2001), S. 127 ff.; ausführliche Gegenargumentation aus ethischen Gründen bei *Douglas A. Kysar*, Regulating from Nowhere, 2010, S. 46 ff., insb. 64 ff. Sogar halbamtliche US-Stellungnahmen drängen die Europäische Union zu Kosten-Nutzen-Analysen, um das sonst als zu unbestimmt angesehene Vorsorgeprinzip zu konkretisieren; dazu *Mark Geistfeld*, Reconciling Cost-Benefit Analysis with the Principle that Safety Matters More than Money, 76 New York U. L.Rev. (2001), S. 114 (173 ff.).

37 Vgl. etwa *Edward Sherwin*, The Cost-Benefit Analysis of Financial Regulation: Lessons from the SEC´s Stalled Mutual Fund Reform Effort, 12 Stan. J.L.BusFin. (2006), 46 ff. Eine der positiven Ausnahmen bildet *Coates* (Fn. 7), 124 Yale L. J (2015), S. 882 (894 f., 997, 999 f.), der auf der Basis von Fallstudien, wegen der vielfältigen Unsicherheiten Quantifizierung anstrebende Kosten-Nutzen-Analysen bei der Finanzmarktregulierung „not as a science but a number-laden guesswork" verwirft; demgegenüber wenig überzeugend auf die Komplexität jeglicher Regulierung verweisend *Eric A. Posner/E. Glen Weyl*, Cost-Benefit Analysis of Financial Regulation: A Response to Criticisms, 124 Yale Law Journal Forum (2015), S. 246 (247 ff.).

der Vorhersehbarkeit von wirtschaftlichen Kausalketten und Entwicklungen wecken müsste. Letztlich bleiben die unterschiedlichen Einschätzungen und Herangehensweisen in Kontinentaleuropa und den USA erheblich in kulturelle Traditionen und Denkstile eingebunden; auch die Ökonomik kann den Umgang mit Unsicherheit nicht aus der entsprechenden Kontext- und Pfadabhängigkeit befreien und gänzlich objektivieren.

### a) Umgehungsstrategien

Aus meiner Sicht fußt die Verdrängung von Unsicherheit auf verschiedenen Umgehungsstrategien. Trotz ihrer Schwächen beinhalten sie doch manche bedenkenswerte Überlegung und sind damit näherer Betrachtung wert.

Erstens zielt der Kosten-Nutzen-Vergleich zunächst einmal nicht auf »objektive« Aussagen, sondern vor dem Hintergrund des methodologischen Individualismus auf eine Aggregation von individuellen Präferenzen (Homo Oeconomicus).[38] Dann ist es durchaus folgerichtig, wenn man die individuelle Risikoeinschätzung und den individuellen Umgang mit Unsicherheit bei der Präferenzbildung in den Vordergrund stellt.[39]

Freilich vermag man damit der Frage, inwieweit diese individuelle Einschätzung objektiv angemessen erscheint, doch nicht gänzlich auszuweichen. Denn diese ist nachweislich anfällig gegenüber systematischen Fehleinschätzungen. Solche Verzerrungen (»biases«) können bei Entscheidungsprozessen in vielfältiger Form auftreten und ein hohes Gewicht erlangen. Beispielsweise gewichten Menschen in Entscheidungssituationen po-

---

38 Dabei geht es darum, „kollektive Phänomene generell durch Rückführung auf individuelles Handeln zu erklären", so *Gebhard Kirchgässner*, Es gibt keinen Gegensatz zwischen dem Menschenbild des Grundgesetzes und dem homo oeconomicus, in: Christoph Engel/Martin Morlok (Hrsg.), Öffentliches Recht als ein Gegenstand ökonomischer Forschung, Tübingen 1998, S. 49 (51); aus öffentlichrechtlicher Sicht zusammenfassend *Ute Sacksofsky*, Anreize, in: Wolfgang Hoffmann-Riem/Eberhard Schmidt-Aßmann/Andreas Voßkuhle (Hrsg.), Grundlagen des Verwaltungsrechts, Band 2, 2. Aufl. 2012, § 40 Rn. 35; zum damit verbundenen Menschenbild des eigennützig rational handelnden Individuums näher *Schäfer/Ott* (Fn. 11), S. 95 ff.

39 Dies gilt auch für die ökonomische Analyse des öffentlichen Rechts, vgl. *Rodi* (Fn. 2), S. 43.

tentielle Verluste regelmäßig stärker als potentielle Gewinne(»loss aversion«).[40] Die Einschätzung der objektiven Eintrittswahrscheinlichkeit eines Szenarios erhöht sich, wenn man sich schnell an vergleichbare Situationen erinnern kann (Verfügbarkeitsheuristik). Auch willkürliche Ankerpunkte, die nur scheinbar als Entscheidungshilfe dienen und tatsächlich bedeutungslos sind, werden bei der Entscheidung berücksichtigt (Ankerheuristik).[41]

Die wissenschaftliche Diskussion verlagert sich damit auf die Frage, was der Staat zur hinreichenden Information der Bürger und damit zur »Läuterung« der Präferenzermittlung beitragen kann[42]. Dies setzt freilich voraus, dass die Verwaltung selbst über hinreichendes wissenschaftlich fundiertes Wissen verfügt, was bei Unsicherheit definitionsgemäß nicht der Fall ist. Darüber hinaus sind die Rechenergebnisse von Kosten-Nutzen-Analysen für sich genommen auch deshalb nur beschränkt aussagefähig, weil bei der Durchführung beträchtliche methodische Spielräume existieren, vor allem bei der Messung und Monetarisierung von Nutzen (etwa beim »Wert« eines geretteten Menschenlebens[43]); dies kann an dieser Stelle aber nicht vertieft werden.

Das Problem unvollständiger Information und allfälliger Wissensmängel wird selbstverständlich nicht geleugnet.[44] Man sucht es vielmehr – zweitens – durch eine relative Betrachtung zu entschärfen. Die Kosten-Nutzen-Ana-

---

40 *Daniel Kahneman/Amos Tversky*, Prospect theory: An analysis of decision under risk, Econometrica: Journal of the Econometric Society 1979, S. 263 ff.

41 *Amos Tversky/Daniel Kahneman*, Judgment under uncertainty: Heuristics and Biases, Science 185 (1974), S. 1124 ff.; popularisiert durch *Daniel Kahneman*, Schnelles Denken, langsames Denken, 2012, insb. S. 139 ff.

42 So z.B. *Christine Jolls/ Cass Sunstein/ Richard Thaler,* A behavioral approach to law and economics. Stanford Law Review 50 (1998), S. 1471 ff.; auf Kosten-Nutzen-Analysen bezogen *Matthew D. Adler/Eric A. Posner*, New Foundations of Cost-Benefit Analysis, 2006, S. 138 ff.

43 Dazu ausführlich *Fehling*, in: Begegnungen (Fn. 15), S. 39 (55 ff.).

44 Ausführlich dazu, mit einer gewissen Ratlosigkeit bezüglich der Konsequenzen, *Robert S. Pindyck*, Uncertainty in Environmental Economics, Review of Environmental Economics and Policy 1 (2007), S. 45 ff. Kritiker von Kosten-Nutzen Analysen heben die Informationsdefizite allerdings besonders stark hervor, siehe etwa *Joseph E. Stiglitz*, Information and the Change in the Paradigm in Economics, 92 Amer.Econ.Rev. (2002), S. 460 ff.; mit vielen Bsp. *Kysar* (Fn. 36), S. 210 ff.

lyse sei immer noch deutlich rationaler als andere verfügbare Entscheidungsmethoden.[45] Damit verbindet sich die Hoffnung, bei Kosten wie Nutzen lasse sich über den engeren Impact hinaus auch der allgemeinere Outcome berücksichtigen – was freilich die Komplexität weiter erhöht. Man könne, so wird behauptet, die Unsicherheit immerhin durch mathematische Wahrscheinlichkeitsberechnungen ein Stück weit reduzieren. Ferner bietet die mathematische Entscheidungstheorie zur Bewältigung von »random uncertainty« komplexe neue Methoden mit »fuzzy statistics« an,[46] die aber wohl nur für Experten verständlich sind und vielleicht auch deshalb in die ökonomische Analyse bislang wohl kaum vorgedrungen sind. Letztlich bleibt es jedoch dabei: Ein Erwartungsnutzen lässt sich nur insoweit berechnen, wie sich den verschiedenen Szenarien wenigstens ansatzweise Wahrscheinlichkeiten zuordnen lassen. Bei echter Unsicherheit wird die Kosten-Nutzen-Berechnung spekulativ.

In der realen Welt sind Entscheidungssituationen oftmals durch eine Mischung von Risiken (oder aus rechtlicher Sicht: Gefahren) und Bereichen weiterreichender echter Unsicherheit (juristisch: Risiken) gekennzeichnet. Beigefügte Erläuterungen müssen dann verdeutlichen, wo die exakte Berechnung aufhört und mehr oder minder spekulative Szenarien beginnen. Durch Strukturierung und Transparenz des Entscheidungsprozesses könne man, so die Befürworter von Kosten-Nutzen-Analysen, Unsicherheiten offenlegen[47] und die Fehlermarge im Vergleich zu mehr oder weniger intuitiven Entscheidungsverfahren immerhin deutlich verringern. In dieser Einschätzung sehen sich viele durch die Verhaltensökonomie bestätigt. Denn diese beschreibt verschiedenste Ursachen für verzerrte Risikowahrnehmung und falschen Umgang mit Unsicherheit. Weniger formalisierte Ana-

---

45 Besonders deutlich *Posner/Weyl* (Fn. 35), S. 1 (11); ausführlich *Adler/Posner* (Fn. 42), S. 73 ff.

46 Dazu *Olgierd Hryniewicz*, On Joint Modelling of Random Uncertainty and Fuzzy Imprecision, in: Kurt Marti/ Yuri Ermoliev/Marek Makowski (Hrsg.), Coping with Uncertainty, 2010, S. 11 ff,, zu den Grenzen klassischer Wahrscheinlichkeitsrechnungen bei echter Unsicherheit dort S. 13 f.; allgemeiner etwa *James J. Buckley*, Fuzzy Probability and Statistics, 2006; *Reinhard Viertl*, Statistical methods for Fuzzy Data, 2011.

47 Besonders deutlich *Cass Sunstein*, The Arithmetic of Arsenic, 90 Geo. L.J. (2001), S. 2255 (2289 f.); allgemein zur Schaffung von Transparenz als großem Vorteil von Kosten-Nutzen-Analysen z.B. *Adler/Posner* (Fn. 42), insb. S. 111.

lyse- und Entscheidungsverfahren werden insoweit von manchen als anfälliger für unbewusste Rationalitätsdefizite wie die oben beschriebenen »biases« angesehen.[48]

Andererseits wird die Kosten-Nutzen-Analyse in der (vor allem US-amerikanischen) Praxis gerade wegen der Wissensdefizite oft weit weniger formal gehandhabt als in den ökonomischen Empfehlungen; die Grenzen zur »freien« Abwägung werden fließend.[49] Damit zerfließt freilich auch die in der (ökonomischen) Theorie klare Grenzziehung zwischen Risiko und Unsicherheit mit den jeweils unterschiedlichen methodischen Anforderungen. In dem Maße, in dem die Kosten-Nutzen-Analyse ihre theoretisch äußerst anspruchsvollen Standards wegen Überkomplexität in der Praxis nicht einlösen kann, muss auch ihre rechtliche Direktionskraft abnehmen; regelmäßig taugt sie eher zur Problemsensibilisierung als zum Auffinden der »richtigen« Lösung.

### b) Weitere Bewältigungsversuche

Daneben finden sich verschiedene Strategien, um das Analyseverfahren besser auf die Bewältigung von Unsicherheit auszurichten. Zwei davon seien hier hervorgehoben.

Erstens propagiert man einen robusten Analyserahmen. Je stärker die Analyseinstrumente verfeinert und je mehr Details einbezogen werden, umso größer wird die Gefahr einer Kumulation von falschen Einschätzungen.[50] Insoweit bewegt sich die Argumentation in Übereinstimmung mit der oben referierten Leitlinie zum Umgang mit Unsicherheit: Weniger ist mehr. Bei der Auswahl, welche Parameter nun Berücksichtigung finden sollen,

---

48 Erneut *Cass Sunstein* an der Spitze, z.B. Cost-Benefit Default Principles, 99 Mich.L.Rev. (2001), S. 1651 (1662); kritisiert etwa von *Richard A. Posner*, Cost-Benefit Analysis: Definition, Justification, and Comment on Conference Papers, 29 J. Legal Studies (2000), S. 1153 (1161 ff.); *Joshua D. Wright/Douglas H Ginsburg*, Behavioral Law and Economics: Its Origins, Fatal Flaws, and Implications for Liberty, 107 Nw.U.L.Rev. (2012), S. 1033 ff.

49 Dazu mit Entwicklung einer Matrix zur Erfassung verschiedener Komponenten zur Bestimmung des Formalisierungsmöglichkeiten und -grenzen *Amy Sinden*, Formality and Informality in Cost-Benefit Analysis, Utah L.Rev 93 (2015), S. 93 ff., zur Datenunsicherheit insb. S. 115.

50 *Damodaran* (Fn. 13), S. 15 ff., vgl. auch S. 28 f.; für Kosten-Nutzen-Analysen bei der Finanzmarktregulierung *Posner/Weyl* (Fn. 35), S. 1 (16 ff.).

scheint man unausgesprochen doch auf »Daumenregeln« und Intuition zu vertrauen, wie dies eine wichtige ökonomische Denkschule für den Umgang mit Unsicherheit ganz allgemein propagiert.[51]

Zweitens sucht man Unsicherheitsmargen zumindest dadurch transparent zu machen, dass verschiedene Szenarien in Alternativberechnungen nebeneinandergestellt werden. Besonders verbreitet ist dies beim Klimaschutz. Sensitivitätsanalysen können zumindest einen besseren Eindruck davon vermitteln, welche Auswirkungen Unsicherheitsmargen haben können.[52] Je größer die Unsicherheit ist, umso weniger kann es freilich gelingen, wenigstens solche »Leitplanken« zu definieren.

### 2. Validität und Aussagekraft statistischer Daten und Methoden

Statistische Daten und Methoden spielen in der ökonomischen Analyse eine zentrale Rolle. Zum einen sind derartige Daten, selbst erhoben oder aus anderen Quellen übernommen, als solche die Grundlage von ökonomischen Bewertungen und Empfehlungen für den Juristen. Zum anderen bildet die statistische Weiterverarbeitung als Ökonometrie eine eigenständige wissenschaftliche Methode des rechtsökonomischen Erkenntnisgewinns.

In beiden Bereichen ist man regelmäßig vor große Herausforderungen gestellt, wenn es darum geht, aus einem Datenpool Informationen und daraus wiederum Regulierungswissen zu gewinnen. Typischerweise muss zunächst festgestellt werden, wie valide die verwendeten Daten und, daran anknüpfend, wie belastbar die aus ihnen gezogenen Schlüsse sind. Hierbei bleibt oft schon ungewiss, ob und inwieweit wichtige Daten fehlen, seien es zusätzliche Daten zu den bereits erhobenen Parametern oder Daten zu anderen, gar nicht als relevant erkannten Parametern. Und schließlich ist auch die Aussagekraft statistischer Resultate und die damit verbundene Interpretation der Daten mit erheblicher Unsicherheit behaftet. All dem sucht man mittels statistischer (Auswertungs-)Verfahren, aber auch mit darüberhinausgehenden Bewältigungsstrategien zu begegnen.

---

51 Dazu schon oben S. 9 f. mit Fn. 28.

52 Die Bedeutung solcher „sensitivity analyses" betont im Zusammenhang mit Kosten-Nutzen-Analysen zum Klimaschutz *Daniel H. Cole*, The Stern Review and its Critics: Implications for the Theory and Practice of Benefit-Cost Analysis, 48 Nat. Ressources (2008), S. 53 (81).

### a) Statistische Methoden zur Einhegung von Unsicherheit

Grundlage der Ökonomik ist hier einmal mehr die Mathematik. Die Statistik und verwandte mathematische Instrumente liefern bewährte Verfahren, um bei Auswertungen die Irrtumsmarge und die Belastbarkeit der Ergebnisse (insbesondere statistische Signifikanz[53]) bewerten zu können.[54]

Dabei lässt sich wohl auch noch ermitteln, ob es sich bei einzelnen Daten mit gewisser Wahrscheinlichkeit um »Ausreißer« handelt, um fehlerhafte oder in sonstiger Weise verzerrte Werte, die deshalb bei der Auswertung außer Betracht bleiben sollten[55]. Allerdings darf keineswegs in allen Bereichen von vornherein eine *Gauß*'sche Normalverteilung unterstellt werden.[56] Zur Identifizierung unsinniger Daten bedarf es deshalb einer Sinnzuschreibung, die massive Abweichung einzelner Werte vom Mittelwert kann lediglich als Indiz wirken. Diese Sinnzuschreibung können die Daten jedoch nicht aus sich heraus leisten, man benötigt daher ergänzend eine Theorie oder zumindest eine Hypothese über die sinnhafte Verknüpfung der vorliegenden Daten.[57]

Die Feststellung von Kausalzusammenhängen bereitet noch wesentlich größere Probleme. Denn Korrelationen, die elementaren statistischen Verfahren wie der Regressionsanalyse[58] zugrunde liegen, zeigen lediglich einen Zusammenhang zwischen zwei Variablen, nicht jedoch eine kausale Abhängigkeit. Ökonometrische Modelle (wie namentlich die sogenannte

---

53 Für Juristen einführend *Niels Petersen/Sebastian J. Goerg*, Empirische Methoden, in: Towfigh/Petersen (Fn. 14), S. 201 (222 f., 231 ff.).

54 Vgl. aus der juristischen Regulierungsperspektive nur die kurzen Hinweise bei *Coates* (Fn. 7), 124 Yale L. J (2015), S. 882 (896) auf „confidence intervals, p-values, test statistics, correlation matrices, sensitivity analyses, and the results of „Monte Carlo" simulations".

55 *Markus Bühner/Matthias Ziegler*, Statistik für Psychologen und Sozialwissenschaftler, 2009, S. 668.

56 Dies betont besonders *Nassim Nicholas Taleb*, The Black Swan, 2. Aufl. 2010, zu dadurch drohenden Zirkelschlüssen bei der Frage, ob die die Datenbasis ausreicht, siehe S. 269.

57 Zur Definition operationalisierbarer Konzepte einführend *Petersen/Goerg*, in: Towfigh/Petersen (Fn. 14), S. 201 (208, vgl. auch 222).

58 Für Juristen einführend *Petersen/Goerg*, in: Towfigh/Petersen (Fn. 14), S. 201 (235 ff.); näher etwa *Michael O. Finkelstein/Bruce Levin*, Statistics for Lawyers, 2. Aufl. 2001, S. 350 ff.

»*Granger*-Kausalität«[59]) vermögen hier nur beschränkt Hilfestellung zu leisten. Um solche Zusammenhänge zu identifizieren bedarf es daher im Regelfall eines elaborierten theoretischen Fundaments außerhalb der Statistik selbst[60]. Statistische Korrelationen können nämlich auch zufällig auftreten oder auf Ursachen beruhen, die außerhalb des vorab definierten Untersuchungsgegenstandes liegen und daher gar nicht erst in den Blick geraten. Wenn an einem Ort viele Störche leben und zugleich viele Kinder geboren werden, so heißt dies bekanntlich noch nicht, dass der Storch die Kinder bringt.[61]

Immer größere Datenmengen mögen immer bessere Hypothesen über Kausalitätsverhältnisse ermöglichen. Deshalb propagieren viele Anhänger der ökonomischen Analyse Big Data.[62] Obwohl derart automatisierte Verfahren als solche kaum noch mit herkömmlichen Vorstellungen rationalen Entscheidens entsprechen, sieht man doch die hinreichende Verbindung zum Homo Oeconomicus-Grundmodell jedenfalls dann als gewährleistet an, wenn sich der genutzte Datenpool aus entsprechendem menschlichen Verhalten speist (was freilich keineswegs gewährleistet ist). Doch auch noch so raffinierte Algorithmen lassen ohne eine theoretisch fundierte und plausible Sinnzuweisung (»Big Theory«) keinen sicheren Schluss von Korrelation auf Kausalität zu.

Erst recht darf man datenmäßig belegte Korrelationen aus der Vergangenheit nicht einfach in die Zukunft fortschreiben. Weil etwas »immer schon so gewesen ist«, muss es nicht auch in der Zukunft unverändert so bleiben. Psychologen und Verhaltensökonomen illustrieren diese kognitive

---

59 Grundlegend *Clive W. Granger*, Investigating Causal Relations by Econometric Models and Cross-spectral Methods, Econometrics 37 (1969), S. 424 ff.

60 Statt vieler *Bühner/Ziegler* (Fn. 55). S. 591; *Petersen/Goerg*, in: Towfigh/Petersen (Fn. 14), S. 201 (202),

61 Dieses bekannte Beispiel für Scheinkausalität auch bei *Petersen/Goerg*, in: Towfigh/Petersen (Fn. 14), S. 201 (234 f., 240).

62 Vgl. *Cass Sunstein*, Deciding By Default, 162 U. Pa. L. Rev. (2013), S. 1 (13 ff. u. 48 ff.); *Lior Strahilevitz*, Towards a Positive Theorie of Privacy Law, 126 Harv L. Rev. (2013), S. 201 ff.; zur kritischen Haltung gegenüber dem Datenschutz als „noise" in der ökonomischen Theorie grundlegend *Richard Posner*, The Right of Privacy, 12 Georgia L.R. (1978), S. 393 (397 ff.). Zu Potential und Risiken von Big Data bei der Wissensgenerierung aus rechtswissenschaftlicher Sicht *Hoffmann-Riem*, Innovation (Fn. 10), insb. S. 335, 509 ff., 616 ff.

Falle gerne mit der bekannten Truthahn-Parabel[63]: Ein Truthahn empfand anfangs Todesangst, wenn sein Pfleger in seinen Käfig kam. Doch langsam lernte das Tier, dass der Pfleger immer Futter bringt. Und so begrüßte der Truthahn nach gewisser Zeit seinen vermeintlichen Wohltäter stets mit aufgeregt-erwartungsvollem Flügelschlagen. Dementsprechend erwartete er beim Erscheinen des Pflegers auch an jenem Tag freudig sein Futter – dem Tag vor Thanksgiving. Wir sollten uns insoweit dem Truthahn nicht vorschnell für überlegen erachten. Vor dem Zusammenbruch von *Lehman Brothers* hielten gerade die Ökonomen aufgrund scheinbar bewährter Theorien und langer Erfahrungen eine dann plötzlich drohende Kettenreaktion des Finanzsystems für nahezu ausgeschlossen.[64] Wenn es bislang immer gut gegangen ist und man sich dies auch überzeugend erklären zu können glaubt, gerät fundamentale Unsicherheit nicht in den Blick.

### b) Lernen bei sukzessiv verfeinerter Modellbildung

Für den Prozess der Wissensgenerierung ist in der Ökonomik die Modellbildung von zentraler Bedeutung.[65] Sie dient als Richtschnur für die Auswertung von (statistischen) Daten und Informationen und besonders auch der Reduzierung von Komplexität. Durch die Konzentration auf das Wesentliche können idealerweise viele Unsicherheiten im Tatsächlichen als für die ökonomische Analyse irrelevant ausgeblendet werden.

Allerdings ist es immer wieder zweifelhaft, ob nicht doch wesentliche Faktoren negiert und dadurch künstlich Klarheit geschaffen worden ist, wo eigentlich Unsicherheit herrscht. Letztlich hofft man, dass es im Prozess der

---

63 Popularisiert etwa von *Gerd Gigerenzer*, Risiko: Wie man die richtigen Entscheidungen trifft, 5. Aufl. 2013, S. 55; *Taleb* (Fn. 56), S. 40 ff.

64 Vgl. nur *Gigerenzer*, Risiko (Fn. 63), S.292, den Ökonomen *Robert Lucas* mit einer Aussage von 2003 zitierend, wonach „die Verhinderung einer Depression [...] für alle praktischen Belange, und zwar seit vielen Jahrzehnten, gelöst“ sei. Rückblickend *Paul Krugman*, How Did Economists Get It So Wrong?, The New York Times Magazine v. 2.9.2009 (http://www.nytimes.com/2009/09/06/magazine/06Economic-t.html, zuletzt abgerufen am 10.5.2006): “economists, as a group, mistook beauty, clad in impressive-looking mathematics, for truth”.

65 Für die ökonomische Analyse des Rechts *Rodi* (Fn. 2), S. 18; *Niels Petersen/Emanuel V. Towfigh*, Ökonomik in der Rechtswissenschaft, in: Petersen/Towfigh (Fn. 14), S. 1 (19).

wissenschaftlichen Diskussion gelingt, unvollkommene Modelle sukzessive zu verfeinern und so Komplexität schrittweise adäquater abbilden zu können. Ein Beispiel bildet die ökonomische Theorie des Wettbewerbsföderalismus. Diese hat mit simplizistischen Vorstellungen von »exit« (Auswanderung) und »choice« (Einwirkung durch Wahlen) begonnen[66] und sich langsam zu differenzierteren Modellen vorgetastet, um unter anderem die Voraussetzungen dafür zu ergründen, wann solcher Wettbewerb der Rechtsordnungen zu einem »race to the top« oder doch eher einem »race to the bottom« tendiert.[67] Solche Lernprozesse benötigen im Wissenschaftsbetrieb allerdings viel Zeit und es bleibt regelmäßig immer noch umstritten, ob die Reduktion von Komplexität adäquat gelungen und nicht nur scheinbare Sicherheit geschaffen worden ist.

### c) Andere Bewältigungsstrategien

Jenseits der Mathematik bleiben zur Bewältigung der Unsicherheit beim Umgang mit statistischen Daten wohl im wesentlich zwei Strategien. Sie überschneiden sich mit dem, was eingangs bereits als die beiden Grundströmungen in der Ökonomie bei Unsicherheit in Abgrenzung zum bloßen Risiko geschildert wurde.

Zum einen kann man versuchen, die Daten- und Informationsbasis und die Vielfalt der analytischen Ansätze zur Auswertung der Daten maximal zu erhöhen. Dabei besteht die Hoffnung, Fehler würden durch das sogenannte »Gesetz der großen Zahl(en)« gleichsam »ausgemendelt«.[68] Einzelne fehlerhafte Daten fallen nicht mehr besonders ins Gewicht und im Vergleich der Ergebnisse aus den verschiedenen Auswertungsverfahren lassen sich potentielle Fehlschlüsse als »Ausreißer« leichter identifizieren. Bei genauerem Hinsehen trifft dies aber wohl eher für klassische Risikosi-

---

66 Grundlegend *Charles M. Tiebout*, A Pure Theory of Local Expenditure, Journal of Political Economy 64 (1956), S. 416 ff.

67 Überblick bei *Jörg Brettschneider*, Das Herkunftslandprinzip und mögliche Alternativen aus ökonomischer Sicht, 2015, S. 161 ff., 241 ff.

68 Jedenfalls dann, wenn es um Durchschnittswerte geht, siehe etwa *Helmut Laux*, Entscheidungstheorie, 7. Aufl. 2007 (Altaufl.), S. 147 ff.; *Damodaran* (Fn. 13), S. 23; *Petersen/Goerg*, in: Towfigh/Petersen (Fn. 14), S. 201 (210); aufgegriffen von *Scherzberg* (Fn. 16), VVDStRL 63 (2004), 214 (219).

tuationen (im ökonomischen Sinne) zu, bei denen die vorhersehbare Wahrscheinlichkeitsverteilung annähernd der *Gauß*'schen Normalverteilung entspricht. Hierbei, aber eben nicht zwangsläufig bei Konstellationen echter Unsicherheit, gilt: Je größer in solchen klassischen Risikosituationen die vorhandene Datenmenge ist, umso mehr ist mit einer Annäherung an diese Normalverteilung zu rechnen.

Der andere Weg besteht in einer Selbstbeschränkung und größerem Vertrauen auf Alltagsrationalität und Heuristiken, ohne freilich dabei die verbleibenden (hohen) Unsicherheiten zu verdrängen. Bei diesem Ansatz vertraut man darauf, dass man mit weniger komplexen Analyseverfahren auch weniger Fehler machen wird.[69]

Beide Ansätze lassen sich grundsätzlich auch kombinieren. Man kann sowohl die zuvor erwähnten Vorteile eines großen Datenpools zu nutzen suchen als auch die Komplexität der Analyseverfahren reduzieren und stattdessen vermehrt Heuristiken zur Auswertung einsetzen. Doch sind weniger und dafür als verlässlicher eingeschätzte Daten vielleicht doch eine bessere Entscheidungsgrundlage als eine Unmenge von schlechteren Daten.

## *IV. Folgerungen für den Umgang mit Unsicherheit im Öffentlichen Recht*

Was kann man nun von der ökonomischen Analyse für das Öffentliche Recht beim Umgang mit Unsicherheit lernen? Insoweit muss ich mich hier mit einigen Andeutungen und holzschnittartigen Leitlinien begnügen.

### 1. Transparenter Umgang mit Unsicherheit und systemimmanente Grenzen der Offenlegung

Die ökonomische Analyse des Rechts hat den Anspruch, den Umgang mit Unsicherheit zumindest transparenter zu machen. Dies ist zu einer zentralen Rechtfertigung von Kosten-Nutzen-Berechnungen geworden. Mit ihrer im Vergleich zu rein juristischen Prognosen und Bewertungen formalisierteren, wenngleich nicht notwendig streng mathematischen Logik kann die ökonomische Analyse verdeutlichen, wo die Grenzen des Berechenbaren

69 Siehe oben S. 14 f.

erreicht sind und wo deshalb nicht mehr objektivierbare Einschätzungen und Wertungen gefragt sind.[70] Allerdings muss, etwa mit allgemeinverständlichen Zusammenfassungen, einem »Information Overload«[71] entgegengewirkt werden.

Rechtswissenschaft und -praxis müssen grundsätzlich nach hoher Transparenz juristischer Entscheidungsprozesse streben, gerade auch im Umgang mit Unsicherheit. Realistischerweise funktioniert dies zwar kaum für die Herstellung, wohl aber ein Stück weit modifiziert für die nachfolgende Darstellung[72] – insbesondere Begründung – von Verwaltungs- und eingeschränkt sogar von Normsetzungsentscheidungen. Dazu muss die Begründung die Erwägungen bei der Herstellung der Entscheidung nicht vollständig abbilden (was auch nicht realistisch wäre), sondern sollte aus dem Herstellungsprozess gerade zwecks Transparenz die für die Begründbarkeit juristisch maßgeblichen Gründe herausfiltern und ein Stück weit idealisierend ordnen. Denn nur, wenn fachlich objektivierbare und politisch-wertende Anteile möglichst klar geschieden und für letztere die Entscheidungsgrundlage und -methodik offengelegt wird, kann politische Verantwortlichkeit der Entscheidungsträger gesichert werden.[73] Man denke nur an die Risikobewertung im Atomrecht.[74]

Transparenz von Entscheidungsprozessen ist indes nicht mit eng verstandener Rationalität gleichzusetzen. Zwar hofft man, die ökonomische Betrachtung werde mit elaborierten analytischen Methoden die Wissensgenerierung vorantreiben oder zumindest einen reflektierteren Umgang mit Unsicherheit fördern. Gerade die gegenüber dem tradierten Rationalitätsmodell kritische Verhaltensökonomik hat es sich auf die Fahnen geschrieben,

---

70 *Fehling*, in: Begegnungen (Fn. 15), S. 39 (44, 67).

71 Diese Gefahr wird hervorgehoben etwa von *Troy A. Paredes*, Blinded by the Light: Information Overload and its Consequences for Securities Regulation, 81 Wash. U. L.Q. (2003), S. 417 ff.; *Coates* (Fn. 7), 124 Yale L. J (2015), S. 882 (898 f.).

72 Zu dieser Unterscheidung allgemein grundlegend *Niklas Luhmann*, Recht und Automation in der öffentlichen Verwaltung, 1966, S. 50 ff.; aus heutiger Sicht etwa *Matthias Jestaedt*, „Öffentliches Recht“ als wissenschaftliche Disziplin, in: Christoph Engel/Wolfgang Schön (Hrsg.), Das Proprium der Rechtswissenschaft, 2007, S. 241 (274 ff.); zusammenfassend *Hoffmann-Riem* (Fn. 10), Die Verwaltung 49 (2016), 1 (20).

73 Dazu aus rechtsvergleichender Perspektive eindrücklich *Steinberg* (Fn. 21), S. 97 ff.

74 Besonders deutlich *Helmuth Schulze-Fielitz*, Risikosteuerung von Hochrisikoanlagen als Verfassungsproblem, DÖV 2011, 785 (791 ff.).

Verhaltensanomalien aufzudecken und durch Aufklärungsarbeit eine rationalere Entscheidungsfindung zu ermöglichen.[75] Doch dies stößt an Grenzen, mögen sie auch je nach ökonomischer Richtung enger oder weiter gezogen erscheinen. Auch die Ökonomik verfügt über kein Patentrezept, mit der sie Unsicherheit zum Verschwinden bringen könnte. Weit eher vermag sie Unsicherheit und gegebenenfalls bloße Scheinrationalität im Umgang mit ihr aufzudecken. Das öffentliche Recht kann damit, so scheint es mir jedenfalls, »besser leben« als die Ökonomik selbst. Denn das Recht verfügt neben rational-wissenschaftlicher Problembewältigung über einen weiteren Entscheidungsmodus, nämlich die demokratisch verantwortete Bewertung und Prioritätensetzung beim Umgang mit Unsicherheit.[76] Diese kann und darf sachverständige Problemlösung nicht ersetzen, muss sie aber ergänzen, wo deren Grenzen (die wiederum selbst oft umstritten sind und deshalb demokratisch legitimierter Einschätzung bedürfen) erreicht sind.[77] In besonderem Maße betrifft dies die Gesetzgebung,[78] doch lassen sich auch planungsähnliche gestaltende Verwaltungsentscheidungen nicht ausschließlich fachrational bewältigen.

Kaum noch einlösbar ist die Forderung nach Transparenz freilich dort, wo der Umgang mit Unsicherheit in Entscheidungsprozesse nicht mehr unmittelbar von Menschen, sondern in Zeiten von Big Data von Computern gesteuert verläuft.[79] Dies gilt vor allem dann, wenn die Algorithmen als Geschäftsgeheimnisse behandelt werden. Diese Einordnung wäre jedoch besonders kritisch zu hinterfragen, wenn die Rechenergebnisse von staatlichen Stellen genutzt werden.

---

75 Für die rechtliche Regulierung zusammenfassend statt vieler *Cass Sunstein*, Empirically Informed Regulation, 78 U.Chi.L.Rev. (2011), S. 1349 ff. Siehe ferner oben S. 3 mit Fn. 7, 8.

76 Vgl. statt vieler *Scherzberg* (Fn. 16), VVDStRL 63 (2004), 214 (250 f.); mit pessimistischer Tendenz *Steinberg* (Fn. 21), insb. S. 185 ff., 387 ff.; für eine (die sachverständigen Anteile der Entscheidungsfindung wohl etwas unterschätzende) massive Stärkung der politisch-demokratischen Steuerung durch parlamentarische Gesetzgebung *Lepsius* (Fn. 23) VVDStRL 63 (2004), 264 (301 ff.).

77 Dazu rechtsvergleichend mit den USA *Michael Fehling*, Verwaltung zwischen Unparteilichkeit und Gestaltungsaufgabe, 2001, S. 157 ff.

78 Dort idealtypisch zwischen Fachrationalität und politischer Rationalität unterscheidend *Georg Lienbacher*, Rationalitätsanforderungen an die parlamentarische Rechtsetzung im demokratischen Rechtsstaat, VVDStRL, 71 (2012), 7 (14 ff.); vgl. dazu *Hoffmann-Riem,* Innovation (Fn. 10), S. 161 ff.

79 Erwähnt von *Hoffmann-Riem,* Innovation (Fn. 10), S. 335, 633.

## 2. Zwischen Alltagsrationalität, Heuristiken (»Daumenregeln«), Intuition und möglichst differenzierter Analyse

Zur Bewältigung von Unsicherheit bedarf es oftmals, aber keineswegs zwingend und überall, besonders elaborierter und ausdifferenzierter analytischer Modelle und Strategien. Überkomplexität wird unpraktisch und erhöht die Fehleranfälligkeit. Wenn man sich vor Augen führt, dass Unsicherheit durch noch so raffinierte Methoden nicht aus der Welt zu schaffen ist, und wenn man dazu noch die Grenzen der menschlichen (auch computergestützten) Verarbeitungsmechanismen für Komplexität vergegenwärtigt, so wird einmal mehr deutlich: »Less can be more.«[80] Man begibt sich stets auf eine Gradwanderung zwischen Über- und Unterkomplexität.[81] Eine wichtige Strömung in der modernen (Verhaltens-)Ökonomik hilft, dafür den Blick zu schärfen. Sie zeigt dabei auf, dass je nach konkreter Konstellation elaborierte Modelle, aber auch Alltagsrationalität, Daumenregeln oder Intuition beim Umgang mit Unsicherheit hilfreich sein können.[82] Die ökonomische Analyse des (öffentlichen) Rechts hat bislang zu einseitig Heuristiken nur als möglichst zu beseitigende Verhaltensanomalien begriffen. Im Umgang mit Unsicherheit muss dagegen die andere, positive Seite solcher Daumenregeln, wie sie ebenfalls von Psychologie und Verhaltensökonomik herausgearbeitet wird, stärkere Beachtung finden. Daran wird deutlich, dass es kein allseits konsentiertes Rationalitätsverständnis (mehr) gibt.

Dies trifft sich mit Überlegungen in der jüngeren juristischen Diskussion. So hat *Wolfgang Hoffmann-Riem* jüngst die besondere Kontextabhängigkeit von Rationalitätsanforderungen bei rechtlichen Entscheidungen betont[83] und die hohe Bedeutung von Alltagsrationalität und Heuristiken beim

---

80 *Damodaran* (Fn. 13), S. 15; *Mousavi/Gigerenzer* (Fn. 28), Journal of Business Research 67 (2014), S. 1671 (1672).

81 Für die Kosten-Nutzen-Analyse *Fehling* (Fn. 3), VerwArch 95 (2004), S. 443 (463 ff.). Im Ansatz überzeugendes, aber übersteigertes Plädoyer für eine Reduktion von Komplexität beim Umgang mit Ungewissheit im (Risiko-)Recht *Lepsius* (Fn. 22) VVDStRL 63 (2004), 264 (289 f.); berechtigte Kritik daran bei *Wolfgang Hoffmann-Riem*, Diskussionsbeitrag, VVDStRL 63 (2004), 325 f.

82 Vgl. auch *Scherzberg* (Fn. 16), VVDStRL 63 (2004), 214 (228 ff.) mit Plädoyer für einen umfassenden Ansatz bei „Risikokonstitution", „Risikobewertung und Risikovergleich" im Rahmen reflexiver Regulierung

83 *Hoffmann-Riem,* Innovation (Fn. 10), insb. S. 57 ff. mit einem Plädoyer für eine gemäßigt konstruktivistische Sichtweise auf Wirklichkeit.

Umgang der Rechtspraxis mit Fakten und der Ausleuchtung des Realbereichs herausgestrichen.[84] In den USA haben Fallstudien aus der Environmental Protection Agency schon vor längerer Zeit belegt, dass die Kosten-Nutzen-Analyse in der Behördenpraxis nicht lehrbuchmäßig ausdifferenziert erfolgt und erfolgen kann, sondern in Analyseaufwand und methodischen Ausdifferenzierung pragmatisch der verfügbaren Informationsbasis und den Ressourcen angepasst wird.[85] Wenn man sich der Tatsache bewusst wird, dass Sicherheit in den Aussagen aufgrund des begrenzten Wissens ohnehin nicht zu erreichen ist, entsteht ein beträchtlicher Spielraum bei der Abwägung zwischen verschiedenen Ansätzen und der damit jeweils verbundenen spezifischen Fehleranfälligkeit. Es bietet sich dann wie bei den Klimaschutzstudien an, verschiedene Szenarien nebeneinander durchzurechnen und so wenigstens annäherungsweise einen Korridor des Möglichen zu identifizieren.[86] Die größere methodische Offenheit im Umgang mit echter Unsicherheit, wie er sich auch in der Ökonomik widerspiegelt, schlägt sich juristisch bekanntlich in erheblichen Entscheidungspielräumen nieder.[87]

Im Übrigen führt Überkomplexität im Öffentlichen Recht über erhöhte Fehleranfälligkeit hinaus oft auch zu größeren Vollzugsproblemen. Vor diesem Hintergrund zeigte sich *Andreas Voßkuhle* schon vor einigen Jahren skeptisch gegenüber Modellen durchgehend weicher, auf überzüchteten Modellen fußender indirekter Steuerung und plädierte stattdessen für eine »krudere« selektive, aber harte Steuerung.[88] Gerade bei der Finanzmarktregulierung sollte man dies beherzigen, getreu des schon eingangs zitierten Statement eines hochrangigen Direktors bei der Bank of England: »Because complexity generates uncertainty, not risk, it requires a regulatory response

84 *Hoffmann-Riem* (Fn. 10), Die Verwaltung 49 (2016), 1 (12 ff.).

85 So das Fazit der Fallstudien bei *Richard D. Morgenstern*, Assessing Regulatory Impact, in: ders. (Hrsg.), Economic Analysis at EPA: Assessing Regulatory Impact, 1997, S. 463 ff. Siehe ferner oben Fn. 3 ff.

86 Vgl. die Beschreibung des „robust decision making (RDM)“ anhand computergestützter Simulationen von *David G. Groves/Robert J. Lempert*, A New Analytical Method for Finding Policy-Relevant Scenarios, 17 Global Envtl. Change (2007), S. 73 ff. Zu Sensitivitätsanalysen oben Fn. 51.

87 Dazu zuletzt *Hoffmann-Riem*, Innovation (Fn. 10), S. 355 ff.

88 *Andreas Voßkuhle*, Gesetzgeberische Regelungsstrategien der Verantwortungsteilung zwischen öffentlichem und privatem Sektor, in: Gunnar Folke Schuppert (Hrsg.), Jenseits von Privatisierung und „schlankem Staat“, 1999, S. 47 (89 f.). In die gleiche Richtung *Gigerenzer*, Risiko (Fn. 63), S. 288 ff., insb. S. 293 f.

grounded in simplicity, not complexity.«[89] Vor diesem Hintergrund wäre etwa zu fragen, ob statt der (über)komplexen Risikoabsicherungen nach dem Basel III-Abkommen robustere Mindest-Eigenkapitalquoten für Banken vorzugswürdig wären.[90]

### 3. Unterscheidung verschiedener Arten und Grade von Unsicherheit mit unterschiedlichen Bewältigungsstrategien

Dieses Zitat lenkt noch einmal den Blick auf die wichtige Unterscheidung zwischen bloßer Gefahr (respektive ökonomisch ausgedrückt: Risiko) und juristisch als Risiko bezeichneter Unsicherheit.[91] Gefahren lassen sich weitgehend mit klassischer Wahrscheinlichkeitsrechnung abbilden, weiterreichende Unsicherheit dagegen kaum mehr. Die ökonomische Betrachtung vermag damit vieles sinnvoll zu unterfüttern und in den Abgrenzungen noch ein Stück klarer zu konturieren, was Rechtswissenschaftler in den vergangenen beiden Jahrzenten zum juristischen Umgang mit der Risikogesellschaft erdacht haben.[92]

Darüber hinaus gibt die Ökonomik Anregungen zur weiteren Ausdifferenzierung des Unsicherheitsspektrums. Bei all dem handelt es sich selbstverständlich um bloße Typisierungen mit in der Realität gleitenden Übergängen[93] (insbesondere bei nur schwachen Anhaltspunkten für Wahrscheinlichkeitsschätzungen), doch auch als solche besitzen sie nicht nur analytischen, sondern zugleich gewissen praktischen juristischen Wert. Einiges spricht dafür, dass der Anteil an ausdifferenzierten rationalen Bewältigungsstrategien mit Zunahme der Unsicherheit immer mehr zugunsten von Heuristiken und Ähnlichem abnehmen muss. Werden im Zuge von Big Data Computeralgorithmen im Entscheidungsprozess gleichsam zwischen-

89 *Haldane* (Fn. 30).

90 *Anat Admati/Martin Hellwig,* The bankers' new clothes: what's wrong with banking and what to do about it, 2013, S. 176 ff, insb. 183 ff.

91 Siehe oben S. 7 f. mit dortigen Fn. 21, 22.

92 So nimmt etwa *Scherzberg* (Fn. 16), VVDStRL 63 (2004), 214 (219) in der dortigen Fn. 31 ausdrücklich auf *Frank Knight* mit seiner Unterscheidung Bezug; a.A. *Spiecker gen. Döhmann*, Unsicherheit (Fn. 9), S. 3.

93 Darauf weist explizit das *Umweltbundesamt* (Fn. 35), S. 23 mit dortiger Fn. 19, hin.

geschaltet, bringt dies das Problem der Unsicherheit kaum zum Verschwinden, sondern verschiebt es jedenfalls ein Stück weit auf die vorgelagerte Ebene, nämlich die Programmierung der Algorithmen.

Die größte auch juristische Herausforderung ist freilich diejenige Unsicherheit, die man gar nicht mehr als solche erkennt (die »unknown-unknowns«), so dass ein bewusster Umgang damit gar nicht mehr möglich ist. Insoweit mag immerhin die juristisch-ökonomische Kontroverse um das Vorsorgeprinzip ein kleines Stück weiter zu helfen. Denn richtigerweise lässt sich das Vorsorgeprinzip auch als Entscheidungsregel unter Nichtwissen verstehen[94] und ist nicht von vornherein auf begrenztere Unsicherheiten nur über bestimmte Kausalverhältnisse beschränkt. Ökonomisch eingekleidet geht es dabei um die Frage, ob und wo eine pauschale »Übersicherung« durch ein starkes Vorsorgeprinzip effizienter – mit geringeren Irrtumskosten – ist als eine »Untersicherung« durch Beschränkung auf erkannte Unsicherheiten. Wenn man etwa eine passgenaue Risikoabsicherung bei Banken anstrebt, wie es dem Konzept der Basel-Regeln entspricht, mag dies zwar im Normalfall eine optimierte Kosten-Nutzen-Bilanz aufweisen. Bei einer aufgrund unauflösbarer Unsicherheit kaum vorhersehbaren außergewöhnlichen Finanz- und Bankenkrise lässt sich ein Crash damit aber nicht vermeiden. Starrere und dadurch robustere Eigenkapitalanforderungen würde zwar im Normalgeschäft scheinbar unnötige Zusatzkosten verursachen, schaffen aber eine gewisse Vorsorge-Sicherheitsmarge für außergewöhnliche Umstände. Selbst der »Gottvater« von Law and Economics traditioneller Prägung, *Richard Posner*, hat zugestanden, dass jedenfalls bei drohenden katastrophalen Folgen wie beim Klimawandel doch zusätzliche Vorsichtsmaßnahmen im Sinne eines »better safe than sorry« rational sein können.[95] Namentlich Szenarienanalysen können eine Brücke schlagen zwischen Vorsorgeprinzip und ökonomischen Ansätzen.[96] Dessen ungeachtet zeigt

---

94 Angedeutet schon in BVerwGE 72, 300 (315) – Whyl; zuletzt BVerfGE 128, 1 (39) – Gentechnik; besonders deutlich *Michael Kloepfer*, Umweltrecht, 3. Aufl. 2004, § 4 Rn. 21; zur Abgrenzung einer bei kollidierenden Verfassungspositionen unzulässigen „Vorsorge ins Blaue hinein“ *Fritz Ossenbühl*, Vorsorge als Rechtsprinzip im Gesundheits- Arbeits-, und Umweltschutz, NVwZ 1986, 161 (165 ff.); vgl. auch *Christian Callies*, Vorsorgeprinzip und Beweislast im Verwaltungsrecht, DVBl. 2001, S. 1725 (1727).

95 *Posner*, Catastrophe (Fn. 5), S. 148 ff; insoweit zustimmend wohl sogar *Sunstein*, Laws (Fn. 5), insbes. S. 114 f.

96 Dazu in Verteidigung des Vorsorgeprinzips zusammenfassend *Daniel A. Farber*, Taking Responsibility for the Planet, 89 Tex.L.Rev. (2010), S. 147 (175 ff.). Zu

indes gerade die transatlantische Kontroverse über das Vorsorgeprinzip, dass der Umgang mit Unsicherheit stets ein Stück weit (rechts)kulturell geprägt bleibt und aus demokratischen Gründen auch bleiben muss.

### 4. Möglichkeiten und Grenzen der Implementation von Lernstrategien in Entscheidungsprozesse

Im öffentlichen Recht ist oft von der Notwendigkeit die Rede, Lernstrategien in Entscheidungsprozessen zu implementieren, um den Bereich des Nichtwissens schrittweise zu verringern.[97] Auf Gesetzgebungsebene geht es dabei oft um Beobachtungs- und gegebenenfalls Nachbesserungspflichten,[98] auch bei der Regulierung auf Verwaltungsebene spielt das Monitoring eine immer größere Rolle.[99] Bei Verwaltungsentscheidungen können zu-

---

mehr oder weniger formalisierten (quantitativen) Risikoanalysen als Forderung aus dem Vorsorgeprinzip in Europa *Birger Arndt*, Das Vorsorgeprinzip im EU-Recht, 2009, S. 182 ff. In Deutschland überwiegen die Vorbehalte gegenüber quantitativen (Rechen-)Verfahren zur Generierung von Risikowissen, man favorisiert qualitative Ansätze; siehe etwa *Scherzberg* (Fn. 16), VVDStRL 63 (2004), S. 214 (249).

97 Siehe etwa *Martin Eifert*, Regulierte Selbstregulierung und die lernende Verwaltung, Die Verwaltung, Beiheft 4, 2001, S. 137 (138 ff.); zur „Nachsteuerung" *Claudio Franzius*, Modalitäten und Wirkungsfaktoren der Steuerung durch Recht, in: Wolfgang Hoffmann-Riem/Eberhard Schmidt-Aßmann/Andreas Voßkuhle (Hrsg.), Grundlagen des Verwaltungsrechts, Bd. 1, 2. Aufl. 2012, § 4 Rn. 88 ff.; allgemeiner *Hans-Christian Röhl (Hrsg.)*, Wissen – Zur kognitiven Dimension des Recht, Die Verwaltung, Beiheft 9, 2010; *Karsten Herzmann*, Konsultationen, 2010, S. 49 ff.

98 Dazu *Wolfram Höfling/Andreas Engels*, Parlamentarische Eigenkontrolle als Ausdruck von Beobachtungs- und Nachbesserungspflichten, in: Winfried Kluth/Günter Krings (Hrsg.), Gesetzgebung, 2014, S. 851 ff.; *Christian Mayer*, Die Nachbesserungspflicht des Gesetzgebers, 1996, insb. S. 130 ff.; *Peter Badura,* Die verfassungsrechtliche Pflicht des gesetzgebenden Parlaments zur „Nachbesserung" von Gesetzen, in: Georg Müller (Hrsg.), Staatsorganisation und Staatsfunktionen im Wandel: Festschrift für Kurt Eichenberger zum 60. Geburtstag, 1982, S. 481 (481 ff,, insb. 484 ff).

99 Auf die Risikobewältigung bezogen statt vieler *Steinberg* (Fn. 21), S. 170 ff.; *Scherzberg* (Fn. 16), VVDStRL 63 (2004), 214 (244);

dem (europäische) Verbund- und Netzwerkstrukturen wechselseitige Lernprozesse anstoßen.[100] Experimentalrecht, vor allem experimentelle Gesetzgebung, bildet eine spezifische Reaktion gerade auf Ungewissheit und betont in besondere Maße Vorläufigkeit und Revidierbarkeit.[101]

Die Ökonomik setzt im Umgang mit Unsicherheit ebenfalls auf Lernen in der Zeit, freilich in erster Linie im Wissenschaftssystem mit schrittweise verfeinerter Modellbildung.[102] Für das Öffentliche Recht verweist dies auf die Rolle der Rechtswissenschaft, da solche Modellbildungen und gar ihre Verfeinerung in der Rechtspraxis kaum zu leisten sind.
Schnittstellen zwischen ökonomisch inspirierten Lernstrategien und juristischen Prognosen unter Unsicherheit ergeben sich einmal mehr im Rahmen von Kosten-Nutzen-Analysen. So hat die *Obama*-Administration in den USA die Bundesbehörden zu vermehrten retrospektiven ökonomischen Analysen von »rules« angehalten. Daran anknüpfend wird konsequenterweise nun gefordert, den Grad der Reversibilität von Regulierung auf der Nutzenseite der prospektiven Kosten-Nutzen-Analyse zu berücksichtigen, wobei im Schrifttum sogar Analogien zu Klassifizierungen und -nutzen auf den Finanzmärkten erwogen werden.[103]

## *V. Fazit*

Die Ökonomik im Allgemeinen und besonders die ökonomische Analyse des Rechts vermögen dem öffentlichen Recht für den Umgang mit Unsicherheit durchaus gewichtige Impulse zu geben. Dies gilt trotz oder auch wegen des stark mathematisierten Herangehens. Denn auch den Ökonomen wird deutlich, was *Einstein* klassisch so umschrieben hatte: »Insofern sich die Sätze der Mathematik auf die Wirklichkeit beziehen, sind sie nicht si-

---

100 Allgemein *Michael Fehling*, Der Eigenwert des Verfahrens im Verwaltungsrecht, VVDStRL 70 (2011), S. 278 (313 ff.).

101 Dazu *Hoffmann-Riem*, Innovation (Fn. 10), S. 362 ff., der dabei auch das Missbrauchsrisiko zur Schaffung vollendeter Tatsachen betont.

102 Siehe nur *Rudolf Henn*, Der Modellbegriff in den Wirtschaftswissenschaften, in: Manfred Bochert/Ulrich Fehl/Peter Oberender (Hrsg.), Markt und Wettbewerb, Festschrift für Ernst Heuß zum 65. Geburtstag, 1987, S. 481 (490); vgl. allgemein auch *Zschocke,* Modellbildung in der Ökonomie, 1995, S. 297 ff., insb. S. 305.

103 Siehe *Joe Vladeck*, Valuing Regulatory Flexibility: A Real Option Approach to Cost-Benefit Analysis, 103 Geo.L.J. (2014-2015), S. 797 (807 ff.).

cher, und insofern sie sicher sind, beziehen sie sich nicht auf die Wirklichkeit.«[104] Problemsensibilisierung, nicht Problemlösung lässt sich von mathematischen Modellen und Berechnungen in der Ökonomik erhoffen.[105]

Darüber hinaus schärft die ökonomische Analyse den Blick für eine Differenzierung verschiedener Grade von Unsicherheit. Die grundlegende Unterscheidung zwischen Risiko und weiterreichender Unsicherheit – respektive aus juristischer Sicht Gefahr und Risiko – bildet dabei nur den Ausgangspunkt. Sie sollte nicht als starre Abgrenzung, sondern angesichts fließender Übergänge als idealtypische Differenzierung begriffen werden. Neben der Prognoseunsicherheit ist auch die Datenunsicherheit in den Blick zu nehmen. Die Verhaltensökonomik liefert uns ein differenziertes Bild von Heuristiken; sie können zu Verzerrungen und damit Rationalitätsdefiziten führen, aber auch eine sinnvolle Strategie im Umgang mit Unsicherheit darstellen. Daran zeigt sich, dass das zugrundeliegende Rationalitätsverständnis in hohem Maße kontextabhängig ist, das neoklassische Modell des Homo oeconomicus bleibt auch in den Wirtschaftswissenschaften nicht mehr konkurrenzlos. Gerade deshalb kann die Ökonomik wohl ein Stück weit dazu beitragen, in komplexen Entscheidungsprozessen wissenschaftlich-technokratisch zu bewältigende Unsicherheitsfaktoren von solchen Unsicherheiten zu scheiden, die wir letztlich politisch-demokratisch – teilweise dezisionistisch – bewerten müssen.

All dies mag nicht viel erscheinen. Doch die Ökonomik verfügt ebenso wenig über eine Zauberformel zum Umgang mit Unsicherheit wie andere Wissenschaften. Die ökonomische Analyse des Rechts kann den Juristen insoweit keine allgemeingültigen methodischen Rezepte geben, aber auch hier immerhin wertvolle Anregungen vermitteln.

---

104 *Albert Einstein*, Geometrie und Erfahrung, Erweiterte Fassung des Festvortrags gehalten an der Preußischen Akademie der Wissenschaften am 27. Januar 1921, 1921, S. 3 f.

105 Vgl. *Fehling*, in: Begegnungen (Fn. 15), S. 39 (41).

# Resilienz der Verwaltung in Unsicherheits- und Risikosituationen

*Kai von Lewinski*

## *I. Resilienz und Recht*

»Resilienz« (I.) ist ein ursprünglich lebenswissenschaftliches Konzept (Medizin, Psychologie[1] und Biologie, auch Umweltwissenschaften). Seit einiger Zeit finden sich auch Übertragungen in die Gesellschaftswissenschaften[2] und der Organisationslehre[3]. Und von dort ist der Weg zur Erprobung als rechtswissenschaftliches Konzept nicht weit gewesen (II.). Vieles ist hier noch im Fluss, jedenfalls aber scheint eine pragmatische Arbeitsdefinition im Hinblick auf das Handeln der Verwaltung in Unsicherheits- und Risikosituationen möglich (III.).

### 1. Resilienz als Konzept

Resilienz meint die Fähigkeit eines (technischen oder sozialen) Systems, Störungen unter Beibehaltung seiner Funktionsfähigkeit zu verkraften[4]. Es handelt sich also um eine Kategorie der Systemtheorie. Resilienz ist dabei zunächst nur die Beschreibung eines Systemzustands. In konzeptioneller Hinsicht erweitert sich die Perspektive auf die Funktionsfähigkeit von Systemen, weil Störungen nicht als Ausnahme, sondern als einen regulären Zustand begriffen werden.

### 2. Übertragung in die Rechtswissenschaft

Die Übertragung des ursprünglich lebenswissenschaftlichen Konzepts von »Resilienz« auf gesellschaftliche Systeme lag und liegt nahe[5]. Sie erfolgte

---

1 Populärwissenschaftlich *Kalbheim*, Resilienz für Dummies, 2016.
2 Früh *Allenby/Fink*, Science 2005, S. 1034 ff.
3 S. *Boin/van Eeten*, Public Management Review 15 (2013), S. 429, 429 m.w.N.
4 Sie unterscheidet sich damit von der Persistenz, dem Über-Leben eines Systems im Schutze eines anderen, aber unter Verlust seiner ursprünglichen Funktion, jedenfalls abgekoppelt von seinem ursprünglichen Systemzusammenhang (hierzu in einem eher umweltrechtlichen Kontext *Kersten*, RW 2014, S. 378, 409 f.).
5 Vgl. *Allenby/Fink*, Science 2005, S. 1034, 1034 ff. – Allerdings gibt es auch Kritik an dem anthropo- bzw. biomorphen Bild, das der Übertragung immanent ist. Möglicherweise steckt darin steckt aber gerade die Leistungsfähigkeit, weil auch lebenswissenschaftliche Resilienzkonzepte nicht an einen spezifischen Organismus

– soweit ersichtlich – zunächst in Form von Überlegungen in Großbritannien zur Resilienz des Staates und der Gesellschaft[6]. Seit einiger Zeit nun gibt es Versuche, den Begriff und das Konzept von »Resilienz« in die Rechtswissenschaft zu übertragen. Die Rezeption des Begriffs in die deutsche Rechtswissenschaft erfolgt über das Öffentliche Recht: Sowohl *Würtenberger*[7] (»Sicherheitsarchitektur«) als auch *Gusy*[8] (»resiliente Gesellschaft«) näherten sich dem Thema von der Warte der sicherheitsrechtlichen Resilienz einer Gesellschaft. Von der Frage der resilienten Organisation einer Gesellschaft als soziales System ist es dann ein weiterer Schritt zur Resilienz des Rechts als normatives System gewesen[9].

Das vorliegende Thema ist freilich nicht die »Resilienz des Verwaltungsrechts«, sondern die informationelle Resilienz der Verwaltung. Es geht also im Kern um ein organisationswissenschaftliches Thema; es hat aber insoweit einen deutlich juristischen Einschlag, als die Verwaltung durch das Verwaltungsrecht (Verwaltungsverfahrensrecht wie auch Verwaltungsorganisationsrecht) geformt ist.

## 3. Drei Stufen der Resilienz: eine Arbeitsdefinition

Die wissenschaftliche Auseinandersetzung um Begriff und Konzept der »Resilienz« hat noch keine allgemeine und vor allem auch noch keine über

(als System) anknüpfen, sondern durchaus sowohl Organ als auch Körper, sowohl Wesen, Art, Biotop und Umwelt beschreiben können.

6 Aus britischer Perspektive etwa *Edwards*, Resilient Nation, 2009, der den bürgerschaftlichen Aspekt betont.

7 *Würtenberger*, Resilienz, in: FS W.-R. Schenke, 2011, S. 561 ff.; weitere Nachweise aus *Würtenbergers* Werk bei *Gusy*, in: FS Würtenberger, 2013, S. 995, 995, Fn. 2.

8 *Gusy*, Resilient Societies, in: FS Würtenberger, 2013, S. 995 ff.

9 Hierzu fand im Juni 2015 in Passau die Tagung „Resilienz des Rechts“ statt (vgl. dazu die Beiträge in *v. Lewinski* (Hrsg.), Resilienz des Rechts, 2016). – Auch wenn der Begriff und vielleicht auch die durch den Begriff der Resilienz vermittelte gesamthafte Perspektive neu ist, hat sich die Rechtswissenschaft jedoch schon immer die Frage nach der Resilienz von Normen gestellt. So beschäftigt sich die Legistik (unausgesprochen), da Normsetzung stets auch eine Prognoseentscheidung ist, seit jeher mit der Frage der Haltbarkeit (Anwendbarkeit wie auch Sinnhaftigkeit) von Normen in der Zukunft (dazu *Lachmayer*, juridikum 3/2015, S. 333 ff.). Und das Notstandsrecht bzw. das Recht im Notstand ist nichts anderes als ein Resilienzkonzept.

die Fachgrenzen hinaus konsentierte Definition hervorgebracht. Einstweilen und für den Zweck der nachfolgenden Darstellung soll »Resilienz« hier pragmatisch wie folgt verstanden werden:

> Resilienz ist die Fähigkeit von Systemen, widrigen äußeren Einflüssen zu widerstehen (Resistenz), sich ihnen unter Erhalt von Funktion und Identität anzupassen (Adaption) und Funktionsstörungen zu überstehen (Resilienz i.e.S.).

Es wird also ein dreistufiger Resilienzbegriff verwendet, der drei Reaktionsmodi eines Systems auf den Ausnahmefall, die Abweichung vom Normalzustand, umfasst.

## *II. Wissen und Nichtwissen der Verwaltung*

Der so skizzierte Resilienz-Begriff soll nun auf Unsicherheits- und Risikosituationen der Verwaltung[10], Konstellationen des Nicht- und Nicht-Ganz-Wissens, übertragen werden[11]. Es steht die Frage im Raum, ob und wie die Verwaltung in Organisations- und Verfahrenshinsicht auf Wissensdefizite reagieren kann, dass ihre Funktionsfähigkeit nicht (dauerhaft) beeinträchtigt ist und bleibt[12].

### 1. Relativierungen des Wissensparadigmas

Dabei geht man allgemein von der Annahme aus, dass mehr Wissen (bei der Verwaltung) zu besseren Entscheidungen führt[13].

---

10 Nicht behandelt wird staatliche Informationsverantwortung, -gewährleistung und -vorsorge für Private und die Gesellschaft als solche (s. dazu *Spiecker gen. Döhmann*, RW 2010, S. 247, 263).

11 Dazu demnächst umfassend *Spiecker gen. Döhmann*, Staatliche Entscheidungen unter Unsicherheit, 2016.

12 Es geht also vorliegend nicht um Resilienz *durch* Information (s. *Würtenberger*, in: FS W.-R. Schenke, 2011, S. 561, 576 f.), etwa das „Gemeinsame Melde- und Lagezentrum des Bundes und der Länder“ (GMLZ) und das „Notfallvorsorgeinformationssystem“ (deNis).

13 Statt vieler *Spiecker gen. Döhmann*, RW 2010, S. 247, 267.

Freilich ist schon für diesen Ausgangspunkt darauf hinzuweisen, dass es einen allgemeinen Wissens-Begriff oder auch nur einen in der Rechtswissenschaft konsentierten nicht gibt[14]. Das von Gesetz zu Gesetz unterschiedliche Verständnis von »Datum«, »Information« und »Wissen« illustrieren dieses Defizit. Und noch größer ist die Begriffsvielfalt hinsichtlich des Gegenteils, des Nicht-Wissens:[15] Unterschieden werden kann (und wird) etwa schlichtes Nichtwissen und qualifiziertes Nichtwissen von abstrakter und konkreter Besorgnis. Überhaupt werden viele unterschiedliche Perspektiven und Maßstäbe angeboten: Scientific Approach, Gewissheit, Risk-based und Hazard-based Approach, Restrisiko als Ausdruck praktischer Vernunft, .... Können Wissen und Gewissheit gleichgesetzt werden? Sind nicht sowohl »Information« als auch »Kontext« variabel und damit Parameter? – Der Hinweis auf »Unknown Unknowns« des damaligen u.s.-amerikanischen Verteidigungsministers *Rumsfeld* illustriert die Unsicherheit des Wissens über Wissen, die sicherlich nicht von der Rechtswissenschaft aus beseitigt werden wird.

»Unsicherheits- und Risikosituationen« können informationell jedenfalls als Zustände graduellen Nichtwissens begriffen werden. Vor dem Hintergrund des Konzepts der Resilienz als das des Verhaltens jenseits der Normallage kann »Unsicherheits- und Risikosituation« als ein Nicht- oder Weniger-Wissen verstanden werden, das nach unten vom informationellen Normal-Wissensstand abweicht.

## 2. Normalzustand nach Maßgabe von Fach- und Verfahrensrecht

Dieser Normal-Wissensstand ist allerdings nicht der eines vollständigen oder umfänglichen Wissens[16]. Eine optimal informierte Verwaltung mag hinsichtlich der Richtigkeit der Entscheidung einerseits wünschenswert sein, ist aber unter gewaltenbeschränkenden, v.a. aber datenschutzrechtlichen und letztlich auch demokratischen Gesichtspunkten ausgeschlossen. Belegt wird dies durch rechtlich gewolltes Nicht-Wissen (z.B. Erhebungsverbote, Datenschutz) und faktische Informations(verarbeitungs)grenzen[17].

---

14 Umfassend dazu Scherzberg, Strategien staatlicher Risikobewältigung, in diesem Band, S. 31.

15 Illustrativ *Hoffmann-Riem*, in: I. Augsberg (Hrsg.), Ungewissheit als Chance, 2009, S. 17, 23–28.

16 Anders *Spiecker gen. Döhmann*, Rechtliche Strategien und Vorgaben zur Bewertung von Nichtwissen, in diesem Band, S. 89, die auf „Quasi-Wissen" abstellt, was aber nur idealtypisch, nicht aber in jedem Fall zu identischen Ergebnissen führt.

17 Vgl. *v. Lewinski*, Informationsflut und Recht, 2013.

Der polizeirechtliche Gefahrenbegriff ist geradezu ein idealtypisch vertypter Umgang mit Unsicherheit und Nicht-Wissen[18]. Freilich ist auch ein minimal informierter Staat, der gleich einem Zivilrichter auf die Beibringung des Tatsachenstoffs nur wartet, für den modernen Leistungs- und Interventionsstaat nicht vorstellbar.

Der informationelle Normalzustand der Verwaltung darf deshalb nicht absolut verstanden werden. Das (Verwaltungs-)Recht macht nämlich keine generellen informationellen Vorgaben für das Wissen der Verwaltung[19]. Vollständiges Wissen ist nicht der Regelfall, das Nicht-Wissen nicht die Ausnahme[20]. Vielmehr wird der informationelle Normalzustand durch das jeweilige Fach- bzw. Verfahrensrecht vorgegeben. Dabei ist davon auszugehen, dass Staat und Verfahrensbeteiligte ihren informationellen Pflichten nachkommen, sich aber auch auf die ihnen zustehenden Gegenrechte berufen (können) und die rechtlichen Informationsrestriktionen beachten.

### *III. Resilienz der Verwaltung in Situationen des Nichtwissens*

Unter Zusammenfassung des vorstehend Gesagten (s. insb. auch A.III.) lässt sich »informationelle Resilienz der Verwaltung« für den Zweck dieser Darstellung wie folgt fassen:

> (Informations-)Resilient ist eine Verwaltung, wenn sie sich ihre Funktionsfähigkeit auch unter den widrigen Umständen des Nicht-Wissens bewahrt, sich gegebenenfalls an die geänderten Umstände anpasst, jedenfalls aber nach Ende der widrigen Umstände zu ihrer alten Funktion und Funktionsfähigkeit zurückkehrt[21].

---

18 Zu diesen Fragen *Möstl*, Eingreifschwellen im polizeilichen Informationsrecht, in: Spiecker gen. Döhmann/Collin (Hrsg.), Generierung und Transfer staatlichen Wissens im System des Verwaltungsrechts, 2008, S. 239 ff.

19 Zu einer informationell-systemtheoretischen Perspektive auf die Verwaltung *Vesting*, in: Hoffmann-Riem/Schmidt-Aßmann/Voßkuhle, Grundlagen des Verwaltungsrechts, Bd. 2, 2. Aufl. 2012, § 20.

20 Dazu in ihrem Fazit *Spiecker gen. Döhmann*, Rechtliche Strategien und Vorgaben zur Bewertung von Nichtwissen, in diesem Band, S. 89, 110f.

21 Definition in Anlehnung an die Definition für die Resilienz von Recht bei *Isensee*, in: v. Lewinski, Resilienz des Rechts, 2016, S. 33, 33.

## 1. Resistenz

Resilienz kann zunächst auf der ersten Stufe durch Vorkehrungen zur Erhöhung der Resistenz verbessert werden. Man spricht insoweit auch von Robustheit, etwas pathetischer kann man dies auch »informationelle Leidensfähigkeit«[22] nennen. Resistent oder robust in Wissens-Hinsicht ist eine Verwaltung, wenn das Fehlen von Information ohne weitere Anpassung kompensiert oder absorbiert werden kann.

### a) Interne Verfügbarkeit von Wissen und Information

Das erste Mittel zur Informationsresistenz ist die Sicherstellung des Zugriffs auf (vorhandenes) Wissen und Information. Personal und Infrastruktur müssen vorhanden und verfügbar sein. Dies betrifft personale Vorkehrungen (Aus- und Fortbildung, Vorhalten von angemessenen Personalkapazitäten). Personal ist dabei nicht nur Wissensspeicher, sondern auch Verarbeitungskapazität[23]. Organisatorisch muss die Verwaltung in der Lage sein, sich problem- und wissensadäquat zu organisieren[24]. Zuständigkeitsverschiebungen »in der Not« sind schon seit jeher ein Kennzeichen des (deutschen) Krisenrechts[25], neuerdings wird dies unter dem Schlagwort der »Agilität der Verwaltungsstruktur« thematisiert[26].
Die informationelle Resistenz der Verwaltung wird auch durch Informationsvorsorge gestärkt. Register und Datenbanken sind hier als die traditionellen und bekanntesten Mittel zu nennen. Eine besondere Art der Informationsreserve sind Buchführungs- (z.B. § 1 Abs. 1 S. 1 Nr. 2 EnSiG; § 3 WiSiG) und Dokumentationspflichten; hier legen Private für die Verwaltung informationelle Depots an, die bei Bedarf angezapft werden können. Teil-

22 Zum Konzept der Leidensfähigkeit im gleichheitsrechtlichen Kontext *v. Lewinski*, Öffentlichrechtliche Insolvenz und Staatsbankrott, 2011, S. 355.

23 Nur in der Fußnote sei darauf hingewiesen, dass mehr Bildung nicht nur zu mehr Wissen, sondern auch zu mehr Nichtwissen führt (*Luhmann*, Die Gesellschaft der Gesellschaft, 1997, S. 1088 ff., insb. S. 1092).

24 Dazu *Müller/Förtsch*, Wissensmanagement, 2015.

25 Aktuell *v. Lewinski/de Barros Fritz*, BayVBl. 2016, S. 469 ff. (am Beispiel des Flüchtlingsverwaltungsrechts).

26 *Hill*, Wirksam verwalten – Agilität als Paradigma der Veränderung, VerwArch. 106 (2015), S. 397 ff.

weise werden Behörden auch unabhängig von konkreten (Einzel-)Entscheidungen wissensgenerierende Organe und Gremien (Beiräte, Sachverständige usw.) zur Seite gestellt (vgl. nur Art. 64 Abs. 2 REACh-VO (EG) Nr. 1907/2006 und Art. 12 Abs. 2 PflanzenschutzVO (EG) Nr. 1107/2009).

In technischer und infrastruktureller Hinsicht muss Information und Wissen gespeichert, indexiert und archiviert sein. IT-Sicherheit und der Schutz kritischer Infrastrukturen spielen auch bei der Informationsresistenz eine Rolle, etwa hinsichtlich der Redundanz von Daten und Information. Während für Organisationen eine dezentrale und selbstorganisierende (autopoietische) Struktur, also die (relative) Autonomie der Akteure, für besonders resilient gehalten wird[27], kommt es hinsichtlich der Information nicht auf die Autonomie, sondern auf die Verfügbarkeit an. Diese kann an Netzwerken oder auch zentral bereitgehalten werden.

### b) Wissensgenerierung durch Verfahren

Jedem Theoretiker und Praktiker in diesem Bereich ist es selbstverständlich, dass Verwaltungstätigkeit auf externes Wissen angewiesen ist[28] und es Regeln zur Wissensgenerierung gibt[29]. In diesen Kontext sind zunächst Methoden zu zählen, mittels derer fehlende Information situativ beschafft werden kann. Hierfür stellt das VwVfG die Amtsermittlung (§/Art. 24 VwVfG) in den Mittelpunkt. Sie verpflichtet die Verwaltung, den Sachverhalt »auszuermitteln«, wobei aber »Ermittlungen ins Blaue hinein« nicht gefordert sind[30].

Die Wissensgenerierung mittels der Amtsermittlung wird flankiert durch die Verfahrensbeteiligung und insbesondere die häufig so genannte »Mitwirkungslast[31]. In vielen Fällen bestehen Auskunftspflichten von Verfahrensbeteiligten und auch von unbeteiligten Dritten.

---

27 *Korff*, in: v. Lewinski, Resilienz des Rechts, 2016, S. 23, 31 et pass.

28 *Spiecker gen. Döhmann*, Die informationelle Inanspruchnahme des Bürgers im Verwaltungsverfahren: Der Amtsermittlungsgrundsatz nach § 24 VwVfG, in: Spiecker gen. Döhmann/Collin (Hrsg.), Generierung und Transfer staatlichen Wissens im System des Verwaltungsrechts, 2008, S. 196 et pass.

29 Dazu *Röhl*, in: Hoffmann-Riem/Schmidt-Aßmann/Voßkuhle, Grundlagen des Verwaltungsrechts, Bd. 2, 2. Aufl. 2012, § 30 Rn. 26 ff.

30 *Kallerhoff*, in: Stelkens/Bonk/Sachs, VwVfG, 8. Aufl. 2014, § 24 VwVfG Rn. 36, unter Bezugnahme auf das Verhältnismäßigkeitsprinzip.

31 Für die h.M. *Kallerhoff*, in: Stelkens/Bonk/Sachs, VwVfG, 8. Aufl. 2014, § 24 VwVfG Rn. 28; ähnlich im Verwaltungsprozess, vgl. *Dawin*, in: Schoch/Schneider/Bier, VwGO, Bd. 2, Stand 11/2009, § 86 VwGO, Rn. 69 ff.

In komplexeren (und damit wissensintensiveren) Verfahren gibt dann insbesondere das Planungsrecht Instrumente an die Hand, mit denen das Wissen von Experten und interessierten Kreisen in die behördliche Entscheidung eingeführt werden kann.

### c) Informations(beschaffungs)reserven

Diese durchaus auch schon gestufte Informationsbeschaffung und Wissensgenerierung kann so angelegt sein, dass situativ auftretende Defizite durch spezielle Regelungen und Verfahren ausgeglichen werden. Hier wird noch nicht die Entscheidungsfindung oder das erforderliche Wissensniveau im Sinne einer Adaption (s.u. II.) modifiziert, sondern die Verwaltung bleibt innerhalb des regulären Verfahrens.

Wenn also im Normalfall die trotz Amtsermittlung, ergänzt durch die informationellen Beiträge der Verfahrensbeteiligten und durch Auskünfte Dritter, Wissensdefizite bleiben, können diese u.U. durch die Erweiterung des Kreises der Verfahrensbeteiligten und durch die Zuziehung von Sachverständigen beseitigt werden. Auch die Amtshilfe (in der Form von Informationshilfe) muss hierzu gezählt werden. Dies dient der Verbreiterung der »kognitiven Basis«[32].

### d) Zwischenergebnis: Resistenz gegen Nichtwissen

Durch das und die Verwaltungsverfahren kann die Verwaltung auf vielfältige Weise resistent auf Wissensdefizite reagieren und den jeweils für eine Entscheidung geforderten Informations- und Wissensstand erlangen.

## 2. Adaptivität

Als Adaptivität beschreibt man in einem Resilienzkontext die Fähigkeit eines Systems, sich auf geänderte Umweltbedingungen einzustellen, wenn Resistenz nicht ausreicht oder nicht angezeigt ist. Teilweise wird dies als

32 *Vesting*, in: Hoffmann-Riem/Schmidt-Aßmann/Voßkuhle, Grundlagen des Verwaltungsrechts, Bd. 2, 2. Aufl. 2012, § 20 Rn. 50.

»reformation through deformation«[33] oder mit Blick auf lernende Systeme als »Salutogenese« bezeichnet. Im Wissens- und Informationskontext spricht man teilweise von »Ungewissheitsabsorption und Ignoranzderivaten«[34], vor allem dem Planungsrecht wird eine besondere Adaptionsfähigkeit zugeschrieben[35].

### a) Möglichkeit vorläufiger Entscheidungen

Wenn das erforderliche Informations- oder Wissensniveau nicht erreicht wird und vorläufig nicht erreicht werden kann, ist zunächst an die Möglichkeit vorläufiger Entscheidungen zu denken, verwaltungsverfahrensrechtlich umgesetzt meist mittels des Widerrufsvorbehalts (§/Art. 36 Abs. 2 Nr. 3 VwVfG) umgesetzt. Bei komplexeren Entscheidungen gibt es das Instrument der Evaluation (von Entscheidungen).

### b) Veränderung und Verlagerung der Informationslast

Möglich ist auch die Veränderung der Darlegungs- und Beweislastverteilung. So werden etwa hinsichtlich der im Asylrecht oft relevanten tatsächlichen Umstände Ausländer darlegungs- und beweisbelastet, wenn sie nicht an der Sachverhaltsermittlung mitwirken, der so von der (deutschen) Verwaltung nicht ermittelt werden kann[36].

Auch kann Wissen durch Prognose ersetzt werden. Das klassische Lehrbuchbeispiel hierfür ist die polizeirechtliche Gefahrenprognose. Aber auch (gesetzliche) Vermutungen (Unschuldsvermutung) und Fiktionen spielen hier eine Rolle. Ebenfalls als Regel zur Informationslast können präventive und repressive Verbote gelesen werden. Und auf der Schwelle zu »Big Data« kommt die Algorithmisierung der Verwaltung in den Blick (z.B. Predictive Policing), das der Prognose und Extrapolation von vergangenen Erfahrungen auf die Zukunft eine neue und viel größere Rolle einräumen wird.

---

33 In Anlehnung an *Gusy*, in: FS Würtenberger, 2013, S. 995, 997.

34 Dazu *I. Augsberg*, Ungewissheitsabsorption und Ignoranzderivate im Verwaltungsrecht, in diesem Band, S. 71.

35 Dazu *Kment*, Adaptive Abwägung, in diesem Band, S. 285.

36 Dazu *Heßhaus*, BeckOK VwVfG, 3. Ed. 2016, § 24 VwVfG, Rn. 21 m.w.N.

### c) Absenkung des erforderlichen Wissensniveaus

In vielen Fällen sieht das Recht eine Informations- und Informationskomplexitätsreduzierung vor. Insbesondere bezogen auf die Einzelfallentscheidung wird Information oft zusammenfassend vertypt. Beispielsweise wird nicht eine bestimmte Befähigung oder Qualifikation umfangreich ermittelt, sondern auf einen Befähigungsnachweis, ein Zertifikat oder ein Zeugnis abgestellt. In Frage kommt ferner eine Reduzierung der für die Entscheidung erforderlichen Informationen, etwa durch die Einräumung von Pauschalierungsermessen. Auch Genehmigungsfiktionen (z.B. Art./§ 42a VwVfG; fachrechtlich etwa auch § 6a Abs. 1 GewO und § 22 Abs. 5 S. 4 BauGB) führen zu einer Entscheidung, selbst wenn die Behörde nicht alle entscheidungsnotwendigen Informationen hatte[37]. Eine ähnliche Funktion haben Bestands- und Rechtskraft, wenn auf einer vorläufigen Informationsgrundlage entschieden wurde.
Auch das Auswahlermessen bei Untersuchungseingriffen kann als eine Adaption an die Situation des Informationsüberflusses gesehen werden. So etwa verzichtet die Steuerverwaltung in »brauchbare Illegalität«[38] auf flächendeckende Ermittlung und Kontrolle[39], der Bundesrechnungshof kann kapazitätsadäquat nach § 89 Abs. 2 BHO Rechnungen ungeprüft lassen[40].

Überhaupt kann Verfahren informationsschlicht ausgestaltet sein, etwa durch Heuristiken als (kurze) Entscheidungsregeln. Die bekanntesten sind sicherlich das »bekannt und bewährt«, die Amts- und Gerichtsbekanntheit sowie der »Stand der Technik«.

---

37 Nach *Spiecker gen. Döhmann*, Wissensverarbeitung im Öffentlichen Recht, RW 2010, S. 247, 267 f.

38 Begriff bei *Luhmann*, Funktion und Folgen formaler Organisation, 1964, S. 304 ff.

39 *Isensee*, in: v. Lewinski, Resilienz des Rechts, 2016, S. 33, 40; *Schmehl*, Staatswissen und Steuerverwaltung, in: Spiecker gen. Döhmann/Collin (Hrsg.), Generierung und Transfer staatlichen Wissens im System des Verwaltungsrechts, 2008, S. 270, 281.

40 Vgl. *Hufeld*, in: Isensee/Kirchhof, Handbuch des Staatsrechts, Bd. 3, 3. Aufl. 2005, § 56 Rn. 16.

### d) Zwischenergebnis: Informationelle Adaption

Wie dieser kurze Überblick zeigt, ist die Anpassung an informationelle Sonderlagen im Recht keine Besonderheit. Ob aus der Verkürzung der Wissensgrundlage dann besondere Beobachtungspflichten und eine Wahrung von Rückholoptionen folgen muss[41] oder ob auch in einem etwas weiteren Sinne die Staatshaftung als Mittel der Adaptivität begriffen werden kann (Stichwort: Restitution bei Prognosefehlern[42]), muss noch (an anderer Stelle und zu einem späteren Zeitpunkt) herausgearbeitet werden.

### 3. Resilienz im eigentlichen Sinne

Als Resilienz im eigentlichen Sinne wird die Fähigkeit eines Systems beschrieben, auch nach einem Ausnahmeereignis zu seiner alten Funktion zurückzukehren. Solche Regeln zum Umgang mit Nicht-Wissen der Verwaltung gibt es, und sie sind überraschend unspektakulär.
An erster Stelle ist hier die Vertagung von Entscheidungen zu nennen, wie man sie insbesondere aus dem gerichtlichen Verfahren kennt[43]. Hier wird der Entscheidungsprozess solange »schlafen gelegt«, bis die informationelle Ausnahmesituation des Nicht-Wissens überwunden ist.

Ein anderes Instrument der informationellen Resilienz i.e.S. ist die nachträgliche Änderung einer Entscheidung, die auf fehlender oder fehlerhafter Informationsgrundlage ergangen ist. An erster Stelle ist die Rücknahme eines Verwaltungsakts (§ /Art. 48 VwVfG) zu nennen. In diese Kategorie gehört auch die datenschutzrechtlich Berichtigung (§ 20 Abs. 1 BDSG; künftig Art. 16 EU-DatSchGrVO).

## *IV. Rechtliche Vorgaben für informationsresiliente Verwaltung*

Wenn man wie hier im Anschluss an verbreitete Kategorisierungen des Begriffs der Resilienz von einer Dreistufigkeit (Resistenz, Adaptivität, Resilienz i.e.S.) ausgeht, zeigt sich, dass für alle drei Modi Beispiele im Verwaltungsrecht existieren, speziell auch bei Risikoentscheidungen.

---

41 *Hoffmann-Riem*, in: I. Augsberg (Hrsg.), Ungewissheit als Chance, 2009, S. 17, 30.

42 Dazu *Kment*, Adaptive Abwägung, in diesem Band, S. 285.

43 Überblick bei *Bamberger*, in: Wysk, VwGO, 2. Aufl. 2016, § 102 VwGO, Rn. 8 ff.

Möglicherweise kann dann Resilienz in seiner hier herausgestellten Dreistufigkeit als Ausprägung des Verhältnismäßigkeitsprinzips verstanden werden. So könnten die Stufen der Resilienz i.w.S. zur Strukturierung der Verhältnismäßigkeitsprüfung dienen. Die Unverhältnismäßigkeit der Unsicherheit einer Entscheidung auf einer unteren Stufe könnte das Übergehen zu der nächsthöheren gestatten. Auch könnte man das Stufenkonzept als Vorgabe für die Verhältnismäßigkeit der jeweiligen Modi (jedenfalls bei identischer Eingriffsintensität beim Adressaten/Betroffenen) verstehen.

Ob aber eine Verwaltung resilient in einer Situation des Nichtwissens sein darf, ist und bleibt eine Frage der gesetzlichen Ausgestaltung und damit eine Frage des Rechts. Wenn der Gesetzgeber bestimmte Informationsquellen verschließt (Datenschutzrecht) oder nur unter besonderen Voraussetzungen (polizeiliche Ermittlungseingriffe) zulässt, dann ist diese Entscheidung maßgeblich. Es ist Merkmal des Rechtstaats, dass immer auch andere Verwaltungsmodi und -formen vorstellbar sind, die der Gesetzgeber nicht vorgesehen oder sogar ausdrücklich ausgeschlossen hat. Resilienz als rechtswissenschaftliches Konzept überspielt weder die Grundrechtsbindung, insb. nicht hinsichtlich des Datenschutzes (Art. 8 GRCh), noch der Kompetenzordnung.

So ist die Resilienz von Verfahren oder Verwaltungsorganisation niemals Maßstab für die Rechtmäßigkeit von hoheitlichen Maßnahmen und damit die Richtigkeit in einem rechtlichen Sinne. Sicherlich wird Wissen (Information) für (rechtstaatliche) Entscheidungen benötigt. Allerdings kommt es für die rechtliche Beurteilung einer Verwaltungsentscheidung letztlich nicht auf die Vollständigkeit des Wissens an. Vielmehr ist rechtlicher Maßstab für Entscheidungen des Staates deren (materielle oder verfahrensmäßige) Richtigkeit (Rechtmäßigkeit).

## *V. Ergebnis: Resilienz im und beim Verwaltungshandeln*

Resilienz ist im Kontext der Verwaltungsorganisation, des Verwaltungsverfahrens und des Informationsverwaltungsrechts eine beschreibende Kategorie und eine Qualitätskategorie. Eine rechtliche Anforderung ist sie dagegen (noch) nicht[44]. Das Recht macht zwar verschiedentlich Vorgaben, die

44 Generell zu einer Entwicklung des Verwaltungsrechts über die vornehmliche Rechtsbindung hinaus *Vesting*, in: Hoffmann-Riem/Schmidt-Aßmann/Voßkuhle, Grundlagen des Verwaltungsrechts, Bd. 2, 2. Aufl. 2012, § 20 Rn. 8.

sich mit »Resilienz« beschreibend erfassen lassen. Allerdings ist »Resilienz« als solches keine unmittelbare und tatbestandliche Anforderung. Allerdings wäre es durchaus möglich und denkbar, vielleicht sogar in Teilbereichen wünschenswert, wenn sie dies würde, etwa im Bereich des E-Government und der IT-Sicherheit.

# Temporale Legitimationsasymmetrien

*Klaus Ferdinand Gärditz*

»[T]he earth belongs to the living and not the dead«.[1] Bereits dieses berühmte Diktum von *Thomas Jefferson* hat nicht nur eine materiell-distributive Komponente, sondern auch eine demokratische, weil die Verfügbarkeit des Rechts für die Selbstregierenden in der Zeit eingefordert wird. Der demokratieimmanente Gegenwartsbezug, der Herrschaft der Selbstbestimmung der Lebenden anvertraut, lässt indes die Frage offen, wem die Zukunft gehört – oder genauer: wie zukünftige Entscheidungsfolgen legitimiert werden. Alles Recht ist zwar zeitlich.[2] Die Verzeitlichung von Recht und die Mechanismen seiner Legitimation sind indes nicht zwingend kongruent. Temporale Legitimationsasymmetrien – so das vorliegende Thema – entstehen dadurch, dass Rechtsetzung und Rechtsanwendung Wirkungen erzeugen, die über die Periodik demokratischer Legitimation hinausgreifen und künftige Akteure binden, die am Prozess normativer Legitimierung nicht beteiligt waren.[3]

Die temporalen Grenzen demokratischer Legitimation und ihre Asymmetrien lassen sich zum einen verfassungstheoretisch diskutieren. Gerade der theoretische Zugriff auf eine Verfassung hängt ganz wesentlich vom jeweiligen Zeithorizont und der Möglichkeit ab, Veränderung abzubilden.[4] Über das Demokratiegebot (Art. 20 Abs. 2 Satz 1 GG), das seinerseits konkrete demokratietheoretische Prämissen positiviert, ergeben sich hieraus auch verfassungsdogmatische Konsequenzen.

---

1 *Thomas Jefferson*, „The Earth Belongs to the Living". Letter to James Madison, September 6, 1789, in: Merril D. Peterson (Hrsg.), Jefferson Writings, 1984, S. 959 (963).

2 Anschaulich *Oliver Lepsius*, Funktion und Wandel von Staatsverständnissen, in: Andreas Voßkuhle/Christian Bumke/Florian Meinel (Hrsg.), Verabschiedung und Wiederentdeckung des Staates im Spannungsfeld der Disziplinen, 2013, S. 37 (43).

3 Vgl. auch *Wolfram Höfling*, Staatsschuldenrecht, 1993, S. 94: „mangelnde Synchronisation der Zeitdimension".

4 *Peter Häberle*, Zeit und Verfassung, Zeitschrift für Politik 21 (1974), S. 111 (113). Vgl. auch *Lepsius* (o. Fußn. 2), S. 41: Relationierung von Staatsverständnissen als Zugriff auf die Zeitdimensionen des Rechts.

## *I. Zeitlichkeit von Herrschaft als Baustein demokratischer Legitimation*

Demokratische Herrschaft gründet als Form der kollektiven Selbstbestimmung auf der gleichen Freiheit (prinzipiell) aller Mitglieder des Legitimationssubjekts. Selbstbestimmung ist aber nur möglich, wenn Legitimation durch formale,[5] inhaltlich offene Mechanismen erzeugt wird, die eine auf gleicher Freiheit gründende Willensbildung ermöglichen.[6] Wahrheiten oder gute Gründe erzeugen demgegenüber von vornherein keine demokratische Legitimation,[7] weil anderenfalls die Mindestbedingungen demokratischer Gleichheit und Freiheit unterlaufen würden.[8] Ob etwas wahr ist, sofern man Wahrheit überhaupt als sinnvolles Erkenntnisziel anerkennt, oder ein Grund gut ist, wird von den jeweiligen Experten kraft überlegenen Wissens entschieden. Expertokratische Herrschaft[9] ist aber weder gleich noch frei, weil der Zugang zur Macht asymmetrisch nach kognitiven Fähigkeiten gedrosselt ist und den Mitgliedern das Recht auf Selbstbestimmung versagt wird, sich im Konfliktfall auch gegen die vermeintlich vernünftigste Lösung zu entscheiden. Voluntarismus ist für jede freiheitliche demokratische Ordnung unverzichtbar, verlangt aber politische Entscheidungen, »ohne sich externen Standards der Rationalität oder Moralität zu beugen«.[10]

---

5 Zur strikten Formalisierung der Gleichheit der Wahl konsequent etwa BVerfGE 82, 322 (337); 120, 82 (102).

6 Vgl. für Wahlen BVerfGE 131, 316 (334).

7 *Christoph Möllers*, Demokratie – Zumutungen und Versprechen, 2008, S. 43 f. Vgl. auch *Peter Badura*, Staatsrecht, 6. Aufl. (2015), Kap. D Rn. 8.

8 *Hans Kelsen*, Vom Wesen und Wert der Demokratie, 2. Aufl. (1929), S. 100 ff.

9 Gründen Wahrheiten einer Ordnung auf einer Theologie, ist die organisatorische Konsequenz eine Hierokratie, weil die Experten für theologisches Wissen dann die jeweilige Priesterkaste ist, die die Interpretationshoheit wirksam für sich beanspruchen kann.

10 *Christoph Möllers*, Expressive versus repräsentative Demokratie, in: Regina Kreide/Andreas Niederberger (Hrsg.), Transnationale Verrechtlichung, 2008, S. 159 (166).

## 1. Epistemische Offenheit und Politisierung von Sozialität

Dies bedeutet selbstverständlich nicht, Selbstbestimmung mit Beliebigkeit gleichzusetzen. Individuelle wie demokratisch-politische Selbstbestimmung sind sozial kontextualisiert und müssen sich zudem in einer Welt entfalten, die mehr ist als politische Konstruktion. Die sozialen Kontexte sowie die freiheitlichen Prämissen der Demokratie setzen der virtuellen Entscheidbarkeit aller politischen Fragen praktische Grenzen. Bedingungen von Sozialität, die eine funktionierende Gesellschaft ausmachen und auf die daher auch eine Demokratie nicht verzichten kann, werden nicht in narzisstischer Selbstüberhöhung[11] ignoriert, sondern sind nicht das Thema demokratischer Herrschaft, die lediglich die normativ verbindliche Grenzsetzung durch Herrschaftsgewalt legitimieren muss und insoweit Sozialität aktualisiert, diese aber auch als einen gestaltbaren Gegenstand begreift.[12] Die Letztentscheidungskompetenz muss virtuell aufrechterhalten werden, um eine Materialisierung zu verhindern, die Herrschaft moralisiert und damit – in Auflösung des Anspruchs auf gleiche Freiheit aller sowie in der totalitären Tradition platonischen Philosophenkönigtums – den Moralitätsexperten überantwortet. Die Universalität demokratischer Selbstbestimmung muss – anders gewendet – gesetzt werden, um die Autonomie demokratischer Rechtsetzung zu gewährleisten, die rechtsexogene Determination nur nach eigenen – auf der Grundlage gleicher Freiheit aller selbstbestimmten – Kriterien zulässt,[13] aber nicht aus einer Ontologie der Gesellschaft gewinnt.[14] Moralität und Sozialität werden in den Demokratie anders gewendet nicht

---

11 So der kritisch-pointierte Einwand von *Ino Augsberg* in der Diskussion.

12 Damit verbunden ist sicherlich eine virtuelle Konstruktion von Heteronomie als externe Schranke. Diese ist aber notwendig, um Entscheidbarkeit in Freiheit und Gleichheit zu ermöglichen und eine Vermachtung bei denjenigen zu verhindern, die die Kompetenz beanspruchen, universelle Wahrheiten von Sozialität durch konsequentes Denken zu gewinnen. Ein paralleles Problem ist in Bezug auf die marxistische Kritik an den Menschenrechten bekannt. Vgl. *Karl Marx*, Zur Judenfrage, 1844, in: MEW 1, 1976, S. 347 (356, 365 ff.); jüngster Wiedergänger *Christoph Menke*, Kritik der Rechte, 2015.

13 Allgemein *Niklas Luhmann*, Das Recht der Gesellschaft, 1993, S. 50, 542.

14 Vgl. *Horst Dreier*, Der freiheitliche Verfassungsstaat als riskante Ordnung, RW 2010, S. 11 (15).

erledigt, sondern dem politischen Prozess der Gemeinwohlfindung[15] überantwortet, der – anders als materiale Heilsentwürfe – mit der Fehlbarkeit der Menschen bewusst kalkuliert und daher auf Wahrheiten ebenso verzichtet wie auf eine Finalisierung der Zukunft.[16] »Das Grundgesetz ist kein Werkzeugkasten für die Errichtung eines möglichst rationalen, sozusagen wissenschaftlichen Stringenzansprüchen genügenden, in sich stimmigen Gesetzgebungsgesamtkunstwerks mit potentiellem Ewigkeitsanspruch, sondern Grundlage und Ordnungsrahmen für einen offenen politischen Prozeß, aus dem dann letztlich qua Mehrheitsentscheidung ein (temporär) für alle verbindliches Gesetz entspringt – bis zur nächsten Änderung aufgrund neuer Mehrheiten, neuer Umstände, neuer Einsichten«.[17] Die Freiheitlichkeit einer Gesellschaft bestimmt sich eben nicht nur nach dem Inhalt ihrer Rechtsordnung, sondern auch nach deren Änderbarkeit und der Offenheit ihrer epistemischen Struktur.

## 2. Revisibilität, Revidierbarkeit und Ablösbarkeit von Herrschaft

Inhalte von Recht werden folglich nicht als Konsequenz von Einsichtigen in Notwendigkeiten behandelt, sondern als kontingentes Produkt eines politischen Willens, der formalisiert und legitimiert werden muss. Da politischer Wille aber weder eine statische Größe ist, noch ohne Preisgabe der Prämissen freier Selbstbestimmung den Anspruch erheben kann, dauerhaft eine gute Ordnung vorzugeben, wird Herrschaft verzeitlicht, also von einer

---

15 *Horst Dreier*, Demokratische Repräsentation und vernünftiger Allgemeinwille, AöR 113 (1988), S. 450 (457, 460, 466 f.); *Christoph Engel*, Offene Gemeinwohldefinitionen, Rechtstheorie 32 (2001), S. 23 (25 ff.); *Peter Häberle*, Öffentliches Interesse als juristisches Problem, 2. Aufl. (2006), S. 60, 208 ff., 499 ff., 709 f., 771; *Sebastian Unger*, Das Verfassungsprinzip der Demokratie, 2008, S. 278 f. Für eine republikanische Materialisierung des Gemeinwohls hingegen *Karsten Nowrot*, Das Republikprinzip in der Rechtsordnungengemeinschaft, 2014, S. 291 ff., 398.

16 Aus diesem Grund sich auch – in jüngerer Zeit wieder populäre – Materialsierungen des Republikprinzips (Art. 20 Abs. 1 GG) nicht zielführend. So aber etwa *Karl Albrecht Schachtschneider*, Res publica res populi, 1994, S. 612, 628, 1159; ähnlich *Rolf Gröschner*, Res Publica Thuringorum, ThürVBl. 1997, S. 25 (26). Wie hier hingegen *Horst Dreier*, in: ders. (Hrsg.), Grundgesetz, Bd. II, 3. Aufl. (2015), Art. 20 (Republik) Rn. 21.

17 *Horst Dreier*, Bioethik – Politik und Verfassung, 2013, S. 73.

Erneuerung formaler Legitimation abhängig gemacht.[18] Dies gilt auch für das positiv-rechtliche Demokratiegebot des Grundgesetzes (Art. 20 Abs. 2 Satz 1 GG), zu dessen unverzichtbarem Kerngehalt gehört, dass Herrschaft nur auf Zeit gewährt werden darf.[19] Verzeitlichung ist der demokratische Hebel der Kontrolle von Macht[20] sowie Schutz vor Verkrustung[21]. Zeitlichkeit von Herrschaft erfordert die Revisibilität und Revidierbarkeit:[22] Demokratisches Recht kann immer nur vorläufige Entscheidungen treffen,[23] also Lösungen anbieten, die andere demokratische Organe künftig in freier Selbstbestimmung kraft eigener Legitimation wieder verwerfen können.

### 3. Wahrheitsabstinenz als Chance

Hierin liegt eine besondere Leistungsstärke demokratischer Verfahren. Sie verarbeiten kognitive Unsicherheit durch die Zeitlichkeit, Vorläufigkeit und Wahrheitsabstinenz. Demokratische Rechtsordnungen befinden sich in einem permanenten Korrekturzustand, in einem Fließmodus, der Änderbarkeit als Tugend begreift und Elastizität für Kompromisse, zweitbeste Lösungen und Politisierung bietet, wo ein *consensus omnium* nicht besteht.[24]

---

18 Demokratie kennt hierbei sehr unterschiedliche Mechanismen einer Legitimationserzeugung, die abhängig sind von der Institutionalisierung demokratischer Freiheit. Diese kann fortwährend, spontan oder periodisch ebenso wie direkt oder indirekt aktualisiert werden.

19 BVerfGE 79, 311 (343); 119, 247 (261); 121, 205 (220); *Ernst-Wolfgang Böckenförde*, Demokratie als Verfassungsprinzip, in: Josef Isensee/Paul Kirchhof (Hrsg.), Handbuch des Staatsrechts, Bd. II, 3. Aufl. (2004), § 24 Rn. 50; *Dreier* (o. Fußn. 16), Art. 20 (Demokratie) Rn. 73; *Michael Droege*, Herrschaft auf Zeit – Wahltage und Übergangszeiten in der repräsentativen Demokratie, DÖV 2009, S. 649 ff.

20 *Häberle* (o. Fußn. 4), S. 119.

21 *Volker Gerhardt*, Partizipation: Das Prinzip der Politik, 2007, S. 327.

22 *Oliver Lepsius*, Nachhaltigkeit und Parlament, in: Wolfgang Kahl (Hrsg.), Nachhaltigkeit als Verbundbegriff, 2008, S. 326 (333 ff.).

23 *Peter Häberle*, Das Mehrheitsprinzip als Strukturelement der freiheitlich-demokratischen Grundordnung, JZ 1977, S. 241 (244) = *ders.*, in: Verfassung als öffentlicher Prozess, 3. Aufl. (1998), S. 565 (573); *Markus Kotzur*, Demokratie als Wettbewerbsordnung, VVDStRL 69 (2010), S. 173 (193).

24 *Ernst Fraenkel*, Deutschland und die westlichen Demokratien, 9. Aufl. (2011), S. 259.

*Muddling through* wird zur politischen Mechanik demokratischer Rechtserzeugung. Szientistische Endziele, eine zeitlose Idealgesellschaft nach großem Plan zu errichten, müssen einer freiheitlichen Demokratie (und ihrem eigenwilligen *πάντα ῥεῖ*) daher von vornherein fremd bleiben.[25] Die Fehlbarkeit der Menschen ist damit nicht mehr nur ein zu überwindendes Übel, sondern Bestandteil des politischen Programms demokratischer Zukunftsoffenheit.

Die Zeitlichkeit demokratischer Herrschaft und ihr auf juristische Geltung zurückgenommener Verbindlichkeitsanspruch setzen dafür gesellschaftliche Kräfte frei, die unter den Bedingungen des Pluralismus und dem Schutz der Grundrechte – gerade auch gegen den Oktroi zeitloser Ordnungsmodelle – um bessere Lösungen für die Zukunft streiten können.[26] Die Relativität[27] und Vorläufigkeit demokratischer Entscheidungsfindung hat damit ein eigenes Zeitmoment: Fortwährend wird eine soziale Ordnung auf Zeit erzeugt,[28] oder genauer: an die Stelle einer guten Ordnung tritt das prozedurale Ordnen.[29] Das Ordnen erfolgt aber responsiv zu gesellschaftlichen Erwartungen[30] und in konkreten sowie überschaubaren Gegenwartsrelationen. Politisch überleben kann nur, wer sich neuen Lagen anpasst;[31] die Prozeduralität der Demokratie hält das politische System hinreichend elastisch.

Eine prozedurale Legitimationsmechanik erleichtert es zwar, Maß zu halten,[32] ist aber nur begrenzt geeignet, große Zukunftsrelationen abzubilden, deren Entscheidungen sich nicht mehr aus der Kompromisshaftigkeit ge-

---

25 BVerfGE 5, 85 (197 f.).

26 *Fraenkel* (o. Fußn. 24), S. 256 ff.

27 Zum demokratischen Relativismus *Kelsen* (o. Fußn. 8), S. 101 ff.; *Oliver Lepsius*, Kelsens Demokratietheorie, in: Tamara Ehs (Hrsg.), Hans Kelsen – Eine politikwissenschaftliche Einführung, 2009, S. 67 (83 f.).

28 Vgl. *Hans Kelsen*, Allgemeine Staatslehre, 1925, S. 369.

29 Angelehnt an einen Aphorismus von *Oliver Lepsius*, der einer mündlichen Diskussion entsprungen ist, den der Verfasser aber keiner schriftlichen Quelle zuordnen konnte.

30 Vgl. *Dreier* (o. Fußn. 16), Art. 20 (Demokratie) Rn. 77.

31 *Gerhardt* (o. Fußn. 21), S. 327.

32 Vgl. *Paul Kirchhof*, Das Wettbewerbsrecht als Teil einer folgerichtigen und widerspruchsfreien Gesamtrechtsordnung, in: ders. (Hrsg.), Gemeinwohl und Wettbewerb, 2005, S. 1 (7 ff.).

genwärtiger Interessenkonflikte, sondern nur noch aus materiellen Richtigkeitsannahmen legitimieren lassen. Auf Konsequenzen für demokratische Güterabwägungen wird noch einzugehen sein.

## *II. Periodizität demokratischer Legitimationsmechanik und hyper- sowie aperiodische Entscheidungsfolgen*

Die Periodizität demokratischer Legitimationsmechanik ist ausgerichtet auf die Rechtsetzung als Modus, politischen Willen in Geltung umzugießen. Legitimation ist damit eine normative Größe. Die allermeisten demokratischen Entscheidungen zeitigen aber faktische Langzeitfolgen, die über die jeweilige Legitimationsperiode hinausgehen.[33] Die gesamte Welt ist durchzogen von – demokratischem wie nichtdemokratischem – Menschenwerk, dessen Folgen sich oft politischer Gestaltbarkeit entziehen.[34] Dies gilt für Mikro- und Makroszenarien gleichermaßen: für Straßenbau, Baugenehmigungen und Einbürgerungen ebenso wie für anthropgenen Klimawandel, Verschmutzung der Meere, radioaktiven Abfall, Staatsschuldenaufnahme, Auslandseinsätze der Bundeswehr oder neue europäische Integrationsschritte. Über Krieg und Frieden wird in einer Demokratie ebenso demokratisch entschieden wie über den Einstieg oder Ausstieg in die Kernenergie, obgleich sich die Folgen nicht innerhalb der Periodizität demokratischer Wahlen – dem basalen Legitimationsakt[35] – rückstandslos revidieren lassen.

Folgen betreffen unvermeidbar auch faktisch diejenigen künftigen Mitglieder des Legitimationssubjekts, die an der primären Entscheidungslegitimation nicht beteiligt waren.

---

33 Vgl. *Klaus Ferdinand Gärditz*, Demokratische und rechtsstaatliche Verantwortlichkeit bei öffentlichen Großvorhaben, ZSE 2015, S. 4 (12).

34 Siehe zur Folgenanalyse *Jens Kersten*, Das Anthropozän-Konzept, RW 2014, S. 378 ff.; *ders.*, Das Anthropozän-Konzept, 2014.

35 BVerfGE 123, 39 (68); 131, 316 (334); *Ute Sacksofsky*, Wahlrecht und Wahlsystem, in: Martin Morlok/Utz Schliesky/Dieter Wiefelspütz (Hrsg.), Parlamentsrecht, 2016, § 6 Rn. 2.

## 1. Kontextualität von Demokratie und die Grenzen der Regelbarkeit

Demokratische Entscheidungen entstehen nicht losgelöst von historischen, politischen und sozialen Kontexten. Sie stehen in Kontinuität zu zeitlich Vorausgehendem, auf dem sie Fuß fassen können.[36] Nicht immer muss dies ein demokratisches Fundament sein: Rechtskontinuität zu vordemokratischer Rechtsetzung kann auch für eine Demokratie sinnvolle Startbedingungen ermöglichen.[37] Schon das Deutsche Volk als demokratisches Legitimationssubjekt (Präambel, Art. 20 Abs. 2 Satz 1 GG) fußt auf einer Tradierung deutscher Staatsangehörigkeit, deren normativer Zurechnungspfad partiell auf Vordemokratisches verweist.[38] Ebenso wird aber auch mit jeder demokratischen Entscheidung ein normativer Pfad begründet, der die Zukunft auf unbestimmte Zeit prägt und sich nicht einfach revidieren lässt. Einwanderung verändert dauerhaft die kulturelle Basis der Gesellschaft; Liberalisierungsimpulse verschieben Wertvorstellungen; technische Innovation ermöglicht Fortschritt, auf den die Menschen nicht mehr verzichten wollen; die planfestgestellte Umgestaltung von Natur und Landschaft kann sich beharrlich einem Rückbau verweigern; das havarierte Atomkraftwerk, das demokratisch einwandfrei genehmigt wurde, verseucht die Umgebung auf unabsehbare Zeit radioaktiv, ohne dass künftige Generationen mit derzeit absehbaren technischen Möglichkeiten eine Chance hätten, sich den Folgen demokratischer Entscheidungen der Vergangenheit zu entziehen.

---

36 Dem liegt notgedrungen ein gesellschaftliches Zeitmodell zugrunde, das schon aus Gründen der Entscheidbarkeit der Zeit eine Richtung von der Vergangenheit über die Gegenwart in die Zukunft zuordnen und Kausalbeziehungen anerkennen muss. Siehe *Philippe Mastronardi*, Verfassungslehre, 2007, Rn. 593. Ob die Zeit tatsächlich eine Richtung hat, es einen Zeitpfeil gibt, der sich ggf. über die Zunahme/Abnahme an Entropie erklären lässt, ist keineswegs selbstverständlich und eine in der theoretischen Physik diskutierte Frage. Siehe hierzu instruktiv *Ulrich Schollwöck*, Why Does Time Have a Future? The Physical Origins of the Arrow of Time, Configurations: A Journal of Literature, Science and Technology 23 (2015), S. 177 ff.; *ders.*, Warum hat die Zeit eine Richtung?, Rechtsgeschichte 10 (2007), S. 63 ff.

37 Vgl. frühzeitig *Alexis de Tocqueville*, Der alte Staat und die Revolution, 2013 (1856), S. 202 ff. Ein zentrales Analyseergebnis dieses Spätwerkes ist, dass die Französischen Revolution letztlich in geistig-institutioneller Kontinuität zu einem vorrevolutionärem Substrat stand.

38 *Klaus Ferdinand Gärditz*, Der Bürgerstatus im Licht von Migration und europäischer Integration, in: Repräsentative Demokratie in der Krise?, VVDStRL 72 (2013), S. 49 (115 mit Fußn. 222).

Demokratie beruht auf rechtlicher Veränderbarkeit, ist hierbei aber abhängig von einer Gesellschaft, deren Bedürfnisse nach normativer Mindestkontinuität praktische Grenzen der Rechtsetzung markieren und deren evolutive Entwicklung sich nicht beliebig verändern lässt.[39] Dass auch eine Demokratie mit ihrem Selbstbestimmungsanspruch die Funktionsbedingungen einer Gesellschaft und die individuelle Sozialität weder ignorieren kann noch will, wurde bereits dargelegt. Eine Demokratie kann gerade auch deshalb darauf verzichten, Mindestbedingungen von Sozialität bewusst zu thematisieren, weil Demokratien nicht aus dem nichts, sondern aus bestehenden – in der Regel vordemokratischen – Gesellschaften heraus entstehen und sich von vornherein nicht mit der abstrakten Begründung einer Gesellschaft als solcher befassen müssen. Demokratische Verfahren müssen nur einen kleinen Teilausschnitt virtueller Sozialität überhaupt thematisieren und legitimieren können: die Veränderungen der auf Herrschaftsgewalt gründenden verbindlichen Regeln des Miteinanders. Die virtuelle Omnipotenz der Demokratie, sprich: die politische Entscheidbarkeit aller gesellschaftlichen Fragen, wird als Konsequenz des inneren Pluralismus sowie der sozialen Bedingtheit von Recht daher im Ergebnis nie ausgeschöpft.[40]

Auch der Umgang mit Zukunftsfolgen jenseits der jeweiligen Legitimationsperiodik ist daher demokratisch kontingent: Der Gesetzgeber kann sich solcher Folgen bewusst annehmen und sie thematisieren, was etwa § 1 Satz 1 StandAG[41] hinsichtlich der Langzeitfolgen atomarer Endlagerung[42] oder das Risikoverwaltungsrecht des GenTG hinsichtlich der praktisch irreversiblen Folgen einer Veränderung des Genpools durch Auskreuzung

39 Vgl. allgemein *Matthias Jestaedt*, Grundrechtsentfaltung im Gesetz, 1999, S. 294, 338.

40 *Fraenkel* (o. Fußn. 24), S. 257.

41 Standortauswahlgesetz v. 23. 7. 2013 (BGBl. I S. 2553), das durch VO v. 31. 8. 2015 (BGBl. I S. 1474) geändert worden ist.

42 Ziel des in diesem Gesetz geregelten Standortauswahlverfahrens ist es nach dieser Regelung, „in einem wissenschaftsbasierten und transparenten Verfahren für die im Inland verursachten, insbesondere hoch radioaktiven Abfälle den Standort für eine Anlage zur Endlagerung“ nach § 9a Abs. 3 Satz 1 AtG „zu finden, der die bestmögliche Sicherheit für einen Zeitraum von einer Million Jahren gewährleistet“. Hierzu näher *Ulrich Smeddinck*, Umgang mit Ungewissheit bei der Realisierung eines Endlagers für Atommüll – resilient reguliert?, in diesem Band., S. 147, Kritisch zum Politisierungsdefizit des Gesetzeskonzeptes *Klaus Ferdinand Gärditz*, Die Entwicklung des Umweltrechts in den Jahren 2013-2014: Umweltschutz im Zeichen von Verfahren und Planung, ZfU 2015, S. 343 (356 ff.).

tut. Der Gesetzgeber kann aber auf eine solche Zukunftsperspektive auch verzichten und Konflikte konsequent vergegenwärtigen. Welche Zukunftsfolgen die Verwaltung in ihr Entscheidungsprogramm integrieren muss und darf, ist keine Frage der intertemporalen Verantwortung, sondern schlicht des Vorranges und Vorbehaltes des Gesetzes (Art. 20 Abs. 2 Satz 1, Abs. 3 GG).

## 2. Keine virtuelle Repräsentation Künftiger

Demokratie ist sie auf Mechanismen institutionalisierter Willensbildung angewiesen, die eine formelle, auf gleicher Freiheit gründende Legitimation erzeugen. In den Institutionen der Demokratie – dies gilt für die repräsentative ebenso wie für die direkte Demokratie[43] – wird ein eigenständiger Wille gebildet, der sich prozedural legitimiert, nochmals: nicht durch materielle Wahrheiten, Sachrichtigkeit oder gute Gründe. Formell über Verfahren der demokratischen Willensbildung vom Legitimationssubjekt bis zur Ausübung der Herrschaft (Art. 20 Abs. 2 Satz 1 GG) legitimieren können aber immer nur die Gegenwärtigen. Über die normative Grenzziehung zwischen allen Mitgliedern des Legitimationssubjekts und den wahlberechtigten Aktivbürgerinnen und -bürgern kann und muss demokratisch entschieden werden. Künftige lassen sich aber von vornherein nicht demokratisch repräsentieren, weil eine solche virtuelle Repräsentation[44] nicht mehr auf eine freie Willensbildung der Repräsentierten rückführbar wäre. Eine Repräsentation Künftiger würde damit der basalen Prämisse der Demokratie, der gleichen Freiheit aller, zuwider laufen. Künftige Interessen liegen also nicht nur epistemisch,[45] sondern auch legitimatorisch außerhalb der Mechanik demokratischer Legitimationssicherung.

---

43 Zur funktionalen Parallelität auch *Dreier* (o. Fußn. 16), Art. 20 (Demokratie), Rn. 103.

44 Historisch zu dieser Figur *Hasso Hofmann*, Repräsentation, 4. Aufl. (2003), S. 455; *Paul Langford*, Property and 'Virtual Representation' in Eighteenth-Century England, The Historical Journal 31 (1988). S. 83 ff.; *John C. Miller*, Origins of the American Revolution, 1943, S. 212; *Michael Zuckert*, Natural Rights and Imperial Constitutionalism: The American Revolution and the Development of the American Amalgam, Social Philosophy and Policy 22 (2005), S. 27 (53 ff.).

45 Vgl. *Lepsius* (o. Fußn. 22), S. 333.

Dies bedeutet nicht, dass Zukunftsfragen kein legitimes Thema der Demokratie sind – im Gegenteil: Über sie kann und muss demokratisch verhandelt werden.[46] Demokratisch erzeugter Gegenstand ist aber das, was heutige Zukunft ausmacht: ein legitimes (ggf. altruistisches) Interesse der Gegenwärtigen,[47] die sich aus ethischen Gründen selbst beschränken wollen. Mehr ist nicht zu haben. Eine auf der gleichen Freiheit der Einzelnen gründende Ordnung kann immer nur eine vorläufige sein. Wer Künftigen in diesem System eine besondere Repräsentanz verschaffen will, delegiert letztlich Macht auf die jeweiligen Zukunftsexperten. Herrschaft szientistischer Auguren oder einer planenden Expertokratie von »Meisterdenkern«[48] ist aber von vornherein demokratieinkompatibel.[49]

### *III. Divergente Zeitaffinitäten und Gewaltengliederung*

Die Schichtung der öffentlichen Gewalt in temporale Wirkungshorizonten wird traditionell als ein Ausdruck von Gewaltengliederung erachtet:[50] Die abstrakt-generelle Gesetzgebung wird – mit *Gerhart Husserl* – der Zukunfts-, die Exekutive der Gegenwarts- und die retrospektive Rechtsprechung der Vergangenheitsperspektive des Rechts zugeordnet.[51] Dies ist zunächst vergröbernd und verfassungsrechtlich unterkomplex: Parlamente sind mehr als Gesetzgeber,[52] Gesetze können rückwirkend erlassen werden, die Exekutive kann streitentscheidend Vergangenes regeln und wirkt oft zukunftsgestaltend; und Rechtsprechung entscheidet zwar retrospektiv über

---

46 Vgl. auch BVerfGE 79, 311 (343).

47 Vgl. auch *Elena Esposito*, Die Konstruktion der Zeit in der zeitlosen Gegenwart, Rechtsgeschichte 2007, S. 27: Vergangenheit und Zukunft als Horizonte der Gegenwart und „dabei selbst unvermeidbar gegenwärtige Perspektiven".

48 *Udo Di Fabio*, Schwankender Westen, 2015, S. 143.

49 Vgl. auch *Otfried Höffe*, Ist die Demokratie zukunftsfähig?, 2009, S. 277: „Rückkehr zur Ständegesellschaft".

50 *Wilfried Berg*, Die Zeit im öffentlichen Recht – Das öffentliche Recht in der Zeit, JöR 56 (2008), S. 23 (27); *Paul Kirchhof*, Die Identität der Verfassung, in: Josef Isensee/ders. (Hrsg.), HStR II, 3. Aufl. (2004), § 21 Rn. 76; *Eckart Klein*, Staat und Zeit, 2006, S. 50; *Lepsius* (o. Fußn. 22), S. 328 f.

51 *Gerhart Husserl*, Recht und Zeit, 1955, S. 57 ff.

52 Zutreffend *Philipp Reimer*, Verfahrenstheorie, 2015, S. 41 f., mit dem Hinweis auf das Untersuchungsausschussrecht (Art. 44 GG, PUAG) und das Wahlprüfungsverfahren (Art. 41 GG) als Bestandteile des parlamentarischen Verfahrens. Der gesamte Bereich der Regierungskontrolle operiert eher retrospektiv.

Streitigkeiten der Vergangenheit, setzt aber – stabilisiert über Autorität und Instanzenzug sowie zusätzlich legitimiert durch individuelle Freiheitsinteressen[53] – auch abstrakt-generelle Maßstäbe, die die zukünftige Rechtsanwendung durch dogmatische Orientierungsleistungen[54] beeinflussen.[55] Dennoch enthält die Zeitdimension der Rechtserzeugung Elemente der Gewaltengliederung, an die auch Legitimationsfragen anknüpfen:

Umso politischer das jeweilige Verfahren der Rechtserzeugung, umso elastischer muss es in der Zeit sein, um demokratische Gestaltung offen zu halten. Intertemporale Stabilität führt demgegenüber zu einer Entpolitisierung, die eher dem rechtsstaatlichen Element entspricht.[56] Die Zeit-Schichtung innerhalb der Gewaltengliederung verläuft daher vor allem parallel zur Politizität der Entscheidungsverfahren einerseits sowie dem Grad der Konkretisierung und Individualisierung des Rechts andererseits. Das repräsentativ-demokratische System als Konsequenz demokratischer Nichtidentität[57] institutionalisiert zudem Distanz, die im Interesse einer freiheitsschützenden Willensbildung auch die Zeithorizonte der politischen Öffentlichkeit einerseits und der Staatswillensbildung andererseits entkoppelt[58].[59]

---

53 Eingehend und grundsätzlich *Christoph Möllers*, Individuelle Legitimation: Wie rechtfertigen sich Gerichte?, in: A. Geis/F. Nullmeier/C. Daase (Hrsg.), Der Aufstieg der Legitimitätspolitik, 2012, S. 398 ff.

54 Kritisch aber *Oliver Lepsius*, Kritik der Dogmatik, in: Gregor Kirchhof/Stefan Magen/Karsten Schneider (Hrsg.), Was weiß Dogmatik?, 2012, S. 39 (54 ff.).

55 Mit Recht für eine Differenzierung nach institutioneller Leistungsfähigkeit *Oliver Lepsius*, Brauchen wir einen Schutz des abstrakten Vertrauens in die Geltung von Gesetzen?, JZ 2015, S. 435 (441).

56 Vgl. zur Differenz und Interdependenz von demokratischer Form und bürokratischer Legalität *Kelsen* (o. Fußn. 8), S. 70 ff.

57 *Christoph Gusy*, Das Mehrheitsprinzip im demokratischen Staat, AöR 106 (1981), S. 329 (331); *Oliver Lepsius*, Zwischen Volkssouveränität und Selbstbestimmung, in: Hauke Brunkhorst/Rüdiger Voigt (Hrsg.), Rechts-Staat, 2008, S. 15 (23).

58 Vgl. *Klaus Ferdinand Gärditz*, Der digitalisierte Raum des Netzes als emergente Ordnung und die repräsentativ-demokratische Herrschaftsform, Der Staat 54 (2015), S. 113 (127, 139).

59 Dies war gerade Gegenstand von Kritik, die einer naiven Verklärung von Öffentlichkeit entspringt. Siehe *Jürgen Habermas*, Volkssouveränität als Verfahren: Ein normativer Begriff von Öffentlichkeit, Merkur 484 (1989), S. 465 (571 ff.). Gegenkritik bei *Volker Gerhardt*, Öffentlichkeit: Die politische Form des Bewusstseins, 2012, S. 253 ff.

Auch Zeit ist daher im demokratischen Rechtsstaat institutionell zu differenzieren.[60]

## 1. Intertemporale Regelungswirkung

Demokratische Herrschaft bedeutet nicht, dass die intertemporalen Regelungswirkungen von rechtsetzenden Akten der Periodizität demokratischer Legitimation unterworfen wären. Modelle einer radikalen Verzeitlichung durch temporalen Geltungsverlust von Recht sind hierbei allerdings als demokratietheoretische Leitideen durchaus bekannt. Namentlich *Thomas Paine* schlug in einem Pamphlet von 1786 vor, die Geltung aller Gesetzgebungsakte auf 30 Jahre zu befristen, um einer neuen Generation eine automatische Evaluierung zu garantieren und – ganz im Sinne zeitgenössischer Legistik[61] – den Rechtsstoff zu beschränken.[62] Prominenter ist die Warnung *Thomas Jeffersons*, eine konstitutionelle Versteinerung würde eine Herrschaft der Toten über die Lebenden begründen (*dead hand rule*). *Jefferson* schlug – mit der bis heute nicht gelösten Definition eines Generationenbegriffs[63] ringend – das Außerkrafttreten einer Verfassung nach 19 Jahren vor,[64] betrachtete aber darüber hinaus langfristige Bestandsgarantien mit republikanischem Argwohn. Die Asymmetrie von demokratischer Legitimationserzeugung einerseits und Geltung andererseits berührt ein intertemporales Legitimationsproblem, das nicht eindeutig lösbar ist, sondern das auf

60 Problemsensibel *Oliver Gerstenberg*, Bürgerrechte und deliberative Demokratie, 1997, S. 103 ff.

61 Hierzu *Wolfram Höfling/Andreas Engels*, Parlamentarische Eigenkontrolle als Ausdruck von Beobachtungs- und Nachbesserungspflichten, in: Winfried Kluth/Günter Krings (Hrsg.), Gesetzgebung, 2014, § 34 Rn. 44.

62 *Thomas Paine*, Dissertations on Government; the Affairs of the Bank; and Paper Money, Februar 18, 1786, in: The Writings of Thomas Paine (hrsg. von Moncure Daniel Conway), Vol. II: 1779-1792, 1894, S. 132 (165): "If it was made an article in the constitution, that all laws and acts should cease of themselves in thirty years, and have no legal force beyond that time, it would prevent their becoming too numerous and voluminous, and serve to keep them within view in a compact compass. Such as were proper to be continued, would be enacted again, and those which were not, would go into oblivion. There is the same propriety that a nation should fix a time for a full settlement of its affairs, and begin again from a new date, as that an individual should; and to keep within the distance of thirty years would be a convenient period".

63 Vgl. *Lepsius* (o. Fußn. 22), S. 334 f.

64 *Jefferson* (o. Fußn. 1), S. 959, 963.

kontingenter formalisierter Konfliktlösung beruht, über die ihrerseits demokratisch entschieden werden muss.

### a) Demokratischer Pragmatismus statt Temporalfundamentalismus

Gesetze werden durchweg entweder auf unbestimmte Zeit (der Regelfall) oder jedenfalls mit einem Datum des Außerkrafttretens erlassen, das hinter dem Ende der aktuellen Wahlperiode liegt. Die demokratische Legitimation des abstrakt-generellen Gesetzes wie auch der Verwaltungsentscheidung ist in diesem Sinne erlassbezogen, nicht wirkungsbezogen. Insoweit tritt eine partielle Entzeitlichung ein, ein *legitimacy freezing* im Zeitpunkt der Entscheidung. In die Matrix demokratischer Legitimation fügt sich die transperiodische Geltung dadurch ein, dass an die Stelle der Geltungsbeendigung die jederzeitige Änderbarkeit im demokratischen Verfahren tritt. Wird ein Gesetz nicht geändert, wirkt seine Legitimation intertemporal fort.

Die bloße Option der Aufhebung durch aktiven Akt (namentlich Änderungsgesetz) mag man verfassungstheoretisch nicht als vollwertiges Äquivalent für eine Befristung der Geltung durch *Sunset-Clause* akzeptieren.[65] Eine radikale Verzeitlichung – letztlich eine temporale Verflüssigung demokratischer Selbstbestimmung – ist allerdings ebenso demokratieinadäquat: Freie Herrschaft setzt institutionelle Stabilität voraus,[66] die gerade ein Bedürfnis der Lebenden sein kann. Hierfür sprechen rechtsstaatliche Stabilisierungs- und demokratische Effektuierungsbedürfnisse: Demokratie ist essentiell sowohl auf freie öffentliche Kommunikation sowie Verfahren angewiesen, die eine formalisierte und damit inhaltlich offene Entscheidungsfindung gewährleisten. Ohne rechtsstaatliche Formalisierung kann es daher keine freiheitliche Demokratie geben.[67] Demokratie setzt zudem Herrschaft

---

65 So namentlich *Jefferson* (o. Fußn. 1), 1984, S. 963, den hier freilich ausdrücklich die Sorge umtreibt, die zuständigen Repräsentationsorgane seien korrumpierbar und keine hinreichend verlässlichen Partner, die Selbstbestimmung einer neuen Generation zu garantieren. Dies ist – jedenfalls im Kern – eher eine basis-republikanische Kritik an zu starken repräsentativ-demokratischen Institutionen, nicht an der abstrakten Legitimationseignung der Änderungsoption.

66 *Bodo Pieroth*, (Wie) Schafft Recht Generationengerechtigkeit?, in: Veronika Jüttemann (Hrsg.), Mehr recht als schlecht, 2008, S. 55 (60 f.)

67 Vgl. *Klaus Ferdinand Gärditz*, in: Karl Heinrich Friauf/Wolfram Höfling (Hrsg.), Berliner Kommentar zum GG, Stand: 2015, Art. 20 Abs. 3 (Rechtsstaat) Rn. 216;

und damit Beherrschbarkeit voraus, was in einer komplex ausdifferenzierten Gesellschaft nur arbeitsteilig möglich ist. Das permanente Ankämpfen gegen den Geltungsverlust würde demokratische Verfahren überfordern und damit gerade das blockieren, was Demokratie als Modus der Selbstregierung ermöglichen soll: selbstbestimmte Herrschaft. Die intertemporale Stabilität änderbarer Gesetze ist daher erneut eine notwendige Konzession an die rechtsstaatlichen wie demokratischen Kontinuitätsbedürfnisse, die eine fortwährende Neuschöpfung nicht befriedigen kann, weil sie modern ausdifferenzierte Institutionen der Rechtserzeugung schlichtweg überfordert[68] und Gestaltungsressourcen, die für wirksame Selbstbestimmung benötigt werden, verschlingt, selbst wenn es keinen gesellschaftlich induzierten Entscheidungsbedarf gibt. Kurzum: Auch der Wunsch nach Stabilität kann demokratisch sein, weil intertemporale Geltungskontinuität den demokratischen Verfahren sowohl benötigte Entlastung als auch rechtsstaatliche Hegung bringt.

### b) Konstitutionalisierung als Verzeitlichungsmoment

Eine stärkere rechtsstaatliche Stabilisierung erfolgt entlang der Normenhierarchie durch Konstitutionalisierung. Auch Verfassungen bleiben allerdings ein zeitliches Werk.[69] Verfahren der Verfassungsänderung entziehen durch qualifizierte Mehrheitserfordernisse (vgl. Art. 79 Abs. 2 GG) einfachen Mehrheiten lediglich die Normänderungskompetenz. Insoweit wird die Verfügbarkeit über Norminhalte erschwert, qualifizierten Minderheiten

---

*Joachim Lege*, Drei Versuche über Demokratie – unter besonderer Berücksichtigung der Idee des Wettbewerbs, JZ 2009, S. 756; *Christoph Möllers*, Dogmatik der grundgesetzlichen Gewaltengliederung, AöR 132 (2007), S. 493 (503). *Lege* (FN 48), S. 756.

68 *Höfling/Engels* (o. Fußn. 61), § 34 Rn. 44.

69 *Markus Kotzur*, Thematik des Verfassungsgesetzes, in: Josef Isensee/Paul Kirchhof (Hrsg.), Handbuch des Staatsrechts, Bd. XII, 3. Aufl. (2014), § 260 Rn. 8. Auch die Ewigkeitsklausel (Art. 79 Abs. 3 GG) ist nicht für die Ewigkeit. Luzide entfaltet bei *Horst Dreier*, Gilt das Grundgesetz ewig?, 2009. Ewigkeitsklauseln definieren nur eine starre Außengrenze, bei deren Überschreitung eine Evolution in Revolution umschlägt, also die Geltungskontinuität der vorausgegangenen Verfassung kappt. Vgl. *Horst Dreier*, in: ders. (Hrsg.), GG, Bd. II, 3. Aufl. (2015), Art. 79 Rn. 5.

eine Vetoposition eingeräumt und dadurch eine stärkere intertemporale Stabilität erreicht. Materiell steht dahinter eine gewollte Ungleichheit: Indem qualifizierte Minderheiten eine Verfassungsänderung blockieren können, erlangen sie – in Abweichung von der Egalität, die allen die größtmögliche sowie gleiche Freiheit sichert – stärkeren Einfluss auf die Rechtserzeugung.[70] Dies ändert aber nichts an der prinzipiellen Möglichkeit einer demokratischen Revidierbarkeit von Verfassungen in der Zeit. Jede Verfassung ist auf hinreichende Möglichkeiten einer Anpassung von Inhalten an die Zeitkontexte angewiesen. Die Elastizität einer Verfassung entscheidet darüber, ob sie den Zahn der Zeit verkraftet, sich bewährt[71] und es gelingt, Verfassunggebung *ex post* durch ihre Akzeptanz[72] zu legitimieren.

### c) Rechtsstaatliche Konkretisierung und Individualisierung

Im Rahmen der gestuften Konkretisierung und Individualisierung des Rechts wird die abstrakt-generelle Legitimation durch eine individuelle Legitimation angereichert, die auf den Freiheitsinteressen der Einzelnen gründet, Selbstbestimmung in der Anwendung des Rechts zu erlangen.[73] Individuelle Freiheitsrechte und der damit verbundene gleichwertige Legitimationspfad können mit demokratischen Gestaltungsansprüchen praktisch kollidieren.[74] Individuelle Freiheit verlangt namentlich ein Mindestmaß an Orientierungssicherheit, das unabhängig von der Mechanik demokratischer Legitimationserneuerung besteht und daher intertemporale Stabilität einfordert. Eine Zunahme des Vertrauensschutzes ist einerseits grundrechtlich geboten; normative Mechanismen, den Bestand von Entscheidungen zu über-

70 *Kelsen* (o. Fußn. 8), S. 9 ff.
71 *Häberle* (o. Fußn. 4), S. 115.
72 Dies ist der eigentliche Mechanismus der (Nach-)Legitimierung einer Verfassung, siehe *Hasso Hofmann*, Legitimität und Rechtsgeltung, 1977, S. 77.
73 Legitimationstheoretisch *Christoph Möllers*, Gewaltengliederung, 2005, S. 28 ff., 40 ff.
74 *Möllers* (o. Fußn. 7), S. 74.

winden (namentlich §§ 48, 49 VwVfG), sind andererseits gerade auch Ausdruck einer demokratischen Verwaltung.[75] Interessenausgleich ist notwendig, was zu differenzierten Konzepten führt, die wiederum Legitimationsasymmetrien auslösen.

### d) Stabilisierungsbedarf der Rechtsprechung

Am höchsten ist die intertemporale Stabilität rechtskräftiger gerichtlicher Entscheidungen,[76] was wiederum mit deren spezifischem Zeithorizont zusammenhängt: Als retrospektive Streitentscheidung in einem Einzelfall werden – ungeachtet der abstrakten Zukunftswirkung von Rechtsprechung – Konflikte hoheitlich entschieden, die in der Vergangenheit liegen, auch wenn die Entscheidungswirkung (materielle Rechtskraft) in die Zukunft weist. Der rechtsstaatliche Befriedungsbedarf ist daher wesentlich höher, der demokratische Korrekturbedarf gering. Dort wo Rechtsprechung – wie im einstweiligen Rechtsschutz – ausnahmsweise proaktiv Zukunftsfolgen setzt, bleiben Entscheidungen systemimmanent Modifikationen unterworfen (vgl. § 80 Abs. 7 Satz 1 VwGO; § 927 Abs. 1 ZPO).[77]

---

75 Üblicherweise werden diese Regelungen – ohne Einbeziehung einer demokratischen Facette – jedoch (gleichsam binnenrechtsstaatlich, vgl. *Carsten Bäcker*, Gerechtigkeit im Rechtsstaat, 2015, S. 215) als Ausgleich von Gesetzesbindung einerseits und Rechtssicherheit andererseits angesehen. Stellvertretend *Michael Sachs*, in: Paul Stelkens/Heinz-Joachim Bonk/ders. (Hrsg.), VwVfG, 8. Aufl. (2014), § 48 Rn. 28 f.

76 Vgl. §§ 579, 580 ZPO; §§ 359 ff. StPO. Restitution wird nur in engen Ausnahmefällen gewährt. Inwiefern eine Aufhebung von rechtskräftigen Urteilen zu Zwecken der Rehabilitation mit der rechtsstaatlichen Gewaltengliederung vereinbar ist, wenn diese unter dem Grundgesetz auch verfassungsgerichtlich gebilligt wurden, nach heutigen Wertmaßstäben aber nicht mehr haltbar sind (Referenzfall: § 175 StGB a. F.), ist weitgehend ungeklärt. Hierzu instruktiv *Julia Krieg/Arno Wieckhorst*, Bewältigung gravierenden Unrechts im demokratischen Rechtsstaat, Der Staat 54 (2015), S. 539 ff. Die einzelfallbezogene Facette der Rechtskraft betont *Gerhart Husserl*, Rechtskraft und Rechtsgeltung, 1925, S. 15.

77 Der wichtigste Anwendungsfall ist allerdings die einstweilige Anordnung im Verwaltungsprozess. § 123 Abs. 3 VwGO verweist nicht auf das Abänderungsverfahren nach § 927 ZPO. Es besteht jedoch Einigkeit, dass auch Entscheidungen nach § 123 Abs. 1 VwGO abänderbar sind. Es ist lediglich umstritten, ob man dies auf § 927 ZPO analog oder § 80 Abs. 7 VwGO analog stützt. Siehe m. w. Nachw. *Adelheid Puttler*, in: Helge Sodan/Jan Ziekow (Hrsg.), VwGO, 4. Aufl. (2014),

Abstrakt-generelle Zukunftsfolgen leitsatzähnlicher Doktrin sind zwar unvermeidbar und im Kern funktionsadäquat,[78] aber auch durch den Gesetzgeber korrigierbar.[79]

## 2. Demokratieimmanenter Schutz künftiger demokratischer Entscheidbarkeit durch Begrenzung gegenwärtiger Entscheidungen?

Die Klage, die Demokratie neige dazu, gegenwärtige Interessen zu bevorzugen und Zukunftsinteressen zu wenig Aufmerksamkeit zu schenken, ist bereits alt,[80] wurde aber in jüngerer Zeit vor allem im Zuge einer allgemeinen (weiten) Nachhaltigkeitsdiskussion reaktiviert.[81] Solche Kritik bleibt freilich weitgehend unergiebig, sofern keine institutionelle Alternative benannt wird, die ihrerseits Legitimationsprobleme angemessen lösen kann. Materiale Verbesserungsvorschläge neigen zur Flucht in abstrakte Großformeln, hinter denen sich meist sehr konkrete (gegenwärtige) Partikularinteressen und deren (gegenwärtige) Herrschaftsansprüche verbergen. Und wer Wiederwahlinteressen und die damit einhergehende Verkürzung des Entscheidungshorizonts als Problem ausflaggt,[82] müsste darlegen, wie demokratische Verantwortlichkeit ohne das Risiko politischer Sanktionierung durch verweigerte Wiederwahl aussehen sollte. Wie Herrschaft ohne Wiederwahlinteressen aussieht, kann man in China oder Kuba beobachten.

---

§ 123 Rn. 127 f.; *Ferdinand Wollenschläger*, in: Klaus Ferdinand Gärditz (Hrsg.), VwGO, 2013, § 123 Rn. 152 ff.

78 Vgl. *Marion Albers*, Höchstrichterliche Rechtsfindung und Auslegung gerichtlicher Entscheidungen, VVDStRL 71 (2012), S. 257 (286 f.); *Christoph Schönberger*, Höchstrichterliche Rechtsfindung und Auslegung gerichtlicher Entscheidungen, VVDStRL 71 (2012), S. 296 (318 ff.).

79 *Ralf Poscher*, Funktionenordnung des Grundgesetzes, in: Wolfgang Hoffmann-Riem/Eberhard Schmidt-Aßmann/Andreas Voßkuhle (Hrsg.), Grundlagen des Verwaltungsrechts, Bd. I, 2. Aufl. (2013), § 8 Rn 54.

80 *Alexis de Tocqueville*, Über die Demokratie in Amerika, 1976 (1835/1840), S. 258: „Die Schwierigkeiten der Demokratie, die Leidenschaften zu beherrschen und die Bedürfnisse des Augenblickes zugunsten der Zukunft zu unterdrücken".

81 Elaboriert bei *Andreas Glaser*, Nachhaltige Entwicklung und Demokratie, 2006, S. 352 ff. und passim.

82 *Thomas Würtenberger*, Verfassungsrecht im Wettbewerb, in: Festschr. f. Reiner Schmidt, 2006, S. 645 (657); ferner *Glaser* (o. Fußn. 81), S. 274 ff., 307 ff.

Namentlich das Leitbild intertemporaler Generationengerechtigkeit[83] ist demokratietheoretisch prekär,[84] weil die künftigen Bedürfnisse und Lösungsansätze inhaltlich kontingent und heute in der Regel unbekannt sein werden, sodass jeder vermeintliche Schutz der Künftigen nur eine Abbildung gegenwärtiger Präferenzen von vergänglichem Wert ist.[85] Dies gilt auch bei scheinbar evidenten Relationen: Wer etwa den Staatshaushalt zum vermeintlichen Wohl Künftiger entlastet,[86] indem er den Verteidigungsetat kürzt, mögen ebenjene Künftigen verfluchen, wenn eine akute militärische Konfrontation näher rückt. Eine Investition mag Schulden hinterlassen, die auf Grund ihres Ertrags in der Zukunft als weise Voraussicht bewertet wird. Heutiger Umweltschutz mag künftig als Ressourcenfehlallokation oder heutiger industrieller Standorterhalt als Fehlinvestition bewertet werden.[87] Und alle Entscheidungen werden auch in der Zukunft – jedenfalls unter den Bedingungen einer freiheitlichen Demokratie – von den Menschen unterschiedlich bewertet werden. Kluge Entscheidungen kann ein politisches System ebenso wenig garantieren wie die epistemische Beschränktheit jeder Entscheidung überwinden. So ist es richtig, dass »die aktuelle Gegenwart meistens anders als die künftige Gegenwart sein wird, auf die man sich in der Vergangenheit orientierte, so wie die künftige Gegenwart vermutlich anders als die jetzt gegenwärtige Zukunft sein wird«.[88]

Versuche im Staatsschuldenrecht, die aktuelle Entscheidungsfreiheit des demokratischen Gesetzgebers zum Schutz der Entscheidungsfreiheit künftiger demokratischer Gesetzgeber demokratieimmanent zu begrenzen,[89]

83 Hierzu stellvertretend und eingehend *Wolfgang Kahl*, Staatsziel Nachhaltigkeit und Generationengerechtigkeit, DÖV 2009, S. 2 ff.; *Pieroth* (o. Fußn. 66), S. 55 ff.

84 Skeptisch auch *Hilde Neidhardt*, Staatsverschuldung und Verfassung, 2010, S. 9 ff. (vor allem S. 12).

85 *Klaus Ferdinand Gärditz*, Zeitprobleme des Umweltrechts – zugleich ein Beitrag zu interdisziplinären Verständigungschancen zwischen Naturwissenschaften und Recht, EurUP 2013, S. 2 (12).

86 Vgl. zum Problem *Markus Möstl*, Nachhaltigkeit und Haushaltsrecht, in: Wolfgang Kahl (Hrsg.), Nachhaltigkeit als Verbundbegriff, 2008, S. 569 (574 ff.); *Reinhard Mußgnug*, Gesetzesgestaltung und Gesetzesanwendung im Leistungsrecht, VVDStRL 47 (1989), S. 113 (130).

87 *Josef Isensee*, Budgetrecht des Parlaments zwischen Sein und Schein, JZ 2005, S. 971 (972).

88 *Esposito* (o. Fußn. 47), S. 29.

89 *Hans Herbert von Arnim*, Grundprobleme der Staatsverschuldung, BayVBl. 1981, S. 514 (518 f.); *Paul Kirchhof*, Grenzen der Staatsverschuldung im demokrati-

sind daher fruchtlos geblieben.[90] Das BVerfG hat klargestellt, dass »es in erster Linie Sache des Gesetzgebers« sei, »abzuwägen, ob und in welchem Umfang zur Erhaltung demokratischer Gestaltungs- und Entscheidungsspielräume auch für die Zukunft Bindungen in Bezug auf das Ausgabeverhalten geboten und deshalb – spiegelbildlich – eine Verringerung des Gestaltungs- und Entscheidungsspielraums in der Gegenwart hinzunehmen ist«. Verfassungsrechtlich sei lediglich »sicherzustellen, dass der demokratische Prozess offen bleibt, aufgrund anderer Mehrheitsentscheidungen rechtliche Umwertungen erfolgen können […] und eine irreversible rechtliche Präjudizierung künftiger Generationen vermieden wird«.[91] Das Problem wird insoweit als demokratieimmanentes Spannungsverhältnis zwar erkannt, eine dysfunktionale Verrechtlichung aber vermieden; intertemporale Verteilungskonflikte werden in der Gegenwart gelöst. Reagiert hat mit dem staatsschuldenrechtlichen Teil der Finanzverfassung (Art. 109, 109a, 115 GG) insoweit bezeichnenderweise der (verfassungsändernde) Gesetzgeber durch konstitutionelle Selbstbindung der Parlamente zur Sicherung der Zukunft.[92] Legitimatorisch rechtfertigen sich – das ist vorliegend entscheidend – diese Grenzen jedoch nicht aus einer abstrakten Zukunftsdimension der

---

schen Rechtsstaat, in: Hans Herbert von Arnim/Konrad Littmann (Hrsg.), Finanzpolitik im Umbruch, 1984, S. 271 (277); *ders.*, Deutschland im Schuldensog, 2012, S. 216; *Horst Kratzmann*, Der Staatsbankrott, JZ 1982, 319 (324); *Maxi Koemm*, Eine Bremse für die Staatsverschuldung?, 2011, S. 152 ff.; *Reinhard Mußgnug*, Die Staatsverschuldung und das demokratische Prinzip der Herrschaft auf Zeit, in: Gerhard Lingelbach (Hrsg.), Staatsfinanzen – Staatsverschuldung – Staatsbankrotte, 2000, S. 251 (252); *Günter Püttner*, Staatsverschuldung als Rechtsproblem, 1983, S. 11.

90 Zutreffend bereits *Paul Henseler*, Verfassungsrechtliche Aspekte zukunftsbelastender Parlamentsentscheidungen, AöR 108 (1983), S. 489 (500 f.); *Höfling* (o. Fußn. 3), S. 95 f. Bezeichnenderweise identifiziert *Christian Waldhoff*, Nachhaltige Finanzverfassung und Kompetenzverteilung, in: Wolfgang Kahl (Hrsg.), Nachhaltige Finanzstrukturen im Bundesstaat, 2011, S. 167 (178 ff., 187), gerade die politische Verflechtung der Finanzbeziehungen als Hauptgrund nicht nachhaltiger Finanzstrukturen, weil diese demokratische Verantwortlichkeit erschwerten. Mit Recht werden Konflikte also institutionell vergegenwärtigt und nicht als Problem der Zukunftsverantwortung abstrahiert.

91 BVerfGE 132, 195 (246 f.).

92 So die Beschreibung bei BVerfGE 132, 195 (245).

Demokratie, sondern allein aus der demokratischen Legitimation des verfassungsändernden Gesetzgebers, der auch hätte inhaltlich anders entscheiden können.[93]

Die Zeitlichkeit demokratischer Herrschaft lässt sich damit im Ergebnis nicht als abstrakter Schutz künftiger Generationen hypostasieren.[94] Grundrechtliche Schutzpflichten setzen zwar verfassungsrechtliche Mindeststandards der Normativierung. Einen rechtlichen Status erlangt – schwierige Abgrenzungsfragen hier ausgeblendet – aber erst der Embryo;[95] künftige Menschen sind jedoch keine Grundrechtsträger[96] und damit auch keine Träger von Schutzgütern, die Schutzpflichten aktivieren könnten. Sowie virtuelle Repräsentation keine demokratische Legitimation generiert, erzeugt virtuelle Existenz keine rechtstaatlichen Grenzen, jedenfalls solange die Gegenwärtigen – wie im Rahmen des Art. 20a GG[97] – Zukunftsschonung nicht positivieren.

---

93 Im Übrigen wird gerade das Staatsschuldenrecht als künftige Baustelle von Reformen ausgemacht. Siehe *Ekkehart Reimer*, Nachhaltigkeit durch Begrenzung der Staatsverschuldung, in: Wolfgang Kahl (Hrsg.), Nachhaltige Finanzstrukturen im Bundesstaat, 2011, S. 147 (166).

94 BVerfGE 79, 311 (343): „Ein Vorrang der Kreditfinanzierung von Investitionsausgaben vor konsumtiven Ausgaben läßt sich auch nicht aus dem Demokratieprinzip ableiten. Zwar entspricht der Demokratie der Gedanke der Herrschaft auf Zeit und die Achtung der Entscheidungsfreiheit auch künftiger Generationen. Es gehört aber ebenso zu den Aufgaben des demokratischen Gesetzgebers, über die Amtsperioden hinauszusehen, Vorsorge für die dauerhafte Befriedigung von Gemeinschaftsinteressen zu treffen und damit auch die Entscheidungsgrundlagen nachfolgender Amtsträger inhaltlich vorauszubestimmen. Wie weit ihm dabei - im Interesse künftiger Generationen - Grenzen gezogen sind, hat das Grundgesetz in Art. 115 Abs. 1 [...] selbst festgelegt und damit das Demokratieprinzip insoweit verfassungskräftig konkretisiert. Diesem sind darüber hinausgehende Begrenzungen verfassungsrechtlich nicht zu entnehmen“.

95 Dazu BVerfGE 39, 1 (41).

96 Anderer Ansicht aber *Felix Ekardt*, Das Prinzip Nachhaltigkeit, 2005, S. 189 ff.; *Michael Kleiber*, Der grundrechtliche Schutz künftiger Generationen, 2014, S. 139 ff. Im Ergebnis wie hier gegen eine Subjektivierung *Hasso Hofmann*, Rechtsfragen der atomaren Entsorgung, 1981, S. 260 f.; *Dieter Murswiek*, Die staatliche Verantwortung für die Risiken der Technik, 1985, S. 207.

97 Zur normativen Vergegenwärtigung *Klaus Ferdinand Gärditz*, in: Landmann-Rohmer, Umweltrecht, Bd. I, Stand: 2015, Art. 20a GG Rn. 15.

## 3. Zeit und Interpretation

Ein Folgeproblem der Rechtsanwendung kann dadurch entstehen, dass die latente Kompetenz zur Rechtsänderung nicht genutzt wird, sich aber eine Regelung graduell von den sozialen Kontexten im Erlass löst und damit Anpassungsdruck auf die Interpreten ausübt.[98] Die praktische Bedeutung einer Norm kann sich durch Änderung der Kontexte verschieben,[99] aber auch durch (offene oder verdeckte) Neuinterpretation. Was in der US-amerikanischen Verfassungstheorie – in unterschiedlichen Schattierungen – als *originalism* thematisiert wird, ist eine radikale inhaltliche Verzeitlichung des Rechts, durch die Legitimationsleistungen im rechtsetzenden (vor allem: verfassungsgebenden) Organ eingefroren werden. Das stärker dynamisierte Modell der Verfassung als *living instrument*, das etwa der EGMR[100] und das BVerfG[101] praktizieren, verlagert die Lasten einer Entzeitlichung des Rechts innerhalb der Gewaltengliederung partiell auf die Interpreten. Darin liegt – gegenläufig zur regulären Legitimationsrichtung – gerade eine Reaktion auf die praktische Trägheit demokratischer Rechtsetzung, die ihre Änderungsmacht nur sehr unvollkommen zu nutzen weiß, damit aber oftmals den Zeitkontexten und ihren Konflikten hinterherhinkt. Formalisierte Mechanismen der Rechtsänderung haben insoweit auch Rückwirkung auf die Interpretationselastizität. Man mag darin ein Legitimationsproblem sehen, kann aber die Offenheit evolutiver Interpretation auch als Systemschutz verstehen,[102] der demokratische Rechtsetzung unter den Bedingungen knapper Ressourcen und vor allem Zeit vor einem demokratisch formalisierten Selbstbestimmungs-Overkill schützt.[103] Nicht minder problematisch wäre dann vielleicht sogar eine zeitlose Interpretation,

---

98 Interpretation ist insoweit ebenfalls ein Zeitproblem. Sehr grundsätzlich *Häberle* (o. Fußn. 4), S. 115, 121 ff.

99 Vgl. *Husserl* (o. Fußn. 51), S. 23.

100 Hierzu eingehend *Angelika Nußberger*, Auf der Suche nach einem europäischen Konsens – zur Rechtsprechung des Europäischen Gerichtshofs für Menschenrechte, Rechtswissenschaft 2012, S. 197 ff.

101 Deutlich etwa BVerfGE 133, 59 (79 f.).

102 Vgl. auch *Häberle* (o. Fußn. 4), S. 116, wonach die „Vitalität“ und Kontinuitätsstiftung einer Verfassung davon abhänge, „Verlebendigungsprozesse“ zu institutionalisieren.

103 Ähnlich auch *Lepsius* (o. Fußn. 55), S. 441: „Die Nicht-Zementierung von Rechtslagen angesichts einer dynamischen Welt, die Notwendigkeit differenzierender

die sich von den Kontexten der Normativität verselbstständigt. Dies alles kann hier nicht weiterverfolgt werden. Auch hier zeigt sich jedenfalls, dass die Verfahren der Legitimierung abstrakt-genereller Rechtsetzung von denen der späteren Rechtsanwendung entkoppelt werden.

### 4. Rechtsetzung zwischen demokratischer Vorläufigkeit und rechtsstaatlicher Stabilität

Ein temporaler Antagonist der demokratischen Fluidität sind rechtsstaatliche Stabilitätsbedürfnisse. Eine radikal-demokratische Lösung würde die Kompetenz jeder Legislative, rechtliche Titel einzuräumen, auf die eigene Wahlperiode beschränken.[104] Während Demokratie als Konsequenz individueller Selbstbestimmung Änderbarkeit voraussetzt, benötigt individuelle Selbstbestimmung Orientierungssicherung und Schutz des erworbenen Bestandes an Rechten, um das eigene Leben frei gestalten zu können. Operationalisiert wird dies über den rechtsstaatlichen Vertrauensschutz, den die Grundrechte gewährleisten.

Herkömmlicherweise wird argumentiert, dass Minderheiten aktuelle Mehrheitsentscheidungen zumutbar seien, weil sie die Chance hätten, auf Grund der Zeitlichkeit des demokratischen Mandats künftig die Mehrheit zu stellen.[105] Rechtsstaatlicher Vertrauensschutz ist demgegenüber gerade auch prospektiver Schutz derjenigen, die durch die Mehrheiten von heute begünstigt werden und deren Erwartungen durch künftige Mehrheiten – vielleicht aktuelle Minderheiten – enttäuscht werden könnten.

---

Lösungen angesichts ihrer Komplexität, die Anpassungsbedürftigkeit der Rechtsordnung auch vor dem Hintergrund der Handlungsfähigkeit eines politischen Systems sind verfassungsrechtlich nicht minder wichtige Aspekte. Diese Flexibilität darf nicht durch eine starre Gewaltenteilung eingeengt werden, die der Dritten Gewalt, deren Kernkompetenz in der Streitschlichtung liegt, eine Aufgabe zuschiebt, die eine allgemeine normative Bedeutung in der Zeitachse erhält".

104 So in der Tat *Jefferson* (o. Fußn. 1), S. 964: „[...] it renders the question of reimbursement a question of generosity and not of right. In all these cases the legislature of the day could authorize such appropriations and establishments for their own time, but no longer; and the present holders, even where they or their ancestors have purchased, are in the case of bona fide purchasers of what the seller had no right to convey".

105 *Badura* (o. Fußn. 7), Kap. D Rn. 8; *Häberle* (o. Fußn. 23), S. 244 = S. 573; *Konrad Hesse*, Grundzüge des Verfassungsrechts der Bundesrepublik Deutschland, 20. Aufl. (Neudruck 1999), Rn. 143; *Kotzur* (o. Fußn. 23), S. 192 f.

## 5. Die externe Dimension demokratischer Vorläufigkeit: Demokratie und Wissenschaft

Als von vornherein indifferent gegenüber der Periodizität demokratischer Legitimationsmechanik erweisen sich in einer freiheitlichen Rechtsordnung gesellschaftliches Wissen und – als deren Hauptproduzent – die Wissenschaft. Freie Wissenschaft ist für eine Demokratie gerade auch deshalb notwendig, weil sie als unabhängiger Akteur die politische Unverfügbarkeit von Wissen objektiviert, das dem politischen Entscheidungsprozess vorgelagert und insoweit jedenfalls nicht schlicht demokratisch-politisch konstruierbar ist.[106] Klimawandel oder Feinstaub lassen sich eben nicht durch Mehrheitsbeschluss zum Verschwinden bringen. Die praktischen Grenzen eines (modischen) politischen Konstruktivismus werden verdeutlicht. Politische Entscheidungen sind wissensabhängig,[107] der wissenschaftliche Erkenntnisprozess in einer freien Gesellschaft folgt aber einem anderen Zeitfluss. Verbindliche Entscheidungen, die in Rechtsform getroffen werden, verzeitlichen jedoch das verfügbare – ggf. voluntativ gefilterte – Wissen im Entscheidungszeitpunkt. Normative Verbindlichkeit und intertemporale Richtigkeit sind nicht gleichzeitig unbegrenzt zu haben.

Wissenschaft ist indes anfällig dafür, aus ihrer autonomen Temporalität latente Herrschaftsrechte abzuleiten, die auf materialen Richtigkeiten jenseits der Periodik demokratischer Legitimationserzeugung gründen. Auch die Wissenschaft ist als offener, iterativer Kommunikationsprozess der pluralistisch-demokratischen Entscheidungsfindung zwar prozedural nicht unähnlich.[108] Wissenschaftliche Richtigkeitsannahmen sind aber weder geeignet noch dazu bestimmt, Legitimation zu erzeugen. Wissen legitimiert allenfalls mittelbar, insoweit im demokratischen Rechtsstaat individuelle Freiheit – und damit deren konkurrierende Legitimationswirkung – auch durch Mindestbedingungen der Rationalität von Entscheidungen gesichert

---

106 *Möllers* (o. Fußn. 7), S. 44 f. Und auch – vielleicht sogar gerade – in einer freiheitlichen Demokratie ist der Zuwachs an Wissen nicht notwendig mit gesellschaftlichem Nutzen verbunden, weil Wissen auch Konflikte erzeugen und zu neuen Risiken führen kann. Siehe *Philip Kitcher*, Science, Truth, and Democracy, 2001, S. 148.

107 Dazu eingehend *Höffe* (o. Fußn. 49), S. 262 ff.

108 *Hans Kelsen*, Wissenschaft und Demokratie, in: ders., Verteidigung der Demokratie (ausgewählt und hrsg. von Matthias Jestaedt/Oliver Lepsius), 2006, S. 238 ff. (Erstveröffentlichung 1937).

wird.[109] Aus wissenschaftlicher Erkenntnis folgt weder rechtliche Geltung noch eine verbindliche politische Anleitung.[110] Demokratische Verfahren können auf politischen Voluntarismus nicht verzichten, wenn sie sich als politische Selbstbestimmung legitimieren sollen. Von der temporalen Legitimationsmechanik entkoppeltes Wissen kann daher immer nur eine Hilfsfunktion übernehmen, Entscheidungen zu begründen, darf aber nicht zu einer szientistischen Übernahme der Politik führen.[111] Umso mehr sich das demokratische System mit Zukunftserwartungen überfordert und daher die Idee der Selbstbestimmung preisgibt, umso stärker entstehen Abhängigkeiten von Experten, die außerhalb demokratischer Verantwortung stehen, aber oft gerne herrschen würden. Es nimmt nicht wunder, dass in jüngerer Zeit wieder einmal – als camouflierte Renaissance der Idee des Philosophenkönigtums – szientistische Modelle an Bedeutung gewinnen, in denen eine Expertenkaste der Öffentlichkeit den Weg weisen soll.[112] Selbstbewusste Demokratie sollte demgegenüber darum bemüht sein, die Entscheidungshorizonte überschaubar zu halten und sich der Eigenrationalität politisch-demokratischen Entscheidens vergewissern,[113] die auch eine freie Wissenschaft nicht ersetzen kann. Ohne Teilentzug von der populären Droge Zukunft ist dies kaum möglich.

---

109 Vgl. *Oliver Lepsius*, Chancen und Grenzen des Grundsatzes der Verhältnismäßigkeit, in: Matthias Jestaedt/ders. (Hrsg.), Verhältnismäßigkeit, 2015, S. 1 (21 ff.); *Matthias Jestaedt*, Verhältnismäßigkeit als Verhaltensmaß, in: ders./Oliver Lepsius, ebd., S. 293 ff.

110 *Höffe* (o. Fußn. 49), S. 280.

111 Vgl. auch *Kitcher* (o. Fußn. 106), S. 132 ff.: Einbeziehung wissenschaftlichen Wissens in demokratische Verfahren muss immer eine Balance finden, einerseits ein hinreichendes Niveau verfügbaren und verlässlichen Entscheidungswissens sicherzustellen, andererseits eine elitäre Abschottung zu vermeiden. Zum Problem eingehend *Hans-Heinrich Trute*, Wissengesellschaft – Demokratie – Legitimation, in: Margret Kraul/Peter-Tobias Stoll (Hrsg.), Wissenschaftliche Politikberatung, 2011, S. 43 (52 ff.);

112 Wissenschaftlicher Beirat der Bundesregierung Globale Umweltveränderungen (WBGU), Klimapolitik nach Kopenhagen – Auf drei Ebenen zum Erfolg, 2010; in einer autoritär-zivilgesellschaftlichen Variante *Uwe Schneidewind/Mandy Singer-Brodowski*, Transformative Wissenschaft: Klimawandel im deutschen Wissenschafts- und Hochschulsystem, 2. Aufl. (2014); kritisch *Klaus Ferdinand Gärditz*, Die Entwicklung des Umweltrechts im Jahr 2010: Umweltschutz im Schatten des Klimawandels, ZfU 2011, S. 383 (399 ff.).

113 Auch das (demokratische) Mehrheitsprinzip hat Rationalisierungsschübe bewirkt. Vgl. nur *Egon Flaig*, Die Mehrheitsentscheidung, 2013, S. 469 ff.

## *IV. Folgerungen*

Einige verfassungsdogmatische Konsequenzen aus diesen Vorüberlegungen sollen abschließend skizziert werden:

- Die Vorläufigkeit jedes Interessenausgleichs in einer Demokratie ist als verfassungsimmanente Bedingung freiheitlicher Herrschaft von jedem hinzunehmen und begrenzt daher den rechtsstaatlichen Vertrauensschutz. Rechtsstaatliche Kontinuitätsbedürfnisse dürfen demokratische Selbstbestimmung nicht ersticken. Mit fortschreitender Zeit nimmt daher der Vertrauensschutz sukzessive ab.
- Vertrauensschutz in den Fortbestand einer abstrakt-generellen Rechtslage beeinträchtigt die demokratische Revidierbarkeit des Rechts[114] und ist daher über eine aktuelle Wahlperiode hinaus auf das zu reduzieren, was zum Schutz persönlicher Freiheitsentfaltung und normativer Orientierung notwendig ist. Dies hängt von den sozialen Kontexten ab. Umso wichtiger langfristige Orientierung für die persönliche Lebensgestaltung ist, umso höher ist auch der rechtsstaatliche Vertrauensschutz; Äquivalente eigener Leistungen sind besser geschützt als Vorteile, die exogen auf Grund aktueller politischer Mehrheiten erlangt wurden. Beispielsweise das System der gesetzlichen Rentenversicherung ist gewiss als solches nur organisierbar, wenn die Erwartungen der Einzahlenden, durch ihre Leistungen eine intertemporal hinreichend stabile Versorgung zu erlangen, nicht zur beliebigen Disposition des Gesetzgebers steht.[115]
- Vertrauen in den Fortbestand einer Rechtslage über Zeiträume, die sich nicht mehr hinreichend überschauen und sich daher als Ergebnis eines gegenwärtigen Interessenausgleichs legitimatorisch verarbeiten lassen, besteht nicht. Anderenfalls könnten aktuelle Mehrheiten die Mechanismen periodischer und zeitlicher demokratischer Legitimation unterlaufen, indem sie einfach Vorteile über demokratieinadäquate Zeiträume

---

114 Vgl. die berechtigte Kritik bei *Oliver Lepsius*, Zur Neubegründung des Rückwirkungsverbots aus der Gewaltenteilung, JZ 2014, S. 488 (494 ff.). Siehe auch abstrakter, in der Sache aber überzeugend das Sondervotum *Masing*, in: BVerfGE 135, 1, 29 (31 ff.).

115 Siehe zum relativen Schutz des Renteneigentums innerhalb der Solidargemeinschaft stellvertretend *Rudolf Wendt*, in: Michael Sachs (Hrsg.), GG, 7. Aufl. (2014), Art. 14 Rn. 119 f.

versprechen. So wäre beispielsweise eine Steuererleichterung oder Subvention nicht besser geschützt, wenn das Gesetz sie nicht einfach zeitneutral einführt, sondern auf 50 Jahre »befristet«.[116] Für Investitionsentscheidungen gibt es von vornherein keinen Vertrauensschutz über die Amortisation hinaus.[117]
Und auch dieser Vertrauensschutz ist zu reduzieren, sofern er bei objektivierender Betrachtung unredlich ist, weil mit dem faktischen Ausfall demokratischer Revidierbarkeit spekuliert wird.

- Der Vertrauensschutz ist höher, soweit das allgemeine Gesetz durch Entscheidungen im Einzelfall konkretisiert und individualisiert wurde, weil insoweit der grundrechtlich-rechtsstaatliche individuelle Schutzbedarf substantiell erhöht ist. Demokratischer Änderungsbedarf ist aber durch eine demokratieadäquate Auslegung § 49 Abs. 2 VwVfG abzubilden.
- Experimentelle Gesetzgebung[118], die mit der Mechanik von *trial and error* die Vorläufigkeit und Korrigierbarkeit bewusst zum Programm macht,[119] entspricht am ehesten der demokratischen Zeitlichkeit des Rechts. Sie ist daher auch materiell – insbesondere im Rahmen der Verhältnismäßigkeit – zu privilegieren. Wenn Unsicherheit über die Folgen von Gesetzgebung besteht, ist der regulative Eingriff den Betroffenen eher zumutbar, wenn seine experimentelle Vorläufigkeit in das Regelungsprogramm eingebaut wird. Abstraktes und änderungsresistentes System oder Jahrhundertkodifikation bleiben umgekehrt demokratische Fremdkörper, die zwar nicht illegitim sind, aber nicht kraft ihrer Systementscheidungen höheren rechtsstaatlichen Vertrauens- oder Änderungsschutz auszulösen vermögen. Gerade die mit Erwägungen der Systemkohärenz argumentierende Rechtsprechung des BVerfG im

---

116 Vgl. *Ulrich Büdenbender/Klaus Ferdinand Gärditz/Wolfgang Löwer/Markus Ludwigs/Marian Paschke/Peter-Tobias Stoll/Rüdiger Wolfrum*, Rechtliche Rahmenbedingungen für die Reform der Förderung Erneuerbarer Energien in Deutschland, 2014, S. 27 f.

117 *Büdenbender et al.* (o. Fußn. 116), S. 28.

118 Zum Begriff *Hans-Detlef Horn*, Experimentelle Gesetzgebung unter dem Grundgesetz, 1989.

119 Vgl. *Gärditz* (o. Fußn. 85), S. 15; *Ulrich Smeddinck*, Gesetzgebungsmethodik und Gesetzestypen, in: Winfried Kluth/Günter Krings (Hrsg.), Gesetzgebung, 2014, § 3 Rn. 66.

Steuerrecht[120] bedarf daher – ungeachtet der Notwendigkeit gleichheitsrechtlicher Einhegung der Besteuerung (Art. 3 Abs. 1 GG)[121] – einer Korrektur.[122]

- Die intertemporale Verhältnismäßigkeit[123] gebietet es, vermeintlich künftige Interessen als das auszuweisen, was sie sind: prognostische Gegenwartsperspektiven.[124] Umso weiter die Perspektive in die Zukunft erstreckt wird und sich daher vom legitimatorischen Substrat der Demokratie löst, umso geringere Durchsetzungskraft haben im Rahmen relationaler Abwägungen solche Erwägungen.[125] Dass damit den Zukünftigen nicht nur die demokratische Repräsentation bei sie faktisch betreffenden Entscheidungen abhandenkommt, sondern auch der relative Schutz des Rechts, ist als demokratieimmanente Konsequenz hinzunehmen.[126] Weitreichende Freiheitsbeschränkungen zum Ziele des Klimaschutzes sind daher nicht schlicht schon deshalb gerechtfertigt, weil es um das (prognostisch konstruierte) Wohlergehen künftiger Generationen geht.
- Der Zeitbedarf von Verwaltungs- und Gerichtsverfahren ist auch als normativ relevanter Faktor ernst zu nehmen: Ziehen sich Verfahren – wie bei Großprojekten – über mehrere Wahlperioden hinweg, wird die

---

120 Siehe etwa BVerfGE 117, 1 (30); 121, 108 (120); 127, 224 (245); 132, 179 (189). Allgemeine Grundsatzkritik hierzu *Peter Dieterich*, Systemgerechtigkeit und Kohärenz, 2014.

121 Die Steuer ist bzw. soll ein Instrument der Gleichheit sein, vgl. *Paul Kirchhof*, Ethos der Steuergerechtigkeit, JZ 2015, S. 105 (106 f.).

122 Zutreffend *Michael Droege*, Steuergerechtigkeit – eine Demokratiefrage?, RW 2013, S. 374 ff.; *Oliver Lepsius*, Anmerkung (Erwerbsaufwendungen im Einkommensteuerrecht), JZ 2009, S. 260 ff.

123 Zur Nähe von epistemisch offener Demokratie und Proportionalität bereits *Kelsen* (o. Fußn. 8), S. 101 f.

124 Die strukturierende Dimension der Zeit im Rahmen der Verhältnismäßigkeit ist im Grund genommen nicht neu. So ist etwa die rechtsstaatliche Eingriffsschwelle im Recht der Gefahrenabwehr vor allem ein Zeitproblem. Siehe etwa *Matthias Bäcker*, Kriminalpräventionsrecht, 2015, S. 85 f.; *Thomas Darnstädt*, Gefahrenabwehr und Gefahrenvorsorge, 1983, S. 80 f.; *Klaus Ferdinand Gärditz*, Strafprozeß und Prävention, 2003, S. 31; *Dieter Neumann*, Vorsorge und Verhältnismäßigkeit, 1993, S. 54 f.

125 *Gärditz* (o. Fußn. 35), S. 14 f.

126 Vgl. zutreffend auch *Hofmann* (o. Fußn. 96), S. 279: Die Frage nach der Sozialadäquanz eines Risikos lasse sich nur innerhalb ein und derselben sozialen, kulturellen und geschichtlich gewachsenen Ordnung sinnvoll stellen. Anders aber *Murswiek* (o. Fußn. 96), S. 213 ff.

demokratische Entscheidungsverantwortung in Abfolge der Entscheidungsstufen fragmentiert. Die demokratische Verantwortlichkeit wird hierdurch erschwert, wenn faktisch bindende Vorentscheidungen von einer Exekutive getroffen wurden, die durch die gegenwärtige Regierung nicht abgebildet wird. Die Fixierung auf die verbindliche Endentscheidung (vgl. nur für den Rechtsschutz § 44a VwGO; § 15 Abs. 3 Satz 2 NABEG)[127] bewirkt eine Hyper-Verzeitlichung durch formale Juridifizierung, die zwar die rechtsstaatliche Operationalisierung erleichtert, aber politische Gestaltung als intertemporale Daueraufgabe invisibilisiert. Die temporale Stasis der Bestandskraft verhindert zwar nicht die nachträgliche Politisierung, die in einer Demokratie kraft politischer Freiheitsrechte immer möglich bleibt,[128] errichtet aber eine Sperre, politische Veränderung rechtsstaatlich zu operationalisieren.

- Die beteiligte Öffentlichkeit tritt als weiterer Akteur hinzu, der die Administrative zu Responsivität zwingen, aber sich jeweils nur auf temporal fixierbare Verfahrensabschnitte beziehen kann. Gleich ob man dieser primär demokratische oder rechtsstaatliche Legitimierungswirkungen zuspricht, führt dies zu einer weiteren Fragmentierung der Verantwortlichkeitsstruktur. Zugleich wird die intertemporale Verhältnismäßigkeit gefährdet, wenn planerische Abwägungsentscheidungen artikulierte Interessen ausgleichen, die auf Grund der Verfahrensdauer zeitlich überholt sind. Das geltende Verwaltungsverfahrens- und Verwaltungsprozessrecht sollte daher stärker am Legitimationsbedarf von Entscheidungen ausgerichtet werden. Dies erfordert es, Probleme abzuschichten,[129] die Verfahrensdauer zu verkürzen oder die Regelungswirkung stärker änderungsoffen zu halten.

---

127 Vgl. zur dahinter stehenden Konzentrations- und Beschleunigungsphilosophie Siegfried de Witt, in: ders./Frank-Jochen Scheuten (Hrsg.), NABEG, 2013, § 15 Rn. 54 ff.

128 *Klaus Ferdinand Gärditz*, Angemessene Öffentlichkeitsbeteiligung bei Infrastrukturplanungen als Herausforderung an das Verwaltungsrecht im demokratischen Rechtsstaat, GewArch 2011, S. 273.

129 Vgl. für das NABEG aus praktischen Gründen *Wolfgang Durner*, Die aktuellen Vorschläge für ein Netzausbaubeschleunigungsgesetz (NABEG) – Bewertung der Verfassungsmäßigkeit und des Beschleunigungspotentials, DVBl. 2011, S. 853 (861); hiergegen aber *Christof Sangenstedt*, in: Armin Steinbach (Hrsg.), NABEG/EnLAG/EnWG, 2013, § 15 NABEG Rn. 35 ff.

- Weitgehend unklar sind die Folgerungen der Zeitlichkeit demokratischer Herrschaft für die internationale Rechtsetzung. Ebenenverflechtungen, Disparitäten im politischen Prozess und Trägheiten internationaler Verhandlungsregimes[130] erschweren die Revidierbarkeit politischer Entscheidungen ganz erheblich. Gerade beim Abschluss völkerrechtlicher Verträge können *Sunset-Clauses* oder jedenfalls einseitige Kündigungsrechte erforderlich sein, um die demokratische Offenheit in der Zeit sicherzustellen.[131] Was die Rechtserzeugung auf der Ebene der Europäischen Union betrifft, ist die Zeitlichkeit der Herrschaft und die politische Korrektur zwar theoretisch gegeben, aber ebenfalls durch institutionelle Arrangements (föderale Blockade durch das Zusammenwirken von Rat und Parlament, fehlendes Initiativrecht des Parlaments, starke Stellung einer faktisch gesetzgebenden Verwaltungsbürokratie) stark gehemmt. Eine nähere Analyse hierzu kann hier nicht geleistet werden, darf aber angesichts der Bedeutung der europäischen Legislative nicht aus dem Blick geraten. Eine Aktivierung des in Art. 10 EUV niedergelegten Demokratieprinzips als rechtsnormative Determinante des Unionsverfassungsrechts steht ganz allgemein noch aus.[132] Eine bessere Verzeitlichung von Herrschaft ist freilich immer abhängig von konkreten Institutionen und nicht gegen diese zu erreichen; eine Demokratisierung der Europäischen Union müsste daher auch hier bei einer Reform des Primärrechts ansetzen.

Die verfassungsdogmatischen Konsequenzen werden nach alledem eher Feinkorrekturen erfordern, um der Vorläufigkeit demokratischer Entscheidungen – positiv wie negativ – Rechnung zu tragen. Man mag dies alles für unbefriedigend halten. Demokratische Legitimation gründet jedoch nicht auf der Anmaßung, bestimmte (Zukunfts-)Probleme (besser) lösen zu können. Demokratische Verfahren stellen vielmehr einen institutionellen Rahmen bereit, der eine Politisierung von Zukunftsfragen aus der Sicht der Gegenwärtigen ermöglicht und den sehr verschiedenen, konfligierenden Zukunftserwartungen überhaupt Gestaltungsraum eröffnet. Mehr ist angesichts der epistemischen Grenzen menschlichen Handelns nicht zu haben.

---

130 Frühzeitige Problemdiagnose bei *Reiner Schmidt*, Der Verfassungsstaat im Geflecht der internationalen Beziehungen, VVDStRL 36 (1978), S. 65 (100).

131 Diesen Hinweis verdanke ich der Diskussion mit *Hans Christian Röhl*.

132 Hierzu *Klaus Ferdinand Gärditz*, Demokratie in der Rechtsprechung des EuGH, in: Festschrift 200 Jahre Carl Heymanns Verlag, 2015, S. 3 ff.

Das geltende Verfassungsrecht kann jedenfalls nicht die Freiheitlichkeit seines eigenen Ordnungsmodells aufs Spiel setzen, indem es sich zeitlosen Allmachtsphantasien öffnet.

## *V. Resümee*

Zusammenfassend lässt sich festhalten: Fragen der intertemporalen Lastenverteilung muss eine Demokratie in der Gegenwart aus Gegenwartsperspektive lösen, gerade weil sie kein Mandat hat, im Rahmen einer offenen Willensbildung die Interessen und Abwägungen Künftiger vorwegzunehmen. Intertemporale Bescheidenheit ist eine demokratische Tugend. Entscheiden auf »Sichtweite« ist daher der normale demokratische Modus, die visionäre Schicksalsentscheidung der möglichst zu vermeidende Grenzfall. Temporale Selbstüberschätzung und der damit einhergehende Verantwortungsverlust sind Risiken, die auch in einer freiheitlichen Rechtsordnung bestehen[133] und thematisiert werden müssen.

Dass jede heutige Entscheidung mit unterschiedlicher Intensität Wirkungen in der Zukunft zeitigt, die dann auch von denjenigen hinzunehmen sind, die an der Legitimation der Ausgangsentscheidung nicht beteiligt sind, ist demokratieimmanent hinzunehmen. Ohne Z ukunftsfolgen gibt es keine Entscheidbarkeit und insoweit keine Herrschaft, damit aber auch keine demokratische Selbstbestimmung. Andere politische Systeme haben hier keinen Vorteil: Auch Diktaturen, Hierokratien oder Anarchien verursachen Zukunftsfolgen; eine auf gleicher Freiheit gründende Verantwortlichkeit hierfür kennen sie nicht. Die Demokratie kann mit den Risiken menschlicher Fehlbarkeit und der kognitiv begrenzten Prognosefähigkeit am besten leben, weil sie ihre Legitimation aus Verfahren bezieht, die keine spezifische Zukunftsperspektive in Anspruch nehmen und nur das tun, was unvermeidbar ist: Zukunftsverantwortung den Gegenwärtigen anzuvertrauen.[134]

---

133 *Gärditz* (o. Fußn. 35), S. 14 f.

134 So singgemäß bereits BVerfGE 79, 311 (343); *Henseler* (o. Fußn. 90), S. 499 ff.

# Adaptive Abwägung

*Martin Kment**

## I. Einleitung: Verbindungslinien zwischen Adaption und Abwägung

Abwägung und adaptives Verwaltungshandeln haben nicht zwangsläufig etwas gemeinsam. Gleichwohl soll nachfolgend der Versuch unternommen werden, die beiden juristischen Erscheinungen miteinander in Beziehung zu setzen. Das Potenzial für eine solche Liaison ist durchaus gegeben, da eine adaptive Verwaltungstätigkeit unter anderem durch Ungewissheiten der Sachverhalts- und damit Entscheidungsgrundlagen wie auch die Flexibilität des hierauf reagierenden Exekutivverhaltens geprägt ist.[1] Strikt konditional ausgestaltete Entscheidungsstrukturen erweisen sich vor diesem Hintergrund regelmäßig als ungeeignet, um den Bedürfnissen adaptiven Handelns hinreichend Rechnung zu tragen. Demgegenüber kennt die Abwägung, jedenfalls wenn man sie im Kontext staatlicher Planung betrachtet,[2] den zumeist unaufgeklärten (und häufig wohl auch nie vollständig aufklärbaren) Sachverhalt als Ausgangspunkt, arbeitet mit Prognosen und eröffnet zudem Gestaltungsspielräume zugunsten des Entscheidungsträgers.[3] Dies scheint ein fruchtbarer Nährboden zu sein, um über die Adaptionspotenziale der Abwägung nachzudenken. Dabei soll die Abwägung den Ausgangspunkt der Untersuchung bilden (II./III.), um hieran Überlegungen zur Adaption anzuschließen (IV.).

## II. Eröffnung von Gestaltungsspielräumen als Merkmal der Abwägung

»Die Abwägung ist eine allgemeine Denkmethode und Entscheidungsweise.« So erläutert *Hoppe* im Handbuch des Staatsrechts der Bundesrepublik Deutschland die Abwägung als Wesenselement rechtsstaatlicher Planung.[4] Und in der Tat gehört das Gegenüberstellen von Gründen und Kontrapunkten, Vor- und Nachteilen zum Standardrepertoire eines jeden

---

* Die Bearbeitung des Beitrags wurde am 25.3.2016 abgeschlossen.

1 Kment, Anpassung an den Klimawandel – Internationaler Rahmen, europäische Strategische Adaptionsprüfung und Fortentwicklung des nationalen Verwaltungsrechts, JZ 2010, 62 (68 ff).

2 Vgl. zu den unterschiedlichen Formen der Abwägung die nachfolgende Abgrenzung unter III.

3 *Hoppe*, in: Hoppe/Bönker/Grotefels, Öffentliches Baurecht, 4. Aufl. 2010, § 7.

4 *Hoppe*, in: Isensee / Kirchhof (Hrsg.), Handbuch des Staatsrechts Bd. IV, 3. Aufl. 2007, § 77 Rn. 24.

Durchschnittsmenschen, der sich der Bewältigung seiner Alltagsprobleme gegenübersieht. In dieser Selbstverständlichkeit ist die Abwägung aber auch in unserer Rechtsordnung anzutreffen, wo sie zu den gültigen Methoden rechtsstaatlicher Entscheidungsfindung zählt.[5]

Prägend für die Abwägung ist der ihr zwingend innewohnende Gestaltungsspielraum.[6] Denn die Abwägung begleitet einen komplexen Entscheidungsprozess, bei dem gleichgerichtete wie auch widerstreitende Interessen bzw. Vorstellungen in Beziehung gesetzt und zu einem Gesamtorganismus integriert werden müssen.[7] Es geht im Kern um die Gestaltung eines Interessengeflechts, das mitunter derart komplex ist, dass keinem Interesse entsprochen werden kann, ohne zugleich eine Art Kettenreaktion auszulösen, die eine Vielzahl anderer Interessen berührt.[8] Der Entscheidungskomplexität korrespondiert zwangsläufig eine tatbestandliche Offenheit, die den Entscheidungsträgern den notwendigen Spielraum verschafft.[9] Selbst durch die Definition zu beachtender Belange wird dieser Freiraum nicht zwangsläufig geschlossen, denn der Weg zur Zielerreichung – also der Interessenbalance – wird damit nicht vorgegeben.[10]

In den Kontext der Planung gestellt ist die Abwägungsentscheidung ein schöpferisch-technischer Vorgang, welcher der Kreativität und Rationalität des Entscheidungsträgers unterworfen ist und dabei auch außerrechtlichen Gesetzmäßigkeiten folgt.[11]

---

5 *Hubmann*, Die Methode der Abwägung, in: Festschrift für Schnorr v. Carolsfeld, 1972, S. 173.

6 *Erbguth/Schubert*, Öffentliches Baurecht, 6. Aufl. 2014, § 5 Rn. 114. Siehe aber auch *Di Fabio*, Die Struktur von Planungsnormen, in: Festschrift für Hoppe , 2000, S. 75 (77, Fn. 6).

7 *Weyreuther*, Die Bedeutung des Eigentums als abwägungserheblicher Belang bei der Planfeststellung nach dem Bundesfernstraßengesetz, DÖV 1977, 419; *Battis*, Öffentliches Baurecht und Raumordnungsrecht, 6. Aufl. 2014. Rn. 250.

8 BVerwG v. 20.08.1982, 4 C 81/79, BVerwGE 66, 133 (135).

9 Ziekow, in: Ziekow (Hrsg.), Handbuch des Fachplanungsrechts, 2. Aufl. 2014, § 6 Rn. 2.

10 *Erbguth*, Abwägung auf Abwegen? – Allgemeines und Aktuelles, JZ 2006, 484 (487); *Stüer*, Handbuch des Bau- und Fachplanungsrechts, 5. Aufl. 2015, Rn. 1457; a.A. *Rubel*, Planungsermessen – Norm- und Begründungsstruktur, 1982, S. 51 ff.

11 *Hoppe*, in: Hoppe/Bönker/Grotefels, Öffentliches Baurecht, 4. Aufl. 2010, § 7 Rn. 10. Zu außergesetzlichen Faktoren gehören z.B. Einflüsse des persönlichen Geschmacks oder des Ästhetikempfindens.

Hinzu kommt die Ausrichtung der Entscheidung auf zukünftige Entwicklungen; die geforderte komplexe Interessenbalance ist mithin prospektiv.[12]

Verwaltungsprozessuale Kehrseite des Gestaltungsspielraums ist eine eingeschränkte gerichtliche Kontrolle.[13] Der zur Entscheidung berufene Richter kann sich lediglich darauf beschränken festzustellen, ob im Einzelfall die gesetzlichen Grenzen der Gestaltungsfreiheit überschritten wurden oder von der Gestaltungsfreiheit in einer der Ermächtigung nicht entsprechenden Weise Gebrauch gemacht worden ist.[14]

## *III. Spielarten der Abwägung im Umwelt- und Planungsrecht*

### 1. Abwägung in der Gesamtplanung

In unverfälschter und reinster Form kann man die Abwägung wohl in der räumlichen Gesamtplanung vorfinden. Das Gesamtplanungsrecht hat die strukturelle Entwicklung oder Gestaltung eines Gebiets zum Gegenstand.[15] Zu ihm gehören das Recht der Raumordnung, der Landes- und Regionalplanung, der städtebaulichen Planung sowie der Landschaftsplanung.[16]

Innerhalb der räumlichen Gesamtplanung spielt die Abwägung eine – wenn nicht *die* – zentrale Rolle. Es verwundert daher nicht, dass das Gebot, die von einer Planung berührten öffentlichen und privaten Belange gegeneinander und untereinander gerecht abzuwägen (sog. Abwägungsgebot), gegen Ende der 70er Jahre vom BVerwG mit einer besonderen Wertigkeit belegt worden ist; das Gericht hat ihm sogar Verfassungsrang zugeschrieben.[17] Unabhängig von einer gesetzlichen Positivierung soll sich das

---

12 *Scholz,* Verwaltungsverantwortung und Verwaltungsgerichtsbarkeit, VVDStRL 34, 145 (169). Vgl. auch *Schmidt-Aßmann*, Planung als administrative Handlungsform und Rechtsinstitut, in: Festschrift für Schlichter, 1995, S. 3 (4).

13 *Erbguth,* Abwägung auf Abwegen? – Allgemeines und Aktuelles, JZ 2006, 484 (488).

14 BVerwG v. 12.12.1969, IV C 105/66, BVerwGE 34, 301 (304); *Jarass/Kment,* BauGB, 2013, § 1 Rn. 39.

15 *Grotefels/Grüner*, Überblick über das Recht der Bauleitplanung, Ad Legendum 2009, 342 (344).

16 *Finkelnburg/Ortloff/Kment*, Öffentliches Baurecht I, 6. Aufl. 2011, § 20 Rn. 1.

17 BVerwG v. 14.02.1975, IV C 21/74, BVerwGE 48, 56 (63); BVerwG v. 23.01.1981, 4 C 4/78 BVerwGE, 61, 295 (301); *Steinberg/Wickel/Müller*, Fachplanungsrecht, 4. Aufl. 2012, § 3 Rn. 107.

Abwägungsgebot nach Ansicht der Richter aus dem Wesen der rechtsstaatlichen Planung ergeben und demgemäß universal gelten.[18] Sollte also beispielsweise die Anordnung des § 1 Abs. 7 BauGB fehlen, wären die Vorgaben des Abwägungsgebots gleichwohl bei der Bauleitplanung einzuhalten; anders – dogmatisch aber schwer zu begründen – sieht das wohl nur das BVerwG in Fällen der Flugroutenplanung.[19] Das Abwägungsgebot beruht schließlich aber nicht nur auf dem Rechtsstaatsgebot; es kann auch auf die Grundrechte zurückgeführt oder als Ausdruck eines verfassungsrechtlich verankerten Gemeinwohlverständnisses begriffen werden.[20]

## 2. Nachvollziehende »Abwägung«

Kontrapunkt der planerischen Abwägung ist die Erscheinungsform der sog. »nachvollziehenden Abwägung«. Die nachvollziehende Abwägung geht auf eine Wortprägung *Weyreuthers* zu § 35 BauGB zurück.[21] Sie hat später Eingang in der Rechtsprechung gefunden,[22] ist allerdings in der Sache sprachlich eher unglücklich gewählt. Sie suggeriert einen gestalterischen

18 BVerwG v. 14.02.1975, IV C 21/74, BVerwGE 48, 56 (63); BVerwG v. 11.12.1981, 4 C 69/78, BVerwGE 64, 270 (273); BVerwG v. 20.10.1972, IV C 14/71, BVerwGE 41, 67 (69); *Redeker*, Flächenkonzentration durch Ziele der Raumordnung, in: Festschrift für Hoppe, 2000, S. 329 (337); *Hoppe*, in: Hoppe/Bönker/Grotefels, Öffentliches Baurecht, 4. Aufl. 2010, § 7 Rn. 1; *Ziekow*, in: Ziekow (Hrsg.) Handbuch des Fachplanungsrechts, 2. Aufl. 2014, § 6 Rn. 1.

19 Da bei der Flugroutenplanung eine fachgesetzliche Normierung des Abwägungsgebots fehlt, sieht das BVerwG zwar aus Gründen der Rechtsstaatlichkeit eine Abwägung für geboten, diese soll sich jedoch auf das „unabdingbar Gebotene“ beschränken und damit hinter den Anforderungen des allgemeinen Abwägungsgebots zurückbleiben; vgl. BVerwG v. 18.12.2014, IV C 35/13, NVwZ 2015, 656 Rn. 98.

20 BVerwG v. 05.07.1974, IV C 50/72, BVerwGE 45, 309 (324); BVerwG v. 18.03.1983, 4 C 80/79, BVerwGE 67, 74 (75 ff.); *Hendler*, Raumordnungsziele und Eigentumsgrundrecht, DVBl 2001, 1233 (1240); *Heemeyer*, Rechtliche Gestaltungsmöglichkeiten von Zwischennutzungen, 2003, S. 136 ff; *Durner*, Konflikte räumlicher Planung, 2005, S. 297 ff.; *Schulze-Fielitz*, Sozialplanung im Städtebaurecht, 1982, S. 299 ff.

21 *Weyreuther*, Bauen im Außenbereich, 1979, S. 18 f.; *Weyreuther*, Rechtliche Bindung und gerichtliche Kontrolle planender Verwaltung im Bereich des Bodenrechts, BauR 1977, 293 (297).

22 BVerwG v. 19.07.2001, 4 C 4/00, BVerwGE 115, 17 (24); BVerwG v. 18.08.2005, 4 C 13/04, BVerwGE 124, 132 (142 ff).

Gehalt, wo keiner ist.[23] Der Arbeitsauftrag an die Genehmigungsbehörde besteht – etwa im Rahmen des bereits bemühten § 35 BauGB – lediglich darin, die sich im Einzelfall gegenüberstehenden Positionen miteinander zu vergleichen und dabei die in der Systematik des § 35 BauGB zum Ausdruck kommende gesetzliche Wertung der unterschiedlichen Gewichtigkeit der Belange[24] nachzuvollziehen.[25] Kompensationsentscheidungen oder Überlegungen zu Vorhabenalternativen sind in diesem Rahmen unzulässig;[26] zudem unterliegt die Entscheidung der vollen gerichtlichen Kontrolle.[27]

### 3. Abwägung in der Planfeststellung

Es gibt weitere verwaltungsrechtliche Ableger der Abwägung, die sich innerhalb der gerade aufgezeigten Abwägungsextreme[28] bewegen. Die reine, unverfälschte Strahl- und Wirkkraft der planerischen Abwägung mit ihrem deutlichen Gestaltungsspielraum bekommt bereits ihre ersten »Schatten«, wenn man die Konturen der Abwägung in der Fachplanung nachzuzeichnen sucht. Das BVerwG hat an unterschiedlichen Stellen des Fachplanungsrechts, vor allem in seinen Judikaten zum Bergrecht[29] und Atomrecht,[30] unmissverständlich zum Ausdruck gebracht, dass den Planfeststellungsbehörden kein derart umfassender Gestaltungsspielraum offenstehe, wie er der Bauleitplanung immanent sei; vielmehr könne er sogar völlig entfallen. Wie

---

23 *Bönker*, in: Hoppe/Bönker/Grotefels, Öffentliches Baurecht 4. Aufl. 2010, § 8 Rn. 186.

24 *Jarass/Kment*, BauGB, 2013, § 35 Rn. 6.

25 BVerwG v. 22.05.1987, 4 C 57/84, BVerwGE 77, 300 (307); BVerwG v. 13.12.2001, 4 C 3/01, NVwZ 2002, 1112.

26 *Erbguth*, Abwägung auf Abwegen? – Allgemeines und Aktuelles, JZ 2006, 484 (488); a. A. *Bracher*, in: Bracher/Reidt/Schiller, Bauplanungsrecht, 8. Aufl., 2014, Rn. 2327.

27 BVerwG v. 19.07.2001, 4 C 4/00, BVerwGE 115, 17 (24); BVerwG v. 13.12.2001, 4 C 3/01, NVwZ 2002, 1112 (1113).

28 Siehe die obigen Ausführungen unter III, 1 u. 2.

29 BVerwG v. 15.12.2006, 7 C 1/06, BVerwGE 127, 259 Rn. 28; zustimmend *Hoppe/Spoer*, Bergrecht und Raumordnung, 1999, S. 118 f.; *Kühne*, Obligatorische Rahmenbetriebsplanzulassung im Bergrecht und ihre Wirkungen, DVBl 2006, 662 (664 f.); *Kment*, Grenzüberschreitendes Verwaltungshandeln, 2010, S. 388; a. A. *Durner*, Konflikte räumlicher Planung, 2005, S. 368 ff.

30 BVerwG v. 26.03.2007, 7 B 73/06, NVwZ 2007, 833 Rn. 27; BVerwG v. 26.03.2007, 7 B 72/06, NVwZ 2007, 841 Rn. 21.

weit die Einschnitte jedoch gehen, ist bislang noch nicht abschließend geklärt.[31] Umschreibungen des Aufgabenbereichs der Planfeststellungsbehörde als »ein Nachvollziehen der abwägenden Entscheidung des Vorhabenträgers«[32] wecken jedenfalls Erinnerungen an die Genehmigungsentscheidung des § 35 BauGB, welche gerade keinen Gestaltungsspielraum kennt.[33]

In der Sache ist mit dem »Nachvollziehen« der Planfeststellungsbehörde jedoch etwas anderes gemeint: Die Planfeststellungsbehörde ist dazu aufgerufen, die Konzeption des Vorhabenträgers auf Grundlage einer *eigenen* Abwägungsentscheidung zu überprüfen.[34] Im Rahmen dieser Abwägung kann die Planfeststellungsbehörde auch Belange heranziehen und in ihre Entscheidung einfließen lassen, die bislang unberücksichtigt geblieben sind.[35] Jedoch geht der Entscheidungsspielraum nicht so weit, Alternativen zu entwickeln oder die planerische Konzeption des Vorhabenträgers ändern zu können. Die Planfeststellungsbehörde kann den ihr vorgelegten Plan lediglich akzeptieren und damit feststellen oder aber ablehnen.[36] Gestalterische Anteile sind hier nur noch wenige erkennbar, sieht man einmal von der (informellen) Einflussnahme im Vorfeld des Planfeststellungsverfahrens ab.[37] Die Weite des exekutiven Entscheidungsspielraums ist überdies stark

---

31 Siehe hierzu etwa *Steinberg/Wickel/Müller*, Fachplanung, 4. Aufl. 2012, § 3 Rn. 132; *Jarass*, Die materiellen Voraussetzungen der Planfeststellung in neuerer Sicht, DVBl 1998, 1202 1203; *Hoppe/Just*, Zur Ausübung der planerischen Gestaltungsfreiheit bei der Planfeststellung und Plangenehmigung, DVBl 1997, 789, 791; *Erbguth*, Zum System der Fachplanung, in: Festschrift für Hoppe, S. 644 ff.

32 VGH München vom 24.05.2011, 22 A 10.40049, BayVBl. 2012, 242 (244); OVG Koblenz v. 06.02.2013, 8 C 10943/12, NVwZ-RR 2013, 630 (631); *Ziekow*, in: Ziekow (Hrsg.), Handbuch des Fachplanungrechts, 2. Aufl. 2014, § 6 Rn. 3. Ähnlich *Schneider*, in: Hoffmann-Riem/Schmidt-Aßmann/Voßkuhle (Hrsg.), Grundlagen des Verwaltungsrechts, Bd. II, 2. Aufl., 2012, § 28 Rn. 169.

33 Siehe die obigen Ausführungen unter III, 2.

34 *Hoppe/Just*, Zur Ausübung der planerischen Gestaltungsfreiheit bei der Planfeststellung und Plangenehmigung, DVBl 1997, 789, 791.

35 BVerwG v. 27.10.2000, 4 A 18/99, BVerwGE 112, 140 (151); *Ziekow*, in: Ziekow (Hrsg.), Handbuch des Fachplanungrechts, 2. Aufl. 2014, § 6 Rn. 3.

36 BVerwG v. 27.10.2000, 4 A 18/99, BVerwGE 112, 140 (151); *Steinberg/Wickel/Müller*, Fachplanung, 4. Aufl. 2012, § 3 Rn. 136.

37 *Sendler*, (Un)erhebliches zur planerischen Gestaltungsfreiheit, in: Festschrift für Schlichter, S. 81; *Steinberg/Wickel/Müller*, Fachplanung, 4. Aufl. 2012, § 3 Rn. 132. Die stärkere Formalisierung der Vorfeldkommunikation zwischen Vorhabenträger und Behörde durch erweiterte Beteiligungsrechte der Öffentlichkeit (vgl. etwa § 25 Abs. 3 VwVfG) wirkt hierbei jedoch gegenläufig.

von der Ausgestaltung der tatbestandlichen Voraussetzungen der Planfeststellung abhängig. Je detaillierter diese formuliert sind, umso kleiner wird die Manövrierfläche, um sich von behördlicher Seite bei Vorliegen der tatbestandlichen Voraussetzungen gegen das Vorhaben entscheiden zu können.[38] Nüchtern betrachtet ist somit die eigentliche Planungs- und damit Gestaltungsaufgabe auf den Vorhabenträger vorverlagert.[39]

### 4. Abwägung und Luftreinhalteplanung

Eine weitere besondere Form der Planung – konkret der Umweltfachplanung –[40] sind Luftreinhalte- und Kurzfristpläne nach § 47 BImSchG, die zum gebiets- und qualitätsbezogenen Immissionsschutz eingesetzt werden.[41] Sie finden in Gebieten Anwendung, in denen die der Luftreinhaltung dienenden und auf Grundlage der § 48a Abs. 1 BImSchG oder des § 48a Abs. 1a BImSchG durch Rechtsverordnung definierten Immissionswerte (Alarmschwellen, Grenzwerte oder Zielwerte) überschritten werden oder eine solche Überschreitung droht. Die Rechtsnatur der Luftreinhalte- und Kurzfristpläne ist bislang noch nicht abschließend geklärt. Ihre auf öffentliche Stellen beschränkte Bindungswirkung (§ 47 Abs. 6 BImSchG)[42]

---

38 *Beckmann*, in: Beckmann/Durner/Mann/Röckinghausen (Hrsg.), Landmann/Rohmer, UmweltR, § 35 KrWG Rn. 52.

39 Vgl. dazu *Jarass*, Die materiellen Voraussetzungen der Planfeststellung in neuerer Sicht, DVBl 1998, 1202, 1203; *Hoppe/Just*, Zur Ausübung der planerischen Gestaltungsfreiheit bei der Planfeststellung und Plangenehmigung, DVBl 1997, 789 ff. Siehe auch *Di Fabio*, Entwicklung des Städtebaurechts, in: Festschrift für Hoppe, 2000, S. 75 (77).

40 *Köck*, in: Hoffmann-Riem/Schmidt-Aßmann/Voßkuhle (Hrsg.), Grundlagen des Verwaltungsrechts, Bd. II, 2. Aufl., 2012, § 37 Rn. 40.

41 *Jarass*, BImSchG, 11. Aufl. 2015, § 47 Rn. 1 f.

42 *Hansmann/Röckinghausen*, in: Beckmann/Durner/Mann/Röckinghausen (Hrsg.), Landmann/Rohmer, UmweltR, BImSchG, § 47 Rn. 29 ff; *Herrmann*, in: Führ (Hrsg.), Gemeinschaftskommentar zum BImSchG, 2016, § 47 Rn. 103.

spricht wohl – ungeachtet der Möglichkeit Privater, den Erlass von Luftreinhalteplänen gerichtlich einfordern zu können –[43] für ein Verwaltungsinternum;[44] nicht überraschend hat daher das BVerwG eine Anlehnung zur Verwaltungsvorschrift gesucht.[45]

Im vorliegenden Kontext ist bedeutsam, dass sich auch bei den Luftreinhalte- und Kurzfristplänen Gestaltungsspielräume ergeben können, die Ähnlichkeiten zur Abwägung aufweisen. Ist der Erlass der Pläne in den Fällen des § 47 Abs. 1 und 2 BImSchG regelmäßig verpflichtend, sofern nicht (lediglich) die Gefahr einer Überschreitung von Immissionsgrenzwerten und Zielwerten gem. § 47 Abs. 2 S. 2 BImSchG bzw. § 28 Abs. 1 S. 2 der 39. BImSchV besteht,[46] eröffnet § 47 Abs. 3 BImSchG bei den nicht EU-relevanten Luftreinhalteplänen ein behördliches Entschließungsermessen.[47] Richtmaß dieser Ermessensausübung ist die Frage nach der – im Planungsrecht regelmäßig zu untersuchenden –[48] Erforderlichkeit des Plans. Es geht also um die Notwendigkeit des Planerlasses zur Gewährleistung einer von § 47 Abs. 3 BImSchG bezweckten dauerhaften Beachtung von nationalen Immissionswerten iSd. § 48a Abs. 1a BImSchG, eines kurzfristigen Handelns bei drohenden Grenzwertüberschreitungen nach § 47 Abs. 2 S. 2

---

43 EuGH, v. 25.07.2008, C-237/07, Rn. 39 ff.

44 *Herrmann*, in: Führ, (Hrsg.), Gemeinschaftskommentar zum BImSchG, 2016, § 47 Rn. 103, 130 ff.; *Jarass*, BImSchG, 11. Aufl. 2015, § 47 Rn. 58; a. A. *Sparwasser/Engel*, Aktionspläne des Luftreinhalte- und Lärmschutzrechts im Spannungsfeld zwischen deutschem und europäischem Recht, NVwZ 2010, 1513 (1514).

45 BVerwG v. 29.03.2007, 7 C 9/06, BVerwGE 128, 278 Rn. 27; BVerwG v. 05.09.2013, 7 C 21/12, BVerwGE 147, 312 Rn. 18; BVerwG v. 11.07.2012, 3 B 78/11, NVwZ 2012, 1175 Rn. 10.

46 *Jarass*, BImSchG, 11. Aufl. 2015, § 47 Rn. 11, 27; *Scheidler*, Das Achte Gesetz zur Änderung des Bundes-Immissionsschutzgesetzes, NVwZ 2010, 866, 869 f.

47 *Heitsch*, in: Kotulla (Hrsg.), BImSchG, § 47 Rn. 73; *Hansmann/Röckinghausen*, in: Beckmann/Durner/Mann/Röckinghausen (Hrsg.), Landmann/Rohmer, UmweltR, BImSchG, § 47 Rn. 14.

48 Vgl. allgemein zur Erforderlichkeit von Plänen *Kment*, Ebenenspezifische Planung – Konfliktbewältigung – Erforderlichkeit der Planung: Die Raumordnung im Spannungsfeld planerischer Gebote, BauR 2012, S. 1867 (1869 f.). Der Gestaltungsspielraum ist bei Bauleitplänen im Rahmen des § 1 Abs. 3 S. 1 BauGB sicherlich größer; vgl. *Reidt*, in: Bracher/Reidt/Schiller, Bauplanungsrecht, 8. Aufl. 2014, Rn. 35.

BImSchG oder einer Verbesserung des Immissionsniveaus eines (hochbelasteten) Gebiets.[49] Es muss insbesondere ein Koordinierungsbedürfnis hinsichtlich verschiedener Maßnahmen bestehen.[50]

Kommt es zum Erlass eines Luftreinhalte- oder Kurzfristplans, kann die zuständige Behörde bei der Wahl der Mittel wie auch der hierdurch Verpflichteten (Verursacher iSd. § 47 Abs. 4 BImSchG) einen Gestaltungsspielraum für sich in Anspruch nehmen;[51] es kommt zwangsläufig zu einer Abwägungsentscheidung,[52] obschon in der Literatur – wohl aus Rücksicht vor der unionsrechtlichen Grundlage der Luftreinhalteplanung - regelmäßig von einer Entscheidung ausgerichtet am Maßstab der Verhältnismäßigkeit (Erforderlichkeit) gesprochen wird.[53] Eine Abwägungsentscheidung ist aber schon allein deshalb unumgänglich, weil ein wesentlicher Teil der Luftreinhalteplanung darin liegt, die zu erwartenden künftigen Veränderungen der Emissions- und Immissionsverhältnisse mit Blick auf die möglichen Maßnahmen prognostisch abzuschätzen, um so alternative Handlungsoptionen miteinander zu vergleichen und ggf. in Beziehung zu setzen.[54] Die Komplexität der Entscheidung nimmt dann noch zu, wenn die Maßnahmen auf Grundlage von Verursachungsbeiträgen den Maßnahmenbetroffenen verhältnismäßig zugeordnet werden müssen.[55]

Diesem Befund widerspricht es nicht, dass sich im Einzelfall die Entscheidungsspielräume der Verwaltung verengen können. Eine Seltenheit,

---

49 *Herrmann*, in: Führ (Hrsg.), Gemeinschaftskommentar zum BImSchG, 2016, § 47, Rn. 50; *Jarass*, BImSchG, 11. Aufl. 2015 § 47 Rn. 10, 26, 36.

50 *Heitsch*, in: Kotulla (Hrsg.), BImSchG, § 47 Rn. 72.

51 EuGH v. 25.07.2008, C-237/07, Slg. 2008, I-6221 Rn. 46; BVerwG v. 29.03.2007, 7 C 9/06, BVerwGE 128, 278 Rn. 27; OVG Münster v. 25.01.2011, 8 A 2751/09, ZUR 2011, 199; *Jarass*, BImSchG, 11. Aufl. 2015, § 47, Rn. 11, 20; *Hansmann/Röckinghausen*, in: Beckmann/Durner/Mann/Röckinghausen (Hrsg.), Landmann/Rohmer, UmweltR, BImSchG, § 47 Rn. 24.

52 *Sparwasser/Engel*, Aktionspläne des Luftreinhalte- und Lärmschutzrechts im Spannungsfeld zwischen deutschem und europäischem Recht, NVwZ 2010, 1513 (1514).

53 Jarass, BImSchG, 11. Auflage 2015, § 47, Rn. 19 f. ; *Heitsch*, in: Kotulla (Hrsg.), BImSchG, § 47 Rn. 43 ff. Betrachtet man die Entwicklung genauer, könnte es längerfristig zu einer unionsrechtlichen Überformung des Instituts der Abwägung kommen, die durch eine Verhältnismäßigkeitsprüfung mit zurückgenommener Kontrolldichte ersetzt werden könnte.

54 *Hansmann/Röckinghausen*, in: Beckmann/Durner/Mann/Röckinghausen (Hrsg.), Landmann/Rohmer, UmweltR, BImSchG, § 47 Rn. 24.

55 *Jarass*, BImSchG, 11. Aufl. 2015, § 47 Rn. 18 ff.

aber nicht ausgeschlossen ist es sogar, dass nur eine einzige Maßnahme die intendierte Einhaltung der Grenzwerte sicherstellen kann.[56] Weitaus wichtiger ist aber, dass die zuständige Behörde bei Erlass der Luftreinhalte- und Kurzfristpläne nicht nur einen Ausgleich zwischen dem bezweckten gebiets- und qualitätsbezogenen Immissionsschutz auf der einen und den verschiedenen betroffenen öffentlichen und privaten Interessen auf der anderen Seite sicherstellen muss.[57] Die gewählten Maßnahmen müssen überdies geeignet sein, die Gefahr der Überschreitung der Immissionswerte zu verringern oder den Zeitraum, während dessen die Werte überschritten werden, zu verkürzen.[58]

### 5. Abwägung und naturschutzrechtliche Prüfungen

Abgerundet werden soll der Überblick über ausgewählte Abwägungsentscheidungen mit einer Betrachtung naturschutzrechtlicher Prüfungen. Konkret soll der Fokus auf die naturschutzrechtliche Eingriffsprüfung nach §§ 14 ff. BNatSchG (unter Außerachtlassung landesrechtlicher Modifikationen[59]) gerichtet werden, gefolgt von einer Analyse der FFH- und artenschutzrechtlichen Verträglichkeitsprüfung.

Können die mit einem Eingriffsvorhaben verbundenen Beeinträchtigungen von Natur und Landschaft weder vermieden noch in angemessener Zeit kompensiert werden, verlangt das Naturschutzrecht gem. § 15 Abs. 5 BNatSchG eine Abwägungsentscheidung. In ihrem Rahmen sind die Vorzüge des Vorhabens den Belangen des Naturschutzes gegenüberzustellen. Der Charakter dieser Abwägungsentscheidung ist immer noch nicht abschließend geklärt: Teilweise wird im Einklang mit dem BVerwG ein der

56 BVerwG v 05.09.2013, 7 C 21/12, BVerwGE 147, 312 Rn. 59.

57 EuGH v. 25.07.2007, C-237/07, Slg. 2008, I-6221 Rn. 46; Jarass, BImSchG, 11. Aufl. 2015, § 47 Rn. 16.

58 EuGH v. 25.07.2007, C-237/07, Slg. 2008, I-6221 Rn. 44 ff.; BVerwG v. 29.03.2007, 7 C 9/06, BVerwGE 128, 278 Rn. 14.

59 Vgl. §§ 20, 21 NatSchG, Art. 6 V, 8 I S.2 BayNatSchG, § 14 NatSchG Bln, § 10 BbgNatSchG, § 8 BremNatG, § 6 HmbBnatSchAG, § 7 HAGBNatSchG, § 12 I NatSchAG M-V, § 5 NAGBNatSchG, § 4 Landschaftsgesetz NRW, §§ 8 f. LNatSchG S-H, § 9 SächsNatSchG, § 6 NatSchG LSA, §§ 27 ff. SNG, §§ 6, 7, 10 ThürNatG, § 6 LNatSchG RLP. Siehe dazu auch *Mühlbauer*, in: Lorz/Konrad/Mühlbauer/Müller-Walter/Stöckel, Naturschutzrecht, 3. Aufl. 2013, § 14 Rn. 33; *Lütkes/Ewer*, BNatSchG, 2. Aufl. 2016, § 14 Rn. 41 ff.

planerischen Abwägung verwandter Vorgang erkannt,[60] teilweise soll es sich um eine nachvollziehende Abwägung handeln.[61] Eine klare Analyse dieser Rechtsfrage dürfte nur möglich sein, wenn man die einzelnen Prüfetappen, die bei der naturschutzrechtlichen Eingriffsprüfung durchlaufen werden, klar voneinander trennt. An erster Stelle steht die behördlich zu ermittelnde Eingriffs- und Kompensationsbilanz, die im Rahmen des § 14 und § 15 Abs. 1-4 BNatSchG eine wesentliche Rolle spielt. Hier besitzt die Behörde einen naturschutzfachlichen Beurteilungsspielraum, in dessen Rahmen das Ausmaß des Eingriffs bewertet und der Umfang möglicher Kompensationsmaßnahmen beurteilt wird.[62] Der naturschutzfachliche Beurteilungsspielraum bedingt, dass die gerichtliche Kontrolle insofern zurückgenommen ist.[63] Hiervon ist die Abwägungsentscheidung nach § 15 Abs. 5 BNatSchG zu trennen, obschon die Nähe der Abwägungsentscheidung zu den vorangehenden Stufen der Eingriffsregelung immer wieder bemüht wird, um ihr einen gerichtlich nur eingeschränkt kontrollierbaren Abwägungsspielraum beizulegen.[64] Zugegebenermaßen knüpft die Abwägungsentscheidung an die notwendig im Vorfeld dokumentierte Eingriffs- und Kompensationsbilanz[65] an. Die zuständige Behörde kann aber allein

60 BVerwG v. 27.09.1990, 4 C 44/87, BVerwGE 85, 348 (362); *de Witt/Dreier,* in: Hoppenberg/de Witt (Hrsg.), Handbuch des öffentlichen Baurechts, Rn. 754; *Berkemann,* Rechtliche Instrumente gegenüber Eingriffen in Natur und Landschaft (§ 8 BNatSchG), NuR 1993, 97 (103); Lütkes/Ewer, BNatSchG, 2. Aufl. 2016, § 15 Rn. 67; *Fischer/Hüftle*, in: Schumacher/Fischer/Hüftle, BNatSchG, 2. Aufl. 2010, § 15 Rn. 131; *Maaß/Schütte*, in: Koch (Hrsg.), Umweltrecht, 4. Aufl. 2014,§ 7 Rn. 51.

61 *Gassner/Bendomir-Kahlo/Schmidt-Räntsch*, BNatSchG, 2. Aufl. 2003, § 19 Rn. 44; *Halama*, Fachrechtliche Zulässigkeitsprüfung und naturschutzrechtliche Eingriffsregelung, NuR 1998, 633, 636 f.; *Gellermann*, in: Beckmann/Durner/Mann/Röckinghausen (Hrsg.), Landmann/Rohmer, UmweltR, BNatSchG, § 15 Rn. 34.

62 BVerwG v. 06.11.2012, 9 A 17/11, BVerwGE 145, 40 (66); *Gellermann*, in: Beckmann/Durner/Mann/Rückinghausen (Hrsg.), Landmann/Rohmer, UmweltR, BNatSchG, § 15 Rn. 34.

63 BVerwG v. 06.11.2012, 9 A 17/11, BVerwGE 145, 40 (66); *Maaß/Schütte*, in: Koch (Hrsg.), Umweltrecht, 4. Aufl. 2014, § 7 Rn. 51.

64 BVerwG v. 17.01.2007, 9 C 1/06,BVerwGE 128, 76 Rn. 22 ff.

65 Vgl. BVerwG v. 09.06.2004, 9 A 11/03, BVerwGE 121, 72 (84 f.).

auf Grundlage dieser Ergebnisse entscheiden, ohne selbst naturschutzfachlichen Sachverstand nochmals einbringen zu müssen.[66] Gestalterische Elemente, insbesondere Alternativenprüfungen, kennt die Abwägung nach § 15 Abs. 5 BNatSchG nicht; ihr Entscheidungsprogramm ist vielmehr in ein bipolares Verhältnis eingebettet, das mit § 35 BauGB vergleichbar ist. Demzufolge ist es auch auf Grundlage der naturschutzfachlichen Vorarbeiten gerichtlich voll überprüfbar.[67] An dieser Einschätzung ändert es nichts, dass die naturschutzspezifische Abwägung mitunter in naturschutzexternen Planungs- und Genehmigungsentscheidungen eingebracht werden muss. Die naturschutzrechtliche Eingriffsregelung kann nämlich in anderen Planungs- und Genehmigungsentscheidungen, die ihrerseits entweder Abwägungsentscheidungen mit (wenn auch nur geringen) Gestaltungsspielräumen kennen[68] oder gerade ohne Freiräume ausgestaltet sind,[69] aufgehen oder aber parallel hierzu verlaufen. Diese Akzessorietät der Eingriffsregelung sollte jedoch nicht dahingehend missverstanden werden, dass die Eingriffsregelung hierdurch ihren materiellen Gehalt ändert.[70] Soweit fachrechtliche Prüfungsprogramme bzw. Planungsverfahren Gestaltungsspielräume eröffnen, spielt die naturschutzspezifische Abwägung hierin als zu verarbeitender Aspekt eine Rolle und ergänzt insofern den Entscheidungsprozess; erweiterte Gestaltungsspielräume *innerhalb* des naturschutzspezifischen Gegenüberstellungsprozesses der involvierten Belange, wie ihn § 15 Abs. 5 BNatSchG fordert, ergeben sich daraus aber nicht.[71]

Dieser Befund vermeidet überdies Wertungswidersprüche zu den FFH- und artenschutzrechtlichen Verträglichkeitsprüfungen. Lässt man Differenzen im Detail einmal außer Acht, folgen diese einem ähnlichen Grundmus-

66 *Gellermann*, in: Beckmann/Durner/Mann/Röckinghausen (Hrsg.), Landmann/Rohmer, UmweltR, BNatSchG, § 15 Rn. 34.

67 *Gellermann*, in: Beckmann/Durner/Mann/Röckinghausen (Hrsg.), Landmann/Rohmer, UmweltR, BNatSchG, § 15 Rn. 34.

68 Man denke insofern an das Recht der Planfeststellung; siehe hierzu oben III 3.

69 Ein Anwendungsfall ist § 35 BauGB; vgl. dazu *Lütkes*, in: Lütkes/Ewer, BNatSchG, 2. Aufl. 2016, § 15 Rn. 70.

70 So aber BVerwG, v. 17.01.2007, 9 C 1/06, BVerwGE 128, 76 Rn. 20 ff.

71 *Breuer*, Die Bedeutung des § 8 BNatSchG für Planfeststellungen und qualifizierte Genehmigungen nach anderen Fachgesetzen, NuR 1980, 89, 95; ähnlich *Koch,* in: Kerkmann (Hrsg.), Naturschutzrecht in der Praxis, 2. Aufl.2010, § 4 Rn. 49.

ter: Sie erlauben Abweichungen bzw. Ausnahmen von den normativ aufgestellten Schutzstandards nur, wenn qualifizierte öffentliche Belange[72] für eine Abweichung bzw. eine Ausnahme sprechen. Die zuständige Behörde prüft demgemäß im Rahmen der Abweichungsentscheidung nach § 34 Abs. 3 und Abs. 4 BNatSchG, ob zwingende Gründe des öffentlichen Interesses die Belastung eines FFH-Gebiets rechtfertigen können.[73] Parallel hierzu untersucht sie im Fall artenschutzrechtlich relevanter Beeinträchtigungen, ob Ausnahmen nach § 45 BNatSchG erteilt werden können, wobei § 45 Abs. 7 BNatSchG in der Praxis wohl die größte Bedeutung besitzt.[74] Auch die Ausnahmeoptionen des § 45 Abs. 7 BNatSchG können letztlich – abgesehen von § 45 Abs. 7 Nr. 1 BNatSchG –[75] auf einen gemeinsamen Nenner verdichtet werden: Es sind alles »zwingende Gründe des überwiegenden öffentlichen Interesses«. Hierfür spricht bereits der Wortlaut des § 45 Abs. 7 Nr. 5 BNatSchG (»aus *anderen* zwingenden Gründen des überwiegenden öffentlichen Interesses«[76]) in Zusammenschau mit seiner systematischen Stellung im Reigen der zulässigen Ausnahmetatbestände nach Abs. 7.[77]

Die Prüfung der zwingenden Gründe des öffentlichen Interesses läuft sowohl bei der habitatschutzrechtlichen als auch bei der artenschutzrechtlichen Prüfung nach ähnlichen Regeln ab[78] und mündet nach der Rechtsprechung des BVerwG in einer Abwägungsentscheidung.[79] In dieser Abwägungsentscheidung ist das Integritätsinteresse jeweils dem überwiegenden öffentlichen Interesse an der Verwirklichung des verletzenden Vorhabens

72 Abweichend von diesem Grundmuster können etwa zum Schutz des privaten Eigentums Ausnahmen nach § 45 Abs. 7 Nr. 1 BNatSchG erteilt werden; vgl. *Gellermann*, in: Beckmann/Durner/Mann/Röckinghausen (Hrsg.), Landmann/Rohmer, UmweltR, BNatSchG, § 45 Rn. 20.

73 BVerwG v. 17.01.2007, 9 A 20/05, BVerwGE 128, 1, Rn. 112 ff.; Schmidt/Kahl/Gärditz, Umweltrecht, 9. Aufl. 2014, § 10 Rn. 93.

74 *Lütkes*, in: Lütkes/Ewer, BNatSchG, 2. Aufl. 2016, § 45 Rn. 26; *Fellenberg,* in: Kerkmann (Hrsg.), Naturschutzrecht in der Praxis, 2. Aufl. 2010, § 7 Rn. 141.

75 *Gellermann*, in: Beckmann/Durner/Mann/Röckinghausen (Hrsg.), Landmann/Rohmer, UmweltR, BNatSchG, § 45 Rn. 20, *Gassner/Heugel*, Naturschutzrecht, 2010, Rn. 597.

76 Hervorhebung nicht im Original.

77 *Fellenberg*, in: Kerkmann (Hrsg.), Naturschutzrecht in der Praxis, 2. Aufl. 2010, § 7, Rn. 141.

78 *Gellermann*, in: Beckmann/Durner/Mann/Röckinghausen (Hrsg.), Landmann/Rohmer, UmweltR, BNatSchG § 45 Rn. 24.

79 BVerwG v. 09.07.2009, 4 C 12/07, BVerwGE 134, 166, Rn. 12 ff.

gegenüberzustellen.[80] Obschon bei der erforderlichen Auseinandersetzung von Für und Wider die Beurteilung der Beeinträchtigung des jeweiligen Schutzobjekts in qualifizierter und quantitativer Hinsicht vorzunehmen ist und eine differenzierte Betrachtung der Bedeutung des Schutzobjekts im europäischen, nationalen und regionalen Maßstab gefordert wird,[81] gelangt das BVerwG hier lediglich zu einer nachvollziehenden Abwägung.[82] Um eine in sich konsistente Rechtsprechung zu ermöglichen, hätte es nähergelegen, die zweifelsohne in diesem Bereich des Naturschutzrechts ebenfalls notwendige naturschutzfachliche Aufarbeitung der Entscheidungsgrundlagen zum Anlass zu nehmen, um auch hier zu einer mit Freiräumen versehenen Abwägungsentscheidung zu gelangen oder aber – und dies erscheint wohl sachgerechter –[83] die Vorgaben der naturschutzspezifischen Abwägung im Rahmen des § 15 Abs. 5 BNatSchG den engen Maßstäben des Habitat- und Artenschutzrechts zu unterwerfen.

### *IV. Einbruchsstellen der Adaption im Abwägungsprozess*

Nachdem dargestellt wurde, dass im Umwelt- und Planungsrecht die »Abwägung« mit divergierenden Bedeutungen belegt ist und die jeweiligen Abwägungsprozesse ganz unterschiedliche – zum Teil auch keine – Gestaltungsmöglichkeiten eröffnen,[84] soll im Folgenden der Frage nachgegangen werden, welche »Bedürfnisse« eine adaptive Verwaltungstätigkeit hat und welchen dieser Anforderungen die Abwägung gerecht werden könnte.

80 OVG Berlin-Brandenburg v. 05.07.2007, OVG 2 S 25.07, ZUR 2008, 34 (38); *Ewer*, in: Lütkes/Ewer, BNatSchG, 2. Aufl. 2016, § 34 Rn. 49 f.

81 BVerwG v. 12.03.2008, 9 A 3/06, BVerwGE 130, 299, Rn. 154 ff.

82 BVerwG v. 27.10.2000, 4 A 18/99, BVerwGE 112, 140 (164); BVerwG v. 09.07.2009 - 4 C 12/07, BVerwGE 134, 166, Rn. 13..

83 Siehe die Ausführungen in diesem Gliederungsabschnitt.

84 Siehe die obigen Ausführungen unter III.

## 1. Begriffsbildung und Merkmale der Adaption

a) Die »Adaption« ist dem Risikoverwaltungsrecht aus der Debatte um den Klimawandel bekannt.[85] Von der juristischen Warte aus wird sie dort in Abgrenzung zum »Klimaschutz« herangezogen, um Verwaltungstätigkeiten zu beschreiben, die sich mit der Bewältigung des fortschreitenden, aber in seinen Konturen noch ungewissen Klimawandels beschäftigen.[86] Obschon der Adaptionsbegriff innerhalb des Klimawandeldiskurses seinen festen Platz gefunden hat, muss er nicht hierauf beschränkt bleiben. Er eignet sich durchaus, ganz allgemein diejenigen Verwaltungsaktivitäten sprachlich in sich aufzunehmen, die von der Exekutive bei unsicheren, entwicklungsoffenen Sachverhalten gefordert sind. Adaptionsleistungen der Verwaltung könnte man z.B. auch bei der Planung und Genehmigung der nunmehr dringend zu ertüchtigenden Energieinfrastruktur erhoffen.
b) Die Anforderungen, die ein adaptionsfähiges Verwaltungsrecht erfüllen muss, sind in der Literatur schon mehrfach benannt worden.[87] Thematisch kann man sie auf vier Kategorien zusammenführen: Zu Beginn bedarf es auf Seiten des administrativen Entscheidungsträgers eines hinreichenden Adaptionsbewusstseins.[88] Der Handelnde muss erkennen, dass er eine adaptive Kompetenz in den Entscheidungsprozess einbringen muss.[89]

---

85 *Ritter*, Klimawandel – eine Herausforderung an die Raumplanung, RuR 2007, 531; *Fröhlich*, Klimaanpassung im administrativen Diskurs – das Verhältnis von Verwaltungsakteuren zu unsicherem wissenschaftlichen Wissen, ZfU 2009, 325 (330 ff).

86 *Knopp/Hoffmann*, Zum Gebot der Anpassung an unvermeidliche Folgen des Klimawandels, EurUP 2008, 54, 55 u. 58; *Köck*, Klimawandel und Recht, ZUR 2007, 393, 394; *Mitschang*, Die Belange von Klima und Energie in der Bauleitplanung, NuR 2008, 601, 602; *Fleischhauer/Bornefeld*, Klimawandel und Raumplanung – Ansatzpunkte der Raumordnung und Bauleitplanung für den Klimaschutz und die Anpassung an den Klimawandel, RuR 2006, 161, 162.

87 Siehe etwa *Hoffmann-Riem*, Risiko- und Innovationsrecht im Verbund, Verw 38 (2005), 145; *Appel*, in: Schmidt-Aßmann/Hoffmann-Riem (Hrsg.), Methoden der Verwaltungsrechtswissenschaft, 2004, S. 327.

88 *Kment*, Anpassung an den Klimawandel – Internationaler Rahmen, europäische Strategische Adaptionsprüfung und Fortentwicklung des nationalen Verwaltungsrechts, JZ 2010, 62 (68).

89 *Brenner/Nehrig*, Das Risiko im öffentlichen Recht, DÖV 2003, 1024 (1027); *Hecht*, Anpassung an den Klimawandel – Herausforderungen für Gesellschaft, Wirtschaft und Staat, RuR 2009, 157, 164; *Kment*, Raumplanung unter Ungewissheit, ZUR 2011, 127 (128).

Ein weiterer Aspekt ist die notwendige Wissensgenerierung: Um Ungewissheiten entgegenzuwirken, sollte die zuständige Verwaltung alle Wissenskanäle öffnen, den erforderlichen Wissenserwerb möglichst breit anlegen, strukturiert agieren sowie für einen problemlosen Informationsaustausch sorgen.[90] Hierzu gehört in letzter Konsequenz auch, über den Grad verbliebener Unwissenheit zu informieren, um die Stabilität der Entscheidungsgrundlage deutlich zu machen.

Eng mit der Wissensgenerierung verbunden ist die Ermittlung und Bewertung von Ungewissheitsfaktoren. Hierdurch wird die Exekutive in die Lage versetzt, die bestehenden Unwägbarkeiten zu erkennen und administrativ zu bewältigen.[91] Häufig kann es noch an gesicherten Erfahrungswerten fehlen, um eine Prognose zu ermöglichen oder die angehäuften Informationen zu bewerten. In dieser Situation müssen bereichsspezifisch Methoden, Kriterien und Parameter definiert bzw. erarbeitet werden, um den noch vagen Prüfungsprozess zu rationalisieren wie auch transparent und damit nachvollziehbar zu gestalten.[92] Um dem Adaptionsgedanken Rechnung zu tragen, sollte die Zukunftsfähigkeit der Entscheidung zu einem wichtigen Kriterium erhoben werden. Letzteres setzt voraus, dass im Verfahren der Wissensgenerierung die potenziellen Folgen der fraglichen Exekutiventscheidung – auch mit Blick auf Synergieeffekte und Konfliktpotenziale, ggf. auch in Bezug auf andere exekutive und private Vorhaben – möglichst frühzeitig erforscht werden.[93] Selbstredend bedarf die Erarbeitung entscheidungsanleitender Faktoren einer Nachbesserung, wenn sich während des

---

90 *Voßkuhle*, Neue Verwaltungsrechtswissenschaft, in: Hoffmann-Riem/Schmidt-Aßmann/Voßkuhle (Hrsg.), Grundlagen des Verwaltungsrechts Band 1, 2. Aufl. 2012, § 1 Rn. 29; *Overbeck/Hartz/ Fleischhauer*, Ein 10-Punkte-Plan „Klimaanpassung", IzR 2008, 363 (368 f.); *Ladeur*, in: Hoffmann-Riem/Schmidt-Aßmann (Hrsg.), Verwaltungsrecht in der Informationsgesellschaft, 2000, S. 225 (235).

91 *Kment*, Anpassung an den Klimawandel – Internationaler Rahmen, europäische Strategische Adaptionsprüfung und Fortentwicklung des nationalen Verwaltungsrechts, JZ 2010, 62 (69); *Greiving*, in: Karl/Pohl (Hrsg.), Raumorientiertes Risikomanagement in Technik und Umwelt, 2003, S. 114, 125 ff.; *Rengeling*, Risikoanalyse im europäischen Verwaltungs- und Verfassungsrecht, in: Festschrift für Isensee, 2007, S. 793 (795).

92 *Smeddinck*, Klima, Risiko, Hochwasserschutz und Integriertes Küstenzonenmanagement, UPR 2006, 174 (176 f.); *Wahl/Appel*, in: Wahl (Hrsg.), Prävention und Vorsorge, 1995, S. 107; *Brenner/Nehrig*, Das Risiko im öffentlichen Recht, DÖV 2003, 1024 (1028).

93 *Appel*, Methoden des Umgangs mit Ungewissheit, in: Schmidt-Aßmann/Hoffmann-Riem (Hrsg.), Methoden der Verwaltungsrechtswissenschaft, S. 327 (342 u.

Verwaltungsvollzugs oder durch ein Monitoring neue Erkenntnisse einstellen.

Schließlich können sich Adaptionsmaßnahmen nur dann in einem rechtlichen Rahmen gut entwickeln, wenn das Recht optionsorientiert ist und anerkennt, dass es vorläufig mehrere richtige Entscheidungen geben kann.[94] Das Verwaltungsverfahren agiert tendenziell experimentell; es untersteht einem omnipräsenten Revisionsvorbehalt und unterwirft sich stetigen Selbstkontrollen, um von sich selbst zu lernen – also Erfahrungswissen anzusammeln – und um auf neue Erkenntnisse durch Nachbesserungen zu reagieren.[95] Das Verwaltungsverfahren als »Realexperiment«[96] beschreibt die einzunehmende Grundhaltung der agierenden Entscheidungsträger: Es wird also nicht unmittelbar der Endpunkt gesucht, sondern Zwischenschritte zur Zielerreichung akzeptiert, um sich Handlungs- und Wahlmöglichkeiten zu erhalten.[97]

---

353); *Voßkuhle*, Neue Verwaltungsrechtswissenschaft, in: Hoffmann-Riem/Schmidt-Aßmann/Voßkuhle (Hrsg.), Grundlagen des Verwaltungsrechts, Band 1, 2. Aufl. 2012, § 1 Rn. 32 ff; *Kment*, Anpassung an den Klimawandel – Internationaler Rahmen, europäische Strategische Adaptionsprüfung und Fortentwicklung des nationalen Verwaltungsrechts, JZ 2010, 62 (70).

94 *Scherzberg*, in: Engel/Halfmann/Schulte (Hrsg.), Wissen – Nichtwissen – Unsicheres Wissen, 2002, S. 113 (124); *Spiecker genannt Döhmann*, in: Lege (Hrsg.), Gentechnik im nicht-menschlichen Bereich, 2001, S. 51 (77); *Hoffmann-Riem*, Risiko- und Innovationsrecht im Verbund, Verw 38 (2005), 145 (174 f.); *Kment*, Raumplanung unter Ungewissheit, ZUR 2011, 127 (128 f.).

95 *Köck*, in: Hoffmann-Riem/Schmidt-Aßmann/Voßkuhle (Hrsg.), Grundlagen des Verwaltungsrechts, Bd. II, 2. Aufl. 2012, § 37 Rn. 5; *Greiving*, in: Karl/Pohl (Hrsg.), Raumorientiertes Risikomanagement in Technik und Umwelt, 2003, S. 128; *Hoffmann-Riem*, Risiko- und Innovationsrecht im Verbund, Verw 38 (2005), 145 (154); *Ladeur,* Der Staat der „Gesellschaft der Netzwerke". Zur Notwendigkeit der Fortentwicklung des Paradigmas des „Gewährleistungsstaates", Der Staat 49 (2009), 163 (174 f.).

96 *Ladeur*, in: Hoffmann-Riem/Schmidt-Aßmann (Hrsg.), Innovation und Flexibilität des Verwaltungshandelns, 1994, S. 111 (126 ff.); *Kment*, Anpassung an den Klimawandel – Internationaler Rahmen, europäische Strategische Adaptionsprüfung und Fortentwicklung des nationalen Verwaltungsrechts, JZ 2010, 62 (70).

97 *Kment*, Anpassung an den Klimawandel – Internationaler Rahmen, europäische Strategische Adaptionsprüfung und Fortentwicklung des nationalen Verwaltungsrechts, JZ 2010, 62 (70).

## 2. Adaptionsbewusstsein

Legt man diese Adaptionsbedingungen als Matrix über die Bausteine der Abwägung, darf man zunächst attestieren, dass die Eröffnung einer Abwägungsentscheidung nicht *per se* ein Garant für ein notwendig anzutreffendes Adaptionsbewusstsein des Entscheidungsträgers ist. Liegt dieses Bewusstsein nicht schon vor und wird es auch nicht intern durch Verwaltungsvorschriften oder Fortbildungen erzeugt, muss eine adaptionsförderliche Entscheidungshaltung entweder von außen an die zuständigen Stellen herangetragen werden – etwa im Rahmen einer Öffentlichkeitsbeteiligung, eines Erörterungstermins oder eines Anhörungsverfahrens –; sie kann aber auch gesetzlich eingefordert werden.[98] Ein Paradebeispiel für gesetzliche Impulse sind lange Auflistungen zu berücksichtigender Belange, in deren (nicht notwendig geschlossenen)[99] Reihen sich zum Beispiel Hinweise auf die erforderliche Anpassung an den Klimawandel finden (§ 2 Abs. 2 ROG; § 1a Abs. 5 BauGB).[100] Zum Teil ist dieser öffentliche Belang sogar zu ei-

98 Der Plangeber muss beispielsweise im Rahmen der Bauleitplanung die Klimaanpassung in seine Planungsentscheidung einbeziehen; vgl. etwa *Jarass/Kment*, BauGB, 2013, § 1a Rn. 21.

99 In vielen umwelt- und planungsrechtlichen Regelwerken sind die gesetzlichen Positivlisten öffentlicher Belange offen formuliert. Mit der Wortwahl „insbesondere" macht der Gesetzgeber deutlich, dass trotz der mitunter gewaltigen Anzahl an aufgezählten Belangen noch weitere in die Entscheidung eingestellt werden können. Vgl. hierzu *Rieger*, in: Schrödter (Hrsg.), BauGB, 8. Aufl. 2015, § 35, Rn. 92; *Söfker,* in: Ernst/Zinkahn/Bielenberg/Krautzberger, BauGB, § 1, Rn. 108; *Jarass/Kment*, BauGB, 2013, § 1 Rn. 42.

100 Vgl. dazu *Söfker*, Das Gesetz zur Neufassung des Raumordnungsgesetzes, UPR 2009, 161 (163); *Durner*, Das neue Raumordnungsgesetz, NuR 2009, 373 (378). Die in § 2 Abs. 2 ROG angesprochenen Grundsätze der Raumordnung sind gem. § 4 Abs. 1 S. 1 ROG bei Abwägungs- oder Ermessensentscheidungen zu berücksichtigen. Demnach fließen sie in ihrer Eigenschaft, grundlegende Aussagen zu typischen raumordnerischen Problemen zu transportieren, als Belange in eine nachfolgende Abwägungs- oder Ermessensentscheidung ein und werden auf der Grundlage des ihnen zukommenden Gewichts zu einem Ausgleich gebracht; vgl. dazu *Kment*, Bindungswirkung der Grundsätze der Raumordnung gegenüber Personen des Privatrechts, NVwZ 2004, 155 (156); *Hoppe*, Zur Abgrenzung der Ziele der Raumordnung (§ 3 Nr. 2 ROG) von Grundsätzen der Raumordnung (§ 3 Nr. 3 ROG) durch § 7 Abs. 1 S. 3 ROG, DVBl 1999, 1457 (1458).

nem Planungsgrundsatz erhoben worden und liefert in dieser Rolle als gesetzliche Zielvorgabe Orientierungs- und Leitlinien der Abwägung (vgl. § 1 Abs. 5 S. 2 BauGB).[101]

### 3. Generierung fehlenden Wissens

Hinsichtlich der Wissensgenerierung dürfte die Abwägung weder besonderen Hindernissen ausgesetzt sein noch besondere Vorteile genießen. In Fällen einer nachvollziehenden Abwägung ist sie verfahrensrechtlich durch den Amtsermittlungsgrundsatz abgesichert (vgl. § 24 VwVfG).[102] In den übrigen Fällen, in denen eine mit Gestaltungsspielraum angereicherte Abwägungsentscheidung in Rede steht, fordert das BVerwG in ständiger Rechtsprechung die Ermittlung aller Belange, die nach Lage der Dinge für die Entscheidung von Bedeutung sind.[103] Der Ermittlungsumfang orientiert sich dabei an den Besonderheiten des Einzelfalls: Je elementarer und potenziell bedeutsamer der Belang ist und je schwerwiegender die von der Entscheidung hervorgerufenen Auswirkungen für diesen Belang zu sein scheinen, umso mehr Ermittlungssensibilität und -intensität sind zu fordern und desto mehr Ermittlungsaufwand ist zu betreiben.[104] Die Ermittlungsbemühungen müssen zudem dann erhöht werden, wenn die Hinweislage im Zeitpunkt der Entscheidungsfindung besonders dicht ist.[105] Aus Gründen der Kostenintensität ist jedoch eine Untersuchungspflicht »ins Blaue hinein« nicht erforderlich.[106] Wenig adaptionsförderlich ist, dass die Judikative

---

101 Siehe hierzu *Jarass/Kment*, BauGB, 2013, § 1 Rn. 27 f.; *Söfker*, in: Ernst/Zinkahn/Bielenberg/Krautzberger, BauGB, § 1 Rn. 107a.

102 *Kallerhoff*, in: Stelkens/Bonk/Sachs (Hrsg.), Verwaltungsverfahrensgesetz, 8. Aufl. 2014, § 24 Rn. 1 ff.; Engel/Pfau, in: Mann/Sennekamo/Uechtritz (Hrsg.), Verwaltungsverfahrensgesetz, 2014, § 24 Rn. 1 ff.

103 BVerwG v. 05.07.1974, 4 C 50/72, NJW 1975, 70, 74; *Jarass/Kment*, BauGB, 2013, § 1 Rn. 79; *Söfker*, in: Ernst/Zinkahn/Bielenberg/Krautzberger, BauGB, § 1, Rn. 188.

104 *Jarass/Kment*, BauGB, 2013, § 1 Rn. 80; *Kallerhoff*, in: Stelkens/Bonk/Sachs (Hrsg.), Verwaltungsverfahrensgesetz, 8. Aufl. 2014, § 24 Rn. 26.

105 *Finkelnburg/Ortloff/Kment*, Öffentliches Baurecht, 6. Aufl. 2011, § 5 Rn. 50; *Hoppe*, in: Hoppe/Bönker/Grotefels, Öffentliches Baurecht, 4. Aufl. 2010, § 7, Rn. 47; *Jarass/Kment*, 2013, BauGB, § 1 Rn. 80.

106 BGH v. 26.01.1989, III ZR 194/87, NJW 89, 976 (977); BGH v. 21.02.1991, III ZR 245/89, NJW 91, 2701 (2702); *Rieger*, in Schrödter (Hrsg.), BauGB, 8. Aufl. 2015, § 1 Rn. 582.

auch die Nichtbeachtung solcher Interessen für unschädlich erklärt, die für die abwägende Gemeinde nicht erkennbar waren und die sie – etwa weil sie nicht im Beteiligungsverfahren vorgetragen wurden – auch nicht zu erkennen brauchte.[107] Diese Rücknahme der Suchbemühungen steht sicherlich in einem latenten Spannungsverhältnis zu adaptionsfördernden Planungsgrundsätzen und Planungsleitlinien;[108] in jedem Fall schwächt sie die für eine effektive Adaption erforderlichen Impulse ab, Ungewissheiten mit Nachdruck auf den Grund zu gehen.

### 4. Bewertung von Ungewissheiten, insbesondere Zukunftsausrichtung

Auch die Bewertung von Ungewissheiten ist der Abwägung nicht *per se* fremd. Geht es um die Ermittlung zukünftiger Belange und Sachverhalte, hatten die Entscheidungsträger im Rahmen von Abwägungsentscheidungen auch bisher schon eine Prognoseentscheidung oder Schätzung vorzunehmen.[109] Allerdings existieren nur in den wenigsten Fällen gesicherte Kriterien- oder Methodenkataloge, welche die Verwaltung durch den Entscheidungsprozess begleiten und bei ihrer notwendigen Beurteilungstätigkeit ausrichten sowie entlasten können.[110] Im Bereich des Wasserrechts, speziell auch beim Hochwasser- und Küstenschutz, sind solche Vorgaben anzutreffen.[111] Im Übrigen hat die Rechtsprechung die administrativen Akteure nur auf Schlüssigkeitskriterien der Rationalität, Plausibilität oder Vertretbarkeit verpflichtet;[112] bereichsspezifische Wertungen wurden jedoch nicht vorgegeben. Auch eine Pflicht zur Restitution bei Prognosefehlern wurde bislang

107 BVerwG v. 13.09.1985, 4 C 64/80, NVwZ 86, 740(741); *Gaentzsch*, in: Schlichter/Stich/Driehaus/Paetow (Hrsg.), Berliner Kommentar, BauGB, § 1, Rn. 80; *Lege,* Abkehr von der "sog. Abwägungsfehlerlehre"?, DÖV 2015, 361 (364 f., 370).

108 Siehe die obigen Ausführungen unter II. und III, 1.

109 BVerwG v 07.07.1978, IV C 79.76, BVerwGE 56, 110 (121 f.); BVerwG v. 17.04.2002, 9 CN 1/01, BVerwGE 116, 188 (190 ff.); BVerwG v. 20.04.2005, 4 C 18/03, BVerwGE 123, 261 (274 f.).

110 *Kment*, Raumplanung unter Ungewissheit, ZUR 2011, 127 (131).

111 Vgl. dazu *Kment*, Anpassung an den Klimawandel – Internationaler Rahmen, europäische Strategische Adaptionsprüfung und Fortentwicklung des nationalen Verwaltungsrechts, JZ 2010, 62 (67, 69).

112 BVerwG v. 07.07.1978, IV C 79/76, BVerwGE 56, 110 (121); BVerwG v. 26.03.1981, 3 C 134/79, BVerwGE 62, 86 (107 f); BVerwG v. 30.05.1984, 4 C 58/81, BVerwGE 69, 256 (272); BVerwG v. 16.09.2014 – 4 BN 11/14, Juris Rn.

– soweit ersichtlich – nicht durch die verwaltungsrechtlichen Höchstgerichte eingefordert, sondern lediglich in der Literatur angesprochen.[113]

Das identifizierte Steuerungsdefizit spricht jedoch nicht grundsätzlich gegen eine Eignung der Abwägung, die Bewertung von Ungewissheiten und in ihrem Rahmen die Ausrichtung auf eine zukunftsorientierte Entscheidungsfindung zu bewerkstelligen.

Die in ihrer Grundanlage taugliche Handlungsform bedarf lediglich einer legislativen Ertüchtigung;
der Gesetzgeber ist aufgerufen, Faktoren zu definieren, die die Prognose in die gewünschten Bahnen lenkt und zugleich eine stetig neue Strukturierung und Ergänzung des Kriterienkatalogs erlaubt.

### 5. Flexibilität

Das Flexibilitätspotenzial ist unmittelbar an die Fülle des Gestaltungsspielraums geknüpft. Gerade bei planerischen Abwägungsentscheidungen liegt hier der Nährboden, um kreativ über Gestaltungsalternativen und Vorhabenvarianten nachzudenken, die modernen Adaptionsstandards entsprechen und Handlungsoptionen in der Zukunft offenlassen; der stärkere Gebrauch von Qualitätszielen bzw. Finalnormen wäre ebenfalls eine denkbare Option.[114] Aber auch bei kleineren gestalterischen Bewegungsräumen liefert die Abwägung einen Rahmen, um etwa über zeitlich bedingte Nutzungsrechte, dynamische Anforderungen an Vorhaben oder ein stufen- bzw. schrittweises Realisieren bzw. Genehmigen von Vorhaben nachzudenken.[115]

---

6; vgl. auch *Hoppe*, in: Hoppe/Bönker/Grotefels, Öffentliches Baurecht, 4. Aufl. 2010, § 7, Rn. 107 ff.

113 *Hoppe*, in: Hoppe/Bönker/Grotefels, Öffentliches Baurecht, 4. Aufl. 2010, § 7 Rn. 109.

114 *Köck*, in: Hoffmann-Riem/Schmidt-Aßmann/Voßkuhle (Hrsg.), Grundlagen des Verwaltungsrechts, Bd. II, 2. Aufl. 2012, § 37 Rn. 6; *Rehbinder*, Festlegung von Umweltzielen, NuR 1997, 313 (315 ff.); *Reese*, Qualitätsorientierung im Umweltrecht, in: Oldiges (Hrsg.), Umweltqualität durch Planung, 2006, S. 25 ff.

115 *Reese*, Deutsche Anpassungsstrategie an den Klimawandel, ZUR 2009, 113 (114); *Ritter*, Klimawandel – eine Herausforderung an die Raumplanung, RuR 2007, 531 (536); *Kment*, Raumplanung unter Ungewissheit, ZUR 2011, 127 (131); *Mitschang*, Die Belange von Klima und Energie in der Raumordnung, DVBl 2008, 745 (753).

Allerdings ist zu beobachten, dass mit einer Zunahme des Abwägungsaufwands die unter Adaptionsgesichtspunkten dringend notwendige Bereitschaft zu Modifikationen der erzielten Entscheidung schwindet. Kern der Trägheit dürfte die Scheu vor dem zu erwartenden Verwaltungsaufwand sein, der bereits bei der Änderung kleinerer Bauleitpläne nicht zu unterschätzen ist.[116] Hier könnte eine Entschlackung der Verfahrensanforderungen hilfreich sein. Bleibt das Verfahren jedoch zu schwerfällig, um auf neue Erkenntnisse, die zum Beispiel durch ein breit angelegtes Monitoring ermittelt werden,[117] zügig zu reagieren, sollte es Ziel des Entscheidungsträgers sein, unmittelbar in den überwiegend veränderungsträgen Entscheidungen Flexibilitätspotenziale zu verankern. Eine Vorhabengestaltung, die mehrere Handlungsoptionen in der Zukunft belässt, wäre anzustreben; hierdurch können die Chancen steigen, Fehlentwicklungen nicht nur durch eine Aufhebung oder Änderung der Verwaltungsentscheidung zu begegnen, sondern den vorgefundenen Zustand kompensierend weiterzuentwickeln. Bei mit größerem Gestaltungspotenzial versehenen Abwägungsentscheidungen ist insbesondere daran zu denken, Risikozuschläge in die Entscheidung einfließen zu lassen oder der Zukunftsfähigkeit einzelner Planungsvarianten ein eigenständiges rechtliches Gewicht beizumessen, um flexiblen Alternativen zu einer stärkeren rechtlichen Durchsetzungsfähigkeit zu verhelfen.[118]

## *V. Resümee*

Überlegungen zur adaptiven Abwägung sind mit diesem Beitrag keineswegs abgeschlossen, sie sollten vielmehr angestoßen werden. Zielsetzung der Abhandlung war zunächst herauszustellen, dass die Abwägung viele Spielarten kennt und teilweise hinter einer Begriffsfassade gar nicht anzutreffen ist. Außerdem sollten die Anteile der Abwägung benannt werden, die adaptive Potenziale besitzen. Ob die Rechtswissenschaft in der Zukunft

---

116 Gem. § 1 Abs. 8 BauGB unterliegt die Änderung von Bauleitplänen denselben Regeln wie seine erstmalige Aufstellung. Allerdings ergeben sich Erleichterungen gem. §§ 13, 13a BauGB; vgl. dazu *Jarass/Kment,* BauGB, 2013, § 1 Rn. 90.

117 Im Rahmen der Bauleitplanung ist insofern § 4c BauGB zu beachten. Siehe hierzu auch BVerwG v. 30.12.2009, 4 BN 13/09, ZfBR 2010, 272 (273).

118 *Greiving*, in: Jarass (Hrsg.), Wechselwirkungen zwischen Raumplanung und Wasserwirtschaft, 2008, S. 393 (397); *Kment*, Anpassung an den Klimawandel – Internationaler Rahmen, europäische Strategische Adaptionsprüfung und Fortentwicklung des nationalen Verwaltungsrechts, JZ 2010, 62 (70).

auf eine leidenschaftliche Liebesbeziehung beider Erscheinungsformen (Abwägung und Adaption) zusteuern wird oder ob dies nur eine flüchtige Bekanntschaft bleibt, vermag aktuell nicht prognostiziert zu werden. Eine nähere Betrachtung der weiteren Entwicklung dürfte sich aber jedenfalls lohnen.

# Zukunftsorientierte Evaluation

*Margrit Seckelmann*

## *I. »Zukunftsorientierte Evaluation« – Pleonasmus oder Oxymoron? Zur Einleitung*

»Zukunftsorientierte Evaluation«: Ist das ein Oxymoron oder ein Pleonasmus? Jedenfalls dann, wenn man – wie es oft geschieht – Evaluation als *ex-post-* oder als retrospektive Betrachtung eines Prozesses ansieht, scheinen die beiden Worte auf den ersten Blick im Widerstreit zu stehen. Dieses spräche für ein *Oxymoron*, also einen Widerspruch in sich.

*Anders* wird es jedoch dann, wenn man sich vergegenwärtigt – wie es im Rahmen dieses Beitrags geschehen soll – dass Evaluation dann immer auch eine Zukunftskomponente hat, wenn man sie als die Bewertungsphase im Rahmen eines *policy cycle* ansieht, die der Entscheidung über die Fortsetzung, Modifikation oder Beendigung eines politischen Programmes vorgeschaltet ist. Denn in der Praxis läuft es oft auf eine (modifizierte) Fortsetzung hinaus.

Zum *Pleonasmus* wird der Ausdruck »zukunftsorientierte Evaluation« dann, wenn man unter das Wort »Evaluation« auch die Gesetzesfolgenabschätzung subsumiert, wie es etwa die Europäische Kommission mithilfe des Wortes »*ex ante*-Evaluation« tut. Denn dann betrifft die Evaluation die Zukunft, ist also notwendigerweise zukunftsorientiert.

Dieses ist hier aber nicht gemeint. Es geht vielmehr um die Frage, wie man die begleitende (*in itinere*-) oder die retrospektive (*ex post*-)Evaluation von politischen Programmen »zukunftsfreundlicher« gestalten kann.[1] Daher werde ich mich nachfolgend auf diese Evaluationsformen beschränken und untersuchen, was an diesen (nicht) zukunftsorientiert ist bzw. wie man deren Zukunftsorientierung verbessern könnte.

Das Wort Evaluation hat sich inzwischen in der deutschen Sprache etabliert, es wurde aber vor allem als *policy evaluation* aus dem angloamerikanischen Raum rezipiert.[2]

---

1 Ähnlich *Hermann Hill*: Zukunftsfähige Verwaltungsentwicklung. Ein Aufruf zur Gestaltung, in: Jahrbuch der Schweizerischen Verwaltungswissenschaften 2014, S. 11 – 25.

2 Näheres bei *Margrit Seckelmann*: Evaluation und Recht. Strukturen, Prozesse und Legitimationsfragen staatlicher Wissensgewinnung am Beispiel der (Wissenschafts-)Evaluation, Tübingen 2016 (i. E.), dort § 5.

Sein Wortstamm kommt aus dem Lateinischen: *valere* (wertschätzen).[3] Als *évaluer* (einschätzen, bewerten) ist er wohl zum ersten Mal in der französischen Sprache im heutigen Verständnis benutzt worden.[4]

Obwohl dieser Begriff inzwischen fast schon inflationär verwendet wird (nämlich in der Tat als Synonym für Einschätzen oder Bewerten[5]) ist er im verwaltungswissenschaftlichen Diskurs etwas enger zu verstehen. Dazu trägt auch bei, dass unter »Evaluation« sowohl der *Vorgang* (gelegentlich auch »Evaluierung« genannt) als auch das *Ergebnis* einer Bewertung verstanden werden kann.[6] Nachfolgend soll der Begriff der »Evaluation«, dem allgemeinen Sprachgebrauch folgend, sowohl als *Verfahrensbegriff* als auch als *Ergebnisbegriff* verstanden werden, was auch dem allgemeinen Sprachgebrach entspricht.[7]

Vollzugsanalysen sind zu unterscheiden in 1. *ongoing-* (bzw. *in itinere-*[8] oder *begleitende*) *Evaluationen* und 2. *ex post-* (bzw. retrospektive) Evaluationen, je nachdem, an welcher Stelle des sogleich vorzustellenden *policy cycle* die Evaluation stattfindet.[9] Hierbei ist die in der Diskussion vertretene Terminologie keinesfalls einheitlich: So versteht etwa *Carl Böhret* und sein

---

3 *Wolfgang Meyer* differenziert genauer in lateinisch *„valor"* (Wert) und der Vorsilbe *„ex"* (aus) und übersetzt Evaluation folgerichtig mit „einen Wert aus etwas ziehen", vgl. *ders.*: Was ist Evaluation? (= CEVAL Arbeitspapier Nr. 5), Saarbrücken 2002, S. 2.

4 *Seckelmann* (Fn. 2), § 5; *dies.*: Evaluationen und deren mögliche finanzielle Konsequenzen, in: Christian Berthold/Brigitte Tag/Hanns H. Seidler/Günter Scholz (Hrsg.), Handbuch Praxis Wissenschaftsfinanzierung, Berlin/Stuttgart [2009], A 1.13.

5 So werden heute im Internet auf den Bewertungsseiten teilweise schon Einkäufe „evaluiert".

6 *Margrit Seckelmann*: Rechtliche Rahmenbedingungen von Evaluationen, in: Winfried Benz/Jürgen Kohler/Klaus Landfried (Hrsg.), Handbuch Qualität in Studium und Lehre, Berlin/Stuttgart [2010], A 1.3, S. 7. Zu den zahlreichen Ansätzen und Methoden(streitigkeiten) in der Evaluationsforschung vgl. insbesondere *Barbara Lee*: Theories of Evaluation, in: Reinhard Stockmann (Hrsg.), Evaluationsforschung, Opladen 2000, S. 127 – 164.

7 Etwa beim Begriff „Lehrevaluation" in BVerfGE 111, 333.

8 Dieser lateinische Begriff, der besser als der englische Begriff *„ongoing"* zu den anderen beiden lateinischen Begriffen passt, findet sich etwa bei *Cristina Fraenkel-Haeberle*: Die Universität im Mehrebenensystem. Modernisierungsansätze in Deutschland, Italien und Österreich, Tübingen 2014.

9 Dazu Näheres bei *Seckelmann* (Fn. 2), § 5.

Schülerkreis[10] unter einer »begleitenden Gesetzesfolgenabschätzung« (bGFA) die Analyse eines Gesetzentwurfs, was man wohl eher als eine Spezialform einer *ex ante-Evaluation* nach der gängigen Diktion, etwa der EU-Kommission[11], ansehen dürfte.

*Ongoing*-Evaluationen werden, wenn sie kontinuierlich oder in regelmäßigen Abständen erfolgen, auch *monitoring* genannt. Für die begleitende Evaluation von Gesetzen hat sich auch der – betriebswirtschaftlich beeinflusste – Begriff des *Gesetzescontrollings*[12] etabliert. Dieses soll an dieser Stelle nicht weiter vertieft werden.[13] Vielmehr sollen nunmehr begleitende und retrospektive Evaluationen bezogen auf ihre »Zukunftsgerichtetheit« untersucht werden.

## *II. Das der (Policy-)Evaluation zugrunde liegende Modell und die Kritik daran*

Die Probleme einer gewissen »Rückwärtsgewandtheit« von begleitenden und retrospektiven Evaluationen sind solche des zugrundeliegenden theoretischen Modells. Dieses soll im Folgenden zusammen mit der möglichen Kritik daran verdeutlicht werden.

---

10 Vgl. namentlich das Standardwerk von *Carl Böhret/Götz Konzendorf*, Handbuch Gesetzesfolgenabschätzung, Baden-Baden 2001 sowie *dies.*: Leitfaden Gesetzesfolgenabschätzung, hrsg. vom Bundesministerium des Innern (= Guidelines on Regulatory Impact Assessment, Speyerer Forschungsbericht 234), Speyer 2004. *Götz Konzendorf* ist von diesem „terminologischen Sonderweg" inzwischen aber ein wenig abgerückt, vgl. *ders.*, Institutionelle Einbettung der Evaluationsfunktion in Politik und Verwaltung in Deutschland, in: Thomas Widmer/Wolfgang Beywl/Carlo Fabian (Hrsg.), Evaluation. Ein systematisches Handbuch, Wiesbaden 2009, S. 27 – 39, 31.

11 *Europäische Kommission*, GD Regionalpolitik und Stadtentwicklung/GD Beschäftigung, Soziales und Integration, Programmplanungszeitraum 2014–2020, Monitoring und Evaluierung der Europäischen Kohäsionspolitik/Europäischer Fonds für regionale Entwicklung/Europäischer Sozialfonds/Kohäsionsfonds: Leitfaden für die Ex-ante-Evaluierung, [Brüssel] 2013; download unter http://ec.europa.eu/regional_policy/sources/docoffic/2014/working/ex_ante_de.pdf [23.05.2016].

12 *Hans Hofmann*: Von der Deregulierung zur Rückführung der Staatsaufgaben. Gesetzesfolgenabschätzung und Gesetzescontrolling als politische Steuerungselemente, ZG 14 (1999), S. 44 – 57; *Daniel Kettiger*: Gesetzescontrolling. Ansätze zur nachhaltigen Pflege von Gesetzen, Bern/Stuttgart/Wien 2000.

13 Dazu aber eingehend *Seckelmann* (Fn. 2): § 5.

## 1. Der policy cycle

Das Modell des *policy cycle* geht auf *Harold Dwight Laswells* Überlegung aus den 1950er Jahren zurück, dass sich der politische Prozess zwischen Planung und Umsetzung eines politischen Programms (wie etwa eines Gesetzes) in verschiedene Phasen aufteilen lasse, [14] und zwar in die Phasen 1. Informationssammlung, 2. Empfehlung, 3. Präskription, 4. Anrufung, 5. Anwendung, 6. Zustimmung und 7. Beendigung.[15] Das Modell wurde durch *Laswells* Schüler *Garry Brewer* deutlich vereinfacht[16] und 1965 mit der System-Umwelt-Unterscheidung des Systemtheoretikers *David Easton* verbunden.[17] *Easton* befasste sich mit der Fragestellung, wie das Politische System auf die an es von der Gesellschaft herangetragenen *»demands«* responsiv reagieren könne und wie wiederum die von ihm formulierten Steuerungsimpulse in der Gesellschaft umgesetzt würden; gerade diese Bezugnahme aufeinander und der Einbau einer sog. *»Feedback-Schleife«* machte das System zu einem kybernetischen (vereinfacht gesagt: zu einem Kreislauf).[18]

Seither werden die Phasen der Politikformulierung in etwa so formuliert: 1. Problemdefinition/Thematisierung, 2. Agenda-Setting, 3. Programmformulierung, 4. Programmausführung/Implementation, 5. Policy-Evaluierung.[19]

Da die Phase 5 zugleich der Vorbereitung der Neuformulierung/Anpassung von Politiken dienen kann, kann die Phase 5 auch als *»Feedback-Schleife«* angesehen bzw. mit der Phase 1 einer (modifizierten) Politikformulierung/Politikfortsetzung in eins gesetzt werden – und man erhält ein kreisförmiges Modell, den sogenannten *policy cycle*. Dieser ist – Stichwort

14 *Harold Laswell*: The Decision Process: Seven Categories of Functional Analysis, College Park 1956; Näheres dazu bei *Seckelmann* (Fn. 2), §. 4.

15 *Laswell* (Fn. 15). Die deutschsprachige Benennung der Phasen wurde übernommen von *Paul A. Sabatier*: Advocacy-Koalitionen, Policy-Wandel und Policy-Lernen: Eine Alternative zur Phasenheuristik, in: Adrienne Héritier (Hrsg.), Policy-Analyse. Kritik und Neuorientierung, Opladen 1993, S. 116 – 148.

16 Vgl. etwa *Fritz W. Scharpf*: Positive und negative Koordination in Verhandlungssystemen, in: Adrienne Héritier (Hrsg.), Policy-Analyse. Kritik und Neuorientierung, Opladen 1993, S. 57 – 83.

17 *David Easton*: A Framework for Political Analysis, Eaglewood Cliffs, N.J. 1965.

18 Näheres dazu bei *Seckelmann* (Fn. 2), § 4.

19 So explizit bei *Volker Schneider/Frank Janning*: Politikfeldanalyse. Akteure, Diskurse und Netzwerke in der öffentlichen Politik, Wiesbaden 2006, S. 49.

*»Feedback-Schleife«* – grundsätzlich iterativ und auf »Lernen« angelegt, was in der Kritik an diesem Modell oft ein wenig vernachlässigt wird (dazu mehr in Abschnitt II.3).

## 2. Mögliche Kritikpunkte

Die verwaltungswissenschaftliche Literatur der letzten Jahrzehnte hat zahlreiche Kritik am *policy cycle* hervorgebracht, die aus ganz unterschiedlichen Blickwinkeln formuliert wurde: (1.) Eine fast schon klassisch zu nennende Kritik ist der von *Paul Sabatier* und anderen formulierte Vorwurf, dass die Aufteilung eines politischen Prozesses in Phasen als lebensfern zu betrachten sei.[20] Dieser Vorwurf ist (2.) mit einem Kritikstrang verbunden, der das Modell als zu technizistisch ablehnt, da es den Entscheidungsprozess und vor allem auch den Verhandlungs- und Machtaspekt ausblende: Politik, so die Kritik etwa von *Hugh Heclo*, zeichne sich gerade durch Kompromisse und Debatten über die Interpretation von Wirklichkeit aus, für die es im Vorfeld Koalitionspartner in Politik und Gesellschaft, gerade auch in der Öffentlichkeit, zu suchen gelte.[21] Verbunden hiermit ist die (3.) von *Carol Weiss* und anderen formulierte postmoderne Kritik, dass Evaluation keineswegs nur auf ‚nackten Zahlen' beruhe, sondern vielmehr eine spezifische Konstruktion von Wirklichkeit vornehme, die bereits mit der Auswahl der Indikatoren geschehe, mit deren Hilfe man die für die konkrete Evaluation relevanten Parameter ermitteln wolle. *Carol Weiss* spricht insoweit auch von einem *»storytelling«*.[22] Der nicht zuletzt mit ihrem Namen

---

20 *Paul A. Sabatier*, The Need for better Theories, in: ders./*H. C. Jenkins-Smith* (Hrsg.): Policy Change and Learning, An Advocacy Coalition Approach, Boulder 1993, S. 3 – 17 sowie *ders.* (Fn. 16).

21 *Hugh Heclo*: Issue networks and the executive establishment, in: Anthony King (Hrsg.), The New American Political System, Washington 1978, S. 87 – 124; ähnlich *Adrienne Héritier*: Policy-Netzwerkanalyse als Untersuchungsinstrument im europäischen Kontext: Folgerungen aus einer empirischen Studie regulativer Politik, in: dies. (Hrsg.), Policy-Analyse. Kritik und Neuorientierung, Opladen 1993, S. 432 – 447.

22 Vgl. im Einzelnen *Carol H. Weiss*: Policy research: data, ideas or arguments?, in: Peter Wagner/dies./Björn Wittrock/Hellmut Wollmann (Hrsg.), Social Sciences and Modern States, Cambridge 1991, S. 290 – 306; *dies.*: Knowledge Creep and Decision Accretion, Science Communication 1 (1980), S. 381 – 404; *dies.*: Where Politics and Evaluation Research Meet, in: Dennis J. Palumbo (Hrsg.), The Politics of Program Evaluation, Newbury Park, CA 1987, S. 47 – 70.

verbundene *»argumentative turn«*[23] betont daher die Rolle von Narrativen[24], die zur Bewertung der Realität angeboten werden (sog. *framing*[25]). Konsequenterweise ist nach *Michael Scriven* insoweit nicht die Bereitstellung von Informationen der Hauptzweck der Evaluation, sondern die Bewertung der Realität für die politischen Entscheidungen.[26] Man kann die beim *framing* angebotenen Wirklichkeitskonstruktionen insoweit auch mit

---

23 Vgl. die Nennungen in der Fußnote zuvor. Zum *argumentative turn* vgl. auch *Frank Nullmeier*: Wissen und Policy-Forschung. Wissenspolitologie und rhetorisch-dialektisches Handlungsmodell, in: Adrienne Héritier (Hrsg.), Policy-Analyse. Kritik und Neuorientierung, Opladen 1993, S. 175 – 196, *Thomas Saretzki*: Aufklärung, Beteiligung und Kritik: Die „argumentative Wende" in der Policy-Analyse, in: Klaus Schubert/Nils C. Bandelow (Hrsg.), Lehrbuch der Politikfeldanalyse 2.0, 2. Aufl., München 2009, S. 431 – 456; *ders.*: Argumentieren und Verhandeln: Begriffe, Theorien und ein analytischer Bezugsrahmen, in: Georg Weißeno/Hubertus Buchstein (Hrsg.), Politisch Handeln. Modelle, Möglichkeiten, Kompetenzen, Opladen/Bonn 2012, S. 119 – 132; *ders.*: The „argumentative turn" revisited: Demokratisierung von Policy-Analysen in partizipativen Projekten und diskursiven Designs? in: Björn Egner/Michael Haus/Georgios Terizakis (Hrsg.), Regieren. Festschrift für Hubert Heinelt, Wiesbaden 2012, S. 57 – 74 sowie die Beiträge in *Frank Fischer/John Forester* (Hrsg.): The argumentative turn in policy analysis and planning, Durham/London 1993. Zu weiteren wissens- und ideenorientierten Ansätzen vgl. *Matthias Leonhard Maier*: Wissens- und ideenorientierte Ansätze in der Politikwissenschaft. Versuch einer systematischen Übersicht, in: ders./Achim Hurrelmann/Frank Nullmeier/Tanja Pritzlaff/Achim Wiesner (Hrsg.), Politik als Lernprozess. Wissenszentrierte Ansätze in der Politikanalyse, Opladen 2003, S. 25 – 77.

24 Dazu vor allem *Jean-François Lyotard*: La Condition postmoderne: Rapport sur le savoir, Paris 1979.

25 Dazu *Jasmin Boghrat/Meike Weber/Karsten Zimmermann/Wolfram Lamping*: Kommunalverwaltung und Klimawandel. Wissensgenerierung, Framing und die Erzeugung von Handlungsfähigkeit, dms 2014, S. 289 – 310; *Robert M. Entman*: Framing: Toward Clarification of a Fractured Paradigm, Journal of Communication 43 (1993), S. 51 – 58; *Martin Rein/Donald Schön*: Reframing. Policy Discourse, in: Frank Fischer/John Forester (Hrsg.), The argumentative turn in policy analysis and planning, Durham/London 1993, S. 145 – 165.

26 *Michael Scriven*: Evaluation Thesaurus. 4. Aufl., Newbury Park et al. 1991; zu ihm *Adrian Ritz*: Evaluation von New Public Management. Grundlagen und empirische Ergebnisse einer Reform-Evaluation aus der schweizerischen Bundesverwaltung, Bern/Stuttgart/Wien 2003, S. 63 ff.

dem von *Rainer Forst* und *Klaus Günther* entwickelten Begriff des »Rechtfertigungsnarrativs«[27] in Beziehung setzen, das für die Akzeptanzschaffung bei politischen Forderungen und politischen Maßnahmen dienen soll.[28]

Damit verbunden ist (4.) die autopoietische Kritik am Modell des *policy cycle*, die die Rolle der Kontingenz bei politischen Programmen betont: Veränderungen geschähen, so ließe sich im Anschluss an *Niklas Luhmann*[29] formulieren, durch externe Effekte wie etwa (Finanz-)Krisen, die die *policy maker* bei der Formulierung des Programms gar nicht mitbedacht haben. Eine damit verwandte Kritik ist (5.) diejenige am »Problemlösungsbias« des *»policy cycle«*,[30] der die Untersuchung der »Problemlösungsfähigkeit«, »Selbstveränderungsfähigkeit« und »Lernfähigkeit« von politischen Systemen[31] einseitig zu Lasten des Beharrungsvermögens und der Pfadabhängigkeit überbetone – obwohl doch nicht nur die Umsetzung politischer Entscheidungen, sondern schon die Entscheidungsfindung von Letzteren geprägt seien.[32]

Aus der Praxis möchte ich vor allem auch noch (6.) auf das Problem des strukturellen Konservatismus von Evaluationen hinweisen. So stellt sich bei der Programmbudgetierung, der sich alle Institute der Wissenschaftsgemeinschaft Gottfried Wilhelm Leibniz e. V. unterziehen müssen, stets das Problem, dass man mit Planzahlen von gestern für Probleme von morgen arbeitet, dass es – mit anderen Worten – also sehr schwer ist, im Verlauf eines Programmes die Programmziele zu modifizieren oder anzupassen, ohne intensive Nachfragen von Seiten der Rechnungsprüfer zu provozieren.

---

27 Zu diesem Begriff grundsätzlich *Rainer Forst*: Zum Begriff eines Rechtfertigungsnarrativs, Frankfurt am Main 2013.

28 *Mieke Verloo/Emanuela Lombardo*: Contested Gender Equality and Policy Variety in Europe: Introducing a Critical Frame Analysis Approach, in: dies. (Hrsg.), Multiple Meanings of Gender Equality. A critical frame analysis of gender policies in Europe, Budapest 2007, S. 21 – 49.

29 *Niklas Luhmann*: Soziale Systeme. Grundriß einer allgemeinen Theorie, Frankfurt am Main 1987.

30 *Christine Trampusch*: Eine Kritik an der Problemlösungsliteratur über das Bündnis für Arbeit, PVS 45 (2004), S. 541 – 562.

31 Auf die insbesondere auch die *Governance*-Diskussion abstellt, vgl. dazu bspw. *Margrit Seckelmann*, Keine Alternative zur Staatlichkeit – zum Konzept der „Global Governance", Verwaltungsarchiv 98 (2007), S. 30 – 53.

32 Mit ähnlicher Richtung schon die Kritik von *Michael D. Cohen/James G. March/Johan P. Olsen*: A Garbage Can Model of Organizational Choice, Administrative Science Quarterly 17 (1972), S. 1 – 25.

Selbst wenn die Institutsleitung erkennt, dass es sinnvoller wäre, ein Forschungsprogramm zwischenzeitlich zu modifizieren, werden diejenigen, die für die Überprüfung der Soll- und Ist-Zahlen zuständig sind, also die Zuwendungsgeber (oder für sie die *Gemeinsame Wissenschaftskonferenz* von Bund und Ländern), Rechtfertigung dafür verlangen, dass den projektierten Zahlen später keine annähernd vergleichsweisen Ist-Zahlen gegenüberstehen. Insoweit erweisen sich evaluative Verfahren als strukturkonservativ.

Zudem operieren diese Verfahren immer mit Zukunftsszenarien, die vor dem Hintergrund unserer heutigen Vorstellungsmöglichkeiten entwickelt werden, und die disruptive Veränderungen[33] der Systemumwelt (wie etwa [Finanz-]Katastrophen) ausblenden.

Daher ist das Thema »Zukunftsorientierte Evaluation« dahingehend zu verstehen, wie man den *policy circle* »lernfähiger« machen kann.[34] Hierzu sollen im Folgenden Vorschläge formuliert werden.

## 3. Phasenheuristik

Zunächst: Es handelt sich bei aller berechtigten Kritik am *policy cycle* um das beste schlechte (heuristische) Modell, das wir kennen.[35] Denn es erlaubt die gerade dem juristischen Denken vertraute Aufgliederung eines politischen Planungs- und Implementationsprozesses in einzelne, voneinander getrennte Schritte, deren rechtliche Legitimation man ebenfalls einzeln voneinander beurteilen kann. *Werner Jann* und *Kai Wegrich* haben dieses mit dem Begriff der »Phasenheuristik« anschaulich auf den Punkt gebracht.[36]

---

33 Zum derzeit intensiv diskutierten Begriff der „Disruption“ vgl. *Hermann Hill*: Die Passagiere tanzen auf der Titanic - während der Eisberg naht! Disruptive Einflüsse der Digitalisierung auf Staat und Gesellschaft, in: Verwaltung und Management 1/2016, S. 3 – 13.

34 In diese Richtung gehend auch *Albert Soer*: Policy 2.0: Can we move beyond the classic policy cycle?, Blogbeitrag, eingestellt am 28.06.2013 (http://europeandcis.undp.org/blog/2013/06/28/policy-2-0-can-we-move-beyond-the-classic-policy-cycle/ [23.05.2016]).

35 In Anlehnung an *Winston Churchills* Rede vor dem Unterhaus am 11. November 1947, dort bezogen auf die Demokratie.

36 *Werner Jann/Kai Wegrich*: Phasenmodelle und Politikprozesse: Der Policy Cycle, in: Klaus Schubert/Nils C. Bandelow (Hrsg.), Lehrbuch der Politikfeldanalyse 2.0, 2. Aufl., München 2009, S. 75 – 113.

Ebenso ist – wie weiter oben ausgeführt – der *policy cycle* durchaus mit einer Feedback-Schleife versehen. Die Frage, auf die sich beispielsweise die erwähnte Kritik von *Sabatier* bezieht,[37] besteht vor allem darin, ob die Evaluation eine eigene Phase darin darstellt oder ob nicht nach jeder Stufe des Verfahrens (und manchmal auch währenddessen) ebenfalls eine Verschleifung durch Abgleich mit den ursprünglichen Zielen und die Frage nach deren Korrekturbedürftigkeit stattzufinden habe. Dieses würde – zu Ende gedacht – bedeuten, die Steuerungszyklen kurzfristiger und offener für iterative Nachsteuerung zu machen, etwa im Sinne einer Agilität von Computerprogrammen durch eine rasche iterative Abwechslung von planenden, gestaltenden und evaluativen Phasen.[38]

So verführerisch das zunächst klingt: Das Recht hat demgegenüber – Stichwort Vertrauensschutz – immer auch berechtigte Beständigkeitserwartungen zu erfüllen.[39] Zudem darf evaluationsgeleitete Politikgestaltung (auch aus Akzeptanzgründen) nicht den Eindruck eines »orientierungslosen Herumschubsens der Bürgerinnen und Bürger«[40] erwecken, wie man das verhaltensökonomische Konzept des *»Nudging«* (also eigentlich eines Stupsens der Bürger durch den Staat in die volkswirtschaftlich sinnvolle wie in ihrem wohlverstandenen Interesse liegende Richtung, das auf kurzfristige, iterative Nachsteuerung setzt[41]) auch übersetzen könnte.

---

37 *Sabatier* (Fn. 9 und 14).

38 Dazu *Hermann Hill*: Wirksam verwalten – Agilität als Paradigma der Veränderung, in: Verwaltungsarchiv 106 (2015), S. 397 – 416; *ders.*: Scientific Regulation – Automatische Verhaltenssteuerung durch Daten und Algorithmen, in: ders./Utz Schliesky (Hrsg.), Auf dem Weg zum Digitalen Staat auch ein besserer Staat? Baden-Baden 2015, S. 267 – 287.

39 Näheres dazu bei *Seckelmann* (Fn. 2), § 6 und passim.

40 *Margrit Seckelmann/Wolfram Lamping*, Verhaltensökonomischer Experimentalismus im Politik-Labor – Rechtliche Rahmenbedingungen und Folgerungen für die Evaluationsforschung, DÖV 2016, S. 189-200, 190.

41 *Richard H. Thaler/Cass R. Sunstein,*: Nudge: Improving Decisions on Health, Wealth, and Happiness, New York u. a. 2008; dazu u. a. *Horst Eidenmüller*: Libertärer Paternalismus, JZ 2011, S. 814 – 821; *Gregor Kirchhof*: Nudging – zu den rechtlichen Grenzen informalen Verhaltens, ZRP 2015, S. 136 – 138; *Stephan Kirste*: Harter und weicher Rechtspaternalismus, JZ 2011, S. 805 – 814; *Ulrich Smeddinck*: Regulieren durch Anstoßen, Nachhaltiger Konsum durch gemeinwohlverträgliche Gestaltung von Entscheidungssituationen?, DV 2011, S. 375 – 395; *ders.*: Der Nudge-Ansatz – eine Möglichkeit, wirksam zu regieren?, ZRP 2014, S. 245 – 247; *Johanna Wolff*: Eine Annäherung an das Nudge-Konzept nach Richard H. Thaler und Cass R. Sunstein aus rechtswissenschaftlicher Sicht, in:

Ein solcher Eindruck könnte dann entstehen, wenn der Staat ohne längerfristiges Konzept und »nur« aufgrund von Evaluationsergebnissen innerhalb kürzester Frist immer wieder umsteuern sollte.

## *III. Integration politischen Lernens in den policy cycle*

### 1. Rekursive Verschleifung und *»thread of termination«*

Eine Verdichtung der rekursiven Verschleifung[42] bei der Gesetzgebung wird in jedem Fall nur dann nachhaltig ein »Lernen« des politisch-administrativen Systems herbeiführen können, wenn sich dieses (turnusmäßig) zu einer Beschäftigung mit seinen eigenen Hervorbringungen anhält. Dieses geschieht gesetzestechnisch durch einen – bereits in zahlreichen Gesetzen und Verordnungen[43]– existenten sog. *»thread of termination«*[44], der durch Einführung von sogenannten »Verfallsdaten«[45] in Gesetze eine solche Beschäftigung erzwingt. Diese mit einer sog. *»sunset clause«* kombinierten Evaluationsklauseln oder »Kombinationsklauseln«[46] gehören in Deutschland seit mindestens zwanzig Jahren zum Instrumentenkasten[47] des

---

Rechtswissenschaft 2015, S. 194 – 222 sowie der in der Fußnote zuvor genannte Aufsatz.

42 Zu diesem Begriff vgl. *Wolfgang Schulz*: Alles verändert Gesetze, Gesetze verändern nichts? – Zur Evaluation der Wirkung komplexer gesetzlicher Steuerungsprogramme –, DÖV 62 (2009), S. 1113 – 1121, 1117.

43 Siehe dazu beispielhaft *Bremische Bürgschaft*: Entbürokratisierung und Modernisierung der Verwaltung sowie Abbau von Regelungen (LT-Drs. Bremen 16/270 S), Bremen 2004; *Niedersächsische Staatskanzlei* (Hrsg.): Befristung von Gesetzen. Anlage zum 2. Statusbericht der Deregulierungsoffensive der Niedersächsischen Landesregierung. Hannover 2004; ähnlich *Parlamentarischer Beratungs- und Gutachterdienst des Landtags NRW*: Optimierung der Gesetzgebung, Landtags-Information 14/0027, [Düsseldorf] 2005.

44 Dazu u. a. *Eugene Bardach*: Policy Termination as a Political Process, Policy Sciences 7 (1976), S. 123 – 131 sowie die Darlegungen bei *Seckelmann* (Fn. 2), § 4.

45 *Renate Mayntz*: Gesetzgebung und Bürokratisierung. Wissenschaftliche Auswertung der Anhörung zu Ursachen einer Bürokratisierung in der öffentlichen Verwaltung, durchgeführt im Auftrag des Bundesministeriums des Innern, Köln 1980, S. 114; als Begriff aufgegriffen u. a. von *Ernst Benda*: Gesetze mit Verfallsdatum?, NJW 35 (1996), S. 2882 – 2884.

46 Zum Begriff vgl. *Seckelmann* (Fn. 2), § 5.

47 *Werner Jann/Kai Wegrich/Silvia Veit*: Verfahren und Instrumente erfolgreicher (De-)Regulierung, in: Stefan Empter/Frank Frick/Robert B. Vehrkamp (Hrsg.),

Gesetzgebers.[48] Ob sie langfristig Lernen institutionalisiert haben, kann jedoch bezweifelt werden, manche Zwischenmeldungen lassen einen insoweit zweifeln.[49] Und ob kurzfristigere Steuerungszyklen die aufgetretenen Defekte eher verbessern oder eher verschlimmern würden, ist noch nicht ausgemacht.[50]

## 2. Normativität des Lernbegriffs

### a) Anthropomorphieproblem

In jedem Fall ist auch ein so verstandener Lernbegriff ein normativer und keinesfalls nur beschreibend. Denn es handelt sich um sog. »politisches Lernen«, also eine anthropomorphe Vorstellung von der Handlungsweise eines politischen Systems.[51] Doch wie kann ein solches System lernen? Das können eigentlich nur seine politikgestaltenden Akteure (die insoweit in

---

Auf dem Weg zu moderner Regulierung. Eine kritische Bestandsaufnahme, Bielefeld/Gütersloh 2005, S. 47 – 77; *dies.*: Verfahren und Instrumente erfolgreicher Deregulierung. Pilotstudie der Universität Potsdam im Auftrag der Bertelsmann Stiftung (10. Januar 2005).

48 Vgl. dazu *Seckelmann* (Fn. 2), §§ 3 und 4 sowie *Winfried Brohm*: Alternative Steuerungsmöglichkeiten als „bessere" Gesetzgebung?, in: Hermann Hill (Hrsg.), Zustand und Perspektiven der Gesetzgebung, Berlin 1989, S. 217 – 232; *Jörg Ennuschat*: Wege zu besserer Gesetzgebung – sachverständige Beratung, Begründung, Folgenabschätzung und Wirkungskontrolle, DVBl. 119 (2004), S. 986 – 994; *Ortlieb Fliedner*: Gute Gesetzgebung: welche Möglichkeiten gibt es, bessere Gesetze zu machen?, Bonn 2001; *Helmuth Schulze-Fielitz*: Wege, Umwege oder Holzwege zu besserer Gesetzgebung – durch sachverständige Beratung, Begründung, Folgeabschätzung und Wirkungskontrolle?, JZ 59 (2004), S. 862 – 871 sowie die Beiträge in *Gunnar Folke Schuppert* (Hrsg.): Gute Gesetzgebung. Bausteine einer kritischen Gesetzgebungslehre, Heidelberg 2003.

49 Vgl. beispielhaft *Christoph Reichard*: Verwaltungsmodernisierung in den Bundesländern, in: Werner Jann u. a. (Hrsg.), Status-Report Verwaltungsreform. Eine Zwischenbilanz nach zehn Jahren. Berlin 2004, S. 87 – 121.

50 *Eckart Schröter/Patrick v. Maravic/Jörg Röber*: Wider den Entbürokratisierungszwang: Anforderungen an eine flexible Regelungskultur, VM 14 (2008), S. 235 – 245.

51 Näheres dazu bei *Seckelmann* (Fn. 2), § 6; vgl. auch die Beiträge in *Werner Bussmann* (Hrsg.), Lernen in Verwaltungen und Policy-Netzwerken, Chur/Zürich 1994.

eine Betrachtung des Systems einzubeziehen sind[52]). Durch deren nachhaltige Änderung von Wissensbeständen und gewählten Handlungsoptionen »lernt« das politisch-administrative System.[53]
Allerdings ist damit noch nichts darüber ausgesagt, wie nachhaltig dieser Wandel sein muss und wie man ihn messen kann. *Frank Nullmeier* zufolge verfügt ein »kriterial bestimmte[r]«[54] Lernbegriff über drei Faktoren: ein *output-orientiertes Politikverständnis*, eine Vorstellung von der *Selbstveränderungsfähigkeit eines Gemeinwesens* und eine *Intentionalität von Lernen.*[55] Spiegelbildlich zum *policy cycle* lassen sich diese drei Faktoren auch wieder kritisieren; eine solche Kritik könnte etwa an dem erneut zugrunde liegenden »Problemlösungsbias«[56] ansetzen.[57] Die bereits erwähnte »kognitive Wende« bzw. der *»argumentative turn«*[58] haben für Fragen der Kontingenz sowie der Konstruktion von Wirklichkeit (Stichworte: *»storytelling«* und *»framing«*) im Rahmen von Verhandlungs- und Überzeugungssystemen sensibilisiert.[59]

Andere Autoren wie *Wolfram Lamping* haben darüber hinaus auf ein Problem aufmerksam gemacht, das *Karl W. Deutsch* schon 1966 formuliert hat. »Politisches Lernen« ist nämlich eine besondere Form des Lernens, die dadurch geprägt ist, dass der Lernende hierbei (unter dem Risiko der Abwahl der Regierenden) die Entscheidung darüber hat, ob er wirklich aus

---

52 Was für manche Systemtheoretiker einem Sakrileg gleichkommen kann. Zu politischem Lernen vgl. auch *Margrit Seckelmann*, Benchmarking (Art. 91d GG) und Evaluation – lernende Verwaltung?, in: Hermann Hill/Utz Schliesky (Hrsg.), Innovationen im und durch Recht, Baden-Baden 2010, S. 201 – 223; S. 219 ff.

53 *Tanja Malek/Lena Hilkermeier*: Überlegungen zur Bedeutung organisationaler Lernansätze in der und für die Politikwissenschaft, in: Matthias Leonhard Maier/Achim Hurrelmann/Frank Nullmeier/Tanja Pritzlaff/Achim Wiesner (Hrsg.), Politik als Lernprozess. Wissenszentrierte Ansätze in der Politikanalyse, Opladen 2003, S. 78 – 97, 78; *John Grin/Anne Loeber*: Theories of Policy Learning: Agency, Structure, and Change, in: Frank Fischer/Gerald J. Miller/Mara S. Sidney (Hrsg.), Handbook of Public Policy Analysis. Theory, Politics and Methods, Boca Raton u. a. 2007, S. 201 – 219.

54 *Frank Nullmeier*: Zur Normativität des Lernbegriffs, in: in: Matthias Leonhard Maier/Achim Hurrelmann/ders. /Tanja Pritzlaff/Achim Wiesner (Hrsg.), Politik als Lernprozess? Wissenszentrierte Ansätze in der Politikanalyse, Opladen 2003, S. 329 – 342, S. 335.

55 *Nullmeier* (Fn. 54), S. 330 ff.

56 Vgl. *Trampusch* (Fn. 31).

57 Näheres bei *Seckelmann* (Fn. 2), § 6.

58 Dazu die Nachweise in den Fußnoten 15 und 16.

59 Dazu *Seckelmann* (Fn. 2), § 6 sowie vorliegend Fn. 16.

seinen Erfahrungen lernen möchte oder sich aus anderen Gründen (z. B. aufgrund entgegenstehender parteipolitischer Grundsatzbeschlüsse) dagegen entscheidet.[60] Mit *Karl W. Deutsch* kann man es auch so formulieren: »Die Macht hat derjenige, der es sich leisten kann, *nicht* zu lernen«[61].

### b) Formulierungsversuche eines »modernen« Lernbegriffs

In jüngerer Zeit sind daher »moderne« Erklärungsversuche politischen Lernens formuliert worden, die um die soeben beschriebenen Probleme wissen. Diese werden beispielsweise als *»policy learning«*[62]/*»policy-oriented learning«*[63], als *»social learning"*[64] oder als *»lesson drawing"*[65] bezeichnet. Diese vereinigen sämtlich in sich eine Reflexion über die Schwierigkeiten der Subsumtion machtbasierter Interessenskonflikte und erfahrungsbasierter Lernprozesse unter einen einzigen Begriff.[66]

## 3. Folgerungen für eine »zukunftsoffen evaluative« Verwaltung

Wollte man also einen dergestalt systemtheoretisch wie postmodern aufgeklärten Lernbegriff zugrunde legen, ließe sich weiter überlegen, wie sich insoweit iterative Lernschleifen in das *policy making* integrieren lassen

---

60 *Wolfram Lamping*, Lernfähigkeit und Lernresistenz der Politik – Zur Bedeutung dieser Frage aus politikwissenschaftlicher Sicht, in: Dieter Schimanke/Andrea Fischer/Mathias Bucksteeg (Hrsg.), Wie lernt Politik? Voraussetzungen, Formen und Erfolge. Ein Werkstattbericht, Münster u. a. 2006, S. 17 – 39 und die weiteren Beiträge in diesem Band sowie die Beiträge in *Thomas Brüsemeister/Klaus-Dieter Eubel* (Hrsg.), Evaluation, Wissen und Nichtwissen, Wiesbaden 2008.

61 *Karl W. Deutsch*: The Nerves of Government. Models of Political Communication and Control. With a New Introduction, New York/London 1966.

62 *Heclo* (Fn. 22); *Paul A. Sabatier* (Fn. 16).

63 *Hank Jenkins-Smith/Paul A. Sabatier*: The Dynamics of Policy-Oriented Learning, in: dies. (Hrsg.), Policy Change and Learning: An Advocacy Coalition Approach, Boulder/Col., 1993, S. 41 – 56.

64 *Peter A. Hall*: Policy Paradigms, Social Learning, and the State. The Case of Economic Policymaking in Britain, Comparative Politics 25 (1993), S. 275 – 296.

65 *Richard Rose*: What is Lesson Drawing, Journal of Public Policy 11 (1991), S. 3 – 30.

66 Dazu im Einzelnen *Malek/Hilkermeier* (Fn. 53).

könnten. Ein Beispiel hierfür könnte die regelmäßige Evaluierung im Bereich der Finanzverwaltung darstellen, die aufgrund der zweiten Etappe des Bundeshaushaltsgesetzes 2013[67] ab Januar 2013 in Österreich durchgeführt wird. Man versucht dort, den Bundeshaushalt nach Art einer Unternehmensbilanz zu führen, was mit einem laufenden Controlling verbunden ist.[68]

So verführerisch es jedoch klingt, einen Bundeshaushalt gleichsam durch einen Algorithmus steuern zu lassen: Es ersetzt keine politischen Entscheidungen. Vielmehr droht an dieser Stelle ein ‚blindes' Vertrauen in die Technik, die mit der Formulierung von Indikatoren einhergehende Wirklichkeitskonstruktion zu verschleiern. Weitere Probleme betreffen den Umgang mit Daten (und vor allem auch Datenmassen) und die Frage nach einer Etablierung einer Art Evaluationskultur.[69] Während sich im Zeichen von *Big Data* die Datenmassen wohl noch unter Kontrolle bringen lassen (aber nicht unbedingt die Effizienzverluste, die eine stetige Beschäftigung mit ihnen zwangsläufig nach sich zieht[70]), so sind die anderen Aspekte deutlich schwieriger zu lösen. Dieses sind die Fragen nach einer mit einem *»trust in numbers«* notwendigerweise einhergehenden Wirklichkeitskonstruktion[71]

---

67 Österr. BGBl. I Nr. 139/2009.

68 Näheres hierzu unter https://www.bmf.gv.at/budget/haushaltsrechtsreform/allgemeine-informationen.html [23.05.2016]. Die entsprechende Änderung des Haushaltsrechts geht auf Forderungen des österreichischen Bundeskonvents zurück, zu diesem *Rupert Pichler*: Institutionelle Dimensionen von Evaluierung in Österreich, in: Thomas Widmer/Wolfgang Beywl/Carlo Fabian (Hrsg.), Evaluation. Ein systematisches Handbuch, Wiesbaden 2009, S. 40 – 51, 44.

69 So ausdrücklich *Jörg Bogumil*: Probleme und Perspektiven der Leistungsmessung in Politik und Verwaltung, in: Sabine Kuhlmann/Jörg Bogumil/Helmut Wollmann (Hrsg.), Leistungsmessung und -vergleich in Politik und Verwaltung. Konzepte und Praxis, Wiesbaden 2004, S. 392 – 398, 396f.; *Margrit Seckelmann*, Benchmarking (Art. 91 d GG) und Evaluation – Lernende Verwaltung?, in: Hermann Hill/Utz Schliesky (Hrsg.), Innovationen im und durch Recht (= E-Volution des Rechts- und Verwaltungssystems II), Baden-Baden 2010, S. 205 – 227; ähnlich „Wettbewerb per Grundgesetz? Die Leistungsvergleiche nach Art. 91d GG", in: Deutsches Verwaltungsblatt 2010, S. 1311-1314.

70 In diesem Sinne auch *Sabine Kuhlmann/Hellmut Wollmann*: Evaluierung der Verwaltungsmodernisierung, in: Bernhard Blanke/Frank Nullmeier/Christoph Reichard/Göttrik Wewer (Hrsg.), Handbuch zur Verwaltungsreform, 4. Aufl., Wiesbaden 2011, S. 563 – 571.

71 Dazu u. a. *Bettina Heintz*: Governance by Numbers. Zum Zusammenhang von Quantifizierung und Globalisierung am Beispiel der Hochschulpolitik, in: Gunnar Folke Schuppert/Andreas Voßkuhle (Hrsg.), Governance von und durch Wissen,

und nach der Notwendigkeit eines »Kulturwandels« von Politik und Verwaltung im Zeichen evaluativer Verfahren.[72]

Zunächst zum ersten Aspekt: der Frage nach der Konstruktions- und Interpretationsherrschaft.[73] *Jürgen Habermas* hat bereits in den 1960er Jahren darauf hingewiesen, dass auch »verwissenschaftlichte Politik« nicht ohne ein Moment der Dezision oder zumindest Deliberation auskomme[74] (wobei für Letztere im kurzfristigen politischen Geschäft allerdings zumeist die Zeit fehlen dürfte[75]). Insofern entbehrt auch ein bestmöglicher Algorithmus nicht der Notwendigkeit politischen Entscheidens, etwa über ethische Aspekte, die – trotz aller Möglichkeiten von *Big Data* und der diese auswertenden Kookurrenzanalysen – nicht gänzlich in einen solchen Algorithmus integriert werden können, wie sich derzeit am Beispiel der *Google Cars* zeigt.[76]

---

Baden–Baden 2008, S. 110 – 128; *Peter M. Jackson:* Governance by numbers: what have we learned over the past 30 years?, Public Money & Management 1 (2011), S. 13 – 26; *Kerstin Martens/ Dennis Niemann:* When Do Numbers Count? The Differential Impact of the PISA Rating and Ranking on Education Policy in Germany and the US, German Politics 2013, S. 1 – 19, *Peter Miller*: Governing by Numbers. Why Calculative Practices Matter, Social Science Research 28 (2001), S. 379 – 390 sowie *Margrit Seckelmann*: Autonomie, Heteronomie und Wissenschaftsadäquanz. Zur Wissenschaftsfreiheit im ‚Zeitalter der Evaluitis', WissR 45 (2012), S. 200 – 226.

72 Zu allem vgl. *Seckelmann* (Fn. 2), passim.

73 *Michael Power*: The Audit Society: Rituals of Verification, Oxford 1997; *Christine Schwarz*: Evaluation als modernes Ritual. Zur Ambivalenz gesellschaftlicher Rationalisierung am Beispiel virtueller Universitätsprojekte, Hamburg 2006.

74 *Jürgen Habermas*: Verwissenschaftlichte Politik in demokratischer Gesellschaft, Heidelberg 1963.

75 Dazu u. a. *Klaus Lompe*: Wissenschaftliche Beratung der Politik. Ein Beitrag zur Theorie anwendender Sozialwissenschaften, 2. Aufl., Göttingen 1972; *ders.*: Traditionelle Modelle der Politikberatung, in: Svenja Falk/Andrea Römmele/Dieter Rehfeld/Martin Thunert (Hrsg.), Handbuch Politikberatung, Wiesbaden 2006, S. 25 – 34, 26; *Ansgar Strätling*: Sachverständiger Rat im Wandel, Marburg 2001. Zu den verschiedenen Ansätzen vgl. auch *Göttrik Wewer*, Politikberatung und Politikgestaltung (unter Mitarbeit von Olaf Bull), in: Klaus Schubert/Nils C. Bandelow (Hrsg.), Politikfeldanalyse: Dimensionen und Fragestellungen, in: dies., Lehrbuch der Politikfeldanalyse 2.0, München 2009, S. 401 – 428.

76 Dazu u. a. *Margrit Seckelmann*: Auf dem Weg zum Smart Grid – Vorteile und datenschutzrechtliche Probleme", in: Hermann Hill/Utz Schliesky (Hrsg.), Auf dem Weg zum digitalen Staat – auch ein besserer Staat?, Baden-Baden 2015, S. 247-272.

Kurzfristige Steuerungszyklen fordern zum Zweiten eine neue Kultur des »Sich-Einlassens« politischer Akteure auf eine möglichst transparente Identifikation von Steuerungsproblemen. Dieses sei am Beispiel des *»Nudging«* verdeutlicht, also eines derzeit stark in der Diskussion befindlichen verhaltensökonomischen Ansatzes, der auf kurzfristige, iterative Nachsteuerungen angelegt ist.[77] Ein solches Konzept setzt nämlich voraus, dass die Akteure in Politik und Verwaltung die ihnen insoweit abgeforderte Lern- und Selbstkorrekturbereitschaft aufweisen: »Wenn den *Nudges* von ihrem Selbstverständnis, aber auch von ihrer Konzeption her eine Kultur des *intelligenten Inkrementalismus* geradezu eingeschrieben ist, dann bedeutete genau dies ein Einlassen der politischen Handlungsrationalität auf ein zeit- und prozessnahes Zusammenspiel von Wirkungskontrolle und gradueller Nachsteuerung.«[78] Denn so ausgefeilt die Evaluationstheorie auch sein mag: Solange die Angst vor der »Abhakliste« für die Opposition umgeht, [79] wird die gewünschte Zukunftsoffenheit von Evaluationen immer an den Problemen der Gegenwart scheitern.

## *IV. Fazit*

Insoweit kann eine »zukunftsorientierte« Evaluation nur dann gelingen, wenn man nicht nur deren technische Unterstützung im Rahmen von *Big Data* verfeinert, sondern auch die Selbstkorrekturbereitschaft der politischen Akteure fördert.

Dieses setzt voraus, dass erkannte Verbesserungsmöglichkeiten nicht als ein Scheitern der politisch Verantwortlichen angesehen werden, sondern als ein notwendiger Zwischenschritt im Rahmen einer »smarten«, lernfähigen Politik. Der Umgang mit Evaluationsergebnissen wird letztlich erst dann

---

77 Dazu die Nachweise in Fn. 41.

78 *Seckelmann/ Lamping* (Fn. 40), S. 200.

79 So *Martin Brüggemeier* unter Bezugnahme auf einen Ausspruch *Horst Ehmkes*, vgl. *Brüggemeier*: Von der Kunst erfolgreich zu scheitern – Wirkungsorientiertes Controlling in öffentlichen Verwaltungen, in: Sabine Kuhlmann/Jörg Bogumil/Helmut Wollmann (Hrsg.), Leistungsmessung und -vergleich in Politik und Verwaltung. Konzepte und Praxis, Wiesbaden 2004, S. 374 – 391, 383,vgl. *Margrit Seckelmann* Wettbewerb per Grundgesetz? Die Leistungsvergleiche nach Art. 91d GG, DVBl. 2010, S. 1311 – 1314, 1313f; *dies.*: Durch Kooperation zum Wettberwerb? – Leistungsvergleiche nach At. 91d GG, in: Bernhard Blanke/Frank Nullmeier/Christoph Reichard/Göttrik Wewer (Hrsg.), Handbuch zur Verwaltungsreform, 4. Aufl., Wiesbaden 2011, S. 571 – 581, 579; *dies.* (Fn. 52), S. 222.

transparent erfolgen, wenn die notwendigerweise auftretenden Steuerungsdefizite auch unter den Bedingungen des Parteienwettbewerbs offen angesprochen werden können. Erst dieser Kulturwandel wird Evaluationsverfahren wirklich zukunftsfähig machen.

# Die Zukunft erproben
# - Vom pragmatischen Umgang mit Unsicherheit und Komplexität -

*Hermann Hill*

In stabilen und vorhersehbaren Kontexten fällt das Handeln leicht. Komplexität und Dynamik verursachen eher Unsicherheit. Dies stellt eine echte Herausforderung für das Management dar. Verschiedene Strategien sind dazu entwickelt worden.

Zukunft ist indes immer ungewiss. Der Beitrag empfiehlt einen pragmatischen Umgang mit Unsicherheit und Komplexität durch Entwicklung und Erprobung prototypischer Lösungen und eine evolutionäre Anpassung und Weiterentwicklung.

## *I. Sicherheit und Ordnung als Basis und Ziel des klassischen Managements*

Trotz ihres Dauerbekenntnisses zum permanenten Wandel produziere die moderne Gesellschaft westlicher Prägung unablässig Institutionen, die der Sicherheit dienen sollen – im Gesundheitswesen, in der Justiz, in der Bildung und in Unternehmen[1]. Diese Aussage gilt nicht nur für die Institution als solche, sondern auch für ihr Handeln und Entscheiden.

So basiert das klassische Management auf stabilen, sicheren Bedingungen und erhebt den Anspruch, mit linearen Entscheidungsprozessen bestimmte Ziele und geplante Ergebnisse zu erreichen und damit Ordnung und Vorhersehbarkeit zu schaffen[2]. Planung und Steuerung sollen dabei Rationalität[3] und Effizienz[4] sichern. Dazu wird die Welt eingeteilt und vermessen, Controlling und Qualitätssicherung dienen der Einhaltung der Vorgaben. Normen, Regeln, Standards und Routinen beziehen sich auf typische

1 So Stefan Kaduk, u. a., Musterbrecher, 2013, S. 18.

2 Vgl. schon Hill, Zukunftsfähige Verwaltungen – Handlungsanleitung für Morgen, in: ders. (Hrsg.), Entwerfen und Gestalten, 2012, S. 103 ff.

3 Zur Rationalität von Entscheidungsprozessen in der Verwaltung vgl. Klaus König, Moderne öffentliche Verwaltung, 2008, S. 349 ff.; zur Erosion des traditionellen Rationalitätsideals Wolfgang Hoffmann-Riem, Innovation und Recht – Recht und Innovation, 2016, S. 57 ff.

4 Daniel Huber, u. a., Bridging the Innovation Gap – Bauplan des innovativen Unternehmens, 2014, S. 47: „Die heutige Managementlehre ist auf eine Maximierung der Effizienz ausgerichtet“; Kaduk, u. a. (Fn. 1), S. 58: „Organisationen erzeugen keine Innovationen, sondern sorgen durch „Fischstäbchendenken“ für Effizienz“.

Sachverhalte und erheben Sollensanforderungen oder stabilisieren bewährte Muster. Selbst das neuerdings diskutierte sog. Nudging[5] als Form des Soft Paternalismus ist an bestimmten Voreinstellungen orientiert.

(Kenn)Zahlen und Indikatoren schaffen vermeintliche Sicherheit für Planung und Kontrolle[6]. Hierarchien und vorgegebene Entscheidungsabläufe sichern das System ab. Selbst Projektmanagement als Alternative zu klassischen Aufbau- und Ablauforganisationen ist durch Laufzeit, Problem und Organisation begrenzt und abgesichert[7].

Auch die im Zeitalter der Digitalisierung aufkommende Steuerung und Kontrolle durch Algorithmen[8] folgt durch Erfassung, Eingabe, Programm, Informationsverarbeitungsmechanismen und Verhaltensanweisungen berechenbaren Grundlagen.

Dieses Sicherheitsdenken führt schwerlich zu Innovationen[9], allenfalls geplanten und angeordneten, selten aber zu Überraschungen oder radikalen Neuschöpfungen[10]. Dabei ist es schon bemerkenswert, wenn festgestellt wird, dass Führung und Management in gleichem Maße Ungewißheit in die Organisation bringen, wie sie Sicherheit versprechen[11].

---

5 Hanno Burmester, Stupser für die innovative Organisation, Organisationsentwicklung 1/2016, 59; Margrit Seckelmann/Wolfram Lamping, Verhaltensökonomischer Experimentalismus im Politik-Labor, DÖV 2016, 189; Basil Bornemann/Ulrich Smeddinck, Anstößiges Anstoßen? – Kritische Bemerkungen zur „Nudging"-Diskussion im deutschen Kontext, ZParl 2016, 437.

6 Kritisch zur „Kultur der Zahlen" Thorsten Reiter, Revolution dank Innovation, 2016, S. 59; Colin Crouch, Die bezifferte Welt. Wie die Logik der Finanzmärkte das Wissen bedroht, 2015.

7 Frank Wippermann, Change Management in komplexen Situationen, 2016, S. 59 ff.; ders., Produktive Unruhe oder: Backgammon im Alpinstil, zfo 2012, 91 (94).

8 Hill, Scientific Regulation – Automatische Verhaltenssteuerung durch Daten und Algorithmen, in: Hermann Hill/Utz Schliesky (Hrsg.), Auf dem Weg zum Digitalen Staat – auch ein besserer Staat?, 2015, S. 267 ff.; Christoph Drösser, Total berechenbar? Wenn Algorithmen für uns entscheiden, 2016.

9 Dazu Alex Nicholls/Alex Murdoch (eds.), Social Innovation, 2012; Larry Keely, Ten Types of Innovation. The Discipline of building Breakthroughs, 2013; Patria de Lancer Julnes/Ed Gibson, Innovation in the Public and Nonprofit Sectors. A Public Solutions Handbook, 2016.

10 Zu disruptiven Innovationen vgl. Hill, Die Passagiere tanzen auf der Titanic – während der Eisberg naht, Verwaltung & Management 2016, 3.

11 Kaduk, u. a. (Fn. 1), S. 26; vgl. auch Maja Apelt/Konstanze Senge, Organisation und Unsicherheit – eine Einführung, in: dies. (Hrsg.), Organisation und Unsicherheit, 2015, S. 1, 2.

Doch schon der Ansatz, die Welt planen und vermessen zu können, ist in Frage zu stellen. Um sicher entscheiden zu können, bedarf es vollständiger Information und rationaler Verarbeitung. Doch Informationslücken und -asymmetrien sowie Wahrnehmungs- und Beurteilungsfehler führen zu einer »bounded rationality«[12]. Komplexität[13] und sog. »Wicked Problems«[14] lassen keine vereinfachten linearen Lösungen zu. Die Umwelt und die Organisation selbst verändern sich dynamisch, die Entscheidungsadressaten reagieren nicht wie erwartet oder beabsichtigt.[15]

In der »VUCA-World« (Volatility, Uncertainty, Complexity, Ambiguity)[16] sind andere Managementansätze gefragt[17].

---

12 Hans-Bernd Schäfer/Claus Ott, Homo Oeconomicus, Verhaltensökonomik und liberaler Paternalismus, in: Veith Mehde, u.a. (Hrsg.), Staat, Verwaltung, Information, Festschrift für Hans Peter Bull, 201, S. 301 (302); Gisela Rühl, Ökonomische Analyse des Rechts, in: Julian Krüper (Hrsg.), Grundlagen des Rechts, 2. Aufl. 2013, S. 217 (219).

13 Lars Vollmer, Wrong Turn. Warum Führungskräfte in komplexen Situationen versagen, 2014; Stephanie Borgert, Die Irrtümer der Komplexität. Warum wir ein neues Management brauchen, 2015; Niels Pfläging, Organisation für Komplexität, 2. Aufl. 2015; Wolfgang Vieweg, Management in Komplexität und Unsicherheit, 2015.

14 Brian W. Head/John Alford, Wicked Problems: Implications for Public Policy and Management, Administration & Society 2015, 711; Thomas Danken, u. a., Studying Wicked Problems Forty Years On: Towards a Synthesis of a Fragmented Debate, dms – der moderne staat 2016, 15; Harald Fuhr, Contested Public Organizations: Coordination, Strategy and the Increasing Importance of Knowledge – Some Lessons from Current Research and Avenues for Future Research, dms- der moderne staat 2016, 101.

15 Vgl. schon Max Munding, Balanced Scorecard als Steuerungsinstrument für die öffentliche Verwaltung?, in: Hill (Hrsg.), Aufgabenkritik, Privatisierung und Neue Verwaltungssteuerung, 2004, S. 19 ff., sowie Jan Schnellenbach, Die Politische Ökonomie des Entscheidungsdesigns: Kann Paternalismus liberal sein?, ZfP 2015, 66.

16 Nathan Bennett/G. James Lemoine, What VUCA really means for you, Harvard Business Review, January-February 2014, 27; Martin Eppler im Gespräch mit Simon Evenett u. a., Qualifizierung für die VUCA-Welt, Organisationsentwicklung 4/2015, 15; Thorsten Petry, Digital Leadership – Unternehmens- und Personalführung in der Digital Economy, in: ders. (Hrsg.), Digital Leadership, 2016, S. 21 (38).

17 Barbara Heitger/Annika Serfass, Unternehmensentwicklung, 2015, S. VI, 295 ff.; Wippermann (Fn. 7), S. 89 ff.; Valentin Nowotny, Agile Unternehmen 2016, S. 245 ff.

Daher gerät das «mechanistisch-deterministische" Weltbild[18] zunehmend unter Druck, es wird sogar als »Old School Management«[19] bezeichnet. Sowohl für die »Verwaltung im Übergang«[20] als auch für die Unternehmensführung[21] wird eine Neuerfindung gefordert[22].

## *II. Unsicherheit und Nichtwissen als Herausforderung für das Management*

Das Management von Unsicherheit und Nichtwissen hat viele Disziplinen beschäftigt. Die Rechts- und Verwaltungswissenschaft hat dabei etwa in Rechtsetzung und Rechtsanwendung[23] Methoden für den Umgang mit unsicheren Sachverhalten entwickelt (z. B. unbestimmte Rechtsbegriffe, Fiktionen, Verfahrens- und Beweislastregelungen). Die polizeiliche Aufklärungsarbeit, Prognoseentscheidungen, Umweltentwicklungen, wie z. B. Klimawandel[24], oder der Umgang mit gefährlichen Produkten[25] bieten weitere Anwendungsfelder[26].

---

18 Vieweg (Fn. 13), S. 5; zum Maschinenmodell nach Henry Mintzberg vgl. auch Christoph Seidel, Ungewissheit, Vielfalt, Mehrdeutigkeit – Eine Heuristik unsicherer Umwelten, in: Apelt/Senge (Fn. 11 ), S. 35; vgl. auch Frank Wippermann (Fn. 7), S. 79.

19 Frank Schäfer, Minimal Management, 2012, S. 35.

20 Hill, Perspektive 2020, in: ders. (Hrsg.), Verwaltungsmodernisierung 2010, S. 9 (16) unter Hinweis auf Jocelyne Bourgon, New Directions in Public Administration. Serving beyond the predictable, Public Policy and Public Administration 2009, 309.

21 Julian Birkinshaw, Reinventing Management, 2013; Frederic Laloux, Reinventing Organizations, 2015.

22 Vgl. noch Jurgen Appelo, Management 3.0, 2011; Ulf Brandes, u. a., Management Y, 2014.

23 Hoffmann-Riem (Fn. 3), S. 302 ff., 325 ff.; Hill, Verwaltungsverfahren bei unerwarteten und ungewissen Ereignissen und Entwicklungen, in: Hill, u. a. (Hrsg.), 35 Jahre Verwaltungsverfahrensgesetz – Bilanz und Perspektiven, 2011, S. 333 ff.; vgl. noch Ino Augsberg (Hrsg.), Ungewißheit als Chance, 2009.

24 Martin Kment, Anpassung an den Klimawandel, JZ 2010, 62.

25 Hans Christian Röhl, Ausgewählte Verwaltungsverfahren, in: Hoffmann-Riem, u. a. (Hrsg.), Grundlagen des Verwaltungsrechts, Band II, 2. Aufl. 2012, § 30 Rdn. 30; Hoffmann-Riem (Fn. 3), S. 341 ff.

26 Vgl. noch Daniela Winkler, Handlungsstrategien der legalistischen Verwaltung in Ungewißheitssituationen, in: Klaus König, u. a. (Hrsg.), Grundmuster der Verwaltungskultur, 2014, S. 81 ff.

In der Organisationssoziologie werden als Gründe für Unsicherheit vor allem hochkomplexe Umwelten und neue Technologien im Wirkungsfeld von Organisationen angesehen, aber auch die durch strukturelle Bedingungen beeinflusste Wahrnehmung und Deutung dieser Entwicklungen innerhalb der Organisation[27].

Komplexität wird danach durch das sachliche Verhältnis der Organisation zur Umwelt, durch die Vielzahl der Akteure und Akteurskonstellationen sowie durch dynamische Weiterentwicklungen in die Zukunft verursacht[28]. Wegen unterschiedlicher Deutungen und daraus entstehender Verunsicherungen sei immer wieder ein »Sensemaking« erforderlich[29].

Weitgehende Einigkeit besteht, dass Unsicherheit die rationale Planbarkeit und Steuerbarkeit organisationaler Entscheidungen einschränkt[30], obwohl gerade die Betriebswirtschaft immer wieder versucht, Unsicherheiten in Planungsmodelle einzubauen und sie dadurch aufzufangen[31], etwa durch Frühwarnsysteme, Szenarien oder Maßnahmen zur Krisenprävention.

Andererseits ist auch offensichtlich, dass Innovationspotentiale eingebüßt werden, wenn versucht wird, Unsicherheiten und Offenheit völlig zu verdrängen[32], da gerade auch Nichtwissen Kreativität und Produktivität anregt[33]. Ob deshalb Big Data wirklich das »Ende der Theorie« bedeutet, erscheint fraglich[34].

27 Apelt/Senge (Fn. 11), S. 2; Seidel (Fn. 18), S. 36.

28 Seidel (Fn. 18), S. 38 ff. im Anschluss an Niklas Luhmann.

29 Apelt/Senge (Fn.11), S. 7 unter Hinweis auf Karl E. Weick, Sensemaking in Organizations, 2006; zum Sensemaking im Rahmen des Krisenmanagements vgl. Arjen Boin, u. a., The Politics of Crisis Management, 2005, S. 18 ff.

30 Apelt/Senge (Fn. 11), S. 3.

31 Apelt/Senge (Fn. 11), S. 5.

32 Apelt/Senge (Fn. 11), S. 5; zur Januskö pfigkeit des Managements von Unsicherheit und Innovationsmanagement vgl. Hill, Staatliches Innovationsmanagement – Bilanz und Perspektiven, in: Hermann Hill/Utz Schliesky (Hrsg.), Innovationen im und durch Recht, 2010, S. 285 (299).

33 Karl-Heinz Brodbeck, Die Differenz zwischen Wissen und Nichtwissen, in: Andreas Zeuch (Hrsg.), Management von Nichtwissen in Unternehmen, 2007, S. 30 (47); Hill, Neubestimmung der Privatheit – auf dem Weg zu „Neuer Sozialität“, in: Hill/Schliesky (Hrsg.), 2014, S. 249 ( 254).

34 Hill, Aus Daten Sinn machen: Analyse- und Deutungskompetenzen in der Datenflut, DÖV 2014, 213 (216) in Auseinandersetzung mit der These von Chris Anderson

Vielfach wird versucht, Strategien sog. »High Reliability Organizations«[35] zum Umgang mit Unsicherheit auf allgemeine Organisationen zu übertragen und eine »Kultur der Achtsamkeit«[36] zu entwickeln. Andererseits soll dies wegen der Besonderheit dieser Organisationen (technische Kontexte, eindeutiges Ziel, kein Wettbewerb) nur teilweise möglich sein[37].

Neuerdings gewinnt auch das Prinzip der Resilienz (Widerstands- und Anpassungsfähigkeit) im Hinblick auf Organisationen und kritische Infrastrukturen besondere Aufmerksamkeit[38]. Von Interesse ist dabei insbesondere das Konzept des »Resilience engineering«, das davon ausgeht, dass Systeme nie vollständig erfassbar sind und eine bloße Vermeidung von Fehlern nicht ausreicht. Deshalb wird eine Balance von Sicherheit und Flexibilität im Sinne einer funktionsfähigen »Performance Variability« empfohlen[39].

Neben Ansätzen von Absorption[40] und Abduktion[41] und der Betonung von Kollaboration und Koordination[42] wird jenseits rationaler Planungs-

---

35 Karl E. Weick/Kathleen M. Sutcliffe, Das Unerwartete managen. Wie Unternehmen aus Extremsituationen lernen, 2003, S. 13 ff.

36 Hill (Fn. 2), S. 113 „Institutionelle Achtsamkeit".

37 Konstanze Senge/Hannu Turba, Das Management von Unsicherheit in Organisationen: Können Organisationen im Umgang mit Unsicherheit von den Erkenntnissen der High Reliability Theory lernen?, in: Apelt/Senge (Fn. 11), S. 87 ff. (100).

38 Michele-Lee Moore, u. a., The Loop, the Lens, and the Lesson: Using Resilience Theory to examine Public Policy and Social Innovation, in: Nicholls/Murdock, S. 89 ff.; Arjen Boin/Michel J. G. van Eeten, The Resilient Organization, Public Management Review 2013, 429; Arjen Boin/Martin Lodge, Designing Resilient Institutions for Transboundary Crisis Management: A time for Public Administration, Public Administration 2016, 289; Andreas Duit, Resilience Thinking: Lessons for Public Administration, Public Administration 2016, 364.

39 Jörg Leonhardt, u. a., Der notwendige Paradigmenwechsel im Verständnis von Sicherheit in komplexen Arbeitswelten, in: Uwe Bargstedt, u. a. (Hrsg.), Resilienz in Organisationen stärken, 2014, S. 25 ff.; Hill, Wirksam verwalten – Agilität als Paradigma der Veränderung, VerwArch 2015, 397 (399).

40 Peter Hall, Dynamic capabilities, tacit knowledge and absorption, in: J. Stanley Metcalfe/John Foster (eds.), Evolution and Economic Complexity, 2004, S. 62 ff.; Gill Harvey, u. a., Absorptive Capacity: how organisations assimilate and apply knowledge to improve performance, in: Kieran Walshe, u. a. (eds.), Connecting Konowledge and Performance in Public Services, 2010, S. 226 ff.

41 Hans Hansen, Abduction, in: Daved Barry/Hans Hansen (eds.), The SAGE Handbook of New Approaches in Management and Organization, 2008, S. 454 ff.; Danielle Dunne/Deborah Dougherty, Abductive Reasoning: How Innovators Navigate in the Labyrinth of Complex Product Innovation, Organization Studies 2016, 131.

42 Für sog. „Wicked Problems" vgl. Head/Alford (Fn. 14), S. 724.

und Steuerungskonzepte vor allem ein künstlerischer, erfahrungsgeleiteter und spielerischer Umgang mit Unsicherheit und Innovation vorgeschlagen, der insbesondere subjektive, intuitive und ästhetische Potentiale menschlichen Umgangs mit Unsicherheit erschließen soll, um so den Wahrnehmungsraum zu erweitern[43].

## *III. Flexibilisierung und Dynamisierung als Strategien für Unsicherheit*

Wachsende Komplexität und Dynamik führen zu mehr Unsicherheit. Um trotzdem handlungsfähig zu bleiben, empfehlen sich Flexibilisierungen und Dynamisierungen bestehender Strukturen und Konzepte. Ein schwerer Tanker, dessen Route zwingend festgelegt ist, kann weder reagieren noch sich anpassen noch Chancen für neue Wege ergreifen. Ein gutes Beispiel aus dem Sport bot der kürzlich verstorbene Muhammad Ali. Sein Wahlspruch war: »Float like a butterfly, sting like a bee«.

Ali tänzelte um seine Gegner herum. Dadurch konnte er die Schwäche des Gegners entdecken und sofort in diese offene Flanke hineinstoßen. Umgekehrt konnte er Angriffe leicht erkennen und abwehren, weil er nicht »festgemauert in der Erden« stand.

In ähnlicher Weise werden für den Umgang mit »wicked problems« neben »broader ways of thinking about variables, options and linkages« »enabling structures and processes« empfohlen. »This new approach is likely to be easier to establish and adapt if the organizational structure is flexible«[44].

Es geht daher darum, Verwaltungen in ihrer Organisation und ihrem Handeln zu flexibilisieren und anpassungsfähig zu machen, es geht um eine kontinuierliche Mobilisierung der Organisation und ihrer Akteure[45]. Dazu

43 Fritz Böhle, u. a., Künstlerisch, erfahrungsgeleitet, spielerisch – Management des Informellen zur Förderung innovativer Arbeit, in: Fritz Böhle/Sigrid Busch (Hrsg.), Management von Unsicherheit. Neue Ansätze jenseits von Kontrolle und Ohnmacht, 2012, S. 297 ff.; Fritz Böhle, u. a., Innovationsarbeit – künstlerisch, erfahrungsgeleitet, spielerisch, in: Fritz Böhle, u.a. (Hrsg.), Innovation durch Management des Informellen, 2012, S. 25 ff.

44 Head/Alford (Fn. 14), S. 723, 731.

45 Hill (Fn. 2), S. 122 ff. „Kinetik für Verwaltungen".

sind in den letzten Jahren schon verschiedene Ansätze unternommen worden. Diese müssen noch strategisch weiterentwickelt werden[46].

Manche, vom Ansatz her sinnvolle, Modernisierungsmaßnahmen verkrusten, wenn sie zu schematisch angewandt werden. Dies gilt etwa für das Qualitätsmanagement[47] oder das Prozessmanagement[48]. Die Steuerung über fixe Ziele ist nur in überschaubaren Umwelten sinnvoll[49]. Veränderung lässt sich in lebendigen Systemen dauerhaft nicht erreichen durch verordnetes, rigides und streng durchgeplantes Vorgehen[50].
Auch Nachhaltigkeitdarf nicht zur Pfadabhängigkeit erstarren[51].Neben Konzepten[52] und Projekten[53] sind inzwischen vielfältige neue Organisations-, Handlungs- und Steuerungsformen entwickelt worden[54]. Neue Muster[55] sind durch Einsatz interaktionsfördernder Maßnahmen anzuregen[56]. Neue Entscheidungsmodelle, wie etwa die schrittweise Verfestigung durch optimierte Beta-Versionen (Grünbücher, Weißbücher) oder sog. »Viable Need–Solution–Pairs«[57] sollten stärker erprobt werden. Gleiches gilt für

---

46 Hill, Strategische Perspektiven der Verwaltungsentwicklung, DÖV 2015, 214.

47 Hill, Qualitätsmanagement im 21. Jahrhundert, DÖV 2008, 789.

48 Hill, Prozessflexibilisierung und adaptive Prozessentwicklung, DÖV 2012, 249.

49 Hill, Neue Wege in der Steuerung, Verwaltung & Management 2014, 281; Niels Pfläging, Komplexithoden, 2015, S. 42 fordert „relative Ziele"; Vieweg (Fn. 13), S. 33 empfiehlt ein Denken in Optionen.

50 Hill, Wandel-Galerie – Alte und neue Konzepte zum Change Management, Verwaltung & Management 2013, 227 (231).

51 Hill, Zukunftsfähige Verwaltungsentwicklung. Ein Aufruf zur Gestaltung, in: Jahrbuch der Schweizerischen Verwaltungswissenschaften 2014, S. 11 (13).

52 Hill, Staatliches Handeln unter veränderlichen Bedingungen, in: Thomas Ellwein/Joachim Jens Hesse (Hrsg.), Staatswissenschaften: Vergessene Disziplin oder neue Herausforderung? 1990, S. 55 (63 ff.).

53 Silke Schönert, u. a. (Hrsg.), Projektmanagement in der öffentlichen Verwaltung, 2016.

54 Hill (Fn. 20), S. 15 f.

55 Vgl. etwa Brian J. Robertson, Holacracy. Ein revolutionäres Management-System für eine volatile Welt, 2016; Dirk Weller/Regina Hunschock, Holakratie – ein systemisch-integraler Entwicklungsansatz für Führung und Organisation, Wirtschaftspsychologie 3/2012, S. 89 ff.

56 David J. Snowden/Mary E. Boone, Entscheiden in chaotischen Zeiten, Harvard Business manager, Dezember 2007, S. 28.

57 Eric von Hippel/Georg von Krogh, Identifying Viable „Need-Solution Pairs": Problem solving without Problem Formulation, Organization Science, 2016, S. 207 ff.

Verfahren zur Zukunftsgestaltung, wie etwa die sog. »Theorie U«[58] oder der »Future Cube«[59].

Ebenso bedarf die Führung in unsicheren Umwelten neuer Ansätze, wie etwa das »Adaptive Leadership«[60]. Auch im Personalmanagement beginnt eine Flexibilisierung Platz zu greifen[61]. In einem dynamischen Umfeld werden Zielvereinbarungen und jährliche Mitarbeitergespräche sowie die detaillierte Vorgabe und Messung von Leistung zunehmend fraglich[62]. Auch Feedback durch Mitarbeiterbefragungen erscheint auch im Hinblick auf digitale Kommunikationsformen nicht mehr zeitgemäß[63].

---

58 C. Otto Scharmer, Theory U. Leading from the Future as it emerges, 2007; Katrin Käufer/Claus Otto Scharmer, Vor der leeren Leinwand. Lernen von der im Entstehen begriffenen Zukunft, in: Zeuch (Fn. 33), S. 198 ff.; Barbara Thiel/Angela Schönwald, Die Lernreise zur Einführung eines neuen Führungsmodells, innovative verwaltung 3/2013, 19.

59 Carl Naughton, Neugier. So schaffen Sie Lust auf Neues und Veränderung, 2016, S. 198 ff.

60 Ronald Heifetz, u. a., The Practice of Adaptive Leadership, 2009; Nick Obolensky, Complex Adaptive Leadership, Second Edition, 2015; Head/Alford (Fn.14), S. 729.

61 Manfred Becker, Personal- und Organisationsentwicklung in der Arbeitswelt 4.0, in: Karlheinz Schwuchow/Joachim Gutmann (Hrsg.), Personalentwicklung. Themen, Trends, Best Practices 2016, S. 197 ff.; Rainer Spies, Abschied von der zentralen Steuerung. Renaissance oder Bedeutungsverlust von HR? Wie Führung flexibler wird, Personalführung 2015, 20.

62 Armin Trost, Unter den Erwartungen. Warum das jährliche Mitarbeitergespräch in modernen Arbeitswelten versagt, 2015; Kerstin Bolinsky/Dominique Schäfer, Leistungskultur in der fluiden Organisation, Personalführung 2015, 26.

63 Simon Werther/Ralph Woschée, Feedbackinstrumente in Change Prozessen. Sind Mitarbeiterbefragungen noch zeitgemäß? OrganisationsEntwicklung 2/2016, 82; Rouven Fuchs, Abschied vom Jahresgespräch, Personalmagazin 3/2016, 20.

Klassische Kernkompetenzen[64] müssen sog. »dynamic capabilities«[65] weichen. In einer offenen Organisation sind neue Kompetenzen gefragt[66]. Schließlich müssen Kompetenzen in flexible Handlungsweisen einmünden[67]. Zunehmend wird dabei entdeckt, dass die Sprache eine wichtige Rolle bei Einstellung und Veränderung spielt[68]. Re-Framing[69], positive Verstärkung[70] sowie Leitbilder und Metaphern[71] als Orientierung sollten stereotype Formeln und negative Konnotationen ablösen und neue Muster für Empathie und Kreativität schaffen.

## *IV. Pragmatische Prototypen zur Bewältigung von Komplexität*

Zum Umgang mit Komplexität sind vielfältige Strategien entwickelt worden[72]. Der naheliegende Ansatz, zu versuchen, Komplexität zu reduzieren,

---

64 Gary Hamel/C. K. Prahalad, Competing for the Future, 1994, S. 221 ff.; Christian Bleis/Antje Helpup, The Manager`s Job. Management – Die Kernkompetenzen, 2. Aufl. 2016; Monika Knassmüller/Sylvia Veit, Wie wichtig sind Managementkompetenzen im öffentlichen Dienst?, WiSt 2015, 680.

65 D. J. Teece, u. a., Dynamic Capabilities and Strategic Management, Strategic Management Journal 1997, 509 ff.; Claudia Nagel, Dynamic Capabilities als Grundlage für strategischen Wandel, WiSt 2015, 422; Martina Eberl, Kompetenzdynamisierung durch Kompetenzmonitoring: Der besondere Beitrag der Strategischen Kontrolle, in: Peter Eberl, u. a. (Hrsg.), Komplexität und Handlungsspielraum, 2012, S. 235 ff.

66 Stephanie Porschen-Hueck/Norbert Huchler, Offene Organisation: Anforderungen, Strategien, Kompetenzen, PERSONALquarterly 2/2016, 9.

67 Hill, Von den Kompetenzen zu flexiblen Handlungsweisen, innovative verwaltung 10/2014, 13.

68 Peter Block, Flawless Consulting, 2011, S. 193: "Changing the Conversation, Changing the Culture"; John Shotter/Haridimos Tsoukas, Complex Thought, Simple Talk: An Ecological Approach to Language-Based Change in Organizations, in: Peter Allen et al (eds.), The SAGE Handbook of Complexity and Management, 2011, S. 333 ff.; Bernhard Roth, The Achievement Habit, 2015, S. 127 ff. "Watch your Language".

69 Marcinkowski, Frank (Hrsg.), Framing als politischer Prozess, 2014; Elisabeth Wehling, Politisches Framing, 2016.

70 Hill, Mobilisierung der Verwaltung – Ein Fitnessprogramm zur Steigerung der Leistungsfähigkeit, VerwArch 2012, 475 (481).

71 George Lakoff/Mark Johnson, Leben in Metaphern, 1998.

72 Vgl. etwa Hill, Komplexität und Komplexitätsmanagement im öffentlichen Sektor, in: Heinrich W. Ahlemeyer/Roswita Königswieser (Hrsg.), Komplexität managen: Strategien, Konzepte und Fallbeispiele, 1997, S. 329 ff.; Rudolf Fisch/Dieter Beck

durch Vereinfachung oder Analyse und Zerlegung in Einzelteile, erweist sich allerdings als wesensfremd und in der Regel untauglich, da es bei Komplexität keinen »Regelfall« gibt[73] und das Ganze durch Verknüpfungen und Wechselwirkungen mehr ist als die Summe seiner Teile.

Den Informationsraum immer mehr zu erweitern, vergrößert nur die Komplexität. Die Varietät des steuernden Systems so weit zu erhöhen, dass sie die Komplexität des zu steuernden Systems übertrifft[74], führt zur Überforderung[75] und kommt einer Sisyphos-Arbeit gleich, da die Komplexität ständig dynamisch fortschreitet.

Ein Charakteristikum von Komplexität ist ihr systemischer Charakter. Dabei überlagern und verändern sich Kontexte, Perspektiven, Beziehungen, Folgen und Wechselwirkungen in einem undurchdringbaren Geflecht. Ein erster Schritt zum Umgang mit Komplexität liegt daher im Beobachten, Verstehen[76], Einfühlen, ermöglicht etwa durch Abbildung und Zusammenarbeit verschiedener Akteure und Annäherung an Systemzustände, Erkennung von Mustern[77] und Entwicklungen.

Dabei empfiehlt sich, Komplexität nicht als bedrohlich und störend zu empfinden, sondern sie als Ressource zu nutzen, Überraschungen und Kontingenzen produktiv aufzunehmen[78] und einzubeziehen und dennoch bzw. gerade dadurch handlungsfähig zu bleiben.

Verschiedene neuere Verfahren zur Lösungsfindung versuchen einen pragmatischen Weg zum Umgang mit Komplexität. Dabei wird das komplexe Konstrukt durch Zusammenarbeit von Repräsentanten verschiedener Komplexitätsaspekte und iterative Prozesse sowie konsequente Fokussierung auf die Wirkung und den Nutzen für die Betroffenen in konkrete Hand-

---

(Hrsg.), Komplexitätsmanagement, 2004; Stephan A. Friedrich v. d. Eichen, u. a., Steuern statt reduzieren, Harvard Business manager, Dezember 2005, 114.

73 Vieweg (Fn. 13), S. 25.

74 Sog. Varietätsgesetz nach Ashby, Einführung in die Kybernetik, 1974, S. 289 ff.; Max Boisot/Bill Mc Kelvey, Complexity and Organization – Environment Relations: Revisiting Ashby`s Law of Requisite Variety, in: Peter Allen, et al (eds.), The SAGE Handbook of Complexity and Management, 2011, S. 279 ff.

75 Vgl. Hill, Optimierung der Organisation kommunaler Verwaltung im Hinblick auf die Sachaufgabe Umweltschutz, Die Verwaltung 1988, 175 (178).

76 Snowden/Boone (Fn. 56), S. 28 (32): „Komplexität verstehen"; vgl. auch Thomas Danken, u. a. (Fn. 14), S. 29 „Understanding wickedness".

77 Snowden/Boone (Fn. 56), S. 34, 36 ff.

78 Vgl. auch Michael Faschingbauer, Effectuation, 2010, S. 66 ff.

lung übersetzt. Durch Experimente und Tests werden funktionsfähige Lösungen (Prototypen) entwickelt und ausprobiert und dabei schrittweise erfahrbar. Komplexität wird dabei quasi auf den Punkt gebracht und »in situ« handhabbar gemacht. Dies kann etwa in sog. Innovation Labs[79] geschehen, die zunehmend auch im öffentlichen Sektor Verbreitung finden[80]. So heißt es etwa bei »Policy Horizons Canada«, einer Foresight-Einrichtung der kanadischen Regierung: »Over the past decade experimental policy and program design spaces have been emerging globally. Known as innovation labs, change labs or design labs, they are collaborative places where stakeholders with diverse perspectives engage in a workshop process to understand complex problems and design new approaches and solutions. They provide the opportunity to develop prototypes designed and tested by participants from diverse perspectives before large investments are made"[81]. Und weiter: «Innovation labs are both a process and a particular work space that break down hierarchy and engender divergent and creative thinking. Based in complexity, systems and design theories, innovation labs are purpose-driven, employing a think and do-tank approach… labs enable participants with varied skill-sets to come to a common understanding of a policy challenge, and explore, design and test user-centred solutions for potential use across the system"[82].

Schließlich:"…the lab is an experimental place where traditional thinking, intolerance to risk, silos and resource flows are deliberately interrupted, encouraging participants to look at problems in new ways«[83].

Experimentelle Ansätze[84] werden generell in der Politikgestaltung schon länger als erfolgversprechende Methode für komplexe und sich wandelnde

---

79 Ausführlich Hill, Innovation Labs, DÖV 2016, 493.

80 Vgl. etwa UNICEF, Innovation Labs. A Do-It-Yourself-Guide, 2012, http://www.unicef.org/videoaudio/PDFs/Innovation_Labs_A_Do-It-Yourself_Guide.pdf.

81 Teresa Bellefontaine, Innovation Labs: Bridging think Tanks and Do Tanks, horizons.gc.ca/sites/default/files/Publication-alt-format/2012-0115-eng_0 pdf.

82 Wie Fn. 81.

83 Wie Fn. 81.

84 Rebecca B. Morton/Kenneth C. Williams, Experimental Political Science and the Study of Causality. From Nature to the Lab, 2010; Bernhard Kittel, et al (eds.), Experimental Political Science, 2012; Gerry Stoker, Exploring the Promise of Experimentation in Political Science: Micro-Foundational Insights and Policy Relevance, Political Studies 2010, 300; Christopher K. Ansell/Martin Bartenberger, Expanding the Toolkit of Experimentation for Environmental Problem-Solving,

Umwelten angesehen[85]. Auch manche anderen Aspekte der neuen Verfahren sind ansatzweise schon in bekannten Methoden wie Projektmanagement, Innovationsmanagement und Change Management enthalten. Das neue Paradigma zum Umgang mit Komplexität liegt indes in der strukturierten Aufbereitung des Kreativitätsprozesses[86], in der Verbindung von Team, Prozess und Raum[87].

Die bekanntesten Methoden in diesem Kontext sind agiles Projektmanagement[88] und Design Thinking[89]. Die Verfahren ähneln auch dem Vorgehen der Start-up-Bewegung[90]. Sie scheinen sich zum vorherrschenden Handlungs- und Entscheidungsmuster in der »VUCA-World« zu entwickeln[91].

---

2014, http://papers.ssrn.com/sol3/papers.cfm?abstract_id=2475844; Martin Bartenberger/Dawid Szescilo, The Benefits and Risks of Experimental Co-Production: The Case of Urban Redesign in Vienna, Public Administration 2016, 509; Jonathan Zeitlin, EU experimentalist governance in times of crisis, West European Politics 2016, 1073; Rahel Schomaker/Michael W. Bauer, Experiments in Public Administration – some research, but no agenda, FÖV Discussion Papers 83, 2016.

85 Vgl. noch Helen Z. Margetts, Experiments for Public Management Research, Public Management Review 2011, 189.

86 Matthias Nolden, Wie viel Potential steckt in Design Thinking? Wissensmanagement 5/2016, 24.

87 Vgl. Marliese Kieboom, Lab Matters: Challenging the practice of social innovation laboratories, 2014, S. 9; Hill (Fn. 79), S. 494.

88 Vgl. etwa Michael Lang/Stefan Scherber (Hrsg.), Agiles Management, 2015; Brian Wernham, Agile Project Management for Government, 2012,; ausführlich Hill (Fn. 39).

89 Hasso Plattner/Christoph Meinel/Ulrich Weinberg, Design Thinking, 2009; Falk Uebernickel, u. a., Design Thinking, Das Handbuch, 2015; Jochen Gürtler/Johannes Meyer, Design Thinking, 3. Aufl. 2015.

90 Eric Ries, Lean Startup, 3. Aufl. 2014.

91 Zu ähnlichen Methoden vgl. noch Wippermann (Fn. 7), S. 102 ff., Petry (Fn. 16), S. 67 ff.

Agile Vorgehensweisen gewinnen nicht nur in der Unternehmenswelt[92], sondern auch in der Politikgestaltung an Bedeutung[93]. Dem Verwaltungshandeln könnte es durch pass- und funktionsfähige Lösungen zu größerer Wirksamkeit verhelfen[94].

»Agile Policymaking« nimmt Abschied von linear-sequentiellen Policy-Kreisläufen und ermöglicht, bedingt durch digitale Vernetzung, Regelung und Rückkopplung in Echtzeit[95]. Dies könnte etwa für Wirtschafts-, Sozial- und Steuergesetze differenziertere Steuerungsmöglichkeiten erlauben.

Agile Policymaking wird durch verschiedene Elemente gekennzeichnet: »Map the landscape, identify the protagonists, model the struggle, watch the tipping points, tune the landscape, energise the protagonists, civilise the struggle, watch for predators«[96].

Design Thinking, gekennzeichnet durch Nutzerzentriertheit, interdisziplinäre Teamarbeit und Iteration[97], unterfällt in verschiedene Phasen, wie gemeinsames Verständnis, Beobachten, Entwicklung eines gemeinsamen Standpunktes, Ideenfindung, Entwicklung von Prototypen, Testen[98]. Ein

---

92 John P. Kotter, Accelerate. Building Strategic Agility for a Faster-Moving World, 2014; Nowotny (Fn. 17); Marcel Endejan/Heiko Weckmüller, Agilität in Unternehmen, Kienbaum Management Consultants, Agility – überlebensnotwendig für Unternehmen in unsicheren und dynamischen Zeiten, Change Management Studie 2014/2915, http://www.kienbaum.de/Portaldata/1/Resources/downloads/brochures/Kienbaum_Change-Management-Studie_20142015.pdf.

93 OECD, Achieving Public Sector Agility at Times of Fiscal Consolidation, 2015; Sabine Junginger, Towards Policymaking as Designing: Policymaking Beyond Problem-solving and Decision-making, in: Christian Bason (ed.), Design for Policy, 2015, S. 57 ff.

94 Hill (Fn. 39), S. 397.

95 Vgl. Basanta Thapa, Big Data in der Verwaltung: Chance mit Fallstricken, http://www.sgvw.ch/2016/01/14/bigdata_thapa/.

96 Graham Room, Complexity, Institutions and Public Policy. Agile Decision Making in a turbulent World, 2011, S. 311 ff.; ders., Complexity Theory and Agile Policy-Making, in: Bertelsmann Stiftung (ed.), "To the Man with a Hammer…". Augmenting the Policymaker`s Toolbox for a Complex World, 2016, S. 107 ff.; Klaus Schwab, Die Vierte Industrielle Revolution, 2016, S. 109: "Grundsätze agiler Politikgestaltung in einem Zeitalter der Disruption".

97 Dark Horse Innovation, Thank God it`s Monday!, S. 41, 47.

98 Plattner, u. a. (Fn. 89), S. 113; Hester Hilbrecht/Oliver Kempkens, Design Thinking in Unternehmen – Herausforderung mit Mehrwert, in: Frank Keuper, u. a. (Hrsg.), Digitalisierung und Innovation, 2013, S. 347 (357 ff.).

»ergebnisoffener Ergebnisfokus«[99] leitet die Arbeit. Durch eine »Koexistenz aus spielerischer Leichtigkeit und ergebnisbezogener Geschwindigkeit« wird ein »Tango tanzen mit komplexen Herausforderungen« ermöglicht. Design Thinking verbinde Höchstleistung mit der Freude am Spielen[100].

## *V. Vielfalt, Kombination und Anpassung als Evolutionsstrategie*

In ihrem kleinen Handbuch für Entscheider unterscheiden David J. Snowden und Mary E. Boone[101] zwischen einfachen, komplizierten, komplexen und chaotischen Zusammenhängen, die jeweils unterschiedliche Vorgehensweisen erfordern. Es wird weiterhin auch, wenn auch wenige, einfache Zusammenhänge geben, in denen klassische lineare Managementansätze geeignet sind. In komplizierten Zusammenhängen sind Ursache und Wirkung erkennbar, wenn auch nicht für alle unmittelbar ersichtlich. Es gibt mehrere richtige Antworten[102].

Der qualitative Sprung entsteht zwischen komplizierten und komplexen Zusammenhängen[103]. In komplexen Zusammenhängen gibt es keine richtigen Antworten. Alles ist im Fluss und nicht vorhersehbar. In chaotischen Zusammenhängen sei es sogar zwecklos, nach richtigen Antworten zu suchen[104].

Führungskräfte müssen daher vielfältige Methoden beherrschen. Nicht »One size fits all« gilt daher, vielmehr liegt die Kunst darin, souverän je nach Fall und Lage die richtige Auswahl zu treffen[105]. Eine gute Führungskraft verfügt über sog. »Ambidexterity« (Beidhändigkeit)[106], »defined as

99 Dark Horse Innovation (Fn. 97), S. 134.
100 Simon Blake, Tango tanzen mit komplexen Herausforderungen, in: Christoph Meinel, u. a. (Hrsg.), Design Thinking live, 2015, S. 184, 188.
101 Snowden/Boone (Fn. 56), S. 34.
102 Snowden/Boone (Fn. 56); vgl. noch Judith Andresen, Das Cynefin-Framework, PAGE 10/2014, S. 28 f.; Heitger/Serfass (Fn. 17), S. 42 ff., 299 ff.
103 Zu Unterschieden vgl. Pfläging (Fn. 49), S. 14 f.
104 Snowden/Boone (Fn. 56).
105 Hill, Jetzt die Beschäftigten „modernisieren“, VOP 12/1999, 12 (13).
106 Petry (Fn. 16), S. 45.

the capacity to simultaneously achieve alignment and adaptability«[107]. Andere sprechen von «Sowohl-als-auch-Management"[108], von komplementären Ansätzen (etwa zwischen klassischen Forschungsprojekten und Innovation Labs)[109] oder davon, Widersprüche und Spannungsverhältnisse als Endpunkte eines Kontinuums zu verstehen[110], zwischen denen sich das Management bewegt.

Die Erfahrungen der Evolution[111] bieten gute Hinweise auch für den Umgang mit Unsicherheit und Komplexität. Rhythmen und periodische Wiederkehr stehen im Wechsel mit Brüchen, disruptiven Entwicklungen und glücklichen Zufällen. Insofern bedarf es als Antwort Vielfalt, Kombination, Wechsel und Adaption.

Weitere Hinweise bietet die Quantenphysik, die den Umgang mit Information in komplexen Lebensverhältnissen neu definiert. Ein System sei umso informativer, je mehr Zustände es haben könne und je weniger man über den konkreten einzelnen Zustand bei der Messung wisse. Anders gesagt: Je unwahrscheinlicher der Zustand eines einzelnen Elements in einem bestimmten System sei, umso mehr Information habe das System[112].
Man darf spekulieren, dass Quantencomputer[113] insofern ganz neue Möglichkeiten erbringen werden, mit Unsicherheit und Komplexität umzugehen. So wird etwa darauf verwiesen, ähnlich wie beim Gedankenspiel mit

---

107 Christina B. Gibson/Julian Birkinshaw, The Antecedents, Consequences an Mediating Role of Organizational Ambidexterity, Academy of Management Journal 2004, 209; Tobias Hahn, u. a., Ambidexterity for Corporate Social Performance, Organization Studies 2016, 213.

108 Wendy K. Smith, u. a., Sowohl-als-auch-Management, Harvard Business Manager, August 2016, 30.

109 Leibniz-Institut für Regionalentwicklung und Strukturplanung, im Auftrag von Senatsverwaltung für Wirtschaft, Technologie und Forschung, Labs als neue Treiber von Innovation, 2014, S. 12; Hill (Fn. 79), S. 500.

110 Sascha Wolff, Posthierarchisches Management – Digital Leadership bei Dark Horse und was traditionelle Unternehmen daraus lernen können, in: Petry (Fn. 16), S. 431 (437).

111 Andreas Wagner, Arrival of the Fittest. Wie das Neue in die Welt kommt, 2014.

112 Christian Hoffmeister, Digital Business Modelling. Digitale Geschäftsmodelle entwickeln und strategisch verankern, 2015, S. 350 f. (unter Hinweis auf Josef Honerkamp 2010).

113 Christian J. Meier, Eine kurze Geschichte des Quantencomputers, 2015.

Schrödingers Katze, die gleichzeitig tot und am Leben sei, könnten Quantencomputer auch mehrere sich überlagernde Zustände gleichzeitig berechnen[114].

Wenn also Potentialität, vielörtliche Gleichzeitigkeit und Verschränkung der (Informations-)Quanten den Informationsraum (in der Mikrowelt) erweitern, bedeutet das wohl umgekehrt, dass die Fokussierung auf einen funktionsfähigen Prototyp dynamische Komplexität zumindest vorübergehend verfestigt und bindet und damit (in der Makrowelt) handhabbar macht.

Schrittweise Erprobung und iterative Weiterentwicklung führen dann wiederum zu einem spiralförmigen Aufstieg auf ein neues komplexitätsgerechtes Niveau. Pragmatische Prototypen sind daher nicht der Endpunkt, sondern nur eine viable Zwischenstation. Um sich im Sinne der Quantentheorie Optionen offenzuhalten, ist daher ein Mechanismus des Öffnen und Schließens[115] zu empfehlen.

Nach dem schließenden Akt des funktionsfähigen Prototyps erfolgt eine Öffnung und Erweiterung, die etwa in der Kombination von Design Thinking (im Innovation Lab) und Open Innovation (durch Einbeziehung externer Wissens- und Kompetenzpotentiale)[116] liegen kann.

Unsicherheit und Komplexität sind daher keine bedrohlichen oder nur hinzunehmenden Eigenschaften der Zukunft, sondern erlauben und erfordern zwar keine zielgerichtete, aber eine situative und adaptive, Chancen ergreifende Gestaltung. Dies wird ohne Zweifel noch Stoff für weitere Abhandlungen und Projekte bieten.

---

114 Tobias Aubele, u.a., Rank Brain - Googles neue AI-Superwaffe, Website Boosting, 03-04/2016, S. 32 (43).

115 Dazu Bernhard von Mutius/Eckhart Minx, Kreisförmiger Fortschritt. Ein zirkuläres Prozessmodell für die erneuerungsfähige Organisation, OrganisationsEntwicklung 1/2013, 57 (59 f.).

116 Claas Digmayer/Eva-Maria Jakobs, Shared Ideas: Integration von Open-Innovation-Plattform-Methoden in Design-Thinking-Prozesse, in: Keuper, u. a. (Fn. 98), 365 ff.

# Autorenverzeichnis

Prof. Dr. *Ivo Appel*, Inhaber des Lehrstuhls für Öffentliches Recht, Umweltrecht und Rechtsphilosophie an der Universität Hamburg und geschäftsführender Direktor der Forschungsstelle Umweltrecht an der Universität Hamburg.

Prof. Dr. *Ino Augsberg*, Inhaber des Lehrstuhls für Rechtsphilosophie und Öffentliches Recht und Co-Direktor des Hermann Kantorowicz-Instituts für juristische Grundlagenforschung an der Christian-Albrechts-Universität zu Kiel.

Prof. Dr. *Michael Fehling*, LL.M., Inhaber des Lehrstuhls Öffentliches Recht III – Öffentliches Recht mit Rechtsvergleichung an der Bucerius Law School, Hamburg.

Prof. Dr. *Klaus Ferdinand Gärditz*, Inhaber des Lehrstuhls für Öffentliches Recht an der Universität Bonn, stellv. Mitglied des Verfassungsgerichtshofs für das Land Nordrhein-Westfalen und im Nebenamt Richter am Oberverwaltungsgericht für das Land Nordrhein-Westfalen (8. Senat).

Prof. Dr. *Hermann Hill*, Inhaber des Lehrstuhls für Verwaltungswissenschaft und Öffentliches Recht an der Deutschen Universität für Verwaltungswissenschaften Speyer.

Prof. Dr. *Martin Kment*, LL.M. (Cambridge), Inhaber des Lehrstuhls für Öffentliches Recht und Europarecht, Umweltrecht und Planungsrecht an der Universität Augsburg und geschäftsführender Direktor des Instituts für Umweltrecht der Universität Augsburg.

Prof. Dr. *Kai von Lewinski*, Inhaber des Lehrstuhl für Öffentliches Recht, Medien- und Informationsrecht an der Universität Passau.

Prof. Dr. *Arno Scherzberg*, Inhaber des Lehrstuhls für Öffentliches Recht und Verwaltungswissenschaften an der Universität Erfurt.

Prof. Dr. *Utz Schliesky*, Direktor des Schleswig-Holsteinischen Landtages und geschäftsführendes Vorstandsmitglied des Lorenz-von-Stein-Instituts für Verwaltungswissenschaften an der Christian-Albrechts-Universität zu Kiel.

PD Dr. *Margrit Seckelmann*, M.A., Geschäftsführerin (Regierungsdirektorin) am Deutschen Forschungsinstitut für öffentliche Verwaltung, Speyer; im Sommersemester 2016 Lehrstuhlvertreterin an der Universität Bochum (Lehrstuhl für Öffentliches Recht, insb. Finanzverfassungs- und Gesundheitsrecht, Recht der Entwicklungszusammenarbeit).

Apl. Prof. Dr. *Ulrich Smeddinck*, Projektleiter des Arbeitspaketes "Recht" und stellvertretender Sprecher der BMBF-geförderten, interdisziplinären Forschungsplattform "ENTRIA-Entsorgungsoptionen für radioaktive Reststoffe" an der TU Braunschweig.

Prof. Dr. *Indra Spiecker gen. Döhmann*, Inhaberin des Lehrstuhls für Öffentliches Recht, Informationsrecht, Umweltrecht und Verwaltungswissenschaft an der Goethe-Universität Frankfurt a.M.

Prof. Dr. *Daniela Winkler*, Inhaberin des Lehrstuhls für Öffentliches Recht an der Universität zu Köln.